Thomas Meyer

Soziale Demokratie

Thomas Meyer

Soziale Demokratie

Eine Einführung

VS VERLAG FÜR SOZIALWISSENSCHAFTEN

Bibliografische Information der Deutschen Nationalbibliothek
Die Deutsche Nationalbibliothek verzeichnet diese Publikation in der
Deutschen Nationalbibliografie; detaillierte bibliografische Daten sind im Internet über
<http://dnb.d-nb.de> abrufbar.

1. Auflage 2009

Alle Rechte vorbehalten
© VS Verlag für Sozialwissenschaften | GWV Fachverlage GmbH, Wiesbaden 2009

Lektorat: Frank Schindler

VS Verlag für Sozialwissenschaften ist Teil der Fachverlagsgruppe
Springer Science+Business Media.
www.vs-verlag.de

Umschlaggestaltung: KünkelLopka Medienentwicklung, Heidelberg
Druck und buchbinderische Verarbeitung: Krips b.v., Meppel
Gedruckt auf säurefreiem und chlorfrei gebleichtem Papier
Printed in the Netherlands

ISBN 978-3-531-16814-2

Inhalt

Einleitung

1 Theorieanspruch

Demokratietheoretischer Rahmen

Die Theorie der Sozialen Demokratie beschreibt und erklärt die gesellschaftlichen Bedingungen der Legitimität moderner Demokratie, die sich aus universellen Grundrechten ableitet, und deren Bedeutung für demokratische Effektivität und Stabilität. Sie stützt sich daher notwendigerweise gleichermaßen auf normativ begründende wie auf empirisch erklärende Elemente. Es gehört seit den Forschungen der führenden amerikanischen Demokratietheoretiker *Seymour Martin Lipset* und *Robert A. Dahl* zu den immer erneut bestätigten Standardergebnissen der vergleichenden empirischen Demokratieforschung, dass zentrale Elemente einer Sozialen Demokratie zu den Faktoren zählen, die die Funktionsfähigkeit und Stabilität von Demokratien in signifikantem Maße wahrscheinlicher machen[1]. Ohne ein soziales Fundament, das politische Gleichheit unabhängig macht vom sozialen Status, und ohne ein von ihren Bürgern geteiltes Verständnis gerechter Ordnung bleibt Demokratie ein Torso und als solche immer gefährdet. Darüber ist sich der größere Teil der Demokratieforschung einig[2]. Demokratie hat auf die Dauer keinen unangefochtenen Bestand, wenn sie sich in einem formalen politischen Institutionen-System erschöpft, während gesellschaftliche und wirtschaftliche Macht sich der Mitverantwortung der von ihr Betroffenen entzieht und die Voraussetzungen ihrer Bürger zur erfolgversprechenden Mitwirkung an den politischen Entscheidungen hochgradig ungleich verteilt sind. Eine bloß *delegative* Demokratie und ohnmächtige Passivbürgerschaft sind Formen *defekter Demokratie*, die gleichermaßen die Effektivität und Legitimität demokratischer Gemeinwesen in Frage stellen[3].

Soziale Demokratie als Theorie versteht sich als eine empirisch gestützte Erklärung der komplexen Zusammenhänge zwischen Legitimität, Effektivität und Stabilität moderner Demokratien. Damit enthält sie zugleich auch Beschreibungen und Begründungen derjenigen sozialen Strukturen, die über die Legitimität und Stabilität moderner Demokratien wesentlich mitentscheiden. Sie ist eine Theorie der Praxis im doppelten Sinne. Sie beschreibt als empirische Wissen-

---

[1] Lipset 1959, 1992, 1994, 1998, Dahl 1989, 1998, Powell 1982
[2] Siehe den informativen Überblick über die einschlägigen Ergebnisse bei M. Schmidt 2000
[3] O'Donnell 1979, 1994, Merkel u.a. 2003

schaft in ihrem erklärenden Teil die funktionalen Defizite einer sich in den formalen Entscheidungsprozeduren erschöpfenden *libertären* Demokratie und untersucht deren Folgen für demokratische Legitimität und Stabilität. Und sie analysiert die unterschiedlichen Formen der Praxis politischer Handlungsstrategien, die mit guten Gründen als exemplarische Form der Realisierung Sozialer Demokratie gelten können. Diese beruhen in einer Welt im Wandel stets auf kontingenten Randbedingungen. Das gilt speziell für den im Gang befindlichen Prozess der Globalisierung. Darum vergleicht die Theorie der Sozialen Demokratie nicht nur die Voraussetzungen und Wirkungen unterschiedlicher, schon praktizierter Handlungsstrategien, sie schließt auch die Erörterung möglicher Politiken ein, die unter den bekannten empirischen Bedingungen der Gegenwartswelt den Anspruch erheben können, als Beiträge zur Realisierung Sozialer Demokratie wirksam werden zu können.

Die generative Idee der Sozialen Demokratie ist die systematisch gestellte Frage nach dem Verhältnis der *Formalgeltung* der im demokratischen Legitimationsanspruch enthaltenen und in den Pakten der Vereinten Nationen von 1966 völkerrechtlich verbrieften universellen Grundrechte zu den sozialen Bedingungen ihrer *Realwirkung* für alle Personen. Für eine Theorie der Sozialen Demokratie geht es daher nicht lediglich um die Interpretation derjenigen Normen, die die Legitimität der Demokratie sichern, und der politischen Institutionen, in denen sie sich verkörpern. Auch die Analyse der empirischen Voraussetzungen für die Entfaltung ihrer realen Wirksamkeit spielt eine Schlüsselrolle. Ebenso sehr geht es ihr aber aus Gründen, die im Einzelnen im Rahmen der Theorie selbst zu entfalten sind, um die Klärung der Bestandsvoraussetzungen von Demokratie in der modernen Welt und um empirisch zuverlässige Antworten auf die Frage, welche Bedingungen erfüllt sein müssen, damit die Demokratie in der Gegenwartswelt ihrem eigenen Anspruch genügt.

Dies alles sind Aufgaben und Themen einer wissenschaftlichen Demokratietheorie[4]. Sie bezieht sich, wenn sie normativ plausibel begründet und empirisch überzeugend fundiert ist, auf die Praxis der Demokratie in der komplexen Gegenwartswelt. Die Wahl eines demokratietheoretischen Zugangs zur Theorie der Sozialen Demokratie erfolgt in einem weiten Verständnis von Demokratietheorie. Es schließt eine Reihe miteinander verbundener Dimensionen demokratietheoretischer Forschung ein, die mitunter als getrennte Bereiche verstanden werden. Dazu gehören, *erstens,* die *normative* Dimension mit ihrer Frage nach den Anforderungen an die Legitimation der Institutionen und Politiken der Demokratie, *zweitens* die *empirisch-analytische* Dimension mit ihrer Frage nach der Leistungsfähigkeit demokratischer Systeme bei der Lösung gesellschaftlicher

---

[4] Sartori 1997

Probleme, *drittens* die *Stabilitätsforschung* mit ihrer Frage nach den Bedingungen der Bestandssicherung politischer Demokratie, *viertens* die *vergleichende* Demokratieforschung mit ihrer Frage nach dem Erfolg unterschiedlicher länderspezifischer Problemlösungen für demokratische Herausforderungen sowie, *fünftens*, die neuere Forschung über Ursachen, Formen und Wirkungen *defekter* Demokratie[5].

Da sich diese Fragerichtungen alle auf dieselbe Realität, nämlich die Praxis der Demokratie, beziehen, kann es nicht überraschen, dass das in der wissenschaftlichen Arbeitsteilung Getrennte in der Realität intern untrennbar verwoben ist. Die Legitimität demokratischer Systeme wirkt sich auf ihre Problemlösungsfähigkeit und ihre Stabilität aus, so wie diese wiederum Rückwirkungen auf ihre Legitimation haben. Es kennzeichnet die Demokratie wie kein anderes politisches System, dass in ihr Output- und Input-Legitimation, Leistung und Partizipationschancen, nicht unabhängig voneinander sind[6]. Das zeigt sich unzweideutig in der vergleichenden Demokratieforschung. Die Theorie Sozialer Demokratie aus dem Blickwinkel der Demokratietheorie, so wie sie hier verstanden wird, zielt auf eine analytisch differenzierte Integration dieser Fragerichtungen.

Formalgeltung und *Realwirkung* universeller Grundrechte sind zwei der zentralen Grundbegriffe der hier entfalteten Theorie der Sozialen Demokratie. Der Begriff *Formalgeltung* bezeichnet in allen folgenden Kontexten sowohl die förmliche Rechtsgeltung der entsprechenden Grundrechte wie auch ihre überpositive Gültigkeit als universelle Menschenrechte. Der Begriff *Realwirkung* bezieht sich hingegen auf die Effektivierung der entsprechenden Rechte in der lebenspraktischen Handlungsdimension. Er bezeichnet die tatsächliche Verfügung einer Person über die *Chancen zur Nutzung* ihrer Grundrechte. Es geht bei diesem komplementären Begriffspaar um den Unterschied zwischen dem Recht auf einen Arbeitsplatz und der tatsächlichen Verfügung über einen Arbeitsplatz, dem Recht auf Bildung und dem Vorhandensein eines Bildungsangebotes in der Lebenswelt der Bürger, das von ihnen wirksam wahrgenommen werden kann. Die Theorie der Sozialen Demokratie fragt nach den Bedingungen, die erfüllt sein müssen, um die Realwirkung der Grundrechte ebenso universell zu machen wie ihre Formalgeltung.

Der vorliegende Theorieentwurf ist auch ein Versuch, *Soziale Demokratie* als einen der wissenschaftlich theoretischen Grundbegriffe der Politikwissenschaft in größtmöglicher Präzisierung zu fassen und in eine allgemeine Theorie einzubetten, die ihn in umfassender Weise expliziert. Im Rahmen einer allgemeinen Demokratietheorie ist der Grundbegriff der Sozialen Demokratie daher auf die beiden Begriffe der *liberalen* Demokratie und der *libertären* Demokratie auf

---

[5] Zum Kontext der Demokratietheorie v.a. M. Schmidt 2000, Przeworski 1985
[6] Scharpf 1999b

je spezifische Weise bezogen. Im vorliegenden Kontext wird im Einklang mit dem Hauptstrom der theoriegeschichtlichen europäischen Tradition die rechtsstaatlich pluralistische, auf die Geltung von Menschenrechten gestützte Demokratie, als *liberale Demokratie* bezeichnet[7]. Der von ihr gesetzte Rahmen lässt Raum für die beiden Hauptvarianten einer *libertären* und einer *Sozialen* Demokratie. Während die libertäre Demokratie durch die Begrenzung der Demokratie und der Grundrechte auf den politischen Bereich gekennzeichnet ist und das sozial ungebundene Eigentum sowie den selbst regulierenden Markt als die institutionellen Entsprechungen der Demokratie im wirtschaftlich-gesellschaftlichen Bereich definiert, basiert die *Soziale Demokratie* auf der Vorstellung, dass Demokratie in Verbindung mit den Grundrechten im gesellschaftlichen und wirtschaftlichen Bereich einer ihnen gerecht werdenden Verfassung der geregelten Teilhabe, des Rechtsanspruchs auf soziale Sicherung und der gerechtigkeitsorientierten Distribution sowie einer diesen Werten verpflichteten regulativen und distributiven Politik des demokratischen Staates bedarf[8]. Im Hinblick auf den in der politischen Arena üblichen Sprachgebrauch könnte auch zwischen liberaler und Sozialer Demokratie unterschieden und in dieser Verwendung die liberale Demokratie durch Kriterien des Wirtschaftsliberalismus bestimmt werden[9]. In der vorliegenden Theorie wird demgegenüber im definierten Sinne konsequent die Begriffstriade *liberale*, *libertäre* und *Soziale* Demokratie verwendet.

Geltungssinn und Argumentationsstruktur der vorliegenden Theorie der Sozialen Demokratie sind nicht in dem Sinne normativ, dass sie auf spezifisch eingeführten Normen des Autors oder einer partikulären Ethik beruhten oder sich in der Entfaltung aus ihnen abgeleiteter Postulate erschöpften. Der universelle Geltungsanspruch der Theorie lässt es vielmehr ratsam erscheinen, eine möglichst anspruchslose und *voraussetzungsarme* normative Basis zu wählen, die von partikulären wissenschaftlichen, kulturellen oder politischen Begründungsstrategien unabhängig ist. Nur dann lässt sich der Anspruch auf universelle Gültigkeit einlösen. Um diese Bedingung zu erfüllen, wird für die normative demokratiepolitische Grundlegung der vorliegenden Theorie in den zentralen Belangen ausschließlich von den Grundnormen ausgegangen, die in den *völkerrechtlich* gültigen *Grundrechtspakten der Vereinten Nationen von 1966* entfaltet und von gegenwärtig 148 Staaten aus allen Kulturkreisen und Entwicklungsregionen der Welt ratifiziert worden sind. Sie basiert auf einer Verknüpfung *bürgerlicher,*

---

[7] Gray 1989, 1995, Sartori 1997, M. Schmidt 2000

[8] Im Unterschied dazu spricht Gray von revisionist liberalism bei Theorieentwürfen, die in Richtung Soziale Demokratie weisen, und von classical liberalism im Falle der libertären Theorie vom Schlage von Hayeks. Gray 1995: 36

[9] Dieser vom Autor selbst in früheren Schriften praktizierte Sprachgebrauch begünstigt aber Missverständnisse, da er zwei unterschiedliche Begriffsinhalte mit demselben Wort bezeichnet.

politischer, sozialer, kultureller und *ökonomischer* Grundrechte, die kulturell neutral formuliert sind und das unterschiedliche Entwicklungsniveau in unterschiedlichen Ländern ausdrücklich in Rechnung stellen[10].

Freilich verdankt sich diese Grundrechtscharta in ihrer Genesis ihrerseits einer legitimierenden Argumentation, deren universalistische, kulturenübergreifende Überzeugungskraft ihrer Institutionalisierung zugrunde lag. Diese Argumentation ist *geltungslogisch* stärker als die Pakte, denn sie liefert die *guten Gründe* für die universelle Geltung der Grundrechte. Aber sie ist *geltungspolitisch* schwächer, denn sie kann, im Unterschied zu den Pakten, Widersprechende nicht binden. In mehreren Kapiteln des nachfolgenden Textes wird diese Argumentation entfaltet; zum einen, um mit den tiefer liegenden Gründen Inhalt und Geltungssinn der Grundrechte in einen weiteren Kontext zu stellen, zum anderen, um unabhängig vom rechtspositivistischen Status der Grundrechte ihren universellen Geltungsanspruch theoretisch eigenständig zu begründen. Einer der Schwerpunkte der Theorie der Sozialen Demokratie im normativen Grundlagenbereich ist daher eine systematische Untersuchung der Frage, welche demokratietheoretischen, demokratiepolitischen und gesellschaftspolitischen Konsequenzen universelle Grundrechte dieser Art nach sich ziehen. Aber auch in diesem Sinne handelt es sich im Kern des Entwurfs um eine empirische Theorie, denn es geht ihr letztlich bei allen Fragestellungen immer um die Klärung der Voraussetzungen und Folgen völkerrechtlich geltender Grundrechte für die einzelnen gesellschaftlichen Handlungsbereiche unter den bekannten und absehbaren tatsächlichen Handlungsbedingungen der Gegenwartswelt.

Die Theorie entfaltet auf dieser normativen Basis in ihren Analysen ein System der institutionellen, organisatorischen und kulturellen Handlungsstrategien der realen Erfüllung dieser Grundrechte. Dabei nimmt sie ihren Ausgang *erstens* von den *empirischen sozio-strukturellen* Risiken für die Realwirkung der universellen Grundrechte, *zweitens* von den *intersubjektiv überprüfbaren* Erfahrungen mit der Wirkungsweise verschiedener Formen des politischen Umgangs mit diesen Risiken und *drittens* von *erfahrungsgestützten* Einschätzungen der Bedingungen der Realisierung der Grundrechte unter den in der Gegenwartswelt gegebenen Handlungsbedingungen. Im Bereich der Handlungsstrategien ist sie daher in gewissen Grenzen notwendigerweise *kontingent*, nämlich von empirischen Umständen abhängig, die von jeder möglichen Praxis immer nur bedingt vorausgesehen und beeinflusst werden können.

Die hier vorgelegte Theorie der Sozialen Demokratie basiert weit gehend auf einem solchen methodologischen Selbstverständnis[11]. Es geht ihr im Kern

---

[10] Eide 1989, Alston/Quinn 1987

11

um empirisch gestützte Antworten auf die *Schlüsselfrage, welche Institutionen, Foren, Politiken, Beteiligungschancen und Rechte muss eine Demokratie ausbilden, die die universellen Grundrechte aller ihrer Bürgerinnen und Bürger gegen alle strukturellen Risiken der modernen Ökonomie und Gesellschaft in einem angemessenen Maß zu sichern vermögen.*

Soziale Demokratie und Sozialstaat
Bei einer Theorie der Sozialen Demokratie geht es um weit mehr als um eine Theorie des Sozialstaats. Sie fragt als eine Demokratietheorie in erster Linie nach den Beiträgen von sozialer Sicherung, sozialer Gerechtigkeit und sozialer Teilhabe zur Qualität der Demokratie in den betroffenen Gesellschaften; *zweitens*, Soziale Demokratie hat auch die Strukturen gesellschaftlicher Demokratisierung außerhalb der Systeme sozialer Sicherheit zum Thema; und *drittens*, für die Theorie der Sozialen Demokratie ist die demokratische Einheit von Adressat und Autor politischer Entscheidungen das entscheidende Kriterium nicht nur für das politische System, sondern ebenso für den gesamten Bereich der sozialen Sicherung. Daher greift die Theorie der Sozialen Demokratie in ihrem sozialen Geltungsbereich und in ihren Fragestellungen auch über anspruchsvolle Theorien des Sozialstaats weit hinaus. Sie muss aber in erheblichem Maße auf deren Ergebnissen aufbauen und kommt darüber hinaus in *einer* ihrer zentralen Bedeutungsdimensionen mit ihnen zu weit gehender Deckung.

Reichweite und Perspektive der Einbeziehung gesellschaftlicher Teilbereiche in die Theorie der Sozialen Demokratie ergeben sich aus ihrer Rolle für die *Realwirkung* der universellen Grundrechte und den Beitrag, den sie jeweils für sich und in ihrer Beziehung zu anderen Teilbereichen dazu leisten.

---

[11] In einem späteren Kapitel wird gleichwohl begründet, dass die Theorie der Sozialen Demokratie dennoch in spezifischer Hinsicht auch eine über diese Grundrechtsbasis hinaus gehende Begründung in Anspruch nehmen kann. Vgl. Kap 7

Das politische System	Wie umsetzungsfähig ist das politische System für politische Strategien Sozialer Demokratie?
Das System der politischen Öffentlichkeit	Existieren öffentlich-rechtliche Medien? Wie ist die Medienlandschaft (TV, Hörfunk, Print) zwischen den beiden Polen ,extrem kommerziell' und ,öffentlich-rechtlich' strukturiert? Wird eine deliberative Qualität der Öffentlichkeit ermöglicht bzw. begünstigt?
Die Zivilgesellschaft	Gibt es eine ausgebaute und aktive oder eine begrenzte und passive Zivilgesellschaft?
Die Teilsysteme gesellschaftlicher Demokratisierung	Gibt es Formen der partizipativen, konsultativen oder keinerlei Mitbestimmung in Betrieben und Unternehmungen?
Der Sozialstaat	Besteht ein grundrechtsgestützter aller gesellschaftlichen Risiken abdeckender Sozialstaat oder nicht? Welchem Strukturtyp entspricht er?
Die Wirtschaftsverfassung und Unternehmens-verfassung	Verfügt das Land eher über eine liberale oder eine koor-dinierte Marktwirtschaft, einschließlich der damit verbun-denen Unternehmensverfassung?
Das Bildungssystem	Ist das System im Hinblick auf die soziale Klassenzu-gehörigkeit eher chancenumverteilend oder reproduktiv?
Das System der Grundrechte	Sind auch die soziale und wirtschaftlichen Grundrechte effektiv institutionalisiert?
Die transnationale Kooperation	Verfolgt das Land längerfristig Strategien fairer transnationaler Koordination in den Kernbreichen Sozia-ler Demokratie?
Die Politische Kultur	Ist die politische Kultur eher egalitär, solidarische oder eher libertär, kompetitiv geprägt?

Globalisierungsfolgen und Kontingenzproblem

Unter den kosmopolitischen Bedingungen einer in regionale und globale Wir-kungs- und Einflusszusammenhänge eingebetteten politischen Gesellschaft spricht vieles dafür, die Theorie der Sozialen Demokratie als Handlungstheorie für die globale politische Arena zu entwerfen, denn nur in deren Maßstab können die Fragen der politischen, sozialen und ökonomischen Grundrechte sowie der auf sie bezogenen politischen Gestaltungsverantwortung noch angemessen be-handelt werden. Es bleibt beim gegenwärtigen Stand der Dinge gleichwohl eine offenen Frage, in welchem Maße eine solche globale politische Gestaltung möglich sein wird oder ob die einzelnen Ländern und regionalen politischen Systeme sich auf längere Sicht an Bedingungen der ökonomischen und gesellschaftlichen Globalisierung anpassen müssen, die sie selbst nur in höchst begrenztem Maße gestaltend beeinflussen können[12].

Wenn aus diesem Grunde im Folgenden bei der *Darstellung* der Theorie die Strategie gewählt wird, zunächst von den allgemeinen Handlungsbedingungen kapitalistisch verfasster Demokratien auszugehen und erst im Anschluss daran die Folgen und Handlungserfordernisse zu diskutieren, die sich im Bezug auf sie aus den Prozessen der Globalisierung ergeben, so ist dennoch bei der Konzeption jedes einzelnen Theoriefeldes immer schon die globale Perspektive konstitutiv einbezogen worden.

---

[12] Streeck 1999

I. Politische Philosophie

2 Politischer Liberalismus im Widerspruch

Anspruch und Erbe des politischen Liberalismus
Die Theorie der liberalen Demokratie hat sich in Europa in großen historischen Intervallen seit der Aufklärung nach und nach als die im Prinzip nicht mehr angefochtene politische Legitimationslehre der Moderne durchgesetzt[13]. Im Zuge der historischen Entfaltung des demokratischen Potenzials der Theorie seit dem neunzehnten Jahrhundert klärten sich ihre Rechtsprinzipien und institutionellen Anforderungen. Gleiche universelle Menschen- und Bürgerrechte, Rechtsstaatlichkeit, die verfassungsmäßige Bindung politischer Macht und, in diesen Grenzen, die im Mehrheitsprinzip organisierte Volkssouveränität in ihrem gleichrangigen Wechselbezug werden als einzige und letztinstanzliche Legitimationsnormen politischer Herrschaft begründet[14]. Sie werden in vielfältigen Formen illegitimer politischer Herrschaftspraxis zwar immer aufs Neue faktisch dementiert und sind fast überall auf der Welt in ihrer Realwirkung gefährdet, aber außer in partikulären fundamentalistischen Ideologien moderner Identitätspolitik in ihrem legitimen Geltungsanspruch im öffentlichen Legitimationsdiskurs der Gegenwart nicht mehr mit dem Anspruch allgemeiner Zustimmung in Zweifel gezogen[15]. Die politische Legitimationslehre des Liberalismus hat sich nach dem Kollaps ihres letzten großen historischen Gegenspielers, dem Marxismus-Leninismus, als die in der nachmetaphysischen Epoche der Neuzeit allein noch tragfähige, nämlich universell zustimmungsfähige Grundlage der Legitimation politischer Herrschaft und sozialer Ordnung, erwiesen[16]. Jede moderne Demokratietheorie mit dem Anspruch auf universelle Geltung muss sich infolgedessen in ihrem Rahmen bewegen.

Schon in seiner frühen klassischen Form, bei *John Locke*, beruhte der politische Liberalismus auf der universalistisch begründeten Vorstellung einer vor-

---

[13] Habermas 1985, 1992a, Gray 1995
[14] Gray 1989, 1993, Habermas 1992a
[15] Meyer 2002c
[16] Dieser Befund deckt sich natürlich in keiner Weise mit der Auffassung Fukuyamas, die Geschichte der Menschheit sei mit dem Zusammenbruch des Kommunismus an ihr Ende gelangt. Grundlage und teilweise auch Inhalt des vorliegenden Buches ist gerade die entgegengesetzte These, dass infolge der unausgetragenen Widersprüche der liberalen politischen Theorie der globale Wettstreit zwischen ihrem libertären und ihrem sozialen Erbe auf der historischen Tagesordnung steht. Fukuyama 1992

staatlichen universellen *Gleichheit der Freiheit* und der sie schützenden *Menschenrechte*. Sie führt mit der Einrichtung des modernen Staates durch den demokratischen Gründungsakt eines Gesellschaftsvertrags zwischen allen Bürgern zur Konstitution *gleicher Bürgerrechte*. Diese gelten für alle Personen und bestimmen Sinn, Zweck und Grenze staatlicher Herrschaft[17]. Die Gleichheit der Menschenwürde aller Personen und die aus ihnen unmittelbar folgende Gleichheit ihrer Rechte bei allen Entscheidungen, die die Bedingungen und Grenzen ihrer privaten Autonomie bindend regeln, also die Gleichheit der privaten und der politischen Autonomie aller Personen als Menschern und Bürger, haben sich als Legitimationsideen politischer und sozialer Ordnung in der modernen Welt durchgesetzt[18], die sich nicht relativieren lassen. Beide in ihrem unauflöslichen inneren Zusammenhang, die Gleichheit der *privaten* und der *politischen* Autonomie, gelten mit historischem Recht als die generative Idee des politischen Liberalismus, auch wenn der Hauptstrom der liberalen Parteien und Theoretiker noch bis in die Anfänge des zwanzigsten Jahrhunderts hinein die politischlogische Konsequenz der Demokratie im Interesse des Eigentumsschutzes mit beträchtlichem Argumentationsaufwand zu umgehen versuchte. Diese und weitere Einschränkungen, etwa nach Bildung oder Geschlecht, haben dem Prozess der sozialen Entfaltung der inneren politischen Logik der generativen Ursprungsideen des politischen Liberalismus nicht standgehalten. Sie sind, wenn auch nicht zuverlässig auf der Ebene der faktischen Normrealisierung, so doch auf der Ebene des legitimierenden Geltungsanspruchs der Normen, mit denen sich bestehende Verhältnisse überhaupt noch rechtfertigen lassen, den Grundsätzen der *gleichen Freiheit* und der gleichen Menschenwürde, also einem entschiedenen Gleichheitsprinzip, gewichen.

Nicht um dieses Prinzip der gleichen Menschen- und Bürgerrechte und seine Konsequenzen für die allein legitime Organisation der Formen staatlicher Herrschaft dauern die politischen und theoretischen Kontroversen um den politischen Liberalismus an, sondern um die beiden für die Theorie der Sozialen Demokratie *kardinalen Fragen*, wie weit sein Geltungsanspruch in der *gesellschaftlichen Gesamtverfassung* reicht und welche *Voraussetzungen* in der gesellschaftlichen Wirklichkeit gegeben sein müssen, um die legitimierenden Normen selbst als real erfüllt ansehen zu können.

Die historische Selbstentzweiung der Theorietradition des politischen Liberalismus in eine *libertäre* und eine *soziale* Richtung geht maßgeblich auf ihre strategische Differenz in der Interpretation des Ranges der Grundrechte der persönlichen Freiheit und des Privateigentums im Verhältnis zueinander und damit

---

[17] Seliger 1985
[18] Habermas 1992a,

der Bestimmung des Freiheitsbegriffs selbst zurück[19] . Denn die Interpretation dieses Verhältnisses hat sich schon seit dem Beginn der industriellen Revolution und den Anfängen des Triumphzugs der kapitalistischen Marktökonomie zu Beginn des neunzehnten Jahrhunderts als die entscheidende Prämisse dafür erwiesen, ob und in welcher Weise die Beziehung zwischen *Formalgeltung* und *Realwirkung* der Grundrechte thematisiert werden kann. Während die *Formalgeltung* der Grundrechte sich auf die legale Konstituierung eines vor den Eingriffen Dritter geschützten Rechtsraumes als notwendige Bedingung der individuellen Freiheit überhaupt beschränkt, bezieht sich ihre *Realwirkung* auf die Verfügung über diejenigen privaten und sozialen Güter, die als hinreichende Bedingung hinzu treten müssen, damit das rechtlich ermöglichte freie Handeln nach autonomen Lebensplänen in angemessenem Maße auch aktualisiert werden kann.

Das erste liberale Dilemma: Freiheit und Eigentum
Bei *Locke* gehen das Menschenrecht der Freiheit und das Eigentumsrecht eine enge, aber widerspruchsvolle Verbindung und im Prinzip in ihrer Dynamik teilweise noch offene Wechselbeziehung ein[20]. Den Begriff des Eigentums reduziert er nicht auf ein enges Verständnis von Eigentum an Sachen. Es bezeichnet für ihn vielmehr zugleich drei für die Freiheit gleichermaßen konstitutive Verhältnisse: Die Freiheit der Verfügung über die eigene Person, also die allgemeine Handlungsfreiheit der Privatautonomie; die Freiheit der Verfügung über das eigene Denken und Glauben, also vor allem die Meinungs-, Religions- und Bekenntnisfreiheit; und schließlich die Freiheit der Verfügung über die Sachen, die einer Person von Rechts wegen gehören[21]. Während es sich bei den ersten beiden Dimensionen dieses Eigentumsbegriffs um eingliedrige, reflexive Relationen handelt, nämlich um ein Verhältnis der Person zu sich selbst unter Ausschluss legitimer Interventionsbefugnisse Dritter, geht es bei der dritten Dimension um eine mindestens zweigliedrige, potenziell aber auch mehrgliedrige Relation[22], bei deren Realisierung prinzipiell nicht nur das Recht der verfügenden Person, sondern die Rechte Dritter berührt werden können. Beim ursprünglichen Eigentumserwerb vor der gesellschaftsvertraglichen Staatsgründung ist die Eigentums-Relation noch ausschließlich zweigliedrig, denn es geht nur um das Verhältnis der das Eigentum erwerbenden Person zu einer ursprünglich keiner anderen

---

[19] So auch Gray, der aber die Grundbegriffe im Unterschied zur mittlerweile vorherrschenden Lesart anders fasst, nämlich die „libertäre" Richtung als klassischen Liberalismus und den in Richtung Soziale Demokratie weisenden als „revisionistischen Liberalismus" bezeichnet. Gray 1995: 35 f
[20] Damit folge ich insoweit der Interpretation Martin Seligers (1985) im Gegensatz zu derjenigen von Mcpherson (1962).
[21] Vgl. dazu und zum Folgenden Locke 1966 (Zweite Abhandlung über die Regierung: Kap. V)
[22] Was Locke in den sozialpolitischen Teilen seiner Eigentumstheorie zumindest andeutungsweise auch in Rechnung stellt. Vgl. dazu Seliger 1985: 393-400

Person gehörenden, in der Natur frei vorgefundenen Sache, die erst durch menschliche Arbeit überhaupt den Status des Eigentums einer Person erhält. Der ursprüngliche Erwerb des Eigentums geschieht zudem durch die in eigener Person verrichtete Produktionstätigkeit des Eigentümers. Erst wenn nach der Gründung des Staates im Gesellschaftsvertrag der freien und gleichen Privateigentümer Ansprüche des Staates an das durch Arbeit erworbene Eigentum von Bürgern, etwa in der Form von Steuern, hinzutreten und zudem beim Gebrauch des eigenen Eigentums als Produktionsmittel die Arbeit dritter Personen erforderlich wird, entwickelt sich das Eigentum an Sachen zu einer mehrgliedrigen Relation. Im beschriebenen Fall ist es zuletzt zu einer viergliedrigen Relation geworden, ein Verhältnis zwischen Eigentümer, Sachen, eigentumslosen Mitarbeitern und Staat, das im Prinzip in jeder der Relationen in Widerspruch zu den Grundrechten Dritter oder den Rechten der Gesamtheit der Bürger treten und daher ein ganzes Bündel von Legitimationsfragen aufwerfen kann.

Obgleich in Lockes politischer Eigentumstheorie alle diese Dimensionen angedeutet werden, behandelt er sie nicht gleichrangig und thematisiert ihr Verhältnis zueinander in ihrer strukturellen Beziehung zum universellen Grundrecht der gleichen Freiheit nicht systematisch. Was für seine politische Theorie am Verhältnis von Eigentum und Freiheit zentral ist, ergibt sich aus seiner Begründung des Eigentumsrechts. Für das legitime Eigentumsrecht an Sachen, also das Privateigentum im engeren Sinne, nennt Locke drei wesentliche Gründe[23]: Es ist, *erstens,* ein Ergebnis des freien Handelns der Person, die Eigentümer ihrer selbst ist, und somit ein *Produkt* der individuellen Freiheit; es ist, *zweitens*, Ausdruck der *Gerechtigkeit* im Verhältnis der Freiheiten aller Personen zueinander, da jeder das Eigentum besitzt, das er auf diese Weise rechtmäßig erworben hat; und es ist, *drittens,* nach seinem legitimen Erwerb, eine der *Bedingungen* für den fortwirkenden Gebrauch der Freiheit der Person als Eigentümer. Unter der dieser Konstruktion zugrunde gelegten kontrafaktischen Bedingung eines ursprünglichen Zustandes, in dem sich die Gesamtheit aller Personen einer „herrenlosen", weil noch unbearbeiteten Natur gegenüber sieht, ist der Gedanke zwingend, dass Eigentumslosigkeit keine andere Ursache haben kann, als einen verfehlten Gebrauch der Handlungsfreiheit der betreffenden Personen und mithin verdient ist. Der Zustand der Eigentumslosigkeit kann zudem, solange der Naturzustand fortdauert, jederzeit von jeder Person durch einen angemessenen Gebrauch der eigenen Freiheit kompensiert werden.

Unter diesen Voraussetzungen ist die legitimierende Gründungsbeziehung zwischen der Freiheit einer Person und ihrem Privateigentum zwingend. Dann wäre es auch eine ausschließlich der eigenen Freiheit entspringende Entschei-

---

[23] Locke 1966: Kap. V

dung einer Person, sich in den Dienst einer anderen bei der Bearbeitung der herrenlosen Natur zu stellen, weil diese geschickter oder tatkräftiger ist. Nur der Sklave tauscht die Erhaltung seines Lebens, das er in der Niederlage des Krieges potenziell schon verloren hatte, gegen die Freiheit ein, die er ohnehin verwirkt hatte[24]. Die Frage nach dem Wert der Freiheitsrechte von Personen, die nicht in einem verlorenen Krieg ihr Lebensrecht schon eingebüßt haben, sondern aus unverdienter Not um des bloßen Überlebens willen ihre Freiheit zu einem substanziellen Teil an eine andere Person auf Zeit abtreten, die über Eigentum und Freiheit verfügt und ihnen dadurch das Überleben ermöglichen kann, stellt sich für Locke nicht systematisch[25]. Eine solche Selbstveräußerung von Freiheitsrechten müsste durchaus auch im Rahmen seiner eigentumsbasierten Freiheitstheorie mit ihrem Prinzip der Unveräußerlichkeit des Naturrechts der Freiheit das Problem der Kollision von gleichrangigen Freiheitsrechten verschiedener Personen aufwerfen. Es müsste sich auch in der Konsequenz von *Lockes* eigenem Argument im Augenblick der Staatsgründung kategorial verschärfen. Denn von nun an lebt jede Person in einer natürlichen Welt, in der ihr alles, was sie birgt und der Prämisse zufolge durch eigene Arbeit zum Eigentum werden kann, immer schon als Privateigentum anderer Personen begegnet[26].

Die in einer solchen Situation, also in staatlich verfassten Gesellschaften, weiterhin eigentumslosen Personen sind zwingend auf die Chance der Nutzung des Eigentums anderer angewiesen, um überhaupt handeln zu können und in diesem Sinne im Gebrauch ihrer eigenen Freiheit von vornherein den freien Entscheidungen anderer unterworfen. Die Eigentumslosen sind als Privatpersonen von den Eigentümern abhängig und ihnen gegenüber in dieser Beziehung ungleich. Sie sind als Staatsbürger Gleiche, wenn auch, nach dem Willen der frühliberalen Theorie, in einem passiven Status. Damit erweist sich der Gebrauch des Eigentums für alle, sowohl die Eigentümer als auch die Nichteigentümer, als eine prinzipiell dreigliedrige Relation: Sie enthält, *erstens,* ein Verhältnis des Eigentümers zu den Sachen, die sein Eigentum sind, *zweitens* ein Verhältnis der Personen des Eigentümers und des Nichteigentümers beim produktiven Gebrauch der Sachen zueinander, und, *drittens,* auch ein Verhältnis zur Gesamtheit aller Personen und deren im Gesellschaftsvertrag manifestierten Willen, wie in dem Verhältnis von Freiheit und Eigentum zu verfahren sei.

---

[24] Locke 1966: Kap. V

[25] Obgleich er durchaus eine Art Recht solcher Personen auf lebenserhaltende Unterstützungsleistungen durch die Wohlhabenden einfordert.

[26] Das ändert sich im Kern auch nicht durch den Versuch moderner libertärer Theoretiker, den weiterhin nach Lockeschem Muster gefassten eigentumsgestützten Freiheitsbegriff völlig von der ursprünglichen Erwerbssituation abzulösen und darüber hinaus sogar die Kompensation für vergangenes Unrecht beim Eigentumserwerb in Anschlag zu bringen. Legitimation stiftend bleibt letztlich auch in dieser Konstruktion allein der aktuelle Tausch. Gray 1995: 61 ff

Auch *Lockes* Eigentumstheorie sieht vor, dass der Staat im Namen aller Bürger durch ihren politischen Vertragsschluss ein gewisses Mitverfügungsrecht über das Eigentum der Privatpersonen gewinnt. Er muss es ja, wenn auch nicht ohne ihre parlamentarische Zustimmung, besteuern können, um die Mittel dafür zu gewinnen, Leben, Freiheit und Eigentum aller Person schützen zu können, also seinen eigentlichen Funktionszweck überhaupt erfüllen zu können. Die Gewährung eines absoluten Eigentumsrechts, die Lockes Theorie im Ganzen nahe zu legen scheint, führte daher auch innerhalb seines eigenen Bezugsrahmens in eine paradoxe Situation. Sie kann als Gründungszweck von Staatlichkeit selbst nur in einer Reihe von Widersprüchen enden. Das zeigt die Zuspitzung der bei Locke noch historisch offenen Eigentumstheorie der Freiheit durch den modernen *Libertarismus*, der sich in der Tradition des Lockeschen Liberalismus sieht, etwa in der Form, die Staatstheoretiker wie *Friedrich von Hayek* oder *Robert Nozick* ihm gegeben haben[27]. Denn die von ihnen gegebene Antwort auf das Paradox der Eigentumstheorie der Freiheit, der *Staats-Minimalismus,* muss die entscheidende Frage offen lassen: wie minimal ist minimal, denn sie ist immer nur politisch zu entscheiden. Die anderen Fragen des Paradoxes, vor allem das Freiheitsproblem in der Relation von Eigentümer und Nicht-Eigentümer, lässt der moderne Libertarismus ohnedies offen.

Da es *Locke* nicht mehr wie noch *Hobbes* um die Sicherung des Überlebens der Personen als Bürger allein geht, sondern um die Gewährleistung ihrer Freiheit als Eigentümer, scheidet für ihn eine Lösung des Freiheitsparadoxes aus, die dem Staat ein allgemeines Recht als Obereigentümer über das Eigentum der Bürger einräumt, soweit dies für die Erfüllung der ihm von ihnen übertragenen Zwecke notwendig erscheint. Dass er dennoch an einem nahezu absoluten Eigentumsrecht festhält, folgt nicht logisch zwingend aus der internen Struktur seines Begründungsverhältnisses von Freiheit und Eigentum, sondern aus dem spezifisch-historischen Kontext und einer politischen Abwehrkonstellation, die der Erfahrung der Konfrontation des Liberalismus mit Absolutismus und Feudalgesellschaft entspringt[28].

Übergang zum modernen Libertarismus
Moderne Libertäre wie *Robert Nozick* und *John Gray* lehnen zwar aus Gründen der logischen Konsistenz die Lockesche Theorie des ursprünglichen Eigentumserwerbs durch Übertragung des Eigentums an der eigenen Person auf die bearbeiteten Gegenstände ab, halten aber am Konzept einer auf das Eigentumsrecht an der eigenen Person gestützten ungeschmälerten liberalen Eigentumstheorie als

---

[27] von Hayek 1977, 1979, 1981, Nozick 1974
[28] Hutton 2002

Voraussetzung von Freiheit ohne Einschränkungen fest[29]. Die libertäre Position kritisiert zwar einige der Prämissen des Lockeschen Freiheitsbegriffs. Es kennzeichnet sie, dass sie an seiner Substanz ungeachtet der Tatsache festhält, dass in der Zeit nach Locke die Widersprüche dieses Eigentumsverständnisses zu einem universalistischen Freiheitsbegriff in der Praxis des Marktkapitalismus in nicht zu ignorierender Eindeutigkeit zu Tage getreten sind. Sie schließt die bei Locke noch dynamisch offene Konzeption des Eigentums gegen diese Erfahrung ab und verhärtet sie damit ideologisch. Das äußert sich darin, dass weiterhin allein die Relation des Eigentümers im Gebrauch der ihm gehörigen Sachen als ein Verhältnis der Freiheitsstiftung ernst genommen, die anderen sozialen Relationen der Eigentumsbeziehung in ihren Freiheitswirkungen ihr aber vollständig untergeordnet oder systematisch ausgeblendet werden. Damit wird das gesamte Feld der universellen Realwirkung der Freiheitsrechte entthematisiert, denn mit der absoluten Institutionengarantie des Freiheitsrechts scheint alles geleistet, was zur Sicherung der Grundrechte der Bürger von Staats wegen legitimer Weise geschehen darf.

Mit seiner Selbstbeschränkung auf die rechtlich-formale Ebene der universellen Grundrechte und der Einrichtung ihnen entsprechender rechtlicher und politischer Institutionen auf der Ebene der staatlichen Willensbildung gerät der politische Liberalismus in ein doppeltes politisches Dilemma. Er kann mangels empirischer Grundlegung weder die *Bedingungen der faktischen Realgeltung seiner konstitutiven Grundnormen* gewährleisten, noch als Folge dessen die *Integrationsfähigkeit des Staates*, die auf ihnen beruht, empirisch plausibel begründen.

Das zweite liberale Dilemma: Negative und Positive Freiheit
Die durch die einflussreiche Analyse von *Isaiah Berlin* prominent gewordene Unterscheidung von positiver und negativer Freiheit ist auf die liberale Tradition immer in der Weise bezogen worden, als sei für diese fraglos der negative Freiheitsbegriff repräsentativ und für die Tradition der Sozialen Demokratie der positive Freiheitsbegriff[30]. Interpretation und Rang dieser Freiheitsbegriffe sind als entscheidendes Interpretativ für die Theorie der Demokratie und der Grundrechte von ausschlaggebender Bedeutung. In der Geschichte der Diskussion dieser beiden Varianten des liberalen Freiheitsverständnisses und in der aktuellen Debatte über sie sind weitere Begriffe zur Charakterisierung ihrer spezifischen Differenz vorgeschlagen worden, die aber die Fragestellung, um die es bei ihrer Unterscheidung geht, selbst nicht wesentlich verändern. Gleichbedeutend ist der negative Freiheitsbegriff auch als formaler oder abwehrender und der positive

---

[29] Nozick 1974, Gray 1995: 62 ff
[30] Berlin 1958, 1969, dazu Gray 1989, 1995

Freiheitsbegriff auch als materialer oder ermöglichender bezeichnet worden[31]. *Berlin* hat sich in seinem Essay auf der Grundlage seines Theorems eines unauflöslichen Pluralismus der letzten Grundwerte, das zu einer Rangentscheidung zwingt, für den unbedingten Vorrang des negativen Freiheitsbegriffs in dem Bewusstsein ausgesprochen, damit die philosophische und historische Substanz des liberalen Freiheitsverständnisses gegen seine Gefährdung durch letztlich unkontrollierbare Einschränkungen und Voraussetzungen zu verteidigen[32]. Damit stellt sich die Frage nach den unterschiedlichen Dimensionen im Verhältnis beider Freiheitsbegriffe zueinander.

Der liberale, auch von Berlin erhobene Haupteinwand gegen die Gleichrangigkeit des positiven Freiheitsbegriffs mit dem negativen, besteht im Verweis auf den unbestreitbaren Umstand, dass er ermöglichende Eingriffe in die individuelle Handlungssphäre von Personen von dritter Seite verlangt. Erst durch solche Eingriffe können die Voraussetzungen der positiven Handlungsfreiheit für diejenigen geschaffen werden, die über sie von sich aus nicht verfügen und diese Bedingungen durch ihr autonomes Handeln in den Grenzen der negativen Freiheitssphäre auch nicht selbst herbeiführen können. Dabei werden regelmäßig auch Eingriffe in die negative Freiheitssphäre Dritter vorgenommen, etwa in der Weise, dass ihnen durch Steuern ein Teil ihrer Handlungschancen entzogen wird, die dann zur Finanzierung eines öffentlichen Bildungssystems verwendet werden, um die positiven Handlungsvoraussetzungen von materiell schlechter gestellten Bürgern zu gewährleisten. Positive Freiheitssicherung setzt in diesem Sinne kennzeichnenderweise selbst wieder freiheitsbegrenzende Eingriffe voraus. Indem beispielsweise der Staat, so lautet das Argument, sei es durch Umverteilungsmaßnahmen, sei es durch die Gewährung von Hilfen, für bestimmte Gruppen die Bedingungen ihres positiven Freiheitsgebrauchs zu beeinflussen sucht, greift er auf doppelte Weise in bestehende Freiheitsräume ein, *erstens* im Bezug auf die von diesen Maßnahmen Begünstigten und *zweitens* im Bezug auf diejenigen, denen durch re-distributive Eingriffe zuvor verfügbare Ressourcen entzogen werden. Demzufolge, so lautet die Pointe dieses libertären Arguments, bedroht die positive Ausweitung des Freiheitsbegriffs seinen negativen Kerngehalt. Daher müsse dem negativen Freiheitsbegriff zur Sicherung von Handlungsfreiheit überhaupt ein unbedingter Vorrang eingeräumt werden. Diese Entgegensetzung der Freiheitsdimensionen im „agonalen Liberalismus" Berlins[33] und der auf ihn gestützten einflussreichen Interpretationstradition enthält bei genauer Analyse im Hinblick auf die Prämissen der liberalen Tradition allerdings eine folgenreiche Inkonsistenz.

---

[31] Vgl. dazu vor allem Sen 1999a, 1999b
[32] Gray 1993: 64
[33] Gray 1993: 64

Soweit der liberale Freiheitsbegriff konstitutiv auf die Verfügung über Sacheigentum bezogen ist, in dessen Gebrauch kein Dritter, gerade auch nicht der Staat, eingreifen darf, entspricht er entgegen der üblichen Lesart nämlich gerade nicht dem Typ des negativen Freiheitsverständnisses. Der Kern des auch von Locke benutzten Arguments zur internen Verknüpfung von Freiheit und Privateigentum beruht auf der impliziten Annahme, dass die reale Ausübung eines formal gewährleisteten Freiheitsrechts davon abhängt, dass die handelnde Person auch tatsächlich über die positiven Voraussetzungen ihrer Handlungspläne, nämlich ein privates Eigentum an den dafür notwendigen Sachen verfügen kann. Als Bedingung der Freiheit wird in diesem Argument mithin ein wesentliches Element des positiven Freiheitsbegriffs eingeführt, nämlich die Verfügung der handelnden Person über die materiellen Ressourcen ihrer Handlungspläne.

Dieser Konstruktion liegt die Vorstellung zugrunde, dass zumindest im Naturzustand, in dem die Natur als herrenloses Gut verfügbar ist, jede Person, die in Freiheit gemäß ihren selbst gewählten Plänen handeln will, die materiellen Bedingungen ihres Handelns jederzeit zur Verfügung stehen. Unter diesen Umständen konvergieren der positive und der negative Freiheitsbegriff, denn die Freiheit vor Eingriffen Dritter gewährleistet bereits die Verfügung der handelnden Person über die materiellen Ressourcen ihres Handelns. Nachdem nun aber die Natur im Wesentlichen bearbeitet, angeeignet, verteilt und, durch den rechtlichen Zustand nach der vertraglichen Staatsgründung, die daraus resultierenden Eigentumsverhältnisse auch rechtlich fixiert sind, ändert sich die Situation von Grund auf. Nunmehr verfügen nur noch die Eigentümer unmittelbar über die materiellen Ressourcen ihres freien Handelns, während die Nicht-Eigentümer von diesen Ressourcen getrennt sind. Daraus ergibt sich eine prinzipiell asymmetrische Situation. Unter den im Vertragszustand herrschenden Bedingungen bedeutet die Nicht-Einmischung des Staates in die Handlungssphäre der privaten Bürger, also die Garantie der *negativen* Freiheit, für beide Gruppen, die Eigentümer und die Nicht-Eigentümer, in Hinblick auf ihre Freiheitschancen etwas prinzipiell Verschiedenes. Für die Eigentümer ist die negative Freiheit gleichbedeutend mit der Garantie der Bedingungen ihrer *positiven* Freiheit, nämlich der gesicherten Verfügung über ihre materiellen Handlungsressourcen. Für die Nicht-Eigentümer hingegen ist die Institutionalisierung der *negativen* Freiheit allein umgekehrt gerade gleichbedeutend mit der rechtlichen Verfestigung ihrer Trennung von den materiellen Ressourcen ihrer Handlungsfreiheit, also der systematische Entzug ihrer positiven Freiheitschancen.

Im vorliegenden Zusammenhang ist die faktische Ungleichheit, die aus dieser formalen Gleichbehandlung des status quo beider Gruppen resultiert, von nach geordnetem Interesse. Sie berührt die Frage nach der Gerechtigkeit. Als Ergebnis der Analyse des Verhältnisses von Freiheit und Eigentum ist hier zunächst festzuhalten, dass die Substanz des liberalen Freiheitsbegriffs letztlich in seiner positiven Dimension besteht, die durch die alleinige staatliche Garantie seiner negativen Dimension gegen mögliche Gefährdungen und Risiken gerade abgesichert werden soll. Weil, so lautet der versteckte Sinn dieses liberalen Freiheitsverständnisses, die materiellen Freiheitsbedingungen, also die positive Freiheit, für das Handlungsvermögen der Person ausschlaggebend ist, bedarf sie der vorrangigen Sicherung, eben durch die Institutionalisierung allein der negativen Freiheitsrechte.

Dieses Freiheitsverständnis erzeugt die paradoxe Situation, dass die scheinbare Gewährleistung allein der negativen Handlungsfreiheit für einen Teil der Staatsbürger mit der Sicherung ihrer positiven Freiheitsrechte identisch ist, während sie den anderen Teil von ihnen gerade trennt. Die Universalisierung der negativen Freiheit erweist sich in der Realität der gesellschaftlichen Ungleichheit der Besitzverhältnisse als eine Partikularisierung der positiven Freiheitsrechte, die aber auch in der liberalen Argumentation selbst als Fundament und Geltungssinn des negativen Freiheitsrechts erkennbar bleiben.

Es ist diese kennzeichnende Asymmetrie in der Tiefendimension des liberalen Freiheitsbegriffs, die von der sozialen Kritik des Liberalismus als Verletzung seiner universellen Geltungsbedingungen zurückgewiesen und durch die *Verteidigung der Gleichrangigkeit beider Dimensionen, der positiven und der negativen*, ersetzt wird. Das ist auch der Kern von *Ronald Dworkins* Argument gegen den agonalen Wertepluralismus *Isaiah Berlins*[34]. Erst in einer integrierten Perspektive gewinnen die politischen Grundwerte der Freiheit und Gleichheit ihren vollständigen Sinn, während ihre Entgegensetzung auf einer unangemessen partikularisierenden Interpretation beruht[35].

Während die Asymmetrie, die aus der *prinzipiellen* Bevorzugung des negativen Freiheitsverständnisses entsteht, auf der mangelhaften Explikation der Voraussetzungen des universellen Freiheitsbegriffs beruht, kann das Argument einer *pragmatischen* Asymmetrie zwischen beiden mit universalistischen Argumenten verteidigt werden. Für die universelle Realgeltung des Freiheitsrechts kommt es auf die gleichrangige Realisierung beider Freiheitsdimensionen an. Im politischen Prozess ihrer Realisierung jedoch genießt die negative Freiheit einen gewissen pragmatisch-temporären Vorrang. Die mit ihr verbundenen bürgerlichen und politischen Grundrechte erweisen sich in der politischen Praxis nämlich als die Garantie für die Gewährleistung eines Prozesses, in dem die gleichen und freien Staatsbürger über die angemessensten Formen der Einrichtung positiver Freiheitsrechte, vor allem in Formen von sozialen und ökonomischen Grund-

---

[34] Dworkin 2000
[35] Meyer 2001c

rechten, beraten und beschließen können[36]. Das gilt besonders für die Beschlussfassung über die praktischen Handlungsprogramme, mit denen die materiellen Freiheitschancen geschaffen werden. Der politische Weg aus einer Lage, in der lediglich soziale und ökonomische Chancen realisiert sind, zur Herbeiführung eines Zustandes, in dem auch die bürgerlichen und politischen Freiheiten gesichert werden, erweist sich in der Praxis aus offensichtlichen Gründen fast immer als sehr viel dorniger denn der umgekehrte Weg aus der formalen Rechtssicherheit in die ergänzende soziale Sicherung. Dieses *pragmatisch prozedurale* Argument deckt aber nicht den Versuch, die rechtliche Gewährleistung der positiven Freiheitsrechte in Frage zu stellen oder herabzustufen.

Das prinzipielle Dilemma des klassischen Liberalismus äußert sich in drei die universellen Grundrechte verletzenden Konstellationen:

Erstens: Oberhalb einer bestimmten Schwelle führen soziale und ökonomische Ungleichheiten dazu, dass in der gesellschaftlich-wirtschaftlichen Handlungssphäre selbst Abhängigkeits- und Unterordnungsverhältnisse entstehen, die die Würde der abhängigen Personen in Form ihrer *sozialen Autonomie* verletzen. Dieses *Argument der Ausgrenzung des sozialen Geltungsbereichs* sieht in der Neutralisierung der gesellschaftlichen Handlungssphäre gegenüber dem Geltungsbereich universeller Grundrechte eine Verletzung des Grundrechtsverständnisses der liberalen Tradition selbst.

Zweitens: Zugleich folgt aus demselben Faktum der Ausgrenzung des sozialen Bereichs aus der Geltungssphäre der Grundrechte eine Verletzung des *privaten Autonomieanspruchs* derjenigen Personen, die in menschenunwürdige Abhängigkeitsverhältnisse und als Wirtschaftsbürger insofern in eine grundrechtswidrige Fremdbestimmung durch Dritte geraten.

Drittens: Soziale und ökonomische sowie bildungsbezogene Ungleichheiten hindern von einer bestimmten Größenordnung an die von ihnen Betroffenen daran, ihre politischen Staatsbürgerrechte aktiv wahrnehmen zu können. Dieses *politische Ausgrenzungs-Argument* sieht in der liberalen Zulassung großer gesellschaftlicher Ungleichheiten, Abhängigkeiten und individueller Entwicklungs- und Bildungsdefizite eine *faktische Verweigerung gleicher politischer Bürgerrechte* für die ganze davon betroffene soziale Klasse und damit ihrer *politischen Autonomie*.

---

[36] Darin besteht die Begründung für den unterschiedlichen völkerrechtlichen Status, der prinzipiell gleichrangig geltenden politischen und sozialen Grundrechte. Vgl. dazu Kap. 4

Aus jedem dieser Argumente folgt nach Auffassung der sozialen Kritik am Liberalismus, dass dieser in dem Maße in intern unauflösliche Widersprüche zwischen der formalen Geltung seiner legitimierenden Grundrechte und der Realität seines institutionellen Handlungsprogramms gerät, wie er die Ausgrenzung der gesamten empirischen Realität, vor allem der gesellschaftlich-ökonomischen Handlungssphäre, aus dem Geltungsanspruch seiner grundlegenden Gleichheitsnorm der Rechte verlangt.

Soziale Demokratie als Demokratietheorie
Mit seiner Selbstbeschränkung auf die formalrechtliche Geltungsebene der universellen Grundrechte, der Festlegung auf den negativen Freiheitsbegriff als Grundlage des staatlichen Handlungsprogramms und der Einrichtung ihnen entsprechender politischer und rechtlicher Institutionen auf der Ebene der staatlichen Willensbildung gerät der Liberalismus in einen doppelten politischen Widerspruch. Er kann mangels empirischer Grundlegung weder die Bedingungen der Geltung seiner konstitutiven Grundnormen gewährleisten, noch die Funktionsfähigkeit der politisch verfassten Gesellschaft, die auf ihnen beruht, begründen.

Es sind zwei normative Prämissen, die die unterschiedlichen Beiträge zur Theorie der Sozialen Demokratie über alle Differenzen hinweg verbinden:

Die Überwindung des im Vorrang des negativen Freiheitsbegriffs begründeten libertären Partikularismus zugunsten eines universellen Freiheitsbegriffs, der die Gleichrangigkeit von positiver und negativer Freiheit umfasst.

Die Überwindung der Identifikation von Freiheit und Eigentum zugunsten eines universellen Freiheitsbegriffs, der in jeder Eigentumsrelation die Freiheiten aller Betroffenen als prinzipiell gleichrangig gegeneinander abwägt.

Der hier vorgelegte Entwurf einer solchen Gesamttheorie versucht diesen Anspruch einzulösen. Die spezialisierten Teiltheorien für die einzelnen Handlungsbereiche werden in diesem Rahmen aufeinander bezogen und integriert. In der schrittweisen Wechselbeziehung zwischen den Teiltheorien und dem prospektiven Rahmen entsteht auf diese Weise die argumentative Struktur einer integrierten Theorie.

3   Soziale Bürgerschaft

Bürgerschaft als reflexive Rechtebegründung
Die politische Theorie des Liberalismus hat die Bedingungen formuliert, die erfüllt sein müssen, damit in der nachmetaphysischen Ära politische Herrschaft mit Anspruch auf universelle Gültigkeit legitimiert werden kann. Das entschei-

dende Kriterium liegt dieser Theorie zufolge in der *politischen* Gleichheit der Bürger als Partner und Teilhaber des Gesellschaftsvertrags, auf den sich in letzter Instanz alle politische Herrschaft zurückführen lassen muss. Das gilt nicht nur für die Gewinnung abstrakter Legitimationsnormen im Sinne eines fiktiven Gründungsaktes, sondern ebenso im Hinblick auf die Gesamtheit der gegenwärtigen Formen und Akte legitimer politischer Herrschaft. Bürgerschaft, der gleichermaßen legitimierende und verpflichtende Bürgerstatus, kann folglich unter modernen Bedingungen nur das Recht jedes Bürgers bedeuten, gleichberechtigt mit allen anderen Bürgern über die Regeln der Konstituierung des politischen Gemeinwesens zu entscheiden und in fortwährender Gleichberechtigung an den politischen Entscheidungsprozessen des Gemeinwesens beteiligt zu sein[37].

Die Gleichverteilung der politischen Rechte und Pflichten ist die generative Idee politischer Herrschaftslegitimation der Moderne. Sie bezieht sich, in den Grenzen des unantastbaren Kerns der Menschen- und Bürgerrechte selbst, auch auf die immer wieder neu gestellten *meta-politischen* Entscheidungsfragen, wie die Rechte der Menschen und Bürger auszulegen und im Widerspruchsfall zueinander zu regulieren sind und welchen Umfang bezogen auf die unterschiedlichen Dimensionen des Handelns sie haben müssen, um ihren elementaren Sinngehalt der Gewährleistung gleicher Freiheit in wechselnden Situationen behaupten zu können[38]. Aus diesem Grund hat sich sowohl in der politischen Realgeschichte der Entfaltung der liberalen Grundrechte und ihrer Widersprüche in der Praxis wie in ihrer sozialwissenschaftlichen Erörterung der Bürgerstatus als der *begriffliche und rechtliche Fokus* für die Bearbeitung der Widersprüche zwischen der Formalgeltung und der Realwirkung der Grundrechte der Bürger erwiesen.

Begriff der Bürgerschaft
Die Geschichte der sukzessiven historischen Entfaltung der politischen und sozialen Bürgerrechte hin zu dem im zwanzigsten Jahrhundert erreichten Stand der rechtlichen Institutionalisierung eines mit umfangreichen Rechten ausgestatten sozialen Bürgerstatus ist eine Geschichte der zunehmenden Wahrnehmung der „Hindernisse, die die bürgerlichen Rechte von den Mitteln ihrer Verwirklichung trennen" und der politischen Durchsetzung derjenigen Konsequenzen, die gezo-

---

[37] Der englische Begriff citizenship ist nicht ohne beträchtliche Bedeutungsverschiebungen ins Deutsche zu übersetzen. Das Bedeutungselement des internen Zusammenhangs von Rechten und Pflichten sowie die Vorstellung einer aktiven Staatsbürgerrolle im Rahmen einer politischen Gemeinschaft gehen im Begriff der Staatsbürgerschaft weit gehend verloren. Ich greife im vorliegenden Text daher überwiegend auf die Begriffe des Bürgerstatus und der Bürgerschaft zurück, gelegentlich auch auf Bürgerrechte.
[38] Faulks 2000

gen werden müssen, um diese Mittel allen Bürgern verfügbar zu machen[39]. In der Konsequenz derselben Entwicklung wurde, konzeptionell und praktisch, die Herausforderung angenommen, die Hindernisse zu identifizieren und zu überwinden, die einen Teil der Staatsbürger von den Mitteln der Verwirklichung ihrer Grundrechte und den Voraussetzungen der Gleichheit ihrer privaten Autonomie trennen[40]. Die Universalität der gleichen bürgerlichen Rechte treibt unwiderstehlich einen politischen Prozess aus sich hervor, der all diese Hindernisse nach und nach klassifiziert und durch eine allmähliche Erweiterung und Materialisierung von universellen Statusrechten der Bürger überwindet. Die Antriebsenergien und das Ziel dieses Prozesses liegen in der Herbeiführung gesellschaftlicher Verhältnisse, in denen die Formalgeltung und die Realwirkung der Grundrechte für alle Bürger zur Deckung gelangen, in der Terminologie von Marshall *die Verfügung über die Mittel zur Verwirklichung der Rechte ebenso universell geworden ist wie die Geltung dieser Rechte selbst.*

Marshall präsentiert in seiner systematisierenden Rekonstruktion der historischen Stufenfolge der Entfaltung der bürgerlichen, politischen und sozialen Dimensionen von Bürgerschaft die gesellschaftlichen Erfahrungen und ihre argumentative Verarbeitung in der Theorie, die diesen Prozess in der Logik des ursprünglichen egalitären Legitimationsanspruchs zu immer neuen Stufen und Graden der Universalität seiner Einlösung vorangetrieben hat. Seine rekonstruktive Theorie der notwendigen Dimensionen eines vollen Bürgerstatus bildet die Brücke zwischen dem ursprünglichen liberalen Verständnis universeller Grundrechte und dem gegenwärtig gültigen Völkerrecht, dass in den UN-Pakten von 1966 diese Grundrechte in einer ausdifferenzierten Palette von Geltungsdimensionen negativer und positiver Freiheitsrechte in Kraft gesetzt hat.

Die Paradigmen bildende Bedeutung von Marshalls Theorie des Zusammenhangs der „drei Bestandteile des Staatsbürgerstatus" besteht weder in dem historischen Bericht über die sukzessive Entfaltungsgeschichte der Elemente, noch in der wissenschaftlichen Begründung, die er entfaltet, sondern darin, dass er zwischen den Stufen dieser Entfaltungsgeschichte und ihrer jeweiligen Legitimation einen Deutungszusammenhang herstellt, der zugleich erklärende und systematisch begründende Bedeutung gewinnt. Die wirkungsgeschichtliche Bedeutung von Marshalls *social-citizenship*-Theorie ergibt sich daraus, dass er mit systematischem Geltungsanspruch zeigen kann, dass die in der historischen Stufenfolge jeweils voranschreitenden Grundrechtsdimensionen überhaupt nur dadurch ihre legitimierende Kraft entfalten und behaupten konnten, dass sie zu gegebener Zeit in der nächst folgenden Stufe aufgehoben wurden. Andernfalls hätten sie im Lichte neuer Erfahrungen ihren eigenen Geltungsanspruch demen-

---

[39] Marshall 1992: 61
[40] Marshall 1992: 64

28

tieren müssen, was aber unter den Prämissen der modernen Legitimationsformen und des staatsbürgerlichen Letztentscheidungsrechts über sie faktisch auf keiner Stufe in Betracht kommen konnte.

Es ist der universelle Anspruch der Grundrechte selbst, der sich angesichts neuartiger oder auf neue Weise interpretierter Handlungsbarrieren im Prozess ihrer stufenförmigen Erweiterung geltend macht. Die systematische Rekonstruktion der Entfaltungslogik des Grundrechtsuniversalismus unter den empirischen Bedingungen der von der marktkapitalistischen Ökonomie geprägten modernen Gesellschaft ist darum die eigentliche Leistung von Marshalls Theorie der Staatsbürgerschaft. Die Logik wird dadurch vorangetrieben, dass niemand sonst als die Staatsbürger selbst die Interpretation ihrer Grundrechte im Lichte neuer Erfahrungen vornehmen können. In diesem Sinne enthält Marshalls Theorie der sozialen Grundrechte zugleich eine Theorie der Staatsbürgerschaft selbst.

Bürgerschaft unter den egalitären Geltungsbedingungen der modernen Kultur ist daher, wie Marshalls Rekonstruktion ihrer Selbstauslegung seit den Anfängen des politischen Liberalismus zeigt, unvermeidlich reflexiv[41]. Ihre reflexive Dynamik ist eine durch Erfahrung voranschreitende Besinnung darauf, wie die Geltungsbedingungen gleicher Bürgerrechte in wechselnden empirischen Handlungskontexten jeweils zu bestimmen und einzulösen sind.

Die historisch-systematische Entfaltung der Dimensionen
Nach Marshalls Rekonstruktion zeigt sich im Verlaufe des achtzehnten Jahrhunderts, dass die bürgerlichen Rechte egalitär und umfassend in Kraft treten müssen, wenn sie ihrem Geltungsanspruch überhaupt genügen wollen[42]. Die Stillstellung an einem willkürlichen gesetzten Punkt ihrer systematischen Entfaltung in den reflexiven Interpretationshandlungen der Staatsbürger würde notwendigerweise nicht lediglich ihre Konsolidierung, sondern ihren Geltungsanspruch im Ganzen in Frage stellen. Die Erfüllung der bürgerlichen Grundrechte setzt nämlich, wie die politischen Kämpfe um die Verwirklichung eines solchen Programms im neunzehnten Jahrhundert erwiesen, die Institutionalisierung gleicher politischer Teilhaberechte voraus, da nur unter diesen Bedingungen der Universalismus der bürgerlichen Grundrechte von seinen entlegitimierenden Einschränkungen befreit werden kann. Die Widersprüche beim Versuch der Verwirklichung beider zeigten dann im zwanzigsten Jahrhundert, dass weder die bürgerlichen noch die politischen Freiheitsrechte als Rechte von Gleichen realisiert werden können, wenn nicht positive Freiheitsrechte hinzu treten, die sie unabhängig vom sozialen und wirtschaftlichen Status der Person, so wie es ihr universalistischer Geltungsanspruch verlangt, real wirksam werden lassen.

---

[41] Dazu systematisch Schmalz-Bruns 1994
[42] Marshall 1992: 40 ff

Social citizenship bezeichnet in Marshalls Verständnis daher eine Selbstauslegung von Staatsbürgschaft, die empirisch erfahrene Grenzen und Widersprüche mit den Bedingungen gleicher Staatsbürgerschaft in voranschreitend neuen Formen des Selbstverständnisses und der Kodifizierung der Grundrechte verarbeitet. Die vordergründige Gleichheit der Formalgeltung der Grundrechte fordert in der Konsequenz ihrer eigenen Geltungslogik schrittweise diejenige positive Fundierung, die ihre Realgeltung als universalistische überhaupt erst ermöglicht. So hat für Personen dann „das Recht auf Redefreiheit nur wenig wirkliche Substanz, wenn sie aufgrund fehlender Erziehung nichts zu sagen haben, was der Rede Wert ist, und sie nicht die Mittel haben, sich Gehör zu verschaffen. Diese offensichtlichen Ungleichheiten sind aber nicht auf unzureichende Freiheitsrechte zurückzuführen, sondern auf das Fehlen sozialer Rechte"[43]. Eine neue Kategorie von Grundrechten erweist sich als notwendig, um den Geltungsanspruch der Grundprinzipien der gleichen Freiheit und Würde, deren Ausdruck die Grundrechte selbst sind, mit realer Geltungskraft zu erfüllen. Erst mit der Einführung der neuen Kategorie sozialer Grundrechte lässt sich der Anspruch der historisch vorangehenden Kategorien der bürgerlichen und politischen Grundrechte sowohl erhalten wie, im Angesicht der realen gesellschaftlichen Bedingung ihrer Erfüllbarkeit, erneuern.

Die Entfaltung der sozialen Grundrechte im zwanzigsten Jahrhundert entspringt mithin der Selbsterkenntnis der Staatsbürger, dass die im Grundrechtsprinzip überhaupt enthaltene Legitimationsnorm der Gleichheit unter den gegebenen Bedingungen sozialer Ungleichheit entweder anhand der implizierten Norm ihres „gleichen sozialen Werts"[44] interpretiert und konkretisiert wird oder ihren Legitimationswert überhaupt verliert. Die Garantie der Grundrechte muss das Recht auf die „Mittel ihrer Verwirklichung" einschließen oder sie läuft das Risiko ihrer Entlegitimation von Grund auf. Die Grundrechte, das ist der Kern des Rechtsverständnisses in Marshalls Konzept von *social citizenship,* lassen sich im Fortschritt der historischen Erfahrungen nur dann ohne Selbstwiderspruch begründen, wenn sie ein *Grundrecht auf die sozialen Mittel ihrer Verwirklichung* einschließen.

4   Universelle Grundrechte

Globalität und Universalität der Grundrechte
In Erwägung der Erfahrungen mit dem Zweiten Weltkrieg und seinen gesellschaftlichen Voraussetzungen enthielt schon die *Allgemeine Erklärung der Men-*

---

[43] Marshall 1992: 58
[44] Marshall 1992: 61

schenrechte der UN von 1948 einen konstitutiven Bezug auf die Idee der *sozialen Bürgerschaft* als Realbedingung für die zeitgemäße Einlösung von universellen Grundrechten überhaupt. Sie brachte bereits vor dem Beginn des Kalten Krieges und seiner Neigung zur Departmentalisierung und Instrumentalisierung der unterschiedlichen Kategorien der Grundrechte ein *post-liberales* Grundrechtsverständnis zum Ausdruck. Die bürgerlichen und politischen sowie die sozialen und wirtschaftlichen Rechte wurden in *einem* gemeinsamen Dokument deklariert.

Demokratietheorie und Moraltheorie
Somit wurden mit den Pakten die universellen Grundrechte zum global geltenden Völkerrecht. Das schließt einen weltweiten Konsens über zwei zentrale Grundsätze ein. Der *erste* besteht in der Ausdifferenzierung der *sozialen Geltungssphären* der Menschen- und Bürgerrechte. Sie sind in ihren *bürgerlichen, politischen, kulturellen, sozialen* und *ökonomischen* Dimensionen prinzipiell gleichrangig in Kraft, mit der einzigen, freilich selbstverständlichen Einschränkung, dass die sozialen und ökonomischen Bürgerrechte in jedem Land auf dessen wirtschaftliche Möglichkeiten relativiert sind. Der *zweite* Grundsatz besteht im politischen Konsens über die kulturelle, religiöse und weltanschauliche Neutralität aller Kategorien universeller Grundrechte. Dieser Grundsatz ist zwar *moral-theoretisch* trivial, da ja die Universalität schon ihrem eigenen Geltungsanspruch nach mit der Unabhängigkeit von jeder partikularisierenden Bedingung gleichbedeutend ist. *Er ist demokratietheoretisch jedoch von entscheidendem Gewicht, da er den Nachweis einschließt, dass die Möglichkeit des politischen Konsenses über die globale Geltung universeller Grundrechte von einem Konsens über deren Begründung unabhängig ist.* Das bedeutet jedoch nicht ihre Unabhängigkeit von universalistischer Begründbarkeit überhaupt, sondern nur, dass Differenzen auf dieser Ebene das Einverständnis über den Inhalt und die Geltung der Rechte nicht blockieren müssen.

Die Unabhängigkeit der universellen politischen Geltung vom Begründungskonsens belegt nicht die Irrelevanz von Begründung überhaupt, denn es spricht alles dafür, dass für jede der dem politischen Konsens zustimmenden Parteien auch in der globalen Arena in Analogie zum *Rawls'schen* Überlappungs-Grundsatz die Überzeugung von der Gültigkeit einer bestimmten Begründungsvariante die politische Zustimmung kognitiv, wenn auch nicht in jedem Falle rational, motiviert[45]. Aus diesem Grunde ist die hier gewählte Strategie einer normativen Orientierung der Theorie der Sozialen Demokratie am *Faktum* geltender universeller Grundrechte *kein* rechtspositivistischer Fehlschluss, son-

---

[45] Rawls 1998

dern eine theoretisch gut begründete Option. Die Einigung auf Grundrechte und Grundwerte der Gesellschaftsgestaltung unterhalb der Ebene der philosophisch konkurrierenden Letztbegründungsansprüche kann nämlich als ein ethisch-politischer Imperativ zweiter Stufe begründet werden, der gemeinsames Handeln und damit die Realisierung der zur Debatte stehenden Werte unter den gegebenen Bedingungen religiöser, weltanschaulicher und kognitiver Differenz überhaupt erst möglich macht.

Die Theorie der Sozialen Demokratie ist infolgedessen, soweit sie sich auf die in diesen Dokumenten präzisierten universellen Grundrechte stützt, von einer eigenen philosophischen Begründung ihrer normativen Grundlagen, etwa in einer universalistischen Theorie der Gerechtigkeit, unabhängig. Sie kann sich für den Kernbereich, wenn auch nicht für die Gesamtheit ihrer unvermeidlichen Begründungsansprüche, auf die im positiven Völkerrecht universell gültigen Grundrechte des *Grundrechtspakts der Vereinten Nationen* von 1966 stützen. Dieser Pakt besitzt völkerrechtliche Gültigkeit und ist darum für fast alle Länder der Gegenwartswelt ein wichtiger Teil der positivrechtlichen Normgeltung, die für ihre Rolle als verpflichtender Berufungsgrund für die Gestaltung der politischen, gesellschaftlichen, wirtschaftlichen und staatlichen Verhältnisse keiner weiter gehenden normativen Grundlegung bedarf.

Die in den UN-Pakten und vielen Verfassungen der Gegenwart verankerte soziale Bürgerschaft ist, wie in den vorausgehenden Kapiteln dargelegt, eine positive Rechtsnorm, die universalistisch begründet ist. Die Grundrechte verdanken ihre auf der Anspruchsebene im Prinzip unangefochtene Geltung vielmehr einer normativen Begründung, die in ihren wesentlichen Elementen in der Gegenwart nahezu den Status eines globalen Kulturgutes gewonnen hat. Dessen normative Grundlegung muss für die politische Praxis nicht eigens in Erinnerung gerufen oder rekonstruiert werden. Sie kann von den Traditionen der Aufklärung und der auf sie gestützten praktischen Philosophie ausgehen, aber auch von religiösen Traditionen und deren kulturellen, weltanschaulichen oder philosophischen Kontexten. Für die politische Handlungsdimension entscheidend ist in dieser Hinsicht allein das Ergebnis, nämlich Grundrechtsnormen der Demokratie, der Rechtsstaatlichkeit und der sozialen Bürgerschaft. Die Begründbarkeit ist für alle zustimmenden Personen und Kollektive die wesentliche Motivierung, auch wenn sie nicht für alle dieselbe ist.

Wenn sich der hier vorgelegte Entwurf einer Theorie der Sozialen Demokratie in einem wesentlichen Argumentationsstrang auf die Grundrechtspakte der Vereinten Nationen stützt und nicht für eine der normativen Begründungstheorien Partei ergreift, so liegen dem also ausdrücklich in keiner Weise rechtspositivistische Annahmen zugrunde[46]. Es geht vielmehr um die Einlösung dreier ihrerseits normativ gut begründeten Postulate:

Erstens, um die Inanspruchnahme der *breitestmöglichen* und mit der *stärksten möglichen* Geltungsautorität ausgestatteten normativen Basis für Soziale Demokratie, die erreichbar erscheint.

Zweitens, um die Anwendung eines Grundgedankens des politischen Liberalismus auf die Theorie der Sozialen Demokratie im Sinne von *John Rawls,* nämlich politisch rechtliche Verpflichtung auf den überlappenden Konsens statt auf inhaltliche Begründungen oder spezielle Ethiken zu stützen, die je spezifische Gruppen zur Zustimmung für sie motivieren; und,

Drittens, um ein politisch-moralisches Prinzip zweiter Ordnung, nämlich das Postulat der Verpflichtung zum größtmöglichen Konsens zur praktischen Erreichung legitimer politischer Zwecke[47].

Die Gleichrangigkeit der Grundrechtskategorien
Die alle fünf Grundrechts-Dimensionen der Charta leitenden und im Einzelnen durchziehenden obersten Grundsätze, ihre uneingeschränkten menschen- und bürgerrechtlichen Metanormen, sind ein *umfassender positiver Freiheitsbegriff* und die *Gleichheit der Rechte und Chancen* der Bürger in allen Geltungssphären. Damit hat auf der Ebene der völkerrechtlichen Normgeltung ein uneingeschränkt universeller Gleichheitsanspruch der Rechte und Chancen für die gesellschaftliche Gesamtverfassung Geltungskraft erlangt. Er kann durch die offenkundigen Defizite der Normrealisierung in vielen seiner Dimensionen in einer großen Zahl von Ländern nicht dementiert werden.
    Der Grundrechts-Pakt ist mittlerweile von 148 (Sozialpakt) bzw. 151 (Zivilpakt) Staaten ratifiziert[48]. An seinem völkerrechtlich verbindlichen Status ändert auch der spezifische Kontext seiner Entstehung nichts, obgleich seine praktischen Umsetzungschancen in manchen Ländern davon durchaus betroffen sind. Möglich geworden ist diese im Hinblick auf die Staatsphilosophie mancher der beteiligten Länder überraschend weit gehende und konkrete Kodifizierung posi-

---

[46] Diese Strategie der geringst möglichen Voraussetzungen wird gewählt, um einen möglichst breiten Geltungsanspruch der Theorie zu begründen. Die risiko-theoretische Argumentation in Kap. 5 bietet gleichwohl eine universalistische Begründung für das Projekt der Sozialen Demokratie, das von der positiven Geltung der Grundrechte des Völkerrechts unabhängig ist und als eine universalistische Grundlegung der sozialen und ökonomischen Grundrechte dienen kann.
[47] Eichler 1973
[48] Stand November 2003, Quelle: Office of the United Nations High Commissioner for Human Rights

tiver Freiheitsrechte als ein historischer Kompromiss in der Zeit der Ost-West Systemkonkurrenz. Manche Repräsentanten des „Westens" waren bereit, im Tausch gegen die Zustimmung des „Ostens" zu den negativen Freiheitsrechten die Aufnahme der positiven Freiheitsrechte in die Charta hinzunehmen[49]. Dass schon kurz nach dem Zusammenbruch des sowjetkommunistischen Systems libertäre Kräfte im Westen, zumal den USA, den Geltungsanspruch dieses Teils der Charta herunterzuspielen begannen, ist zwar für deren aktuelle Realisierungschance in den betreffenden Gesellschaften folgenreich, nicht hingegen für ihren universellen Geltungsanspruch selbst. Der Pakt über wirtschaftliche, soziale und kulturelle Rechte wurde 1979 zwar von den USA unter *Jimmy Carter* unterschrieben, hingegen bis heute nicht ratifiziert[50]. Neben den in den USA stark ideologisch motivierten Vorbehalten, soziale Imperative überhaupt als Rechte zu betrachten, stand auch die traditionelle amerikanische Skepsis gegenüber jeder Selbstbindung durch internationale Vereinbarungen und Rechtsnormen überhaupt der Ratifizierung entgegen.

Post-liberaler Universalismus

Der *Internationale Pakt über wirtschaftliche, soziale und kulturelle Rechte* enthält eine dichte Version sozialer und ökonomischer Grundrechte, die auf einem weit ausdifferenzierten materiellen Freiheitsverständnis beruhen, auf das sich der strikte Gleichheitsbegriff der Erklärung bezieht[51]. Sie beschreiben in einer, verglichen mit nationalen Verfassungen bemerkenswert konkreten, umfassenden und detaillierten Form die normativen Bedingungen, die jede gesellschaftliche Gesamtverfassung auf der Welt erfüllen muss, um den universellen Menschen- und Bürgerrechten in ihrer materiellen Lesart gerecht zu werden. *Sie repräsentieren den Kern einer normativen Grundlegung Sozialer Demokratie.*

Als übergeordnetes Leitbild, dem die einzelnen Rechte zugeordnet werden, gilt das für alle Menschen gleichermaßen zu erfüllende *Ideal des freien Menschen, der von Furcht und Not befreit ist.*

---

[49] Simma 1995, 2004

[50] Aus politischen Gründen wurde der Vertrag von der Carter-Administration damals nicht an den Senat weitergeleitet, der den Pakt für die Ratifizierung hätte „beraten und zustimmen" müssen. Die beiden Regierungen unter Ronald Reagan und George Bush hatten schon aus ideologischen Gründen wenig Neigung, die wirtschaftlich-sozialen Menschenrechte anzuerkennen und waren vielmehr der Meinung, dass wirtschaftliche, soziale und kulturelle Rechte nicht eigentliche Rechte wären, allenfalls erstrebenswerte soziale Ziele („merely desirable social goals") und daher nicht Inhalt verbindlicher Verträge sein sollten. Die Clinton-Administration erkannte zwar diese Rechte an, doch hielt sie es für nicht ratsam, sich in dieser grundsätzlichen Frage auf einen Kampf mit dem republikanisch beherrschten Kongress einzulassen. (Shiman 1999)

[51] Heidelmeyer 1972: 254 ff

Der Pakt nennt in den einschlägigen Kapiteln vorrangig die folgenden Rechte[52]:

Soziale und Wirtschaftliche Grundrechte
- Gleichberechtigung von Männern und Frauen
- Recht auf Arbeit,
- Recht auf gerechte und günstige Arbeitsbedingungen,
- Recht, seinen Lebensunterhalt durch frei gewählte oder angenommene Arbeit selbst zuverdienen,
- Gerechter Lohn und gleiches Entgelt für gleichwertige Arbeit,
- Ausreichender Lebensunterhalt,
- Sichere und gesunde Arbeitsbedingungen,
- Recht, Gewerkschaften zu bilden und Handlungsfreiheit für die Gewerkschaften,
- Streikrecht,
- Soziale Sicherheit,
- Sicherung eines angemessenen Lebensstandards,
- Schutz vor Hunger,
- Recht auf ein Höchstmaß an körperlicher und geistiger Gesundheit und der dafür notwendigen ärztlichen Behandlung,
- Recht auf Bildung, Ausbildung und eine Erziehung mit dem Ziel der vollen Entfaltung der menschlichen Persönlichkeit und der gesteigerten Achtung vor den Menschenrechten und Grundfreiheiten,
- Grundschulpflicht, Teilnahme am höheren Schulwesen sowie der Universitätsausbildung entsprechend den Fähigkeiten des Einzelnen,
- Recht auf Teilhabe an Kultur.

Ein Konzept der sozialen Sockelgleichheit
Die Gesamtheit dieser Rechte und ihre internen Wechselwirkungen stellen eine breite Verpflichtungsbasis zu einer Politik der Sozialen Demokratie dar[53]. Sie konstituieren eine Art *sozialer und ökonomischer Sockelgleichheit* in den zentralen Dimensionen:

Erstens, des Zugangs zu Erwerbstätigkeit verbunden mit dem Recht, einen angemessenen Lebensunterhalt selbst verdienen zu können,

---

[52] Heidelmeyer 1972: 254 ff
[53] Zur Interpretation und Vorgeschichte dieser Rechte sowie der Art ihres Verpflichtungscharakters und der praktizierten Kontrollen ihrer praktischen Umsetzung vgl. Bungarten 1995, Simma 1995

zweitens, der sozialen Sicherheit in ihren verschiedenen Grundformen,

drittens, der Dekommodifizierung elementarer sozialer Grundgüter als allgemein zugängliche öffentliche Güter in den Bereichen der Bildung und der Gesundheitsvorsorge,

viertens, des Schutzes der menschlichen Würde auch im Arbeitsleben und,

fünftens, des Schutzes gewerkschaftlicher Vertretungsrechte sowohl im Arbeitsbereich wie auch in der politischen Arena.

Im Lichte der modernen Gerechtigkeitstheorie lässt sich das diesem Menschenrechtspakt zugrunde liegende normative Leitbild als eine Form relativer hoher universeller *Sockelgleichheit* auf der Basis eines positiven (materiellen) Freiheitsverständnisses charakterisieren[54].

Mittlere Prinzipien

Entsprechend dem Charakter des Paktes beziehen sich die einzelnen Rechte nur in rudimentärer Form auf die soziale *Autonomie*, nämlich auf Gleichachtung aller Bürger im sozialen und ökonomischen Handlungsfeld. Die Dimension der autonomen Mitentscheidung in der sozial-ökonomischen Handlungssphäre, die gesellschaftlich-demokratische Dimension Sozialer Demokratie, bleibt in der Erklärung weit gehend unberücksichtigt. Außerdem definiert sie ein rechtsverbindliches Minimalniveau der gleichen Versorgung mit sozialen Grundgütern, lässt aber alle darüber hinaus weisenden Fragen der gerechten Verteilung des Produktes der gesellschaftlichen Arbeit und der Lebenschancen der Personen offen. Außer im Begriff des gerechten Lohnes und der gerechten Arbeitsbedingungen kommt der Gerechtigkeitsbegriff weder in der Form noch in der Sache ins Spiel. Es überrascht nicht, dass in einem solchen Dokument Kriterien für den gerechten Lohn nicht genannt werden. Die Gesamtheit der deklarierten sozialen und ökonomischen Grundrechte basiert, gleichsam als untere Sicherungslinie, für die ein universeller Handlungskonsens erreicht werden kann, auf der Norm des gleichen formalen und materiellen Würdeschutzes für alle Menschen, und damit auf einem Sockelverständnis sozialer Gleichheit. Während ein solcher Gerechtigkeitsstandard für viele Länder der Welt zum gegenwärtigen Zeitpunkt als hochgestecktes Ideal erscheint, stellt er für andere nur den rechtlich abgesicherten Ausgangspunkt für deutlich weiter gesteckte Gerechtigkeitsansprüche dar.

Das in der UN-Charta entfaltete Verständnis der Grundrechte kann eine Theorie und die politische Praxis Sozialer Demokratie in einigen Kernbelangen

---

[54] Vgl. Kersting 2000

tragen. Die mit ihm verbundene Ausklammerung der Verteilung des gesellschaftlichen Produkts und der individuellen Lebenschancen führen jedoch dazu,
dass die von *Heller* formulierte Bedingung der Diskurs leitenden Orientierungs-
funktion politischer Grundwerte für den demokratiepolitischen Konsens von
einem solchen Gerechtigkeitsverständnis nur zum Teil erfüllt werden kann. Während es wichtige Handlungsvoraussetzungen auf der politischen, sozialen und
ökonomischen Ebene rechtsverbindlich macht, lässt es die für ein konsensfähiges
Gerechtigkeitsverständnis entscheidenden Verteilungsfragen aus guten Gründen
offen. Von einem geteilten Gerechtigkeitsverständnis aber hängt die Bedingung
der Möglichkeit politischer Integration in ausschlaggebender Weise ab. Die
Grundrechte stellen ihrer Natur nach die Institutionalisierung der *mittleren Prinzipien* der Gerechtigkeit dar[55]. Sie folgen aus den grundlegenden Prinzipien und
verlangen in der konkreten Anwendung auf allen Ebenen der politischen Praxis
eine von den handelnden Bürgern selbst zu leistende weitergehende Konkretisierung.

Geltungsweise
Obgleich nun die im UN-Pakt von 1966 deklarierten Rechte in ihrer Gesamtheit
geltendes Völkerrecht sind, ist die Geltungsweise zwischen den beiden Rechte-
Gruppen der bürgerlichen und politischen Rechte auf der einen Seite und der
sozialen, kulturellen und ökonomischen Rechte auf der anderen Seite auf charakteristische und folgenreiche Weise differenziert. Das äußert sich sowohl in ihrem
unterschiedlichen rechtlichen Status selbst wie in den Instrumenten, die auf völ-
kerrechtlicher Ebene vorgesehen sind, um Rechtsverletzungen zu ahnden[56].
Schon der Text der Dokumente selbst macht die in dieser Hinsicht bestehenden
Unterschiede deutlich[57]. Während die formalen Rechte überall unverzüglich in
Geltung zu setzen sind, können die materiellen Rechte *progressively*, also fortschreitend, nämlich nach Maßgabe der Möglichkeiten der einzelnen Länder,
realisiert werden[58]. Die bürgerlichen und politischen Rechte erlegen allen Staaten
nach dem geltenden Völkerrechtsverständnis Ergebnispflichten auf (*obligations
of result*), während die materiellen Rechte lediglich Handlungspflichten begründen (*obligations of conduct*). Dieser Differenzierung entspricht es, dass für die
Kontrolle der Einhaltung der formalen Menschenrechte rechtsförmliche Instru-

---

[55] Höffe 2001
[56] Nachdem die beiden Pakte von 1966 erst 1976 eine ausreichende Zahl von Unterzeichnerstaaten
gefunden hatten, um in Kraft treten zu können, sind ihnen im Verlaufe der 1990er Jahre nahezu alle
Staaten der Welt beigetreten, so dass für die Gegenwart von ihrer uneingeschränkt universellen
völkerrechtlichen Geltung gesprochen werden kann (Roth 1999).
[57] Kokott/Doehring/Buergenthal 2003: 118
[58] Pakt A, II, Art 2. Progressively wird in der deutschen Standardübersetzung etwas irreführend mit
„nach und nach" wiedergegeben (Heidelmeyer 1972: 255)

mente wie die Staatenklage eingerichtet sind, zur Gewährleistung der materiellen Rechte hingegen lediglich ein fakultatives Berichtsverfahren vor dem UN-Ausschuss für wirtschaftliche, soziale und kulturelle Rechte[59]. Für beide Rechtsgruppen besteht keine Möglichkeit zu Individualbeschwerdeverfahren[60].

Unbestritten ist bei alledem freilich, dass der völkerrechtliche Geltungsstatus auch des Paktes über die materiellen Rechte jedem Staat auferlegt, auf ihre Realisierung und Gewährleistung nach besten Kräften hinzuwirken. In diesem Sinne gelten die universellen Grundrechte in ihrer Gesamtheit und Gleichrangigkeit uneingeschränkt und verbindlich. Lediglich das Tempo ihrer umfassenden und vollständigen Realisierung unterliegt im völkerrechtlichen Sinne einem Ermessen, das sich aber an den in jedem Lande in einem gegebenen Augenblick seiner Entwicklung gegebenen „Möglichkeiten" orientieren *muss*. Völkerrechtlich verpflichtend, wenn auch ohne institutionalisierte Sanktionsmöglichkeiten, ist für jede nationale Regierung und für die internationale Staatengemeinschaft, die *zunehmende* Realisierung der sozialen, kulturellen und wirtschaftlichen Rechte für alle Bürger im Rahmen der gegebenen Möglichkeiten.

Nicht die universelle Geltung der materiellen Rechte ist daher offen, sondern allein die beiden Fragen, in welchem Maße die jeweils verfügbaren Ressourcen ihre Verwirklichung ermöglichen und wie weit der politische Wille der verantwortlichen Autoritäten reicht, die damit gegebenen Chancen zu nutzen. Die universelle Geltung der Normen des materiellen Rechtsstaats ist aus all diesen Gründen keine Frage der Begründbarkeit ihrer Geltung, sondern allein des politischen Willens ihrer Umsetzung. Universell sind diese Normen im völkerrechtlichen Sinne in dreifacher Hinsicht: *innergesellschaftlich*, *international* und *interkulturell*. Sie gelten im Hinblick auf alle Personen und für alle politischen Akteure innerhalb jeder Gesellschaft, sie gelten für alle Gesellschaften und sie gelten unabhängig von den kulturellen, ethnischen oder religiösen Orientierungen der Personen, die sie in Anspruch nehmen und derjenigen politischen Autoritäten, die für ihre Realisierung die primäre Verantwortung tragen. Ihre tatsächliche Umsetzung ist freilich unvermeidlich in vielfacher Hinsicht politisch konditioniert.

Unter diesen positivrechtlichen Voraussetzungen können für alle einschlägigen Handlungsbereiche institutionelle, strukturelle und prozedurale Strategien erarbeitet werden, die beim jeweiligen Stand der gesellschaftlichen Entwicklung und Risikoerzeugung von jeder Gesellschaft erfüllt werden müssen, die sich der Geltung dieser Grundrechtsnormen unterwirft. Auf diesem Wege lässt sich die *Kern-Struktur Sozialer Demokratie* begründen. Unter der Voraussetzung, dass die Grundrechte, ihre dichte Wechselbeziehung und ihre konkrete Inhaltsbe-

---

[59] Engels 2000
[60] Kimminich/Hobe 2000: 344

stimmung der Öffentlichkeit gegebener Gesellschaften bekannt sind, können sie in ihrer Rolle als mittlere Prinzipien der Gerechtigkeit einen orientierenden Horizont für die aktuellen Politikstrategien Sozialer Demokratie erfüllen. In diesem Sinne ist Soziale Demokratie völkerrechtlich geboten.

Grundrechte und Gerechtigkeit
Dennoch bedarf die Theorie der Sozialen Demokratie prinzipiell eines weiter gehenden Bezuges zur Theorie der Gerechtigkeit und der Bestimmung ihrer Rolle im Prozess der sozialen und politischen Integration. Hellers generative Idee, nach der Soziale Demokratie aus der Übertragung der materiellen Rechtsstaatsidee auf die gesellschaftliche Gesamtverfassung hervorgeht, bietet gute Gründe dafür, dass auf eine geteilte Idee von Gerechtigkeit Bezug genommen werden kann, die den Kern des materialen Rechtsstaats definiert und auf die sich die sozial-ökonomischen Interessengruppen und politischen Parteien beim Versuch der Lösung ihrer Konflikte wenigstens als regulative Norm im politischen Prozess beziehen können. Falls diese Gerechtigkeitsnorm, über die im politischen Diskurs der Gesellschaft annähernde Einigung erzielt werden kann, ein Konzept der Sockelgleichheit ist, könnte es die Rolle der regulativen Gerechtigkeitsnorm übernehmen, aber nicht a priori, sondern nur aposteriori, als Ergebnis konkreter politischer Beratungen der betroffenen Bürger.

In dieser Rolle als regulative Norm für die politischen Prozesse zur Lösung sozialer und ökonomischer Konflikte kann und muss Gerechtigkeit nicht den Status einer unstreitigen Gewissheit oder einer detaillierten Verteilungsformel annehmen. Sie muss aber durch den Zwang der Gründe, die für sie sprechen, im Sinne *Hannah Arendts* die kommunikative Macht entfalten können, alle Teilnehmer des politischen Diskurses zu einer argumentativen Bezugnahme auf sie nötigen zu können[61]. In dieser Funktion kommt politische Gerechtigkeit dann auch auf allen politischen Entscheidungsebenen als regulative Idee der politischen Konfliktregulierung ins Spiel. Es ist nicht die tatsächliche Einlösung eines universalistischen Begründungsanspruchs, die diese regulative Rolle ermöglicht. Sie kann vielmehr unter bestimmten Bedingungen schon durch den kontrafaktischen Anspruch der universellen Begründbarkeit erreicht werden. Das gilt dann, wenn alle Beteiligten tatsächlich von einer prinzipiellen Einigungsfähigkeit ausgehen und sich im öffentlichen Diskurs mit ihren Argumenten und Handlungsvorschlägen daran orientieren. Darum ist für die soziale und politische Integration der Gesellschaft im Verständnis der Sozialen Demokratie nicht allein die positive Geltung sozialer und ökonomischer Rechte von Belang, sondern auch

---

[61] Arendt 1993

die öffentliche Erörterung der Begründungen für die orientierenden Gerechtigkeitskonzepte, weil erst sie zu Strategien praktischer Politik führen kann.

Rechte haben Pflichten in zwei Handlungsdimensionen zur Voraussetzung; *erstens* bezogen auf diejenigen Akteure, die zur Erfüllung des Rechts verpflichtet sind; und *zweitens*, bezogen auf die Adressaten der Rechte selbst als Teilhaber einer Rechtsgemeinschaft[62]. Die UN-Pakte sparen ihrer Natur nach die zweite Dimension aus. Sie ist aber für Soziale Demokratie von wesentlicher Bedeutung.

5 Soziale Risiken und Grundrechte

Marshalls Theorie der sozialen Bürgerrechte stützt sich implizit auf das Argument, dass die Gesellschaft allen ihren Bürgern gegenüber für diejenigen *Risiken* durch eine angemessene Erweiterung der Grundrechte haftet, derer sie zur tatsächlichen Ausübung ihrer Grundrechte bedürfen. Annahmen über die politische Qualität und die grundrechtlichen Konsequenzen des ins Auge gefassten Typs gesellschaftlicher Risiken liegen zwar dem Argument von Marshall logisch zwingend zugrunde. Sie werden aber weder explizit gemacht noch systematisch begründet.

Eine solche Begründung aber ist für eine allgemeine Theorie der Sozialen Demokratie und die Reichweite ihrer demokratietheoretischen Ansprüche aus drei Gründen von ausschlaggebender Bedeutung:

Erstens: Sie kann das libertäre Basis-Argument entkräften, dass unter den Bedingungen der liberalen Demokratie auch in der Gegenwartswelt die Effektivierung der Grundrechte allein noch durch die Entscheidungen und Handlungen der individuellen Person bedingt sei.

Zweitens: Sie erlaubt eine genaue theoretische Analyse und ethisch-rechtliche Qualifikation derjenigen gesellschaftlichen Risiken, die nach dem Legitimationsverständnis der Theorie der Sozialen Demokratie *soziale* Grundrechte und ihre *Reichweite* begründen; und

Drittens: Sie ermöglicht auch die Identifikation anderer gesellschaftlicher Risiken, die diese Merkmale teilen, und die infolgedessen dieselben Legitimationsprobleme aufwerfen und Handlungsfolgen auslösen.

---

[62] Hinsch 1997

Eine moderne Theorie der Sozialen Demokratie bedarf folglich einer Rekonstruktion und universellen Begründung desjenigen Argumentationsmusters, das sich ursprünglich allein auf die Folgen des Marktkapitalismus für die Realwirkung von Grundrechten bezog, auf all diejenigen sozialen Risiken, die diesem Risikotyp in ihrer politischen Qualität und in ihren legitimatorischen Folgen entsprechen. Es geht ihr generell um die Beantwortung der Frage nach den *sozialen Hindernissen und Voraussetzungen* der Realisierung universeller Grundrechte für alle Personen.

Kollektive Risikoentscheidungen

Der sozialwissenschaftlichen Begriff des *Risikos* ist komplex und voraussetzungsreich[63]. In Anlehnung an eine ältere Tradition bezeichnen *Niklas Luhmann* und *Ulrich Beck* als *Risiken* nur diejenigen potenziellen Schadensfälle, die auf *eigene* Entscheidungen der von ihnen Betroffenen zurück gehen[64]. Schadensdrohungen hingegen, die der äußeren Umwelt zuzurechnen und daher von den von ihnen Betroffenen nicht mitzuverantworten sind, sind als *Gefahren* definiert. Diese Unterscheidung ist auf der Ebene der politischen Moral und der Rechte der Bürger folgenreich[65]. Sie ist vergleichbar mit der von *Ronald Dworkin* in seiner Auktionstheorie der Ressourcengleichheit vorgenommenen Unterscheidung zwischen *option bad luck* und *brute bad luck*[66]. Während *option bad luck* Folge einer persönlichen Entscheidung ist, die in der Erwartung eines Gewinns getroffen wurde, tritt der Schaden aus dem *brute bad luck* unabhängig von den Entscheidungen und Einflussmöglichkeiten der betroffenen Person ein. Dabei kann mit *Dworkin* im Hinblick auf die einzelnen Personen zwischen *optionalen* Risiken und *nicht-optionalen* Risiken unterschieden werden. Optionale Risiken sind solche, bei denen eine Person den Einsatz ihrer individuell verfügbaren sozialen Güter in der Hoffnung riskiert, diese zu vermehren, aber gleichzeitig in klarer Kenntnis und bewusster Inkaufnahme der Tatsache handelt, dass sie Teile des Einsatzes, den ganzen Einsatz oder auch mehr, verlieren kann. Optionale Risiken dieser Art sind z. B. Investitionen, Glücksspiele oder Ausbildungsinvestitionen. Nicht-optionale Risiken hingegen sind all diejenigen, die ohne eine auf sie bezogene Wahlhandlung von Personen eintreten können. Sie sind entweder als *facts of life* mit den biologischen Gegebenheiten der Bedingungen des menschlichen Lebens selbst verbunden oder mit den gesellschaftlichen und wirtschaftlichen Strukturen oder politischen Umständen, denen Personen durch die Form ihrer

---

[63] Vgl. Für den vorliegenden Zusammenhang vor allem Beck 1986, Luhmann 1989
[64] Beck 1986: 300, Luhmann 1993: 244
[65] de Swaan 1993
[66] Dworkin 2000: 73

konkreten gesellschaftlichen Existenz in einer gegebenen gesellschaftlichen Situation unterworfen sind.

Für Dworkin begründet diese Unterscheidung eine kategoriale Differenz in der Verantwortung der politischen Gemeinschaft für die jeweiligen Folgen der Risiken für die einzelnen Personen. Während Gewinne aus *option luck* der betroffenen Person ohne Verpflichtung zum Ausgleich gegenüber den weniger Glücklichen gerechtigkeitshalber zustehen und entsprechende Verluste von den Betroffenen selbst getragen werden müssen, sind alle Schadenswirkungen, die eine Person als Folge von *brute bad luck* erleidet, für die politische Gemeinschaft als Ganze politisch kompensationspflichtig. Dworkin belegt den potenziellen Schaden in beiden Fällen mit dem Begriff des *Risikos*[67]. An diese Unterscheidung in der Sache und die mit ihr verbundene Differenzierung der moralisch-politischen Folgen lehnt sich die im Folgenden zugrunde gelegte Unterscheidung der Risikotypen und die auf sie bezogene Begriffswahl an.

Unterschieden werden Typen *optionaler* von *nicht-optionalen* Risiken, die zwar für die betroffenen Personen, nicht aber für die politische Gemeinschaft Wahlhandlungen sind. Dafür kann zusätzlich ein reflexives Argument aus der Theorie der Risiken in der globalen Gesellschaft angeführt werden, das *Ulrich Beck* entwickelt hat. Er macht im Hinblick auf die unbeherrschten Folgen der Globalisierung geltend, dass auch die durch unkoordiniertes kollektives Handeln verursachten Schadenspotentiale *Risiken* sind, die den Betroffenen zugerechnet werden können. Denn sie könnten sich in der gegebenen Lage prinzipiell als Kollektivsubjekt konstituieren und sind dazu auch verpflichtet, um diejenigen Gefahren abzuwenden, die von ihnen gemeinsam zwar nicht intendiert, aber durch das Versagen der prinzipiell möglichen Handlungskoordination mit zu verantworten sind[68]. In diesem Falle ist ein objektiv mögliches und politisch-moralisch *gebotenes*, aber faktisch noch nicht konstituiertes kollektives Handlungssubjekt in verantwortungstheoretischer Hinsicht Mitverursacher der Gefährdungen. Schadenserwartungen dieser Art werden von Beck daher mit nachvollziehbarer Begründung nicht als Gefahren, sondern als Risiken klassifiziert, die der politischen Weltgesellschaft als *potenziellem kollektivem Subjekt* zugerechnet werden können.

Generalisierend kann jede Gefährdung, die aus einem bloßen Mangel an prinzipiell möglicher und verantwortungsethisch gebotener Handlungskoordination hervorgeht, als Risiko bezeichnet werden, denn sie wirkt nicht als eine den von ihr Betroffenen prinzipiell äußerliche, durch ihr eigenes Handeln nicht beeinflusste Gefahr. Sie ist von ihnen mit verursacht, nämlich durch eine spezifi-

---

[67] Dworkin 2000: 74-78
[68] Beck 1986: 64

sche Form des Unterlassens, die verantwortungsethischem aktiven Handeln prinzipiell gleichwertig ist[69].

Für demokratische Gesellschaften gilt daher, dass alle die Realwirkung der Grundrechte bedrohenden Gefahren, die aus gesellschaftlichen Strukturlogiken folgen, welche durch kollektive Entscheidungen eingerichtet und für Alternativen prinzipiell offen sind, als Risiken klassifiziert werden können. Da sie infolge der demokratischen Legitimationslogik in letzter Instanz von den von ihnen Betroffenen mit verursacht sind, haben diese nicht nur das Recht, sondern im risikotheoretischen Sinne auch die Pflicht, für eine ihren Interessenkalkülen angemessene Risikoabwägung und -entscheidung im Hinblick auf die Grundrechte aller Bürger zu sorgen. Dabei haben alle an den Entscheidungen Beteiligten die Pflicht, dafür Sorge zu tragen, dass die Grundrechte keiner der betroffenen Personen durch die tatsächlich gewählte Risikoentscheidung verletzt werden. Im Unterschied zu den Kriterien in der Definition Dworkins sind diese Risiken jedoch nicht Folge einer individuellen Option, die in der Hoffnung auf Gewinne gewählt wird, sondern von politischen Kollektiventscheidungen im Namen aller betroffenen Personen. Sie können auch nur durch Kollektiventscheidungen korrigiert werden. Diese Kollektiventscheidungen freilich folgen durchaus einer Art Gewinnspiellogik, nämlich dem Kalkül, durch den jeweils politischen gewählten Satz von ökonomischen und sozialen Institutionen und Politiken zu einer besseren Gesamtbefriedigung sozialer Interessen und Rechte zu gelangen als bei jeder möglichen Alternative. Infolgedessen gehen die entscheidenden Kollektive gegenüber allen betroffenen sozialen Gruppen, die von den Ergebnissen ihrer Risikowahl in ihren Grundrechten betroffen sind, politisch-moralische Verpflichtungen ein.

Begründungsmodelle

Für die legitimationstheoretische Beurteilung des Verhältnisses von sozio-strukturellen Risiken und Grundrechten bietet die philosophische Begründungstheorie vier Modelle an:

1. eine *naturrechtliche* Argumentation, die von der Tatsache der universellen Geltung der Grundrechte unmittelbar auf die vollständige Erfüllung aller ihrer Geltungsvoraussetzungen schließt;
2. ein *vertragstheoretisches* Argument, das politische Handlungsverpflichtungen des Staates aus den Reziprozitätsbedingungen des impliziten Gesellschaftsvertrags begründet;

---

[69] Birnbacher 1996

3. eine *politisch diskursive* Begründung, die aus der politischen Verantwortung des Gemeinwesens für das Eintreten von Risiken für die Realgeltung der Grundrechte die Pflicht des Staates zur vollen Kompensation der Risikofolgen begründet, und

4. die Theorie des Versicherungsmarktes, wie sie beispielhaft von *Ronald Dworkin* entwickelt worden ist.

Die *naturrechtliche* Argumentation zur Begründung der Erfüllung der materiellen Bedingungen der Realwirkung universeller Grundrechte beschränkt sich im Kern auf das Zitat ihrer Gültigkeit und den Nachweis ihrer Verletzung unter konkret gegebenen Umständen. Aus der Erfüllung dieser beiden Prämissen folgen nach dieser Legitimationslogik alle überhaupt begründbaren politischen Handlungspflichten[70].

Die *vertragstheoretische* Argumentation rechtfertigt politische Handlungspflichten durch die Explikation der Bedingungen, unter denen die den ursprünglichen Gesellschaftsvertrag schließenden Akteure ihre Einwilligung gegeben haben, bzw. in aktualisierter Perspektive geben würden. Sie erschließt die sozialen Sicherheiten und Handlungsvoraussetzungen sowie die auf sie gerichteten politischen Handlungspflichten aus den Reziprozitätsbedingungen einer Verständigung zwischen Freien und Gleichen[71].

Die *politisch diskursive* Begründung, etwa im Sinne der deliberativen Demokratietheorie, stützt ihre Legitimationsansprüche an die politischen Handlungsverpflichtungen allein auf den tatsächlichen politischen Diskurs, der sich in einer demokratischen Öffentlichkeit im Hinblick auf die Realisierungsvoraussetzungen von Grundrechten unter gegebenen Umständen ergibt[72].

Dem realen politischen Begründungsdiskurs kommt im Verhältnis zu den konkurrierenden Ansätzen eine übergeordnete Rolle zu, da in ihn alle anderen Argumente mit universellem Geltungsanspruch aus den spezielleren Begründungsansätzen eingebracht werden können und im Übrigen für tatsächliche politische Handlungsentscheidungen in der Demokratie auch nur auf diesem Wege aktiviert werden können. Auch alle besonderen Randbedingungen der Vertragstheorien können ja als Argumente in die aktuellen politischen Begründungsdebatten wieder eingeführt werden.

Gesellschaftliche Sachverhalte und damit auch Risiken sind von politischer Natur, sofern sie zwei Kriterien erfüllen[73]:

---

[70] Nussbaum/Sen 1993, Nussbaum 1999, Sen 1999a, 1999b
[71] Rawls 1979, 1993
[72] Fishkin 1991, Habermas 1992b
[73] Meyer 2002

Erstens: Alle sozialen Handlungen, die zur Vorbereitung oder Herstellung gesamtgesellschaftlich verbindlicher oder auf das Gemeinwohl gerichteter und die Gesellschaft als Ganze betreffender Entscheidungen führen, sind politischer Natur[74]. Das gilt infolgedessen auch für alle gesellschaftlichen Probleme, die der gesamtgesellschaftlich verbindlichen Entscheidung bedürfen, sei es in der Form expliziter Regelungen, sei es auf dem Wege der Versorgung mit öffentlichen Gütern, wobei in beiden Fällen für einzelne Individuen und Kollektive im Prinzip die Möglichkeit der Exit-Option nicht besteht. Politische Probleme der Gesellschaft sind in einer anderen Terminologie mithin solche gesellschaftlichen Herausforderungen, deren Lösung allein auf dem Wege einer Art *Zwangskonsum*, die dem Einzelnen keine eigenen Wahlmöglichkeiten offen lässt, gekennzeichnet werden können.

Zweitens: Da nach dem Legitimationsverständnis für politische Entscheidungen unter den Bedingungen der modernen Kultur politische Problemlösungen stets eines Entscheidungsverfahrens bedürfen, das die Normen der Menschen- und Bürgerrechte sowie demokratische Entscheidungsprozeduren beachtet, sind auch alle diejenigen gesellschaftlichen Probleme politischer Natur, bei denen die Menschen- und Bürgerrechte von Personen betroffen sind. Sie bedürfen eines politisch legitimierten Entscheidungsverfahrens.

Freiheit verträgt Unsicherheit nur in begrenztem Ausmaß und in spezifischer Hinsicht. Die Risiken, die aus der metaphysischen Heimatlosigkeit der Moderne folgen[75], die Ungewissheit der Erkenntnis, sind Voraussetzungen der individuellen Freiheit. Die Risiken für Gesundheit und Leben, die persönliche Unsicherheit schaffen, können in Grenzen verringert und, außer im Todesfall, in ihren Folgen gemildert, aber nicht wirklich beherrscht werden. Der demokratische Rechtsstaat kann weder die Risiken der Ungewissheit versichern, noch die persönliche Sicherheit vollständig gewährleisten. Beide sind Voraussetzungen und Folgen privatautonomer Freiheit. Er kann aber diejenigen Risken sozialer Unsicherheit überwinden, die in vermeidbarer Weise die Freiheitschancen der Person begrenzen. Denn bei ihnen geht es um Ereignisse, die der einzelnen Person als Folge politisch gestaltbarer sozialer Strukturen die Mittel entziehen, auf die sie angewiesen ist, um ihre Grundrechte effektiv wahrnehmen zu können.

Dieses Argument gilt mit seinem eigenen Anspruch für alle gleichartigen Risiken. Es zielt daher zunächst auf solche Risiken, die durch die gesellschaftliche Struktur erzeugt werden, deren Wirkungen sich aber die einzelne von ihnen betroffene Person durch eigenes Handeln nicht entziehen kann, also auf einen

---

[74] Meyer 2002: 15 ff
[75] Berger/Berger/Kellner 1987

spezifischen Typ *von politisch-optionalen Risiken.* Nur weil und insofern die einzelne Person nicht in eigener Handlungskompetenz, sondern im Wesentlichen nur in Kooperation mit anderen und vermittelt durch politisches Handeln auf solche Risiken und ihre Folgen einzuwirken vermag, hat sie einen Anspruch auf diejenige Form von Risikobewältigung, die im Ergebnis die Realwirkung ihrer Grundrechte gewährleistet.

Risikostruktur und Gesellschaftsvertrag
Julian Nida-Rümelin hat gezeigt, dass in moraltheoretischer Sicht niemand berechtigt ist, sich für Risiken zu entscheiden, die Dritte betreffen, wenn diese der Entscheidung nicht ausdrücklich zugestimmt haben[76]. Insbesondere dürfen bei der politischen Wahl von Risikostrategien nicht aggregierte Nutzenkalküle als Legitimation Verwendung finden, die die Verletzung der Rechte von Personen in Kauf nehmen, wenn diese einen absoluten Wert haben, der mit dem kollektiven Gesamtnutzen nicht verrechnet werden darf. Sobald sich daher zeigt, dass tatsächlich eintretende Risiken auf einer solchen Kalkulation beruhen, haben die von ihnen betroffenen Personen einen moralisch-politischen Anspruch auf die Wiederherstellung ihres vorherigen Rechtsstatus. Das ist die Idee eines *neuen Gesellschaftsvertrags* unter Bedingungen der modernen Risikogesellschaft. Sie erneuert die Bedingungen des liberal-demokratischen Gesellschaftsvertrags, im Hinblick auf die Erfahrungen systematischer gesellschaftlicher Risikoproduktion, durch die persönliche Grundrechte verletzt werden können. Ihre *Schlüsselbedeutung* für die Theorie der Sozialen Demokratie gewinnt sie aus den beiden Bedingungen, dass alle politisch-strukturellen Risiken in das Legitimationskalkül einbezogen werden, und dass die Dimension der Realwirkung der Grundrechte zur Beurteilungsnorm wird.

Politisch-optionale Risikoarten
Für die Theorie der Sozialen Demokratie geht es um die Identifikation, Erklärung und legitimationstheoretische Zuordnung politisch-optionaler Risiken, die durch politische Entscheidungen erzeugt werden und identifizierbare gesellschaftliche Kollektive im Falle ihres Eintretens der Mittel zur effektiven Wahrnehmung ihrer Grundrechte berauben. Politisch-optionale Risiken dieser Art müssen also von der Rechts- und Politikgemeinschaft der Staatsbürger verantwortet werden, die sich gegenseitig die Gewährleistung der grundlegenden Rechte zusichern. Das hat für das Verhältnis von Staatsbürgern und politischer Gemeinschaft aus zwei Gründen politische und rechtliche Folgen: *erstens* wegen der Verursachung des Verlustes der Mittel der Realisierung der Rechte, und,

---

[76] Nida-Rümelin 1996

zweitens, sofern allein durch die erneute Entscheidung der Gemeinschaft der Staatsbürger die Einlösung des individuellen Anspruchs auf die Verfügung über die Mittel zur Ausübung der Grundrechte gewährleistet werden kann. An dieser Scharnierstelle der Argumentation ist eine Vorbemerkung im Hinblick auf das Verhältnis von persönlichen Rechten und Pflichten erforderlich. Wegen der Minderung der positiven Freiheitsressourcen für jeden Bürger, die durch die Kosten der kollektiven Sicherung dieser Ressourcen für die von den politisch-strukturellen Risiken betroffenen Personen entstehen, kann eine primäre Verpflichtung der betroffenen Einzelpersonen zur individuellen oder kollektiven Selbsthilfe begründet werden. Sie schöpft aus denselben Quellen wie das Argument für die sozialen Grundrechte, macht deren Einlösung aber von der Einhaltung der Grenzen des absoluten Schutzes der Menschenwürde und gegebenenfalls von der Erfüllung wohlbegründeter Personen-Pflichten zur primären Selbstverantwortung abhängig. Ob und in welchem Maße ein politisches Gemeinwesen die primäre Verantwortungspflicht bei der Gewährleistung der Kompensationsleistungen für eingetretene Risiken in Ausschlag bringt, ist in den Grenzen der Menschenrechte eine pragmatische Entscheidungsfrage.

Aus der Perspektive der politisch-optionalen Risiken ergibt sich eines der zentralen Gegenargumente der Theorie der Sozialen Demokratie gegen die Legitimationsideen des Libertarismus. Die politische Theorie des Libertarismus beruht auf der *empirischen* Prämisse, dass die formal freiheitssichernden Institutionen der liberalen Demokratie für die Erfüllung der grundrechtlichen Gleichheitsnorm hinreichend sei, da für keine einzige Person ein rechtliche Hürde besteht, jeden möglichen sozialen Status zu erlangen, für den sie über die ausreichenden individuellen Fähigkeiten und Voraussetzungen verfügt. Das zentrale Gegenargument der Sozialen Demokratie besteht in der risikotheoretischen Widerlegung dieses Anspruchs. Wenn es Risiken für die reale Grundrechtsgeltung gibt, die in der Struktur der gesellschaftlich-ökonomischen Verfassung und der von ihr ausgelösten Prozesse selbst ihren Ursprung haben, die von den betroffenen Bürgern aber durch privatautonome Handlungsstrategien weder individuell noch kollektiv angemessen kompensiert werden können, dann besteht unter demokratischen Bedingungen eine kollektive politische Verantwortung für sie und ihre angemessene Kompensation. Es sind in allen Fällen dieser Art nicht individuelle Handlungsdefizite sondern sozial-strukturelle Handlungsbarrieren, die den sozialen Status der betroffenen Personen verursachen.

Das Argument gegen den *Libertarismus* und für die demokratisch-rechtsstaatliche Pflicht zu Sozialer Demokratie lautet: Der demokratische Rechtsstaat ist kraft der Geltungslogik seiner eigenen legitimierenden Normen verpflichtet, eine angemessene strukturelle Sicherung gegen alle sozial-strukturellen Risiken zu schaffen, sofern sie:

erstens: politischer Natur sind;

zweitens: erhebliche Einschränkungen von Grundrechten nach sich ziehen;

drittens: nicht durch zumutbare individuelle oder kollektive Selbsthilfe zuverlässig abzustellen sind; und
viertens: durch verfügbare Mittel politischer Steuerung der Gesellschaft wirksam eingeschränkt oder unter Kontrolle gebracht werden können.

Dieses sind die risikobezogenen Bedingungen eines modernen Gesellschaftsvertrags. Die Theorie der Sozialen Demokratie muss die *gesamten empirischen Realisierungsbedingungen und -risiken* für die reale Grundrechtsgeltung in Betracht ziehen. Sie muss infolgedessen neue strukturbedingte Generationen derartiger Risiken in ihre Analyse einbeziehen und für sie offen bleiben. Das gilt für alle sozialen Risiken, die die folgenden Bedingungen erfüllen:

Verletzung von Grundrechten: Grundrechte können nicht nur durch staatliches Handeln und das Handeln Dritter verletzt werden, sondern auch durch die Auswirkungen gesellschaftlicher Institutionen und Strukturen, sofern diese von politischen Entscheidungen abhängen[77].

Kollektive Wirkungen: Obgleich Menschen- und Bürgerrechte in letzter Instanz immer nur personenbezogene Rechte sein können, und ihre Verletzung daher einzelne Personen betrifft, beziehen sich Grundrechtsverletzungen, die von gesellschaftlichen Strukturen ausgehen, doch typischerweise stets auf Kollektive, also auf Personen in gleicher sozialer Lage. Daher können sie durch allgemeine Handlungsstrategien beeinflusst werden, die sich auf kollektive Lebenslagen beziehen.

Nicht allein durch Selbsthilfe beherrschbar: Nach dem Subsidiaritätsprinzip der primären Selbstverantwortung ist die einzelne Person stets in erster Instanz zur Selbstfürsorge verpflichtet[78]. Individuelle oder kollektive Selbsthilfe im Falle der Beeinträchtigung eigener oder fremder Grundrechte ist daher zunächst Bürgerpflicht. Das Recht zur politischen Abhilfe für eine soziale Grundrechtsverletzung tritt in Kraft, wenn sie durch zumutbare Selbsthilfe nicht möglich ist.

Politische Beherrschbarkeit: Von einer Grundrechtsverletzung sprechen wir nur dann, wenn sie sich als Folge einer intentionalen Tathandlung des Tuns oder Unterlassens interpretieren lässt. Das Verhungern des Verirrten in der Wüste ist im Gegensatz zum Verhungernlassen eines Gefangenen keine Grundrechtsverletzung. Soweit Grundrechtsverletzungen als Auswirkungen sozialer Strukturen oder Institutionen auftreten, müssen sie daher entweder durch die Veränderung

---

[77] Giddens 1999a
[78] Dworkin 2000

dieser Strukturen oder durch kompensierende Gegenstrukturen ausgeglichen werden können. Strukturelle gesellschaftliche Risiken für die Realwirkung von Grundrechten verlangen daher nach einer angemessenen und wirksamen politischen Abhilfe. Soziale Demokratie umfasst die Gesamtheit der politischen Handlungsstrategien, die solche Abhilfe gewährleisten. Den politisch verpflichteten Handlungsinstanzen bleibt es dabei freilich überlassen, welche Strategien sie zur Lösung der Probleme wählen wollen, solange sie das Ergebnis gewährleisten.

6 Selbstverantwortung und Bürgerpflichten

Grundrechte und Grundpflichten
Das Problem des Verhältnisses von Rechten und Pflichten aus dem Status sozialer Bürgerschaft hat eine historisch-dynamische Dimension, weil es umso deutlicher zutage tritt, je weiter gehend politische und soziale Rechte schon ausgebaut und durch entsprechende Leistungsstrukturen auch implementiert sind. Erst die strukturelle Krise des modernen Sozialstaates mit vergleichbaren Problemen in allen Gesellschaften, die das Projekt der Sozialen Demokratie verfolgen, hat diese Notwendigkeit sichtbar werden lassen, die kaum thematisiert werden konnte, solange die Strukturen der sozialen Sicherung selbst noch wenig ausgeprägt waren. Eine Theorie der Sozialen Demokratie, die sich beim gegenwärtigen Stand der Erfahrung und ihrer theoretischen Erklärung weiterhin allein auf Rechtsansprüche und nicht zugleich auch auf die reziproken Pflichtnormen stützen würde, wäre daher weder ausreichend legitimiert noch praxisrelevant[79], weil sie die Funktionslogik der gesellschaftlichen Teilsysteme und die politische Logik der Realisierungslegitimation ignoriert.

Pflichtenbegründung
Aus der Perspektive der normativen Theorie ist das zentrale Argument in Anlehnung an *Ronald Dworkin* darin zu sehen, dass das elementare Freiheitsrecht jeder Person, soweit sie überhaupt handlungsfähig ist, in erster Linie die Pflicht zu einer selbstverantwortlichen Lebensführung voraussetzt[80]. Das grundlegende Freiheitsrecht selbst begründet somit zugleich die Verpflichtung der Person gegenüber der Gemeinschaft, Hilfen nur in dem Maße in Anspruch zu nehmen, das sich aus den Grenzen des eigenverantwortlichen Handelns ergibt. Die Gewährung der Rechte kann folglich unter den Bedingungen ausgebauter Sozialstaatlichkeit in Art und Umfang auf den Nachweis der Erfüllung der komplementären Pflichten des Einzelnen bezogen werden, ohne dass dadurch dessen Rechtsan-

---

[79] White 2000
[80] Dworkin 2000

49

sprüche verletzt werden. So wie der Einzelne seine politischen Bürgerrechte verwirken kann, wenn er aktiv gegen die verfassungsmäßigen Grundlagen seines Gemeinwesens verstößt, so kann er auch soziale Grundrechte verwirken, wenn er seine komplementären sozialen Pflichten des ihm möglichen eigenen Beitrags zur Erhaltung der Grundlagen der sozialen Sicherungssysteme überhaupt nachhaltig verletzt[81]. In diesem Sinne ist es legitim, wenn Sozialstaaten, wie beispielhaft der *dänische* in den neunzehnhundertneunziger Jahren, in verstärktem Maße dazu übergegangen sind, die Höhe bestimmter Sozialleistungen, etwa in der Arbeitslosenversicherung, vom Nachweis des Einzelnen abhängig zu machen, ausreichende eigene Anstrengung zur Aufnahme von Erwerbstätigkeit zu unternehmen. Dieses Prinzip gilt, in dem Rahmen der durch die Natur der Rechte selbst bestimmt ist, für alle Regelungsbereiche von Sozialleistungen.

Es findet seine Grenze an den in einer Gesellschaft geltenden Bedingungen für die Wahrung der menschlichen Würde aller Personen. Im Verständnis Sozialer Demokratie ist die Würde der Person unabhängig von ihren Leistungen und daher auch dann zu gewährleisten, wenn der Einzelne seine politischen und sozialen Pflichten nachhaltig verletzt. Die materielle Definition dieses elementaren Sicherungsniveaus kann nur innerhalb gegebener sozio-kultureller Kontexte erfolgen, der Anspruch selbst hingegen hat universelle Geltung.

Es hat sich in der Praxis einer Reihe von entwickelten Sozialen Demokratien im Verlaufe der neunzehnhundertneunziger Jahre bereits gezeigt, dass es folglich zwei unterschiedliche Niveaus sozialer Sicherheit legitimer Weise geben kann, sofern dies für die Gewährleistung des Bestandes der sozialen Sicherungssysteme im Ganzen geboten erscheint. Ein gehobenes Niveau sozialer Sicherung, das den Einzelnen, der die Folgen der sozio-strukturellen gesellschaftlichen Risiken erleidet, im Prinzip nicht schlechter stellt als vor Eintreten dieser Risiken. Die Sicherungen dieser Ebene sollen sich einerseits vor allem auf die Wiederherstellung der Bedingungen selbstverantwortlichen Handelns der Betreffenden beziehen, z. B. durch Aus- und Weiterbildungschancen. Sie sollen auch die fortwirkende Integration der Betroffenen in die gesellschaftlichen Handlungssysteme gewährleisten. Denjenigen Personen, die ihre Pflicht nachhaltig verletzen, an der Wiederherstellung der Bedingungen ihrer Selbstverantwortlichkeit aktiv mitzuwirken, indem sie z. B. dauerhaft Bemühungen um Wiederaufnahme von Erwerbstätigkeit verweigern, kann legitimer Weise die Kürzung von Lohnersatzleistungen als Folge zugemutet werden. Die Grenze solcher Kürzungen liegt dann aber bei der Sicherung desjenigen sozio-kulturellen Lebensniveaus, das ihnen ein menschenwürdiges Leben noch möglich macht. Das Unterlassen einer solchen Differenzierung kann eine Verletzung von Rechten und Gerechtigkeits-

---

[81] Hammar 1990, Cover 1983

prinzipien gegenüber denen sein, die mit erheblichen Anstrengungen an der Wiederherstellung der Bedingungen ihrer Selbstverantwortlichkeit mitwirken und sogar beträchtliche Verschlechterungen gegenüber ihrem ehemaligen Status in Kauf nehmen. Sie kann auch eine Ungerechtigkeit gegenüber der Gesellschaft im Ganzen sein, soweit sie die Sicherstellung der materiellen Voraussetzungen sozialstaatlicher Handlungsfähigkeit überhaupt gefährdet.

Die Differenz zwischen den beiden Niveaus sozialer Sicherung und die Frage, ob ihr Vollzug als funktional notwendig und normativ geboten erscheint, kann nur in konkreten sozio-kulturellen Kontexten und unter gegebenen politischen Rahmenbedingungen getroffen werden. Die Grundlagen ihrer Rechtfertigung sind aber universeller Natur. Die Rechtfertigung dieses Unterschiedes schließt sowohl gesellschaftliche Bedingungen der Funktionssicherung von Sozialstaatlichkeit ein wie auch die Gleichrangigkeit von Rechten und Pflichten. Während die gehobene Stufe der sozialen Sicherung sich auf die sozialen Bürgerrechte und die Rechte aus sozio-strukturellen Risiken bezieht, entspricht die Rechtfertigung der elementaren Ebene den universellen *Menschen*rechten, die für alle Menschen unabhängig von ihren Leistungen unbedingte Geltung beanspruchen können.

Während Rechte in Institutionen formalisiert und mit Sanktionskraft versehen werden können, scheint es sich bei den meisten der komplementären Pflichten eher um „bloße" moralische Gebote zu handeln, für deren Einhaltung gegebenenfalls wenig mehr aufgeboten werden kann als die Erneuerung und Verstärkung des Appells zu ihrer Einhaltung. Das theoretische Dilemma dieser prinzipiellen Asymmetrie wirf in der Handlungspraxis moderner Gemeinwesen bestandsrelevante Probleme auf, denn auf der Basis gesicherter Rechte allein können sie weder ihrem eigenen legitimierenden Anspruch gerecht werden noch ihre Funktionen nachhaltig erfüllen. Die sozialen Grundrechte *müssen* im Lichte der gleichrangigen Grundpflichten interpretiert und sie *können* in diesen Grenzen institutionalisiert werden.

Es gibt im Staatsrecht die Regelung, dass Personen ihre bürgerlichen Rechte – in der Regel auf befristete Zeit – verlieren können, etwa das Wahlrecht oder das Recht zur Übernahme öffentlicher Ämter, wenn sie wohl definierte Bürgerpflichten verletzt haben, etwa durch eine Beteiligung an verfassungswidrigen Aktivitäten, die darauf abzielen, die Rechtsordnung als Ganze zu untergraben. In einem der am weitesten ausgebauten universalistischen Sozialstaaten der Gegenwart, *Dänemark*, mit sehr weit reichenden sozialen Rechten, wird seit 1996 die Gewährung der vollen Höhe des im Prinzip rechtlich zugesicherten Arbeitslosengeldes davon abhängig gemacht, dass der Einzelne die Erfüllung der ihm zugewiesenen Pflichten zu Weiterbildung und zur intensiven Arbeitsplatzsuche *nachweist*. Im Falle einer Verletzung dieser Pflichten werden einige der im Prinzip gewährleisteten Rechte spürbar verkürzt, jedoch nicht in solchem Maß, dass die Bedingung eines menschenwürdigen Lebens verletzt wird.

Im Hinblick auf die *elementare Komplementarität von Rechten und Pflichten* aus der Sicht der Theorie der Sozialen Demokratie erscheint ein solches Verfahren legitim, solange drei Bedingungen erfüllt sind:

Erstens: Die Begrenzung auf dafür geeignete Handlungsfelder (dazu können exemplarisch nicht die Felder primäre Bildung und Gesundheitsversorgung gehören);

Zweitens: Die zu erfüllenden Pflichten müssen so klar definiert sein wie die komplementären Rechte;

Drittens: Die durch die Würde der Person definierten Untergrenze der durch die Menschenrechte geschützten sozialen Sicherungsleistungen darf nicht unterschritten werden.

Im Hinblick auf mögliche Regeln zur Sanktionierung im Falle der Verletzung institutionalisierter Pflichten besteht zwischen den grundlegenden Menschenrechten, den politischen Bürgerrechten und den sozialen Grundrechten ein systematischer Unterschied: Während die Menschenrechte nämlich als Kodifikation der universellen Moral gelten können und daher unbedingt sind, basieren die politischen Grundrechte auf den Reziprozitätsregeln eines bedingten Gesellschaftsvertrags. Die sozialen und ökonomischen Grundrechte hingegen beruhen in ihrem *Kern* zwar auf universalistischen Moralnormen und den aus ihnen abgeleiteten Grundrechten. Ihrer konkrete Ausgestaltung und ihr politisch definiertes Anspruchsniveau ergeben sich jedoch immer erst im Kontext der kontingenten Ethiken konkreter Gemeinwesen. Sie können darum in höherem Maße an die Erfüllung der sich aus ihnen ergebenden Verpflichtungen gebunden werden als dies im Falle der Normen universeller Moral erlaubt sein kann.

Die Erfahrungen mit den Problemen der ausgebauten Sozialstaaten unter der Bedingung offener Märkte legt die Erwartung nahe, dass in den meisten dieser Länder die unvermeidliche Transformation der Systeme sozialer Sicherung vor allem durch den zunehmenden Bedeutungszuwachs der Pflicht zur primären Selbstverantwortung bestimmt sein wird. Das ist im Lichte der normativen Beziehung von Pflichten und Rechten in diesem Bereich nicht nur legitim, es kann, wo es um die Sicherung der Rechte aller geht, sogar geboten sein.

7   Gerechtigkeit und politische Integration

Gerechtigkeit und Grundrechte
Die Theorie der Sozialen Demokratie ist prinzipiell von einer speziellen normativen Begründung unabhängig, da sie sich für ihre zentralen Belange auf die universellen, völkerrechtlich bindenden Grundrechte der *Menschenrechtskonvention der Vereinten Nationen* vom 16.12.1966 stützen kann. Die Grundrechte sind „mittlere Gerechtigkeitsprinzipien"[82]. Sie nehmen eine Zwischenstellung zwischen den Prinzipien der Gerechtigkeit und den politischen Anwendungsdiskursen gerechter Politik ein. Den Pakten liegt ein Grundrechtsverständnis zugrunde, das Gerechtigkeit in ihrer sozialen Dimension als eine Form von *Sockelgleichheit* auslegt, die sich in gleichen Grundrechten und -pflichten in den zentralen gesellschaftlichen Handlungsfeldern entfalten muss. Vor allem in ihrer sozialen und ökonomischen Dimension decken die universellen Grundrechte des Paktes durch ihre sozialen Sicherungs- und Teilhabenormen in hinreichendem Maße einen strukturellen Kern Sozialer Demokratie ab. Soweit sich die Theorie der Sozialen Demokratie auf die politischen und sozialen Grundrechte des Paktes stützen kann, ist sie daher zunächst von den Begründungsansprüchen entlastet, die jede besondere Theorie politischer und sozialer Gerechtigkeit einzulösen hat.

Gerechtigkeit und politische Integration
Dennoch bedarf die Theorie der Sozialen Demokratie über diese normative Fundierung in den universellen Grundrechten hinaus aus anderen Gründen auch eines Bezugs zur Theorie der Gerechtigkeit. In Hellers *Theorie der sozialen Demokratie* spielt das demokratie*soziologische* Argument eine Schlüsselrolle, dass nur die *Erfahrung und die Erwartung der Möglichkeit der Einigung im Kompromiss* zwischen den wirtschafts- und sozialpolitischen Konfliktparteien die rechstaatliche Demokratie als moderne Staatsform möglich macht. Sie findet in ihnen vielmehr ebenso wie in der empirischen Forschung über die Rolle grundwertebezogener Diskurse im Prozess der politischen Legitimation eine starke empirische Stütze. Die Grundlagen dafür sind in dem komplexen Rationalitätsmodell zu finden, dem Bürger unter normalen demokratischen Voraussetzungen tatsächlich eher folgen als der Rationalität des bloßen privatnützigen Interessenkalküls des libertären Modells, das sich in empirischer Hinsicht vielmehr als eine wissenschaftliche Modell-Fiktion erweist. Im Sinne des Hellerschen Arguments eines internen Wechselbezugs zwischen der demokratiesoziologischen und gerechtigkeitstheoretischen Argumentationsebene im Prozess der Realisierung Sozialer Demokratie bedarf die Theorie der Sozialen Demokratie über ihre Fundierung

---

[82] Höffe 2001

durch universelle Grundrechte hinaus daher einer Bezugnahme zur Theorie der Gerechtigkeit.

Die Theorie der Sozialen Demokratie verlangt folglich zwei unterscheidbarer Bezüge zur Theorie der Gerechtigkeit: *Erstens*, in *politisch-funktionaler* Hinsicht die Erklärung der *Rolle* eines in ausreichendem Maße geteilten Verständnisses von Gerechtigkeit bei der Realisierung einer Politik der Sozialen Demokratie. Dieser theoretische Bezug ist vor allem aus *empirischen* Gründen unverzichtbar. *Zweitens*, in *normativ-inhaltlicher* Hinsicht die Klärung der Mindestanforderungen an Theorien der Gerechtigkeit im Hinblick auf die normativen Grundlagen der Sozialen Demokratie.

Einen politischen *Grundwert* Gerechtigkeit zu teilen, kann und muss in politisch pragmatischer Sicht nicht bedeuten, dass sich die Beteiligten auf eine Theorie der Gerechtigkeit einigen oder von vornherein über den Inhalt der einschlägigen Normen Einigkeit besteht. Vorausgesetzt werden muss lediglich, im Sinne der Rawlsschen Theorie des *politischen Liberalismus*, ein überlappender Konsens über dasjenige Mindestmaß normativer Regelungspotenziale im zugrunde gelegten Gerechtigkeitskonzept, das im Urteil aller Beteiligten die Einschätzung der Einigungsmöglichkeit begründet und in einer gemeinsamen politischen Verständigungspraxis in einem hinlänglichen Maße dann auch bestätigt wird[83]. Es geht für die politische Funktion des Gerechtigkeitskonzepts darum, dass ein anwendungsbezogener politischer Diskurs in den Augen der Beteiligten sinnvoll erscheint und diese Erwartung sich in ihrer gemeinsamen Praxis im Großen und Ganzen auch immer wieder bestätigt.

Von *Kant* bis *Dworkin* ist Gerechtigkeit in dieser Tradition des politischen Liberalismus immer als die Universalisierungsnorm der Freiheit, also als gleiche Freiheit oder gleiche Autonomie aller Menschen bestimmt worden[84]. Freiheit als universeller politischer Grundwert legt sich in einem Gerechtigkeitsverständnis aus, das im Kern nichts anderes bestimmt, als diese Universalität im Freiheitsverständnis selbst.

1. Auf der *polity*-Ebene verteilt er die Rechte und Pflichten der Staatsbürger gleich und sichert sie durch *rechtsverbindliche* Institutionalisierung.
2. Auf der *policy*-Ebene gibt er Orientierungen für die gerechte Verteilung der für die Handlungsfreiheit der Personen erforderlichen Chancen und Ressourcen.
3. Auf der *politics*-Ebene gewährleistet er gleiche Teilhabechancen für den politischen Entscheidungsprozess und reguliert die politische Kultur des Konfliktaustrags.

---

[83] Rawls 1992, 1993
[84] Das sieht auch Gray als die Summe der klassisch liberalen Tradition. Gray 1995: 56 ff

Die Theorie der Sozialen Demokratie basiert auf einer *egalitären Theorie der Menschen- und Bürgerrechte* und einer ihr zugrunde liegenden *moderat-egalitären Gerechtigkeitstheorie*. Beide verstehen sich als notwendige Explikationen des *universalistischen positiven* Freiheitsbegriffs. Beide sind mit universalistischen Argumenten begründbar, hängen jedoch, was ihre Rolle in der öffentlichen politischen Arena anbetrifft, weder für ihre Geltung noch für ihre inhaltliche Ausstattung von einer spezifischen Begründungsvariante ab[85]. Wie die Entwicklung der philosophischen Begründungsdiskurse in diesem Theoriefeld eindrucksvoll demonstriert hat, können die normativen Überzeugungen der moderat egalitären Gerechtigkeitstheorie als Explikation des positiven Freiheitsbegriffs durch unterschiedliche Argumentationsstrategien gestützt werden, unter denen auch auf der Begründungsebene einander widersprechende Positionen Platz haben, solange sie sich im öffentlichen Diskurs anschlussfähig auf einander beziehen können. Für die politische Geltungskraft der Gerechtigkeitsnorm erweist sich dieser Begründungspluralismus nicht als Begrenzung, sondern als Erweiterung ihres Wirkungspotenzials.

Begründungspluralismus und Überlappung

Für die Erlangung einer stabilen Mehrheitsunterstützung für diejenigen wirtschafts-, sozial-, oder bildungspolitischen Gestaltungsstrategien, derer die Politik der Sozialen Demokratie andauernd bedarf, ist ein öffentlicher Konsens über Mindestansprüche sozialer Gerechtigkeit erforderlich. In einem gewissen Maße muss dieser in die politische Kultur einer Gesellschaft selbst eingelassen sein oder sich ihr allmählich einprägen. Er dürfte gleichwohl unter den Wettbewerbsbedingungen pluralistischer Demokratien von Fall zu Fall auch wieder zur Disposition stehen, so dass er einer mehrheitsfähigen öffentlichen Verteidigung und Begründung bedarf. Auch wenn daher die Begründbarkeit und die speziellen Begründungsstrategien, die die mit der Gerechtigkeitsnorm verbundenen Ansprüchen im öffentlichen Diskurs einlösen können, zum Projekt der Sozialen Demokratie hinzugehören, so ist es doch für ihren *politischen* Geltungsanspruch nicht erforderlich, dass die Begründungsansprüche auf der meta-politischen, theoretisch-philosophischen Ebene ihrer Gültigkeitsbedingungen konvergieren[86]. In vollkommener Parallele zum Überlappungsargument in Rawls' Theorie des politischen Liberalismus genügt die Übereinstimmung in der handlungsorientierten politischen Dimension eines solchen öffentlichen Gerechtigkeitsdiskurses, während die Begründungsansprüche zwar vorgetragen und aufeinander bezogen werden, im Maße wie ein überlappender Konsens auf der inhaltlich-normativen Ebene zustande kommt, aber nicht bis zur Übereinstimmung ausgetragen werden

---

[85] Eichler 1973
[86] Nagel 2002

müssen. Auf der politischen Geltungsebene reicht die faktische Konvergenz in der Bestimmung eines moderat egalitären Gerechtigkeitsbegriffs verbunden mit dem Faktum aus, dass die am öffentlichen Diskurs beteiligten repräsentativen Akteure jeweils *für sich* über meta-politische Geltungsüberzeugungen für diesen Anspruch in ihrem eigenen Selbstbewusstsein verfügen und dafür mit rationalen Zustimmungserwartungen im öffentlichen Diskurs um Unterstützung werben.

Soweit nämlich die unterschiedlichen meta-politischen Begründungsstrategien zu einem in den Grundlagen überlappenden Gerechtigkeitsverständnis führen, motivieren sie das politische Handeln der Kollektive, die sie repräsentieren, in diesem Sinne. Sie stützen sich dabei auf die doppelte Annahme, dass einerseits gemeinsames Gestaltungshandeln möglich ist, sobald ein hinreichendes Maß inhaltlicher Konvergenz im Gerechtigkeitsverständnis erreicht wird und andererseits eine Einigung über die Gründe im Maße wahrscheinlich wäre, wie die öffentlichen Verhandlungen des Themas vom gegenwärtigen Handlungsdruck entlastet wäre und bis zu einer Einigung fortgesetzt werden könnte[87].

Aktive Neutralität

Die Theorie der Sozialen Demokratie kann gegenüber den Begründungsstrategien für moderate egalitäre Gerechtigkeit nicht lediglich eine passive Neutralität einnehmen, die allein auf die faktische Konvergenz vertraut und die Begründungsfrage selbst für entbehrlich erklärt. Für die Motivation des Handelns der gesellschaftlichen Kollektive, ihre jeweiligen normativen Ansprüchen zu verfolgen und dabei auf einen politisch-kulturellen Konsens der ganzen Gesellschaft hinzuwirken, ist die Erwartung konstitutiv, dass alle gesellschaftlichen Akteure am Ende eines ausreichend gründlichen öffentlichen Beratungsprozesses zur Übereinstimmung gelangen könnten. Voraussetzung dieser Erwartung ist bei allen am öffentlichen Diskurs beteiligten Akteuren die Verfolgung ihrer je verschiedenen Begründungsstrategien. Diese sind für das politische Handeln zwar nicht unmittelbar konstitutiv, doch auf die ihnen eigentümliche indirekte Weise dennoch von unverzichtbarer politischer Bedeutung für das Zustandekommen einer Mehrheitsunterstützung. In diesem Sinne ist auf der Ebene der Theorie der Sozialen Demokratie eine Orientierung der *aktiven Neutralität* geboten, die an der Frage der Begründbarkeit der einschlägigen Gerechtigkeitsnormen interessiert ist und deren Möglichkeiten klärt, aber selbst nicht für eine der konkurrierenden Begründungsstrategien Partei ergreift.

---

[87] Vgl. Rawls 1998

Negative und positive Freiheit
Isaiah Berlin hat seine berühmt gewordene Unterscheidung zwischen positiver und negativer Freiheit eingeführt und begründet, um dem Begriff der positiven Freiheit den Boden zu entziehen[88]. Negative Freiheit ist seinem Argument zufolge Freiheit schlechthin, denn durch sie konstituiert sich in der Abwehr staatlicher und gesellschaftlicher Übergriffe der unbelastete, durch Hindernisse und Fremdeinwirkungen nicht beschränkte Raum des selbstbestimmten Handelns, das allein Freiheit ist. Der negative Freiheitsbegriff Berlins bezieht sich auf den Schutz der Handlungssphäre, in der das Individuum, ohne Bezug auf die Ansprüche anderer Individuen, tun und lassen kann, was es will[89]. Er ist unabhängig von der universalistischen Einbettung in die gleichen Freiheitsrechte aller und von den Quellen seiner Institutionalisierung und Sanktionierung. Negative Freiheit als reine Abwesenheit von Interventionen in die individuelle Handlungssphäre ist daher auch in einer autoritären politischen Ordnung möglich.

Macpherson hat gezeigt, dass der positive Freiheitsbegriff in der Bestimmung, die *Berlin* ihm gibt, drei Bedeutungsdimensionen vermengt:

1. Positive Freiheit als Teilhabe an souveräner Herrschaftsgewalt,
2. positive Freiheit als individuelle Selbstbestimmung, und
3. positive Freiheit als metaphysisch überhöhtes Verständnis objektiv vernünftiger Selbstbestimmung[90].

Berlin verwirft in der Folge dieser Vermengung den positiven Freiheitsbegriff aus zwei Gründen. Zum einen weil er der Auffassung ist, dass der Übergang zwischen einem Verständnis positiver Freiheit als vernünftige individuelle Selbstbestimmung zu einer metaphysisch überhöhten Form objektiv vernünftigen Freiheitsgebrauchs, der die negative Freiheit prinzipiell missachtet, stets fließend ist und am Ende immer zu einer Aufhebung von Freiheit im Namen von Freiheit führt. Dabei hat er vor allem die marxistisch-leninistische Geschichtsmetaphysik vor Augen. Zum anderen aber auch weil er die Mittel zur Aktualisierung der Handlungschancen, die negative Freiheit nur im Prinzip ermöglicht, zwar als notwendige Elemente des Freiheitsgebrauchs anerkennt, aber um seine Freiheitsbegriffe möglichst eng und eindeutig zu fassen, lediglich als Voraussetzungen und nicht als Bestimmungselemente von Freiheit selbst betrachtet. In Berlins Verständnis soll daher der von allen Möglichkeiten der Missdeutung gereinigte Freiheitsbegriff auf die *Abwehr von Zwang* beschränkt bleiben. *Macpherson* hat gegen diese Reduktion geltend macht, dass „die Vorenthaltung von Mitteln zum

---

[88] Berlin 1958, 1969
[89] Berlin 1958. 7 ff
[90] Macpherson: 178 ff

Leben und Arbeiten" ebenfalls nichts anderes sei als ein Eingriff in den Frei-heitsraum von Personen, wenn auch ein indirekter über die sozio-ökonomischen Strukturen der Gesellschaft bedingter[91].

Der universalistische Kerngehalt der berechtigten Kritik Macphersons an Berlin lässt sich überzeugender und ohne problematische Nebenbedeutungen durch eine genauere Bestimmung der Begriffe negativer und positiver Freiheit aufnehmen. *Negative* Freiheit ist dann bestimmt als die Abwesenheit von jedem Zwang, der nicht durch allgemeine Gesetze, denen alle in gleicher Weise unter-liegen, bestimmt ist und an deren Erlassung alle in gleicher Weise beteiligt sind, unabhängig davon, ob solcher Zwang durch den Staat oder durch Dritte ausgeübt wird. *Positive* Freiheit ist *ausschließlich* bezogen auf die Verfügung der Person über die materiellen (sozialen) Bedingungen ihrer Freiheit nach selbstbestimm-ten Lebensplänen (Macpherson). In diesem Verständnis setzen positive und ne-gative Freiheit einander wechselseitig voraus. Real und nicht lediglich deklarativ wirksam ist Freiheit für alle nur, wenn sie gleichzeitig negativ gewährleistet und positiv ermöglicht ist.

Im Verhältnis der positiven zu den negativen Freiheitsrechten sind in der moral- und rechtsphilosophischen Diskussion fünf spezifische Asymmetrien konstatiert worden, die zu dem Ergebnis führen, dass den positiven Freiheits-rechten prinzipiell ein anderer Status einzuräumen sei als den negativen[92].

Erstens: Als Leistungsrechte sind die positiven Freiheitsrechte der Ressourcen-Knappheit jeder Gesellschaft unterworfen, eine Einschränkung, der die negativen Freiheitsrechte nicht unterliegen.

Zweitens: Infolgedessen können die positiven Freiheitsrechte im Gegensatz zu den negativen Freiheitsrechten in Situationen spezifischer Ressourcen-Knappheit von den Bürgerinnen und Bürgern nicht eingefordert werden.

Drittens: Positive Freiheit beruht auf Leistungen, die immer komparativ und auf einem Leistungskontinuum angesiedelt sind. Es ist immer ein Mehr oder Weni-ger möglich. Positive Freiheit sei infolgedessen sowohl ressourcen- als auch kulturabhängig und darum für einen Spielraum des Ermessens offen. Auf der einen Seite dieses Kontinuums wird in dieser Betrachtung die Gewährleistung des nackten Überlebens angesiedelt, auf der anderen das „leichte, angenehme und schöne Leben"[93]. Insofern öffnet sich die Grenze der durch Gerechtigkeit verlangten positiven Freiheit unvermeidlich für die nicht mehr geschuldeten

---

[91] Macpherson: 1977:
[92] Höffe 1999: 75 ff
[93] Höffe 1999: 76

58

Bereiche, die durch die moralischen Pflichten der Solidarität und der Menschenliebe abgedeckt sind.

Viertens: Bei der Gewährleistung bestimmter positiver Freiheitsrechte, wie etwa im Bereich der Bildung und Ausbildung, bestehen Einschränkungen nicht nur hinsichtlich der Ressourcen sondern auch der Erfüllung persönlicher Vorbedingungen. Daher seien die positiven Freiheitsrechte insgesamt keine einklagbaren Rechte, sondern vielmehr „programmatische Forderungen, für deren Umsetzung in die gesellschaftliche Wirklichkeit komplexe Beurteilungen erforderlich sind"[94].

Fünftens: Während negative Freiheitsrechte nur dann gelten, wenn sie von allen Menschen respektiert werden, können positive Freiheitsrechte ihre Wirkung erlangen, wenn sie nur von einem Teil der Menschen und nicht von allen erbracht werden. Wenn einige Menschen diese Leistungen verweigern, können andere in die Bresche springen.

Sechstens: Bei den positiven Freiheitsrechten lassen sich „natürliche Leistungserbringer" nicht immer ermitteln, nämlich diejenigen, die die „Not", die durch die Leistungen aus positiven Freiheitsrechten gelindert werden soll, mit verursacht haben. So lassen sich anders als bei den negativen Freiheitsrechten primäre Verantwortlichkeiten häufig nicht feststellen.

Aus all diesen Gründen seien die positiven Freiheitsrechte in ihren Voraussetzungen und Umsetzungsbedingungen komplexer als die negativen, obgleich sie im Kern aus denselben philosophischen Legitimationsmustern der gegenseitigen Gewährleistung von Freiheit durch gleichberechtigte Personen und Bürger begründet werden. All diese Qualifikationen erscheinen plausibel und gewichtig. Sie sind aber nicht dazu geeignet, das Konzept der positiven Freiheit selbst zu widerlegen, sondern formulieren Bedingungen, Spannungsverhältnisse und Risiken, die eine Politik der positiven Freiheitssicherung immer in Rechnung stellen muss. Sie haben auf exemplarische Weise im unterschiedlichen Geltungsstatus der Grundrechte der beiden UN-Pakte von 1966 ihren Ausdruck gefunden. Der zweipolige Freiheitsbegriff, der von der Gleichgewichtigkeit beider Dimensionen ausgeht, aber die Asymmetrien von positiver und negativer Freiheit in Rechnung stellt, ist eine zentrale normative Grundlage der Sozialen Demokratie. Auf ihn bezieht sich das in ihren Diskursen verwendete Konzept von Gerechtigkeit

---

[94] Höffe 1999: 77

als gleicher Freiheit, das sich auf die Ergebnisse der neueren Gerechtigkeitstheorie stützt.

Theorien der Gerechtigkeit
Idealtypisch lassen sich in der modernen Gerechtigkeitstheorie vier Grundtypen unterscheiden, denen sich fast alle übrigen relevanten Positionen, mit Ausnahme des Konsequentialismus[95], zuordnen lassen[96]: die *Vertrags-Theorie der fairen Gerechtigkeit von John Rawls*, die *kommunitaristische Theorie der Gerechtigkeitssphären von Michael Walzer,* die *menschenrechtliche Theorie der Ressourcengleichheit von Ronald Dworkin* und die *diskursethische Theorie der deliberativen Demokratie von Jürgen Habermas.* Sie alle sind unter den gemeinsam geteilten Prämissen des egalitären Gerechtigkeitsverständnisses der liberalen Tradition und der gleichrangigen Einbeziehung der Dimension des positiven Freiheitsbegriffs in die Struktur ihres Gerechtigkeitsverständnisses in einen wissenschaftlich geführten, aber öffentlich gerichteten Diskurs eingetreten. Dabei geht es um die Beantwortung der beiden gerechtigkeitstheoretischen Grundfragen nach der intersubjektiv verbindlichen Begründung und nach der inhaltlichen Fassung eines universalistischen Begriffs politischer und sozialer Gerechtigkeit.

Zwischen all diesen Ansätzen scheinen weitreichende, kaum zu überbrückende Differenzen in der Begründungsstrategie zu bestehen. Sie konvergieren jedoch in der Voraussetzung der fundamentalen Gleichheit der Menschen- und Bürgerrechte und der politischen Institutionen der liberalen Demokratie. Sie alle beziehen den positiven Freiheitsbegriff auf die Verfügbarkeit der sozialen und ökonomischen Handlungsressourcen als Handlungsvoraussetzungen der freien Person. Auf der Ebene ihrer Begründungsstrategien geht es um zwei wesentliche Linien der Differenz, die auf unterschiedlichen Optionen für den Begründungsansatz zurückzuführen sind. Sie münden jedoch nicht notwendigerweise in unversöhnliche Widersprüche zwischen den Argumentationslinien ein.

Diese Begründungsverfahren sind durch eine Reihe von Gemeinsamkeiten gekennzeichnet, die sie für die Grundlegung einer Theorie der Sozialen Demokratie gleichermaßen geeignet erscheinen lassen. Sie greifen in letzter Instanz alle auf ein Verfahren zurück, bei dem alle von den Gerechtigkeitsnormen Betroffene als Gleiche ein gleichwertiges Mitberatungs- und Mitentscheidungsrecht haben und allein aus der Ausübung dieser Rechte die Normgeltung begründet

---

[95] Vgl zur Erörterung und Kritik Nida-Rümelin 1993. Murphy/Nagel haben gezeigt, dass sich auch aus konsequentialistischen Positionen politische Gerechtigkeitsargumente entwickeln lassen, die mit den hier diskutierten Gerechtigkeitstheorie aus dem Bereich der deontologischen Theorien übereinstimmen können. Murphy/Nagel 2002: 42 f
[96] Diese Theorien sind auch tatsächlich häufig für die Diskurse der Sozialen Demokratie herangezogen worden.

wird. Das ist im Falle der Diskursethik und der ursprünglichen Situation offenkundig, bei Dworkin zeigt es sich im Modell der Konstruktion einer ursprünglichen Auktion, in die alle mit gleichen Rechten und mit gleichen Ressourcen eintreten und erst auf dieser Basis Strategien der Differenzierung legitimiert werden. Der Kommunitarismus Walzerscher Prägung geht zwar von immer schon wirksamen Kontexten der Geltung aus, die von Gemeinschaft zu Gemeinschaft variieren, lässt aber als Argumente, die die Gültigkeit seiner Interpretation begründen können, letztlich ebenfalls nur universalistische Vertragsargumente zu, die von allen Mitgliedern der Gemeinschaft als Motive für eine Zustimmung anerkannt werden können.

In letzter Instanz beruht daher die Differenz zwischen diesen Begründungsstrategien auf der Wahl der Ebene, auf der das Gleichheitsargument als Bedingung für den Fortgang des Legitimationsprozesses eingeführt wird und auf der Wahl der Prozedur, in der sich die ursprünglich gleichen Bürgerinnen und Bürger über eine von allen am Ende anzuerkennende Verteilung der Rechte und Ressourcen einigen würden. Die zweite, für die Grundlegung der Theorie der Sozialen Demokratie weiterreichende Übereinstimmung dieser Gerechtigkeitstheorien, beruht darin, dass sie alle die Gleichheitsnorm nicht nur auf die politischen und bürgerlichen Rechte, sondern auch auf die sozialen, kulturellen und ökonomischen Ressourcen erstrecken, über die der Einzelne verfügen muss, um seine Freiheitsrechte im gesellschaftlichen Handlungszusammenhang realisieren zu können. Bei der Einbeziehung der materiellen Freiheitsdimension in den Gleichheitsdiskurs machen sich die unterschiedlichen Begründungsstrategien, die sie verfolgen, am deutlichsten geltend. Rawls stützt sich dabei auf die beiden Argumente, dass Freiheitsrechte ohne die Verfügung über diejenigen sozialen Güter, die ihre Aktualisierung erlauben, leer sind; und damit verbunden, dass die Einzelnen in der ursprünglichen Entscheidungssituation infolge dessen vor allem auch eine solche Verteilung der sozialen Güter beschließen werden, die jeden von ihnen unter allen Umständen über ein ausreichendes Maß sozialer Handlungschancen verfügen lassen würden. Walzer zeigt in einer historischen Vergleichsstudie kulturell unterschiedlicher Gesellschaften, dass die Einbeziehung der materiellen Lebenschancen in den Bereichen der Versorgung mit lebensnotwendigen Grundgütern und der Vermittlung soziokultureller Grundfertigkeiten für die Teilhabe am Gemeinschaftsleben immer schon eine selbstverständliche Leistung menschlicher Gemeinschaft war. Dworkin sieht Freiheit als Verfügung über Handlungsressourcen und zieht daraus die Schlussfolgerung, dass gleiche Freiheit nur als Gleichheit individueller Handlungsressourcen sinnvoll interpretiert werden kann. Obgleich Habermas, außer dem Verweis auf die Rechte sozialer Bürgerschaft keine explizite Begründung für die Verwendung des materiellen Freiheitskonzepts entfaltet, kann in der Logik der Diskurstheorie auf die Empirie gesellschaftlicher Verteilungskonflikte Bezug genommen werden. Diese demonstrieren, dass die realen Diskurse über gesellschaftliche Ressourcenverteilung immer auf einen materiellen Freiheitsanspruch der an ihnen Beteiligten beruhen, in einer idealisierten Diskurssituation aber nur die Prozedur der Entscheidung und nicht die Grundlagen des Freiheitsverständnisses selbst verändert werden.

Normen der Gerechtigkeit

Auch ein weitgehender Konsens kann im Hinblick auf die situationsgebundenen Erfordernisse praktischer Politik nicht mehr hervorbringen als eine Reihe von Kriterien und Maßstäben. Für die am positiven Freiheitsbegriff orientierten Konzepte egalitärer Gerechtigkeit, die die Prämissen Sozialer Demokratie begründen, erweisen sich im Diskurs der Gegenwart die folgenden Kriterien als weitgehender Konsens:

Erstens: Gerechtigkeit ist gleiche Freiheit, alle legitimen Gleichheiten und Ungleichheiten müssen darum in letzter Instanz auf ein universalistisches Verständnis positiver Freiheit bezogen werden.

Zweitens: Es sind daher die Ungleichheiten der Einkommen und Vermögen die rechenschaftspflichtig sind.

Drittens: Ungleichheiten sind in den Grenzen legitim, die im Hinblick auf die Rechte anderer begründete werden können.

Viertens: Gerecht erscheint ein hoher Sockel an gleichen Lebenschancen, nicht nur als im Sinne von einmalig zu Beginn des Lebens verteilten Chancen, sondern als während des ganzen Lebens verfügbaren positiven Freiheitschancen.

Fünftens: Gerechtigkeit bezieht sich nicht nur auf die Verteilung von materiellen und kulturellen Ressourcen des Freiheitsgebrauchs, sondern ebenso auf individuelle und kollektive Teilhabechancen an den Entscheidungen in Staat, Wirtschaft und Gesellschaft, die die Bedingungen der privaten Autonomie und die Verteilung der Lebenschancen sichern.

Sechstens: Gerechtigkeit ist reflexiv, sie bezieht sich vor allem auch auf das Verfahren, in dem ihre Kriterien und die Bedingungen ihrer Anwendung in konkreter Lage jeweils bestimmt werden.

Siebentens: Gerechtigkeit ist doppelt bestimmt, durch einen Satz von Kriterien und durch das Verfahren, in dem diese von den Betroffenen gemeinsam bestimmt und ausgelegt werden.

Diese Gerechtigkeitsnormen sind in den „ mittleren Prinzipien" der Grundrechte *institutionalisiert*. Sie dienen als Referenzkriterien für die politischen Anwendungsdiskurse, die in diesem Rahmen über die regulative und distributive Politik der Sozialen Demokratie entscheiden. Das entspricht dem Hellerschen Verständnis von Sozialer Demokratie als dem Prozess der Übertragung der Idee des materialen Rechtstaats auf die gesellschaftliche Gesamtverfassung.

Spannungen zwischen den verschiedenen *Elementen* des Freiheitsbegriffs, die sich in der politischen Praxis als *Trade-Offs* erweisen können, sind nicht durch abstrakte Entscheidungen für den einen oder anderen politischen Grundwert, sondern nur durch die Reflexion der Erfahrungen mit praktischen Lösungsversuchen in konkreten Handlungszusammenhang zu minimieren. Sie hängen auch von den nur empirisch zu ermittelnden Folgen der jeweils gewählten Handlungsstrategien zur Balancierung der Spannungsverhältnisse ab. Welche Formen der Mitbestimmung das Problem der Freiheit in der Arbeitswelt am besten zu lösen vermag, hängt beispielsweise auch davon ab, welche Ergebnisse einzelne Modelle haben, die sich dann wiederum auf die Produktion und Verteilung von privaten und sozialen Gütern auswirken, die die verfügbaren positiven Freiheitschancen Vieler unmittelbar betreffen. Vergleichbares gilt in einer großen Zahl ähnlicher Fälle in so gut wie allen Bereichen der sozialen Sicherung und der Wirtschaftsverfassung. Nicht das Prinzip einer Urwahl zwischen metaphysischen Wertalternativen, sondern eine Politik der Balancierung unvermeidlicher Spannungen und Trade-Offs zwischen den gleichermaßen gültigen Grundwerten und Grundrechten der negativen und der positiven Freiheit erscheint in der Perspektive der Sozialen Demokratie als die angemessene Lösung dieses Problems.

Der politische Anwendungsdiskurs
Für die Theorie der Sozialen Demokratie ist *Hellers* Argument zum Verhältnis von Vernunft und Interesse bedeutsam. Im Maße wie im gesellschaftlichen Bewusstsein die legitimierenden Grundrechte nicht allein auf die formale Staatsverfassung, sondern auf die gesellschaftliche Gesamtverfassung bezogen werden, bedarf die demokratische Integration des Rechtsstaates eines überzeugenden Prozesses der öffentlichen Vermittlung von gesellschaftlichen Interessen und Gerechtigkeitsnormen. Ein solches Vermittlungsmodell enthält drei von einander unterscheidbare strukturelle Komponenten:

Erstens: Eine funktionierende, für symmetrische Verständigungsprozesse dieser Art taugliche Struktur des öffentlichen Raumes,

Zweitens: Die Entfaltung eines politisch-kulturellen Rahmens für den gesellschaftlichen Konfliktaustrag, in dem ein Mindestmaß geteilter politischer Grundwerte vor allem im Hinblick auf die Vorstellungen von Freiheit und Gerechtigkeit eingelebt sind, auf die sich der öffentliche Diskurs beziehen kann.

Drittens: Ein Mindestmaß an selbsterhaltender politischer Vernunft bei den Konfliktparteien in dem Sinne, dass sie eine Verständigung suchen, die für alle Seiten die Legitimität des liberalen demokratischen Ordnungsrahmens bestätigt.

Dieses Modell leidet, gemessen an den Ergebnissen der empirischen Forschung zur politischen Kultur, trotz seiner anspruchsvollen Bedingungen nicht an einem prinzipiellen Realitätsdefizit. Insbesondere widerstreiten ihm nicht, wie bei der Erörterung der Ergebnisse empirischer Forschung zur politischen Anthropologie dargelegt, realistisch begründbare Annahmen über die durchschnittliche Verhaltensdisposition der Bürger. Die Bedingungen, unter denen das Modell wirksam werden kann, waren in vielen europäischen Ländern über lange Zeiträume hinweg erfüllt[97]. Ihre Komponenten sind trotz widerspruchsvoller und in Teilbereichen auch in erheblichem Maße entgegenwirkender empirischer Entwicklungstendenzen weiterhin realistisch.

Kein besonderes Konzept der Gerechtigkeit kann im Rahmen einer Theorie der Sozialen Demokratie die Rolle einer normativen Generalprämisse übernehmen, wie gut sie aus der Perspektive ihrer jeweiligen Autoren auch immer begründet erscheinen mag. Es ist der überzeugende Kern in Walzers Konzept, dass sich die politische Relevanz jeder Theorie der Gerechtigkeit daran ermisst, in welchem Maße es ihr gelingt, diejenigen Argumente herauszuarbeiten, die im öffentlichen Anwendungsdiskurs einer konkreten Gesellschaft Anerkennung finden[98]. Walzers Argument ist von den spezifischen Prämissen des philosophischen Kommunitarismus aus vier Gründen unabhängig und von allgemeiner Bedeutung:

Erstens: Der Geltungssinn theoretischer Erkenntnisse im Bereich der praktischen Philosophie besteht nach weitgehend übereinstimmender Auffassung nicht in der Konstruktion abstrakter Kalkulationen, die lediglich innerhalb der Theorie selbst nachvollziehbar sind und auf ihre Gültigkeit hin überprüft werden können, son-

---

[97] Informativ dazu vor allem die 12 Länder-Vergleichsstudie zum politischen Gerechtigkeitsdiskurs bei V. Schmidt 2000b.
[98] Walzer 1992

dern im Vorgriff auf genau die Argumente, die in den praktischen Diskursen realer Gesellschaften Anerkennung finden *können*, soweit dieses tatsächlich unter Verständigungsbedingungen stattfinden.

Zweitens: Auch Rawls Theorie des politischen Liberalismus geht im Hinblick auf die empirische Erfahrung mit kulturell pluralistischen Gesellschaften davon aus, dass Divergenzen in den „letzten Fragen" der Glaubens- und Erkenntniswahrheiten einen überlappenden Konsens über die Gründe und Inhalte für ein gemeinsam geteiltes Gerechtigkeitsverständnis nicht nur nicht verhindern, sondern letztlich erst ermöglichen.

Drittens: Die Bezugnahme auf die Konsensfähigkeit der im Gerechtigkeitsdiskurs vorgeschlagenen Kriterien und Argumente in konkreten gesellschaftlichen Lebenszusammenhängen ist keineswegs eine Selbstverpflichtung der praktischen Philosophie auf das Prinzip des kommunitaristischen Partikularismus, da die entsprechende Argumentation ja im Prinzip in jeder konkreten Gesellschaft konsensfähig gemacht werden kann und in diesem Sinne universell gültig wäre.

Viertens: Die unterschiedlichen methodologischen Vorgehensweisen und Gedankenexperimente bei *Rawls, Dworkin, Habermas* und *Walzer* können ohne Zwang auch als Argumente gelesen werden, die im konkreten öffentlichen Diskurs einer Gesellschaft vorgetragen werden, um gute Gründe für einen möglichen Diskurs zu formulieren. Sie ersetzen mithin nicht den öffentlichen Diskurs über Gerechtigkeit, sondern sind Beiträge zu ihm.

In dieser Perspektive der Entfaltung überzeugender Argumente für den öffentlichen Diskurs über ein konsensuell gültiges Konzept von Gerechtigkeit konvergieren die unterschiedlichen Ansätze. Keiner von ihnen vermag mehr zu bieten, als Argumente für den öffentlichen Gerechtigkeitsdiskurs, keiner bietet weniger. Indem die Begründungsperspektive, für die in absehbaren Fristen eine Einigung weder erzeugt noch erwartet werden kann, dennoch in die öffentliche Erörterung einbezogen wird, gewinnt dieser eine interessenüberschreitende Dimension.

Soziale Inklusion: Pragmatische Gerechtigkeits-Strategie
Die Anwendungskriterien sozialer Gerechtigkeit können immer nur in den handlungsbezogenen Diskursen konkreter Gemeinwesen in gegebener Lage entwickelt werden. Sie entziehen sich insofern aus guten Gründen prinzipiell der theoretischen Festlegung. Was aber theoretisch gut begründet werden kann, sind zum einen die allgemeinen Kriterien gerechter Verteilung und zum anderen die mittleren Prinzipien ihrer Realisierung, wie sie vor allen Dingen in den universellen Grundrechten zum Ausdruck kommen. Die Grundrechte garantieren eine Art

Sockelgleichheit in den Handlungschancen aller unter Ihrem Schutz stehenden Personen, die als Mindestanforderung egalitärer Gerechtigkeit verstanden werden kann. Sie sichern sowohl in der Verteilungs- wie in der Teilhabedimension die soziale Inklusion aller Personen. Dabei geht es nicht lediglich um die Verteilung sozialer Handlungsressourcen, sondern gleichermaßen auch um die Sicherung von Rechten der Entscheidungsteilhabe in den verschiedenen gesellschaftlichen Handlungsfeldern.

Gerechtigkeit im Sinne einer solchen Sockelgleichheit findet auf theoretischer Ebene in den Begriffen einer Garantie privater, sozialer und politischer Autonomie ihren Niederschlag. In politisch-soziologischer Terminologie lassen sich die damit bezeichneten drei Handlungsdimensionen auch im Grundbegriff der *sozialen Inklusion* zusammenfassen. Nur wenn die einzelnen Personen in ihrem privaten, sozialen und politischen Handlungsfeld über ein ausreichendes Maß selbstbestimmter Handlungschancen verfügen, können sie als handlungsfähige und gleichberechtigte Mitglieder ihrer Gesellschaft tätig werden und zwar im doppelten Sinne, im eigenen Selbstverständnis und im Hinblick auf ihre tatsächlichen Mitwirkungs- und Entfaltungschancen. Soziale Exklusion bedeutet demgegenüber ein solches Maß der Einschränkung relevanter sozialer Ressourcen und Mitwirkungschancen, dass von einer annähernd chancengleichen Mitwirkung der betroffenen Personen in den zentralen gesellschaftlichen Handlungsfeldern nicht mehr die Rede sein kann. Darüber hinaus wirkt soziale Exklusion auch als eine Blockade bei der Nutzung neuer Chancen zur Entwicklung der persönlichen Fähigkeiten und zur Verbesserung der eigenen sozialen Lage.

Obgleich also das Konzept der sozialen Inklusion nicht deckungsgleich ist mit dem der egalitären Gerechtigkeit, kommen in ihm doch dessen wichtigste Kernelemente und Grundlagen auf angemessene Weise zum Ausdruck. Es erweist sich darüber hinaus als Vorzug dieses pragmatischen Konzepts, dass es sich in Form einer Reihe signifikanter und objektiv messbarer sozialer Indikatoren im hohen Maße als operationalisierbar und damit für sozialwissenschaftliche Vergleichsuntersuchungen gut zugänglich erweist. Es sind, wie im Kapitel 31 im Einzelnen dargelegt und begründet wird, vor allem die Chancenausgleichsfunktion des Bildungssystems, das Maß der Teilhabe an der Erwerbsarbeit von Männern und Frauen, die Vermeidung von Armut, insbesondere Kinderarmut, sowie die Einkommensgleichheit, die mit starken Gründen als Maßstäbe für die soziale Inklusivität oder Exklusivität einer Gesellschaft interpretiert werden können.

8 Nachhaltigkeit und Soziale Demokratie [99]

Boden und Arbeit

Seit dem *Brundtland-Bericht* von 1987 und der UN-Konferenz zu Umwelt und Entwicklung in *Rio de Janeiro* von 1992 sind Nachhaltigkeit und nachhaltige Entwicklung immer auf Spitzenplätzen der Agenda internationaler Organisationen, zivilgesellschaftlicher Initiativen und vieler nationaler Regierungen gewesen[100]. Mit der Ausnahme weniger dogmatischer neoklassischer Ökonomen ist es mittlerweile in Wissenschaft und Politik Konsens, dass die moderne Gesellschaft einen nachhaltigen Entwicklungspfad in dem Sinne einschlagen muss, dass sich die Ressourcen-Bestände an „Naturkapital" nicht erschöpfen oder verschlechtern dürfen, da von ihnen Leben, Wachstum und Wohlstand in der Zukunft abhängen[101]. Das Nachhaltigkeitsziel ist in der maßgeblichen Literatur häufig mit dem Konzept der *Entwicklung* gleichgesetzt worden, beispielsweise im *Brundtland-Bericht* selbst. Dort wird nachhaltige Entwicklung als ökonomisches Handeln definiert, das dem Zweck dient, „die Bedürfnisse der gegenwärtigen Generation zu befriedigen ohne die Fähigkeit der kommenden Generationen zu behindern, ihre Bedürfnisse zu befriedigen"[102]. Mittlerweile existiert eine große Anzahl von Definitionen nachhaltiger Entwicklung, die aber alle die Notwendigkeit anerkennen, dass es darauf ankommt, in geeigneter Weise eine ökologisch gesunde, die vorhandenen Ressourcen erhaltende Entwicklung mit den Zielen der sozialen Gerechtigkeit und des größtmöglichen Wohlstandes für alle Menschen zu verbinden, insbesondere auch mit den Interessen der Ärmsten in den Regionen des Südens[103].

Das bedeutet, dass die traditionellen Zielsetzungen der *Sozialen Demokratie* – liberale politische und soziale Grundrechte, sozialstaatliche Sicherheit, Arbeitsschutz und gerechte Verteilung – mittlerweile explizit in die Konzeptionen einer nachhaltigen Entwicklung einbezogen worden sind. Diese Verknüpfung zwischen den Zielsetzungen der ökologischen Nachhaltigkeit und den traditionellen Zielen der Sozialen Demokratie ist nicht zufälliger Natur. Während der ersten Jahrzehnte der Entwicklung moderner ökologischer Theorie und nachhaltiger Entwicklung gab es kaum Verbindungslinien zu den wissenschaftlichen Ansätzen und intellektuellen Strömungen der Sozialen Demokratie. Zwischen den Arbeiten von *Hermann Heller* und *Thomas H. Marschall* auf der einen Seite und denen von *Henry David Thoreau, John Muir* oder *Aldo Leopold* bestanden

---

[99] Diesem Kapitel liegt der Text von Lew Hinchman in Meyer 2006 zugrunde
[100] WCED Report 1987
[101] Daly 1996; Berkes/Folke 1994: 23, 130
[102] WCED Report 1987: 8
[103] OECD Report 2001: 35

keine Verbindungslinien. Gleichwohl ergaben sich all diese Theorieansätze aus vergleichbaren Wahrnehmungen von Widersprüchen und entwickelten sich auf parallelen Wegen. Erst in den letzen Jahrzehnten des zwanzigsten Jahrhunderts wurden die Komplementarität beider erkannt und ihre überlappenden Zielsetzungen bewusst. Eine nachhaltige Gesellschaft muss die Arbeit vor der Wechselhaftigkeit der Märkte schützen, die materiellen Lebensbedingungen der Menschen in der Dritten Welt verbessern und Bedingungen für partizipative Demokratieansätze und Gerechtigkeit schaffen. Ebenso werden Gesellschaften, die nach dem Prinzip der Sozialen Demokratie organisiert sind, den Übergang zu einer umweltverträglichen Wirtschaft finden müssen. Nach einem Jahrhundert der Divergenz sind die Theorien der Sozialen Demokratie und der nachhaltigen Entwicklung im Begriff zu konvergieren. Tatsächlich können die Sozialstaaten des zwanzigsten Jahrhunderts und die sozialen Grundrechte, die der Theorie der Sozialen Demokratie zugrunde liegen, als eine zivilgesellschaftliche Methode verstanden werden, anhand derer die destruktiven Potenziale des ungezügelten Marktverhaltens im Zaume gehalten werden können.

Die interne Verbindung zwischen ökologischer Nachhaltigkeit und Sozialer Demokratie zeigt sich beim Studium des Übergangs der vormarktlichen Gesellschaften zum Liberalismus des neunzehnten Jahrhunderts. Die Grundlagen der ersteren waren – und sind – Land und Arbeit, die beide in der Geschichte verstanden wurden als Elemente, die der Marktlogik ausgenommen bleiben sollten. Arbeit war nichts anderes als menschliche Tätigkeit. Folglich galt ihr Kauf und Verkauf, wenn er in gleicher Weise geschah wie im Falle der anderen Waren, als ein Kauf und Verkauf der Person, welche die Arbeit leistete. Ihrer logischen Konsequenz zufolge würde die vollständige Kommodifizierung der Arbeit die Schutzfunktion der sozialen Institutionen zunichte machen und die einzelne Person ungeschützt allein der Willkür der Arbeitsmärkte preisgeben. Boden (Land) ist „ein anderes Wort für Natur" oder „die natürliche Umwelt"[104]. Die Umwandlung der Natur in eine Ware wie jede andere würde umweltfeindliche Praktiken erlauben, wenn Landbesitzer sich an der Gewinnmaximierung orientieren. Polanyi wies besonders auf die Wahrscheinlichkeit hin, dass die Umwelt und Landschaft beeinträchtigt würden, Flüsse verschmutzt und die Fähigkeit des Bodens, Nahrungsmittel und Rohmaterialien hervorzubringen, zerstört werden könnte[105]. In beiden Fällen, Erniedrigung der Arbeit und Zerstörung der natürlichen Umwelt, ist es die „Warenfiktion", die den Fehlentwicklungen zugrunde liegt. Waren sind Dinge, die ausdrücklich für den Verkauf am Markt hergestellt werden. Offensichtlich aber fallen weder Land noch Arbeit in diese Kategorie. Das liegt daran, dass beide stets in umgebende Systeme von Gewohnheit und

---

[104] Polanyi 2001 (1944): 75-76
[105] Polanyi 2001 (1944): 76

Sitte, Verpflichtung, soziale Klassenbeziehungen und Gesetze eingebettet waren, die sie vor der vollständigen Verwandlung in Waren schützten.

Die ökologische Wirtschaftslehre auf der Grundlage von *Herman Daly* und internationale Dokumente, wie der *Brundtland-Bericht* und die *Agenda 21*, haben die internen Verbindungen bewusst gemacht, die zwischen ökologischer Nachhaltigkeit und den Schlüsselprinzipien der Sozialen Demokratie bestehen, etwa im Bereich der Zivilgesellschaft, der sozialen Rechte, der demokratischen Teilhabe und der sozialen Sicherheit. Das berechtigt zu der These, dass Soziale Demokratie und die ökologisch nachhaltige Entwicklung im Wesentlichen dasselbe Ziel verfolgen: Die Wiedereinbettung wirtschaftlichen Handelns in ein umfassendes soziales Verantwortungsmuster, das die Befriedigung menschlicher Bedürfnisse erlaubt, ohne die Grundlagen des kulturellen und natürlichen Lebens zu unterminieren, von denen die menschliche Zivilisation in letzter Instanz abhängig bleibt.

Die Voraussetzungen ökonomischen Handelns können als *Sozialkapital* und *Naturkapital* bezeichnet werden[106]. Sozialkapital bezieht sich auf Netzwerke des Vertrauens, der Zusammenarbeit, der wechselseitigen Unterstützung, der Anpassung, der Teilhabe und des Engagements, die es Menschen erlauben, nutzbringende Projekte zu verfolgen, ohne dabei auf Klientelismus, Patronage und Bürokratie vertrauen zu müssen[107]. Natürliches Kapital umfasst eine breite Palette von Ressourcen, wie etwa Bäume, Fische, frisches Wasser, Nährboden, Erdöl u.a.m., es schließt aber vor allem, wie wir heute wissen, lebendige Systeme ein, wie etwa Korallenriffe, Feuchtgebiete, Grasgebiete und auch die Atmosphäre selbst[108]. Die letzteren bieten ökosystemische Dienste, die von Menschen entweder gar nicht erbracht werden können, wie die Fotosynthese oder solche, die nur in vergröberter Form und zu hohen Kosten erbracht werden können, wie etwa die Reinigung von Wasser und die Herstellung von Nährstoffen für Pflanzen und Tiere.

Soziales und natürliches Kapital haben offensichtlich gemeinsame Charakteristika. Beide entwickeln sich nur über lange Zeiträume hinweg ohne bewusste Zielsetzung oder Eingriffe durch menschliche Akteure. Beide haben die Tendenz zur langfristigen Stabilität, neigen aber zu Störungen, wenn sie unter scharfen Druck geraten. Beide werden gewöhnlich in hohem Maße unterschätzt oder sogar übersehen, weil sie vom System der Marktpreisbildung als kostenlose öffentliche Güter behandelt werden. Folglich verfolgen beide, Soziale Demokratie und Nachhaltigkeitstheorie, das Ziel, das soziale und natürliche Kapital aus der Logik der Märkte auszuklammern, weil diese nicht in der Lage sind, ihren tatsächlichen

---

[106] Prugh u.a. 2000: 18-24, 74; Hawken u.a. 1999: 151; Berkes/Folke 1994: 129-130
[107] Putnam 2000: 18-21
[108] Hawken u.a. 1999: 2, 4; Berkes/Folke 1994: 129

Wert angemessen zu berücksichtigen. Die Nachhaltigkeitstheorie argumentiert, dass unbegrenzte Märkte beide, das natürliche und das soziale Kapital, gefährden und auf diesem Weg die Grundlagen infrage stellen, auf denen das Leben aller Marktteilnehmer letzten Endes beruht[109].

An diesem Punkt endet aber die Parallele. Die Differenzen und Konflikte zwischen den Theorien der Sozialen Demokratie und der ökonomischen Nachhaltigkeit schließen u.a. die Reichweite der Zulässigkeit der Marktgesetze, die Wünschbarkeit ökonomischen Wachstums und die Definition von Nachhaltigkeit in Bezug auf die Gesellschaft ein. Soziale Demokratie übernimmt eine Führungsrolle beim Schutz des sozialen Kapitals vor den zerstörerischen Marktwirkungen, sowohl durch die Institutionalisierung sozialer Rechte wie durch ihre Verteidigung der partizipativen Demokratie, in der die Zivilgesellschaft und andere Formen nicht hierarchischer Zusammenarbeit eine Schlüsselrolle spielen. Die meisten ihrer Vertreter haben aber eingeräumt, dass eine moderne postindustrielle Wirtschaft vom Markt und seinem Preisbildungssystem geprägt sein wird. Darüber hinaus sehen fast alle Theoretiker der Sozialen Demokratie Wirtschaftswachstum als eine unerlässliche Voraussetzung für Vollbeschäftigung. Sozialdemokratische Regierungspolitik in der Zeit nach dem Zweiten Weltkrieg ist immer vom keynesianischen Streben nach stabilem Wachstum beherrscht gewesen[110].

Im Ergebnis ist die Kritik vieler Nachhaltigkeitstheoretiker am Marktkapitalismus und seiner Logik wesentlich radikaler als die der Theoretiker der Sozialen Demokratie. Diese Differenzen beruhen auf widersprüchlichen Einschätzungen in der Sache. Sie können aber die vielen Überlappungen und Verbindungslinien zwischen Sozialer Demokratie und Nachhaltigkeitstheorie nicht verdecken.

Das Projekt nachhaltigen Wirtschaftens

Die neoklassische Ökonomie nahm an, dass Werte nur aus Arbeit entstehen können und dass die abstrakten undifferenzierten Objekte, denen durch Arbeit Wert zugefügt wird, keine intrinsische Eigenbedeutung haben. Im Gegensatz zu dieser neoklassischen Annahme bringt aber wirtschaftliches Handeln tatsächlich nichts Neues hervor. Es kann nur natürliches Kapital neu arrangieren (einen Tisch aus einem Baum herstellen), dass von der Natur selbst zuvor schon in eine höher organisierte Form transformiert worden ist (z.B. Sonnenlicht und Bodennährstoffe in das Holz des Baumes). Darum ist es unrealistisch, der Natur einen Null-Wert im ökonomischen Prozess zuzuschreiben, denn wir konsumieren nicht allein den Wert, den menschliche Arbeit den Naturstoffen hinzugefügt hat, son-

---

[109] Turner/Doktor/Adger 1994: 275
[110] Harrington 1989: 21

dern ebenso den Wert, den die Natur den bearbeiteten Objekten selbst verliehen hat[111].

Nachhaltige Entwicklung kann in der Konsequenz dieser Argumente durch drei Regeln definiert werden:

1. Erneuerbare Ressourcen (Frischwasser, Wälder, Fischbestände) sollen nur in geringerem Maße verbraucht werden als es ihrer natürlichen Regenerationsrate entspricht.
2. Abfall- und Schadstoffimmissionen sollten unter der Grenze ihrer Assimilation durch die natürlichen Systeme freigesetzt werden.
3. Nichterneuerbare Ressourcen sollten nur in dem Maße genutzt werden, wie Ersatz für sie gefunden werden kann.

Die ökologische Wirtschaftslehre räumt ein, dass der Markt eine Leistung in hervorragender Weise erbringt: nämlich knappe Ressourcen effizient zu verteilen. Das heißt aber eben nicht, dass er auch Verteilungsgerechtigkeit oder eine verträgliche Größenordnung der Produktion am besten gewährleisten kann. Der Markt verfügt nicht über interne Mechanismen, die anzeigen könnten, wann wirtschaftliche Tätigkeit die Belastungsgrenze eines Ökosystems oder des ganzen Planeten erreicht oder überschreitet. Die Signale für deren Schädigung oder Zusammenbruch sind häufig biologischer, nicht ökonomischer Art. Und wenn die Schädigung offensichtlich wirtschaftliche Kosten hervorruft, wie im Falle von Überschwemmungen, dann gibt es keine ökonomisch effektive Methode, um sie mit ihren entfernten Ursachen, wie die Abholzung von Wäldern, die Bodenerosion oder Asphaltierung von regenabsorbierendem Boden in Verbindung zu bringen. Die angemessene Größenordnung wirtschaftlichen Handelns festzulegen, ist eine Aufgabe für die Naturwissenschaften, nicht für die Wirtschaftswissenschaft. In *Daly's* treffender Metapher wird die Gesellschaft als ein Schiff dargestellt, das mit Fracht beladen ist; der Markt spielt dabei die Rolle der Deckbesatzung, welche die Ladung so anordnet, dass das Schiff seine Balance behält und keine Schlagseite bekommt (Steuerungseffizienz/Steuerungsfähigkeit), aber andere Akteure müssen die ganz andersartige Entscheidung treffen, wie viel Fracht das Schiff insgesamt aufnehmen kann, damit es nicht sinkt[112]. Sobald anerkannt wird, dass die Entscheidungen über die Größenordnung der Produktion, die Verteilungsgerechtigkeit und die Steuerungseffizienz drei verschiedenartige Probleme sind, muss der Traum der neoklassischen Ökonomie und libertären Politik aufgegeben werden, der Markt könne frei von Regulation und Intervention funktionieren.

---

[111] Daly 1996: 65; Prugh u.a. 2000: 20
[112] Daly 1996: 50-51

Soziale Demokratie und Nachhaltigkeit: Wechselwirkungen

Die meisten der grundlegenden Prinzipien der Nachhaltigkeit lassen sich widerspruchslos mit den Prinzipien der Sozialen Demokratie verbinden oder sind sogar in ihnen enthalten. Die Verbindungslinien zwischen Sozialer Demokratie und Nachhaltigkeit und umgekehrt sind viel kürzer und einfacher als die zwischen Nachhaltigkeit und neoklassischer Ökonomie oder politischem Libertarismus. Das kann angesichts der gemeinsamen Ursprünge beider im Interesse am Schutz von Arbeit und Boden gegen die ungezähmten Marktgesetze nicht überraschen. Entscheidend für das Verhältnis beider zueinander sind die Zeithorizonte für Nachhaltigkeit. Nach der Definition des *Brundtland-Berichts* bedeutet *Nachhaltige Entwicklung*, dass die Bedürfnisse der gegenwärtigen Generation nicht dadurch befriedigt werden dürfen, dass die Fähigkeit künftiger Generationen, ihre Bedürfnisse zu befriedigen, beeinträchtigt werden. Entscheidungen über Ressourcenverbrauch in der Gegenwart umfassen daher eine ethische Verpflichtung der gegenwärtigen Generationen gegenüber den künftigen. Weder die klassische Ökonomie noch der Libertarismus bietet Argumente für diese Verpflichtung. Die klassische Ökonomie nimmt an, dass Menschen dazu tendieren, „die Zukunft abzuwerten", in dem sie verfügbare Ressourcen lieber heute als künftig verbrauchen. Je entfernter ein Nutzen ist, desto geringer wird er im Vergleich zu gegenwärtig verfügbarem Nutzen geschätzt. In letzter Instanz tendiert der Wert, den Menschen späteren Nutzenerwartungen zumessen, gegen Null. Märkte verfügen infolge dessen über eine eingebaute „Kurzsichtigkeit", die jede systematische Einbeziehung langfristiger Nachhaltigkeit entmutigt[113]. Die neoklassische Ökonomie zieht nicht einmal die Möglichkeit in Betracht, dass die gegenwärtigen Generationen ein Interesse an den Bedürfnissen künftiger Generationen haben könnten[114]. Das kann nicht überraschen.

John Rawls hat eine für Soziale Demokratie plausible Position für generationen-übergreifende Gerechtigkeit begründet. Er stellt zunächst fest, dass „Personen in der ursprünglichen Position sich selbst nicht als isolierte Individuen betrachten werden. Im Gegenteil, sie haben Verbindungen zu bestimmten Mitgliedern der folgenden Generation"[115]. Beispielsweise werden Personen in der ursprünglichen Position annehmen, dass sie als Eltern Kinder haben werden, an deren Wohlergehen sie interessiert sind. Daher werden sie bereitwillig Prinzipien zustimmen, die nicht nur ihre eigenen Interessen sichern, sondern auch die der nachfolgenden Generationen. Insbesondere werden sie bereit sein, Mittel zu sparen, um die Aussichten der kommenden Generationen zu verbessern, vor allem deren am wenigsten begünstigten Mitglieder. Diese Übereinstimmung führt zu

---

[113] Dryzek 1987: 74-75
[114] Daly 1996: 36
[115] Rawls 1971: 206

einer „Verständigung zwischen Generationen, die Lasten für die Verwirklichung und Aufrechterhaltung einer gerechten Gesellschaft untereinander fair zu teilen"[116].

Rawls betont auch, dass es nicht angebracht ist, den Prozess der Kapitalakkumulation als eine nicht endende Entwicklung zu unbegrenztem Überfluss zu betrachten. Er stellt fest, dass es ein Fehler ist zu glauben, eine gerechte und gute Gesellschaft könne nur auf einem hohen materiellen Lebensstandard begründet sein. Menschen suchen nach sinnvoller Arbeit in freien Beziehungen zu anderen. Jenseits eines gewissen Niveaus kann Wohlstand zu einem Hindernis, einer sinnlosen Ablenkung, wenn nicht gar einer Versuchung zu Müßiggang und Lehrlauf werden[117]. Diese Argumente werden von allen hier zitierten Theoretikern nachhaltiger Entwicklung vorbehaltlos unterstützt. Der einzige Schwachpunkt in Rawls' Argument liegt in der offensichtlich begrenzten Reichweite seiner Anwendung. Sie ist nämlich allein auf die Sparraten bezogen. Sobald es auf einen weiteren intergenerationellen Sozialvertrag bezogen wird, stellen sich die bekannten Unsicherheiten erneut ein. Wir können nicht wissen, welche Entscheidungen künftige Generationen treffen werden, wenn sie an unserer Stelle wären. Wenn die gegenwärtige Generation keine Übereinstimmung über Sinn und Zweck der eingeschlagenen Entwicklung finden kann, warum sollten spätere Generationen dazu in der Lage sein? Rawls setzt eine stabile Gleichgewichtsökonomie „jenseits eines bestimmten Punktes" voraus. Aber jenseits *welches* Punktes? Es wird deutlich, Nachhaltigkeit ist eine *politische* Frage, die das Grundproblem betrifft: Wie können wir das Leben für beide, die lebenden und die künftigen Generationen, lebenswert machen[118]?

Der Status von Gemeineigentum ist aus diesen Gründen in letzter Zeit sowohl für die Theoretiker der nachhaltigen Entwicklung, wie auch für die Theoretiker des Multikulturalismus bedeutsam geworden. Es wurde ihnen bewusst, dass einige der unberührtesten Gebiete der Erde, ursprüngliche, aber verletzliche Landschaften, wie etwa tropische Regenwälder, die arktische Tundra und die Korallenriffe von indigenen Völkern als Gemeineigentum in Anspruch genommen werden. Einer der wirkungsvollsten Schritte für die Sicherung von Nachhaltigkeit kann folglich darin bestehen, dem traditionellen Gemeineigentumsanspruch in diesen Fällen eine rechtlich solide Grundlage zu verschaffen[119]. Dadurch wird es den harten kommerziellen Interessen, wie z. B. der Holzwirtschaft, der Erdölindustrie und den Fischereigesellschaften erschwert, natürliche Ressourcen auszubeuten und zu erschöpfen, in dem sie das Land oder seine Nut-

---

[116] Rawls 1971: 289
[117] Rawls 1971: 290
[118] Prugh u.a. 2000: 8
[119] OECD Report 2001: 254

zungsrechte existenziell bedrängten individuellen Eigentümern abkaufen. Das auf Gemeineigentum basierende Management von Ressourcen ist häufig der wirksamste Weg ihrer Schonung. In bestimmten Fällen können Gemeineigentum und gemeinsames Ressourcenmanagement die zerstörerische Vermarktung verhindern und damit den besten Schutz der natürlichen Ressourcen und Ökosysteme darstellen.

Einen entscheidenden Anstoß erhielt die Hinwendung der Nachhaltigkeitstheorie zur Sozialen Demokratie durch die Erkenntnis der engen Verbindung zwischen Armut und sozialer Ungerechtigkeit, Unterentwicklung und Umweltzerstörung. Bis vor wenigen Jahrzehnten wurde Entwicklung als ein technisches und ökonomisches Projekt verstanden, während Nachhaltigkeit als Schutz bedrohter Arten und Landschaften mit geringem Bezug zu den Bedürfnissen ihrer Bewohner galt[120]. Seit den neunzehnhundertachtziger Jahren ist den Experten die Wechselbeziehung zwischen den beiden Faktoren zunehmend bewusst geworden. Sie ist mittlerweile Grundlage der maßgeblichen Literatur über nachhaltige Entwicklung. Die OECD-Kommission stellt fest, dass „Ungleichheit eine bedeutende Gefährdung für nachhaltige Entwicklung darstellt"[121]. Der *Brundtland-Bericht* nimmt eine ähnliche Position ein: „Armut ist eine Hauptursache und -wirkung globaler Umweltprobleme"[122]. Die Grundrechte und Grundwerte der Sozialen Demokratie erleichtern die Unterstützung nachhaltiger Lösungen für die ökologische Krise der Entwicklungsländer, weil sie auf internationale Kooperationen zielen und gegen unfaire Handelsbedingungen gerichtet sind, welche die Ressourcen und die Arbeit in den armen Ländern des Südens ausbeuten.

Soziale Demokratie ist auf die Erweiterung und Vertiefung demokratischer Partizipation auf allen Ebenen politischer Entscheidung gerichtet. Es geht einerseits um den Schutz und die Regeneration von sozialem Kapital durch die Unterstützung der Zivilgesellschaft. Das verlangt die Abwendung ihrer Gefährdung in Form einer Kolonisierung durch Märkte oder zentralisierte Bürokratien. Die Unterstützung der Zivilgesellschaft und ihrer Initiativen und Netzwerke bezieht sich vorwiegend auf die lokale Ebene politischen Handelns. Soziale Demokratie ist ebenso gegen die Monopolisierung politischer Entscheidungen durch demokratische Eliten gerichtet. Nur weil diese fachlichen Sachverstand für sich in Anspruch nehmen, sind sie noch nicht berechtigt, politisch allein zu entscheiden. Es geht um Bürgerbeteiligung in allen politisch folgenreichen Fragen. Soziale Demokratie erstrebt die innere Demokratisierung aller Organisationen, wie Gewerkschaften, Kirchen, Studentengruppen, Vereine, Verbände, etc. Es geht nicht allein um den Ausbau des Sozialstaats, sondern ebenso um die Erweiterung der

---

[120] Eliot 1999: 21, Hinchman/Hinchman 1996: 361-362
[121] OECD Report 2001: 14
[122] WCED Report 1987: 3

Möglichkeiten für Bürgerbeteiligung in allen politischen Bereichen. An diese Vorstellungen knüpft die neuere Literatur über nachhaltige Entwicklung an. Die führenden internationalen Organisationen gelangen bei ihrer Analyse der Erfolge und Misserfolge in der Geschichte des Umweltschutzes und Erhaltung der Ökosysteme besonders im Süden zu denselben Ergebnissen. So verlangt beispielsweise die *Aarhus Convention*, die Artikel 10 der Rio-Erklärung konkretisiert, dass alle Bürger an den Entscheidungen über ihre Umwelt und den Umgang mit ihren Ressourcen beteiligt sein müssen, einen Anspruch auf Gerechtigkeit bei diesen Entscheidungen haben und als gleichberechtigte Partner bei der Umsetzung und Kontrolle dieser Entscheidungen mitwirken können. Die *Agenda 21*, die häufig als die „Magna Charta der Nachhaltigkeit" angesehen wird, widmet ihren gesamten Teil III Projekten partizipativer Demokratie. Schon die Präambel konstatiert: „Eine der fundamentalen Voraussetzungen für Erfolge nachhaltiger Entwicklung ist eine breite öffentliche Teilhabe am Entscheidungsprozeß"[123]. Der Bericht konkretisiert seine Forderungen nach öffentlicher Teilhabe: Zugang zu den relevanten Informationen, die Chance zur Einflussnahme auf die Folgeabschätzung, die Einbeziehung von Repräsentanten häufig ignorierter Bereiche, beispielsweise Frauen, Jugend, indigene Völker, Gewerkschaften und Nichtregierungsorganisationen. Generell hat die Suche nach Konzepten umweltverträglicher Entwicklung die Forderung nach partizipativer Demokratie und Dezentralisierung erheblich gestärkt und auf neue Weise begründet.

Im Lichte theoretischer Analyse wird noch deutlicher, dass Nachhaltigkeit ohne weitgehende politische Partizipation nicht zu erreichen ist. Die Märkte haben zweifellos eine unverzichtbare Funktion bei der Verteilung von Ressourcen. Das ist aber nicht genug. Sie haben ihre eigenen Grenzen. Sie brauchen daher eine verantwortliche Bürgerschaft, damit sie im Einklang mit dem öffentlichen Interesse funktionieren[124]. Das schließt die Intervention kenntnisreicher, engagierter Bürger ein, welche die Ziele der Nachhaltigkeit unterstützen und gewillt sind, sie auf lokaler Ebene zu verwirklichen. Aus diesem Grunde übernehmen führende Nachhaltigkeitstheoretiker das Konzept der „starken Demokratie"[125] im Sinne Benjamin Barbers[126]. Märkte haben die Tendenz, die moralischen Grundlagen des nachhaltigen gesellschaftlichen Zusammenlebens zu unterminieren, in dem sie den Sinn für Sozialordnung, Solidarität und Gemeinsinn untergraben, eben das, was das unverzichtbare Sozialkapital ausmacht[127].

---

[123] Agenda 21 1992: Sektion 3: 3
[124] Hawken u.a. 1999: 260
[125] Prugh u.a. 2000: 10
[126] Barber 1984: 117-138
[127] Prugh u.a. 2000: 74

Nachhaltigkeit und Beschäftigung

Trotz all dieser tiefreichenden Gemeinsamkeiten gibt es Bereiche, in denen Konflikte zwischen Sozialer Demokratie und nachhaltiger Entwicklung fortbestehen. Dabei handelt es sich um Beschäftigung und Wirtschaftswachstum. Seit dem Zweiten Weltkrieg war die beherrschende Wohlstandsformel, die von praktisch allen Parteien und Institutionen der westlichen Gesellschaften akzeptiert worden ist: die Förderung von Wirtschaftswachstum und hohen Beschäftigungsraten. Nur so konnten Vollbeschäftigung und hohe Reallöhne gesichert werden, zumindest für die männlichen Familienernährer. Durch sie sollen Kämpfe um die Verteilung des Wohlstands vermieden werden[128]. Der Übergang zu einer nachhaltigen Wirtschaftsweise könnte sich als die Strategie der Vollbeschäftigung erweisen, nach der die Dienstleistungsgesellschaften des Nordens suchen. Es gibt eine Reihe von Gründen, die dafür sprechen: Die sogenannten „Vorreiter-Länder" auf dem Weg zur Nachhaltigkeit werden technologische Vorteile gegenüber den anderen erringen. Wenn beispielsweise Techniken, die wenig Energie verbrauchen, wie Windturbinen und hybride Antriebssysteme für Autos, als Technologien der Zukunft erfolgreich sind, dann haben die Länder, die sie zuerst entwickelt haben, große Vorteile, weil sie sie auf den Märkten der Ursprungsländer testen konnten[129]. Dänemark beispielsweise beherrscht den Markt für Windturbinen auch deshalb, weil es annähernd 25 % seines eigenen Energiebedarfs auf diese Weise deckt. Es wird oft behauptet, dass Umweltschutz eine Konkurrenz um die niedrigsten Standards auslöst, weil Wirtschaftsunternehmen dazu neigen, die Länder mit den wenigsten Auflagen zu bevorzugen, um Kosten zu sparen und daher jedes Land dazu tendiert, seine eigenen Auflagen herab zu setzen. Das Umgekehrte ist aber wahrscheinlicher. Länder oder Regionen mit hohen Umweltstandards können jene mit geringeren Auflagen veranlassen, ihnen zu folgen, so wie Kalifornien innerhalb der USA immer eine Vorreiterrolle in dieser Hinsicht gespielt hat. In solchen Fällen können hohe Umweltstandards Schützenhilfe für die Entwicklung neuer Industrien und Technologien gewähren, in denen neue Arbeitsplätze entstehen[130]. Auch zwischen niedrigen Arbeitslosenraten und der Verbesserung von Umweltstandards bestehen enge Wechselbeziehungen, so dass beide Zielsetzungen häufig einander ergänzen und verstärken[131].

Für die politische Ökonomie der Sozialen Demokratie ist es geboten, dem ungezügelten Freihandel, wie ihn die klassischen Ökonomen befürworten, entgegen zu treten. Unternehmen in hoch industrialisierten Ländern können dem Wettbewerb mit Firmen in den Billiglohnländern der Dritten Welt nicht unbe-

---

[128] Daly 1996: 7, Prugh u.a. 2000: 72
[129] Jänicke u.a. 1999: 132
[130] Jänicke 1999: 137
[131] Jänicke 1999: 88

76

grenzt Stand halten, wenn diese Länder nicht einer Kombination von Schutztarifen, globalen Mindestlohn und international anerkannten und durchgesetzten Standards akzeptabler Arbeitsbedingungen entsprechen. Ebenso ist es nicht möglich, dass Firmen ihre Umweltkosten übernehmen, ohne dass sie die Preise für ihre Produkte erhöhen. In einer nachhaltigen Ökonomie müssen aber die Preise die tatsächlichen Kosten einschließlich der Umweltkosten zum Ausdruck bringen. Würde man aber lediglich Gesetze verabschieden, die Nachhaltigkeit im Unternehmen vorschreiben, könnten Unternehmer auf diese Gesetze antworten, indem sie ihre Standorte in Länder mit niedrigeren ökologischen Standards verlagern.

Unter den gegenwärtigen Bedingungen haben sich die Prioritäten verändert. Die ökologischen Systeme sind geschädigt, die Belastungsgrenzen sind bereits erreicht oder schon überschritten. Es wäre verantwortungslos, den Ökosystemen irreversible Schäden zuzufügen, da wir sie nicht ersetzen können. Es ist nun eher die Überproduktion als die Knappheit, welche das kapitalistische Wirtschaftssystem herausfordert, wie die wiederkehrenden Krisen belegen. Unter diesen Bedingungen kann die Lebensqualität der postindustriellen Gesellschaften am besten gefördert werden, indem öffentliche Güter geschaffen werden, das Sozialkapital gepflegt und die Arbeit humanisiert wird. Der private Konsum muss nicht weiter vorangetrieben werden. Mit dem Wandel der historischen Umstände sollten auch die ökonomischen Ziele und Strategien weiter entwickelt werden. Wie einer der Anwälte der Nachhaltigkeitstheorie formuliert hat, handelt es sich bei Menschen um soziale Lebewesen und nicht um Atome. Ihr Verhalten und ihre Sitten sind wandlungsfähig: „Jedes gesellschaftliche System, das den Anspruch erhebt, allein legitim zu sein, weil es auf der menschlichen Natur beruht, resultiert aus Selbsttäuschung"[132]. Die anthropologischen Grundlagen der Sozialen Demokratie stützen sich auf dieselben Erkenntnisse. Daher verkörpert die Wiedereinbettung der Märkte sowohl im Hinblick auf die soziale wie auch auf die natürliche Umwelt den Sieg historischer Einsicht und empirischer Erkenntnis über den Dogmatismus einer abstrakten Ökonomie und eines ideologischen politischen Denkens.

---

[132] Prugh u.a. 2000: 161

II. Politische Theorie

9   Politische Handlungspflichten

Persönliche und politische Handlungspflichten
In allen Fällen, in denen die Grundrechte von Personen bedroht sind, besteht eine Handlungspflicht des Staates. Sie besteht im Hinblick auf die bürgerlichen und politischen Grundrechte unbedingt und unverzüglich, im Hinblick auf die sozialen und wirtschaftlichen Grundrechte nach Maßgabe der verfügbaren materiellen Handlungsressourcen. Sie besteht in den Fällen unbedingt, in denen die betroffenen Personen nicht selbst in der Lage sind, nach dem Prinzip der Selbstverantwortung auf angemessene und zumutbare Weise Abhilfe zu schaffen. Diese politische Verpflichtung ergibt sich aus der Idee von Grundrechten und dem der Demokratie impliziten Gesellschaftsvertrag. Sie ist im Hinblick auf die *negativen* Freiheitsrechte und den *sozialen Würdeschutz* unbedingt und stets sofort und vollständig zu leisten. Im Hinblick auf die Voraussetzungen der *positiven* Freiheitsrechte ist sie notwendigerweise durch die Verfügbarkeit der erforderlichen materiellen Ressourcen und durch Abwägungsregeln im Verhältnis zu den Grundrechten insgesamt bedingt. In dieser Hinsicht lässt sich begründen, dass sie in umso stärkerem Maße durch die vorgängige Erfüllung der individuellen und kollektiven Pflichten zur Eigenverantwortung mitbedingt ist, je höher und umfassender das schon erreichte soziale Sicherungsniveau einer Gesellschaft ist. Es ist eine pragmatische Frage, auf welchem Wege der Staat dieser Verantwortung gerecht zu werden und die Balance von Rechten und Pflichten zu erreichen versucht, bei der sozialen Sicherung etwa auf dem Wege staatlich gewährleisteter Pflichtversicherungen gegen standardisierte Risikofälle, durch steuerfinanzierte universalistische Sicherungsformen oder Mischvarianten, solange damit die grundrechtlich gebotenen Ziele erreicht werden.

Während es dem Staat auch im Hinblick auf die Folgen privaten Risikohandelns obliegt, für die Gewährleistung der Bedingungen der Menscherwürde der betroffenen Personen zu sorgen, gehen seine Handlungspflichten im Hinblick auf die Folgen politisch-optionaler Risiken für die betroffenen Personengruppen deutlich weiter. Er muss die Lebenschancen der betroffenen Bürger auch im Falle des Eintretens der von ihnen nicht zu verantwortenden Risiken so absichern, dass sie in ihrer Handlungsfähigkeit ihrer Lage vor Eintritt der jeweiligen Risiken im Wesentlichen gleichgestellt sind. Das muss jedenfalls für einen vernünftig kalkulierten Zeitraum gelten, der es diesen Personen erlaubt, durch die Wahrnehmung ihrer primären Verantwortung für sich selbst eine ihren Fähigkeiten und Bestrebungen angemessene Position am Arbeitsmarkt und in ihrer Gesellschaft zurückzugewinnen. Dieses an den Grundrechten und der Lebenschancengleichheit orientierte Ziel wird in der neueren Diskussion mit dem Begriff der *gesellschaftlichen Inklusion* bezeichnet[133]. Im Gegensatz zur traditionellen Fixierung der Theorie Sozialer Demokratie auf Rechtsansprüche allein, kann aber das Ausmaß der staatlichen Kompensationsverpflichtungen bei Beachtung der Gleichrangigkeit von staatsbürgerlichen Rechten und Pflichten legitimer Weise davon abhängig gemacht werden, dass die von den Risiken Betroffenen den ihnen durch individuelle und kollektive Selbsthilfe zumutbar möglichen Beitrag zunächst oder komplementär selber leisten. Eine isolierte Konzentration auf die sozialen Rechtsansprüche allein würde in ausgebauten Sozialstaaten einerseits an den knapper werdenden Ressourcen faktisch scheitern und andererseits zu einem fundamentalen Konflikt der Grundrechte führen, da ja der Gewährung materieller Ressourcen auf der Basis von Rechtsansprüchen an bestimmte Personen unvermeidlich der Entzug eben dieser Ressourcen als Freiheitschancen anderer Personen entspricht. Jeder unangemessene Entzug solcher Ressourcen erscheint auf Seiten der Betroffenen daher unvermeidlich als ein illegitimer Freiheitsentzug.

Es ist aus grundrechtlicher Perspektive eine für pragmatische Entscheidungen offene Frage, welche *politische Handlungsstrategien* politisch zur Vermeidung des Eintretens der Folgschäden aus den einzelnen Risiken ergriffen werden. Aus der risikotheoretischen Argumentation lassen sich aber die folgenden Randbedingungen begründen, die die gewählten Mittel erfüllen müssen:

Erstens: Risikovermeidung hat den Vorrang vor der Kompensation der Risikofolgen;

Zweitens: Risikovermeidung oder Folgekompensation, die der Einzelne aus eigener Verantwortung und Pflichterfüllung leisten kann, hat Vorrang vor der Inanspruchnahme von Rechten;

Drittens: Mitentscheidungsrechte bei der Organisation der Kompensationsleistungen müssen eingehalten werden;

Viertens: Die Betroffenen dürfen durch die Form der Risikokompensation im Hinblick auf ihre Lebensqualität und Handlungsfähigkeit für einen angemesse-

---

[133] Giddens 1999a, 1999b

nen Zeitraum im Prinzip nicht schlechter gestellt sein als im Falle des Nichtseintritts der Risiken.

In allen Fällen dieser Art muss durch politisches Handeln gewährleistet werden, dass die grundrechtsverletzenden Risiken für die betroffenen sozialen Gruppen entweder vermieden werden oder im Falle ihres Eintretens angemessen kompensiert werden. Sofern der Staat für die Kompensation eine letztinstanzliche *Gewährleistungsverantwortung* übernimmt, ist er, unter Beachtung der anderen Randbedingungen, bei der Auswahl der zweckmäßigsten Strategien frei.

Die Begründung dafür liegt nach der bisher vorgetragenen Argumentation auf der Hand. Da der Staat als das politische Handlungskollektiv der Bürger durch sein Handeln oder Unterlassen, in jedem Falle also durch ein Entscheidungshandeln, als Verursacher der Risikofolgen anzusehen ist, obliegt ihm auch die Pflicht für Kompensation der eingetretenen Risiken. Daraus folgen die Handlungspflichten des Staates in den zentralen gesellschaftlichen Risikobereichen, so weit als möglich vorbeugend auf dem Wege der Risikovermeidung, nötigenfalls kompensatorisch in der Form der angemessenen Entschädigung für die Risikofolgen.

Die Handlungspflichten des Staates lassen sich nach den bisherigen historischen Erfahrungen mit den unterschiedlichen Risikotypen nach ihrer Art und den relevanten Handlungsfeldern unterteilen:

Erstens: Im Hinblick auf das Risiko gesellschaftlicher Verletzungen der Menschenwürde: Rechtsschutz, gesellschaftspolitische Prävention (etwa in Bereichen wie gender mainstreaming oder interkulturelle Integration) und sozialstaatliche Garantien für die Fälle des eingetretenen Risikos .

Zweitens: Handlungspflichten des Staates im Hinblick auf die Sicherung der sozialen Autonomie aller Bürger: Die Konstitutionalisierung sozialer Sicherung und gesellschaftlichre Teilhabe als Bürgerrecht.

Drittens: Bürgersicherung gegen die Folgen der politisch-optionalen Risiken: Sicherung des sozialen Lebensunterhalts. Gewährleistung gleicher Chancen in Bildung, Ausbildung und Gesundheitsversorgung. Garantien des Würdeschutzes in der Arbeitswelt (Arbeitsrecht).

Viertens: Handlungspflichten des Staates im Hinblick auf die Gleichverteilung der politischen Ressourcen der Staatsbürger: Grundrechtsorientierte Regulation der markt-kapitalistischen Prozesse, Gewährleistung funktionierender Öffentlichkeit, Gewährleistung gleicher Teilhabechancen am politischen Prozess, funktionsgerechte gesellschaftliche Demokratisierung.

Die staatsbürgerlichen Rechte auf Gleichverteilung der politischen Handlungsressourcen umfassen zwar, wie die Liste der staatlichen Handlungspflichten zeigt, auch alle Rechte auf die Sicherung der Menschenwürde der Person. Dies gilt nicht nur deswegen, weil die Staatsbürger ein Recht auf den Schutz ihrer menschlichen Würde als Person haben. Es gilt auch deshalb, weil die in den Rechten der Person begründeten Leistungen auch elementare Voraussetzungen für die politische Handlungsfähigkeit der Person als Bürger darstellen. Unter den Bedingungen der nationalstaatlichen Souveränität gilt allerdings, dass Rechte der Person auf den Schutz ihrer Würde nicht auch das Recht auf Gewährleistung der gleichen politischen Handlungsfähigkeit begründen. Diese Einschränkung wird nun in dem Maße hinfällig, wie die Politisierung der Weltgesellschaft ein Weltstaatsbürgerrecht begründet, da in der Realität der Globalisierung alle Menschen von nahezu allen Vorgängen in der Weltgesellschaft betroffen sind und daher ein global wirksames Grundrecht der gleichberechtigten politischen Einwirkung auf die Bedingungen der Weltgesellschaft beanspruchen können.

Handlungsfelder und Handlungsziele
Die verschiedenen Kategorien politischer Handlungspflichten bedingen ihnen zugehörige gesellschaftliche Handlungsfelder und Handlungsziele für die entsprechenden staatlichen Gewährleistungspflichten. Der Gestaltungsanspruch Sozialer Demokratie erstreckt sich daher auf eine Vielzahl gesellschaftlicher Teilsysteme. Sie sind in ihren Wirkungen miteinander eng verbunden, so dass in der Regel die Verfassung des einen dieser Teilsysteme notwendige Voraussetzungen für die Chancen der Gestaltung in den anderen enthält. Die Realwirkung der universellen Grundrechte in modernen Risikogesellschaften kann nur gewährleistet werden, wenn spezifische Bedingungen in jedem der genannten gesellschaftlichen Teilsysteme erfüllt sind, die sich in unterschiedlicher Weise jeweils von denjenigen unterscheiden, die in der Theorie der libertären Demokratie postuliert werden. So kann eine gerechtigkeitsorientierte Politik des Staates kaum erwartet werden, wenn in dem zugehörigen Gemeinwesen keine intakte deliberative Öffentlichkeit besteht, und ohne ein als öffentliches Gut organisiertes chancengerechtes Bildungssystem ist weder gesellschaftliche Chancengleichheit noch politische Teilhabegleichheit zu gewährleisten. Es sind diese Interdependenzen, die in *Hermann Hellers* Begriff der *gesellschaftlichen Gesamtverfassung* ihren Ausdruck gefunden haben. Sie begründen politische *Handlungspflichten* in folgenden gesellschaftlichen Funktionsbereichen:

Erstens: Das **System der Grundrechte** muss allen fünf Grundrechtskategorien, einschließlich der sozialen und ökonomischen, ein ausreichendes Maß öffentlich-rechtlicher Verbindlichkeit verschaffen und die soziale Staatsbürgerschaft als Bürgerrecht sanktionsfähig institutionalisieren.

Zweitens: Das **politische System** muss im Sinne partizipativer Demokratie ein ausreichendes Maß an Teilhabe- und Kontrollchancen sichern, um die gleiche politische Autonomie der Staatsbürger und ihren tatsächlichen Einfluss auf die staatlichen Handlungsstrategien zu gewährleisten.

Drittens: Das **Bildungssystem** trifft durch seine Zugangsbedingungen und seine Qualität die ausschlaggebenden Vorentscheidungen sowohl über die Lebens-chancen aller Personen wie auch die Realisierung von Gerechtigkeit im Ausgleich von sozialen Benachteiligungen und der Qualität der produktiven Ressourcen einer Gesellschaft. Es muss auf den Prinzipien der Chancengleichheit und der optimalen Förderung für alle beruhen.

Viertens: Die **Politische Kultur** ist Grundlage und Adressat politischen Handelns in der Sozialen Demokratie; in ihr müssen politische Grundwerte von Freiheit und Gerechtigkeit einerseits in ausreichendem Maße wirksam sein und anderseits durch die gesellschaftlichen Institutionen reproduziert werden können, die die politische Verständigung über die Realgeltung der Grundrechte ermöglichen.

Fünftens: Eine deliberative **Politische Öffentlichkeit** ist die wesentliche Bedingung für die Möglichkeit kommunikativer Diskurse über gerechtigkeitsorientierte Politiken und die konsensorientierte Verständigung zwischen divergierenden Interessen.

Sechstens: Die **Zivilgesellschaft** ist gleichzeitig ein entscheidender Ausdruck politischer Selbstbestimmung und ein wirksames Instrument der demokratischen Einwirkung auf die politische Öffentlichkeit und das politische System.

Siebentens: Die **Teilsysteme funktionsgerechter gesellschaftlicher Demokratisierung,** etwa in den bereichen Bildung, Kultur, Wirtschaft und Verwaltung, entscheiden über das Maß realisierter sozialer Autonomie und wirken als rück-verstärkende Elemente der politischen Kultur des Gemeinwesens.

Achtens: Der **Sozialstaat** als Gesamtheit der Systeme sozialer Sicherung ist das wesentliche Instrument zur Gewährleistung der sozialen Sicherheit vor den sozio-strukturellen Risiken.

Neuntens: Die **Wirtschaftsverfassung** (Industrial Relations) bringt einerseits das Maß sozialer Autonomie der abhängig Beschäftigten zum Ausdruck und ist andererseits das ausschlaggebende Instrument für die Gestaltung der Arbeits- und Tarifbedingungen.

Zehntens: Die **ökonomische Regulation** (Economic Governance) umfasst die Gesamtheit der Instrumente für die grundrechtsorientierte Gestaltung der wirtschaftlichen Entwicklung, vor allem auch im Hinblick auf die Beschäftigungssituation.

Elftens: Das System der **Unternehmensverfassung** (Corporate Governance) entscheidet darüber, welche Interessen, sozialen Werte und Rechte an der Steuerung der Unternehmenspolitik beteiligt sind.

Zwölftens: Die **transnationale** Koordinationspolitik ist in der offenen Ökonomie und der globalisierten Welt eine der notwendigen Voraussetzungen für die politische Einbettung der Märkte.

Asymmetrie der Pflichten
Soziale Demokratie kann infolge ihrer normativen Orientierung kein etatistisches Handlungskonzept sein. Es sind die institutionellen Leitideen der größtmöglichen Bürgerfreiheit, des Eigenrechts der Marktregulation, der funktionsgerechten gesellschaftliche Mit- und Selbstbestimmung sowie die republikanischen und liberalen Funktionen der Zivilgesellschaft, die ihr politisches Modell charakterisieren. Die politischen Handlungspflichten zur Sicherung der positiven Freiheitschancen treten nur im dem Maße als Staatspflichten in Kraft, in dem die primäre Pflicht zur personalen Eigenverantwortung ihre Unzulänglichkeit erweist. Sie sind zunächst zivilgesellschaftliche Bürgerpflichten und erst in zweiter Linie staatliche Gewährleistungsgarantien. Infolge der prinzipiellen institutionellen Asymmetrie zwischen der auf Spontaneität und Freiwilligkeit beruhenden zivilgesellschaftlichen Handlungsform und der regelgeleiteten und kontinuierlich garantierbaren Staatstätigkeit, kann es *in letzter Instanz* aber nur der Staat sein, der überall dort die Gewährleistungspflichten übernehmen muss, wo es um die Einhaltung von Rechten geht. Dieser Gewährleistungspflicht kann er nicht nur durch *eigene Leistungen* und durch die *Beauftragung von Leistungserbringen* in Wirtschaft und Gesellschaft oder die *rechtsförmliche Verpflichtung von Bürgern* zur Eigenvorsorge gerecht werden, sondern ebenso, oft wesentlich erfolgreicher und angemessener, durch staatliche Vor- und Begleitleistungen für eine aktive Zivilgesellschaft.

Im Erfolgsfall hat eine solche Politik der Stärkung der Handlungsfähigkeit der Zivilgesellschaft *(empowerment)* das Ergebnis, dass eine Vielzahl von Risikovermeidungen und Risikokompensationen durch soziale und republikanische Formen der kollektiven Selbsthilfe erfolgen und gar nicht erst als Leistungsansprüche an den Staat herangetragen werden, der sie im Modell der Sozialen Demokratie im Zweifelsfalle freilich immer dann gewährleisten muss, wenn sie auf Rechten beruhen. In diesem Sinne beruht Soziale Demokratie auf einem *zivilgesellschaftlich verstandenen Subsidiaritätsprinzip*, freilich im Unterschied zu den libertären und kommunitaristischen Konzepten der Wohlfahrtsgesellschaft im *Schatten einer die Rechte garantierenden Hierarchie.*

10   Akteure, Systeme und Strategien

Radikaler Konstruktivismus der Tradition
Die Geschichte der Theorie der Sozialen Demokratie, und mehr noch die ihrer liberalen und sozialistischen Vorläufer, ist von der Erwartung geprägt, dass sich moderne Gesellschaften nach vernünftig begründeten Prämissen von Grund auf neu gestalten lassen, sofern der demokratischen Öffentlichkeit realisierungsfähige Handlungskonzepte für sie vorliegen und Mehrheitsinteressen dafür mobilisiert werden können. Als Erbe der Aufklärung blieb ein radikaler politischer Konstruktivismus in dieser Tradition stets eine wirksame Prämisse. Der Kerngedanke des revisionistischen Reformismus, der in allen Theorien der Sozialen Demokratie eine Schlüsselrolle spielte, war die Voll-Demokratisierung aller gesellschaftlichen Teilbereiche als Bedingung für die Einlösung des gesamtgesellschaftlichen Demokratieanspruches[134]. Dieser Anspruch vor allem dokumentiert die Generalprämisse der durchgängigen „Machbarkeit" der gesellschaftlichen Verhältnisse. Der Voluntarismus eines umfassenden demokratischen Beratungs- und Entscheidungsverfahrens sollte das generative Prinzip für die Gesamtheit der gesellschaftlichen Strukturen und Prozesse sein.

Das *rationalistisch-konstruktivistische* Paradigma, das den verschiedenen Ansätzen der Theorie der Sozialen Demokratie in unterschiedlichen Graden und Varianten immer zugrunde lag, war gleichwohl im Gegensatz zum orthodoxen Sozialismus auf die Handlungsbedingungen in den hochkomplexen Gegenwartsgesellschaften bezogen und unterschied sich von dessen *naivem handlungstheoretischen Utopismus* gerade in dieser theoretischen Grundannahme *prinzipiell*[135]. Dennoch war der Anspruch der im Prinzip unbegrenzten gesellschaftlichen Gestaltbarkeit auch in der revisionistisch argumentierenden Theorie der Sozialen

---

[134] So noch Willy Brandt 1986
[135] Meyer 1977

Demokratie umfassend und weit reichend. Die älteren Modelle Sozialer Demokratie in dieser Tradition beruhten durchweg auf starken handlungstheoretischen Annahmen, ergänzt jedoch durch unterschiedlich konsequente Bemühungen, auch die systemischen Restriktionen des Handelns der auf politische Gesellschaftsgestaltung zielenden Akteure in Rechnung zu stellen. Das geschah in unterschiedlichem Maße und auf unterschiedlicher theoretischer Grundlage. In diesem Bestreben lag aber von Anbeginn die spezifische Differenz des reformistischen Revisionismus gegenüber der sozialistischen Orthodoxie. Eine beträchtliche normative Schlagseite blieb freilich infolge dieses Konstruktionsprinzips bis in die Gegenwart stets die Achillesferse der Theorie der Sozialen Demokratie.

Akteurstheorie und Gesellschaftsgestaltung
Ein moderne Theorie der Sozialen Demokratie, und das ist der Anspruch des vorliegenden Projekts, muss beim heutigen Stand der sozialwissenschaftlichen Theoriebildung einen *akteurstheoretischen* Ansatz als Ausgangspunkt wählen, der von vornherein und durchgängig die realisierbaren Handlungsprojekte gesellschaftlicher Gestaltung aus der Perspektive von Akteuren konzipiert, deren Ressourcen und Restriktionen durch die Funktionslogik der gesellschaftlichen Teilsysteme und die jeweiligen Konstellationen der relevanten Akteure insgesamt wesentlich mitbestimmt und damit prinzipiell begrenzt sind. An die Stelle des radikalen politischen Konstruktivismus tritt die jeweils spezifische Komplementarität von *Anpassung* an systemische Voraussetzungen und Akteurskonstellationen auf der einen Seite und spezifisch begrenzten Gestaltungsstrategien auf der anderen. Als die in dieser Hinsicht theoretisch fortgeschrittensten Ansätze einer reflektierten Synthese von Handlungs- und Systemtheorie können *Anthony Giddens' Theorie der Strukturierung* [136] sowie die im Kölner *Max-Planck-Institut für Gesellschaftsforschung* entwickelte Theorie des *akteurszentrierten Institutionalismus (Renate Mayntz, Fritz W. Scharpf und Uwe Schimank)* gelten [137]. In diesen Ansätzen werden die handlungstheoretische und die systemtheoretische Perspektive in einem komplexen Konzept des gesellschaftlichen Akteurs zueinander in Beziehung gesetzt. Sowohl der Prozess der Differenzierung der Gesellschaft in Teilsysteme selbst wie auch die Strukturbildung und Funktionsgestaltung innerhalb der jeweiligen Teilsysteme sind „nur als Ergebnis von Interessen- und Einflusskonstellationen gesellschaftlicher Akteure im Rahmen funktionaler Erfordernisse gesellschaftlicher Reproduktion" angemessen zu erklären [138]. Eine rein systemtheoretische Betrachtung kann, wie *Giddens* gezeigt hat, weder erklären, wie die Herausbildung von gesellschaftlichen Teilsystemen zustande

---

[136] Giddens 1995
[137] Mayntz 1988, Scharpf 2000b, Schimank 1996, 2000
[138] Schimank 1985: 422

kommt, noch wie sich Systemstrukturen in den Interessen und Motiven ihrer Akteure reproduzieren. Die reinen Handlungstheorien hingegen können die Interessen der handelnden Akteure nicht angemessen mit den gesellschaftlichen Teilsystemen vermitteln, in denen sie tätig sind und noch weniger die spezifischen Handlungsrestriktionen (constraints) erklären und in Rechnung stellen, in die diese innerhalb der jeweiligen gesellschaftlichen Teilsysteme eingebunden sind. Die generellen Handlungsorientierungen der gesellschaftlichen Teilsysteme konditionieren jedes Akteurshandeln, das in ihnen überhaupt erfolgreich sein will, obgleich sie, weil ihr Vollzug von Akteursentscheidungen abhängt, immer auch Spielräume der Gestaltung offen lassen.

Gesellschaftliche Teilsysteme wie das Wirtschafts- oder das Bildungssystem sind auf einen übergeordneten Funktionszweck gerichtete Handlungszusammenhänge. „Ihr Konstitutionskriterium ist ein spezieller Sinn, der auf der normativen Ebene als besondere Handlungslogik oder Handlungsrationalität und auf der Handlungsebene als eine besondere Tätigkeit identifizierbar ist"[139]. Der Funktionszweck sozialer Handlungen in den gesellschaftlichen Teilsystemen realisiert sich über sinnhaftes Handeln, das durch Institutionalisierung strukturell verfestigt wird. *Uwe Schimank* beschreibt die drei Kategorien von Konsequenzen, die daraus für die Handlungsbedingungen von Akteuren innerhalb der gesellschaftlichen Teilsysteme folgen:

Erstens: Das *Wollen* der Akteure, ihre grundsätzlichen Interessen als dem jeweiligen Teilsystem Zugehörige, wird durch die hochgradig generalisierten sinnhaften Orientierungen geformt, die die ihm eigentümlichen Handlungszusammenhänge vermitteln[140]. Diese Orientierungen sind jedoch, wie etwa das Medium Geld im wirtschaftlichen Teilsystem, zu allgemein, um als tatsächliche Handlungsmotive wirksam werden zu können.

Zweitens: Das *Sollen* der Akteure in den Teilsystemen wird durch institutionelle Arrangements bestimmt, die als Spielregeln für konkrete Entscheidungen wirksam werden und damit die normativen Handlungsorientierungen der Akteure formen.

Drittens: Das *Können* der Akteure wird durch die jeweils spezifischen Akteurskonstellationen bestimmt, die sich innerhalb der gesellschaftlichen Teilsysteme ergeben.

---

[139] Mayntz 1988: 17/18
[140] Schimank 1992: 175

Infolgedessen sind die Restriktionen und Ressourcen, *erstens*, des Handelns *innerhalb* der gesellschaftlichen Teilsysteme, *zweitens*, ihrer Umgestaltung und Demokratisierbarkeit und, *drittens*, der Chancen einer politischen Einwirkung auf ihre Struktur und Funktionsweise zwar jeweils in einem bestimmten, aber nie in einem beliebigen Maße offen. Alle drei Handlungsintentionen finden ihre Bedingungen und ihre Grenze an den Funktionsbedingungen der jeweiligen Teilsysteme und den Handlungsorientierungen der Akteure, durch die sie sich vollziehen. Der Eigensinn der gesellschaftlichen Teilsysteme ist in dieser Betrachtung nicht als ein hermetischer Code wirksam, sondern als ein über die Interessen und Orientierungen von gesellschaftlichen Akteuren sowie stabilisierende Institutionen vermittelter Handlungszusammenhang[141].

Eine Soziale Demokratie, die den tatsächlichen Handlungsbedingungen der Gegenwartswelt und dem Stand ihrer wissenschaftlichen Erkenntnis gerecht werden, also überhaupt realitätstauglich sein will, darf daher das Komplexitätsniveau der Akteurstheorie nicht unterschreiten. Sie muss alle ihre normativen Erwartungen in diesem Rahmen begründen und erklären können. Soweit sie gesellschaftliche Handlungsperspektiven begründet, müssen diese durchgängig und vollständig zugleich die Bedingungen von drei distinkten Logiken erfüllen. Sie müssen

1. universalistisch begründet sein,
2. mit den Funktionslogiken der gesellschaftlichen Teilsysteme, auf die sie sich beziehen, prinzipiell kompatibel sein, und
3. an politisch mehrheitsfähige Interessen anschließen können um unter demokratischen Bedingungen realisierbar zu sein.

Schon wenn eine dieser drei Bedingungen nicht erfüllt ist, fehlt dem entsprechenden Teil der Theorie oder der Theorie insgesamt mit der wissenschaftlichen Grundlage zugleich auch die politische Realisierungsvoraussetzung. Erst die gleichzeitige Erfüllung der *normativen*, der *systemischen* und der *politischen* Logik lässt aus theoretisch konstruierten Projekten realisierungsfähige Handlungsprogramme werden[142].

Im Zentrum der Theorie Sozialer Demokratie standen in der Tradition stets das ökonomische Teilsystem, seine Funktionsvoraussetzungen und die Chancen seiner Demokratisierbarkeit. Die in Wissenschaft und Politik leidenschaftlich umstrittene Testfrage war, wie weit die politische Regulation der Märkte gehen kann, ohne deren Funktionslogik selbst außer Kraft zu setzen und damit gesamtgesellschaftlich unerwünschte und demokratisch nicht legitimierbare Folgen zu

---

[141] Habermas 1981
[142] Merkel 1993, Merkel u.a. 2005

verursachen. Die komplexe und offene Dialektik von Anpassung und Gestaltung, *coping* und *shaping,* gleichermaßen als Erkenntnisproblem und als politisches Gestaltungsproblem, ist für das Projekt der Sozialen Demokratie aus akteurstheoretischer Sicht schon unter normalen Umständen ein stets schwer aufzulösendes Puzzle.

11 Politische Steuerung und Soziale Demokratie

Staatliche Gewährleistungspflichten
Die Verfassungsform der repräsentativen rechtsstaatlichen Demokratie ist der Sozialen Demokratie allein angemessen, denn sie ist in ihren Staatszielen, Institutionen und Organisationsformen gänzlich darauf angelegt, den universellen Menschen- und Bürgerrechten Geltung zu verschaffen, auf deren Formalgeltung und Realwirkung alle Bestrebungen der Sozialen Demokratie gerichtet sind. Infolge ihrer grundlegenden Legitimationsnorm der gleichen Realwirkung der universellen Menschen- und Bürgerrechte ergibt sich aus den Prämissen der Theorie Sozialer Demokratie eine eindeutige Präferenz für den demokratischen Rechtsstaat in den Organisationsformen einer komplexen, pluralistischen und partizipativen Demokratie[143]. Diese Staatsform selbst und die mit ihr verbundenen Verfassungsgarantien können die Formalgeltung gleicher universeller Grundrechte verbürgen, aber für sich genommen nicht auch deren gleiche Realwirkung für alle Bürgerinnen und Bürger gewährleisten. Deren Verwirklichung ist eine politische Handlungspflicht des Staates, die im Wesentlichen nur auf dem Wege der zielbestimmten Einwirkung der Gesellschaft auf sich selbst erreicht werden kann. Sie ist eine Aufgabe gesellschaftspolitischer Gestaltung, sowie einer den Legitimationsnormen pragmatisch angemessenen Form der re-distributiven, strukturierenden und regulativen Politik.

Auf der Ebene gesellschaftspolitischer *Struktur-Gestaltung* geht es um die Einrichtung einer der staatlichen Handlungsverpflichtung entsprechenden Verfassung der Wirtschaft, des Bildungssystems und Sozialstaats sowie jeweils zweckgemäßer Formen der Mitbestimmung bzw. funktionsgerechten Demokratisierung der gesellschaftlichen Subsysteme. Auf der Ebene *regulativer Politik* geht es um die zielgerechte politische Einwirkung der Gesellschaft auf sich selbst, vor allem auch ihres ökonomischen Teilsystems, in den verschiedenen Prozessen ihrer Funktionsvollzüge. Auf der Ebene *re-distributiver* Politik geht es um Gerechtigkeit bei der Verteilung sozialer Lebenschancen vor allem im Bildungsbereich, in der Arbeits- und Steuerpolitik sowie der Organisation und der

---

[143] Vgl. M. Schmidt 2000, Scharpf 1970

Systeme sozialer Sicherung. Es ist der Staat, als das allein zu gesamtgesellschaftlich verbindlichen Regelungen ermächtigte gesellschaftliche Handlungssystem, der in allen diesen Handlungssystemen die *Realwirkung der universellen Grundrechte gewährleisten* kann, aber eben nicht durch eine ubiquitäre Monopolisierung der Leistungserbringung, sondern dadurch, dass er die Übernahme der Organisationsformen der Leistungserbringung selbst, sowohl in der regulativen wie in der distributiven Dimension denjenigen Akteuren und Strukturen überträgt, die die jeweils bestmögliche Verbindung von Effektivität und Partizipation ermöglichen[144].

Nach dem von *Hermann Heller* formulierten Grundsatz entsteht Soziale Demokratie aus den in den Formen des demokratischen Rechtsstaats organisierten Prozessen der Übertragung des materiellen Rechtsstaats auf die gesellschaftliche Gesamtverfassung. Daher sind all diejenigen gesellschaftlichen Bereiche legitimes Objekt politischer Gestaltung, in denen die Realwirkung der Grundrechte von Personen auf dem Spiel steht. Sie unterliegen in ihrer grundlegenden Verfassung dem Vorbehalt gesellschaftspolitischer Gestaltung und im Ablauf ihrer Prozesse politischer Steuerung, beide legitimiert und begrenzt durch die Grundrechte aller beteiligten und betroffenen Personen. *Politische Steuerung* ist der Inbegriff aller gesellschaftlichen Aktivitäten, mit denen die Gesellschaft in institutionalisierter oder nicht institutionalisierter Form effektiv auf ihre eigene Struktur und Entwicklung einwirkt. *Distributive Politik* ist der Inbegriff politischer Interventionen, die ein spezifisch intendiertes Muster der Verteilung gesellschaftlicher Lebenschancen befolgen. *Staat* ist die Gesamtheit derjenigen politischen Institutionen, mit denen die Gesellschaft die Selbstregulation in Form bindender Entscheidungen oder verpflichtender Handlungsprogramme garantiert. Politisch können auch Handlungen und Entscheidungen sein, die auf kollektive Verbindlichkeit abzielen, aber außerhalb der staatlichen Institutionen erfolgen, vor allem in den Initiativen der Zivilgesellschaft. Soziale Demokratie ist folglich ein Produkt von *governance* im Sinne der Gesamtheit politischer Regulationschancen, die *government* als Regierungshandeln einschließt, sich darauf aber nicht beschränkt.

Die politische Meta-Entscheidung darüber, in welchen gesellschaftlichen Handlungsbereichen auf diesem Wege Handlungsvoraussetzungen geschaffen werden und auf welchem Wege die staatliche Gewährleistungspflicht für die Handlungsergebnisse wahrgenommen wird, kann in letzter Instanz allein auf dem Wege der zivilgesellschaftlichen Deliberation und der an sie anschließenden öffentlichen Entscheidungsfindung und staatlichen Willensbildung ihre demokratisch legitime Antwort finden. Sie hängt außer von den Grundrechtsnormen

---

[144] Jann 2004

selbst immer auch von kontingenten Umständen und kollektiven Erfahrungen ab und kann aus beiden Gründen daher nicht in der Form eines institutionellen Modells politischer Steuerung in Sozialen Demokratien entwickelt werden.

Vom Steuerungsmonismus zum Steuerungspluralismus
Moderne Gesellschaften verfügen prinzipiell über drei Modi der politischen Regulation und der aus ihren Kombinationsmöglichkeiten hervorgehenden Bandbreite gemischter Lösungen: Staat, Markt und Zivilgesellschaft[145]. Auch die Entscheidung der Frage, welcher dieser drei Steuerungsmodi für die Erreichung welches der politisch gesetzten Ziele ausschließlich oder überwiegend Anwendung finden soll, ist eine *meta-politische* Frage, die in letzter Instanz nur als eine demokratische Bürgerentscheidung gesamtgesellschaftlich legitimiert werden kann. In sie gehen einerseits Einschätzungen über die empirischen Wirkungsbedingungen, Wirkungsgrenzen und ungewollten Nebenwirkungen jedes dieser Instrumente ein, aber zugleich immer auch Wertentscheidungen über die Angemessenheit dieser Instrumente im Hinblick auf die Bedingungen autonomen Bürgerhandelns und bürgerschaftlicher Verantwortung. Der Regulationsmodus Zivilgesellschaft hängt im Unterschied zu den beiden anderen ausschlaggebend von der Verfügbarkeit der Steuerungsressource Solidarität in der Gesellschaft ab, die durch staatliches Handeln kurzfristig weder substituiert noch erzeugt werden kann.

Eine Geschichte der gesellschaftlichen Regulation würde in der gleichen Weise, wie *Karl Polanyi* dies für das Markt-Staatsverhältnis geleistet hat, zeigen können, dass alle drei der genannten Modi gesellschaftlicher Regulation in der Geschichte menschlicher Zivilisation immer schon eine Rolle gespielt haben und sich in einen bestimmten, jeweils wechselnden Maße gegenseitig voraussetzen und bedingen. Ihr relatives Gewicht, die Art ihrer organisatorischen Konkretisierung und ihr Wechselverhältnis zueinander variieren jedoch in äußerst weit reichendem Maße von Epoche zu Epoche und selbst innerhalb der einzelnen Epochen[146]. In jedem Falle lässt sich für die bürgerliche Epoche feststellen, dass die eigentliche Tiefenstruktur gesellschaftlicher Regulation in der Existenz dieser Triade besteht, während die genaue Funktionszuweisung der gesellschaftlichen Steuerungs- und Gestaltungsaufgaben an die einzelnen Funktionsmodi der Regulation variierten und politisch immer umstritten geblieben sind.

Ihre dynamische Komplementarität ist daher die eigentliche Realstruktur gesellschaftlicher Steuerung von langer Dauer, während die Funktionsabgrenzung und die Formen der wechselseitigen Einflussnahme als die historischen, politisch konzeptionellen Variablen wirksam werden. Aus diesem Grunde wider-

---

[145] Offe 2000
[146] Polanyi 1977

spräche es den Grundsätzen einer empirisch orientierten Theorie der gesell-schaftlichen Steuerung, einen der drei Steuerungsmodi herauszuheben, von den anderen zu isolieren oder ihnen gegenüber als ein reines Modell steuerungsmo-nistischer Idealtypik auszuweisen. Der intern verflochtene Steuerungspluralis-mus muss aus zwingenden empirischen Gründen als die modernen Gesellschaf-ten allein angemessene politische Steuerungsrealität zum Ausgang jeder praxis-orientierten Überlegung genommen werden.

Die ritualisierte Konfrontation von Markt- oder Staatssteuerung aus der äl-teren hochgradig ideologisierten Steuerungsdebatte enthält insofern als Aus-gangspunkt für theoretische Überlegungen in diesem Handlungsbereich immer schon eine systematische Irreführung, die ein komplexes Steuerungskonzept von vornherein vermeiden muss. Als empirisch gesichert kann beim gegenwärtigen Stand der Forschung vielmehr gelten, dass *alle drei Steuerungsmodi hinreichend deutlich erkannte Funktionsvorzüge, -grenzen, -schwächen* und *einen erhebli-chen spezifischen Bedarf der Komplementarisierung durch die jeweils anderen aufweisen.* Der spezifische Komplementarisierungsbedarf ergibt sich aus den theoretisch gesicherten Erkenntnissen über das Funktionsversagen von Zivilge-sellschaft, Markt und Staat im Hinblick auf bestimmte legitime politische Hand-lungsziele, den Schwerpunkten ihrer Funktionsvorzüge und den Möglichkeiten ihrer Kombinierbarkeit. Durch das weitgehende Ausschließen von Funktionsver-sagen und die Optimierung von Funktionsleistungen insgesamt kann eine zielge-rechte Koordination des regulativen Handelns und die Annäherung an die poli-tisch gesetzten Ziele wahrscheinlich gemacht werden.

Der *orthodoxe Liberalismus* war nicht nur dadurch gekennzeichnet, dass er den Markt in der Theorie weit gehend aus seinen staatlichen und zivilgesell-schaftlichen Handlungsvoraussetzungen ablöste und ihm in dieser idealisierten Form eine harmonische Steuerungsperfektion für den bei weitem größten Be-reich der Güter- und Dienstleistungsdistribution zuwies. Er identifizierte darüber hinaus auch den Markt als Verfassung der Freiheit mit der Sphäre der Menschen- und Grundrechte selbst und entzog ihn damit einer empirischen Beurteilung unter den Gesichtspunkten seiner Angemessenheit an politisch definierte Ziele. In diesem Kontext war der Markt in seiner modellhaften Reinheit immer gleich-zeitig als Steuerungsinstrument idealisiert und in dieser Idealisierung als ver-meintliches Äquivalent der Freiheit gegenüber empirischer Kritik immunisiert.

Der *orthodoxe Sozialismus* neigte hingegen in seiner Hauptströmung bis weit in die Zeit nach dem Zweiten Weltkrieg hinein zu einer spiegelbildlichen Ritualisierung und Idealisierung des Staatshandelns, das er als logischen Aus-druck des gesellschaftlichen Kollektivwillens deutete und ebenfalls weit gehend sowohl aus den Kontexten der zivilgesellschaftlichen und marktförmigen Steue-rung wie auch aus den Kontexten der empirischen Formen staatlicher Willensbildung und Handlungspraxis herauslöste. In dieser kontrafaktischen Gestalt spielte der Staat in den Theorieentwürfen des orthodoxen Sozialismus regelmäßig die Rolle eines funktionsoptimalen Vollstreckers des Gemeinwillens gegen die im Markt und in der Zivilgesellschaft zum Ausdruck gebrachten privaten und partikulären Interessen.

Die Zivilgesellschaft hingegen hat lange Zeit nur in den marginalen Kontexten der *anarchistischen* und *anarcho-syndikalistischen* Theorien eine vergleichbare Idealisierung erfahren, in der sowohl der Markt wie der Staat nur noch als Herrschaftsinstrumente gegen den wahren Gemeinwillen sichtbar wurden. In der neueren Renaissance der Zivilgesellschaft seit dem Ende der ideologischen Systemkonfrontation lebt dieses Denken unter leicht veränderten Vorzeichen abermals auf und hat bis hinein in die akademische Theoriebildung Proponenten gefunden. Das republikanisch-libertäre Projekt einer politischen Gesamtsteuerung der Gesellschaft mit den Mitteln der zivilgesellschaftlichen Selbstregierung ist der aktuelle Ausdruck dieser Tradition[147].

Die vielfältigen und einprägsamen Erfahrungen des zwanzigsten Jahrhunderts mit diesen Instrumenten gesellschaftlicher Steuerung und die kaum noch zu überschauende wissenschaftliche Literatur, in der sie analysiert und erklärt worden sind, begründen über alle Differenzen hinweg einige gut begründete Schlussfolgerungen:

Erstens, alle drei Steuerungsmodi haben ihre jeweils spezifischen Funktionsdefizite, die sie für eine an universellen Grundrechten orientierte Politik jeweils nur in begrenztem aufgabenbezogenem Maß geeignet erscheinen lassen.

Zweitens, die allen ideengeschichtlichen sowie richtungs- und demokratiepolitischen Orthodoxien ursprüngliche eingeschriebene Neigung zur reinen, steuerungsmonistischen Modelllösung steht durchgängig im Widerspruch zu den empirischen Erfahrungen, da sich in der politischen Praxis immer ein steuerungspluralistischer Mix faktisch durchsetzt.

Drittens, wo richtungs- oder interessenpolitische Fixierungen einem an politischen Grundwerten orientierten prinzipiellen Pragmatismus weichen, kann die je situationsspezifische Lösung des politischen Steuerungsproblems für eine gegebene Gesellschaft allein in einem spezifischen und vorläufigen Mix der drei verfügbaren Instrumente bestehen.

---

[147] Barber 1994, Hirst 1994

Viertens, der Erfolg des Mixes hängt einerseits von der politischen Kultur und dem verfügbaren sozialen Kapital einer Gesellschaft ab und andererseits davon, ob es gelingt die Instrumente so zu kombinieren, dass ihre jeweiligen Vorzüge maximiert und die Defizite minimiert werden, so dass sie in ihrer Wechselwirkung annähernd die politisch gewollten Steuerungswirkungen entfalten können.

Fünftens, die politische Anwendung der Instrumente muss immer reflexiv, auf mitlaufende erfahrungsorientierte Selbstkorrektur angelegt sein, da sich ihre spezifischen Vorzüge und Defizite in der Praxis verändern und die kulturellen Voraussetzungen auf Seiten ihrer Akteure durch neue Erfahrungen ebenso.

Für Theorie und Praxis einer modernen Sozialen Demokratie bedeuten diese Erfahrungen und Erkenntnisse, dass sie im Gegensatz zur älteren Tradition weder Apriori-Affinitäten noch Apriori-Aversionen für bestimmte Steuerungsinstrumente, Markt, Staat oder Zivilgesellschaft, begründen kann. Die Wahl ihrer jeweils bevorzugten Kombinationsform kann allein nach der pragmatischen Problemangemessenheit im Hinblick auf die legitimierenden Grundwerte erfolgen.

Globalisierungseffekte
Claus Offe hat eine überzeugende Deutung der besonderen Bedeutung des Themas in der gegenwärtigen Epoche gegeben[148]. Die rasche und folgenreiche Ausweitung der Marktlogik auf transnationaler und nationalgesellschaftlicher Ebene, verbunden mit empfindlichen Einschränkung der Handlungsfähigkeit des Nationalstaates infolge der gesellschaftlichen und wirtschaftlichen Globalisierung, verlangen ein „neues Design" der grundlegenden gesellschaftlichen und politischen Institutionen. Die Balance von Markt, Staat und Gesellschaft und der ihnen zur Verfügung stehenden Steuerungsmedien Geld, Macht und Solidarität, bedarf in der veränderten Situation der rekursiven Neujustierung. Die ökologischen und sozialen Erfahrungen der Jahrzehnte seit Beginn der neuen ökonomischen Globalisierungswelle legen eine Reorganisation der kulturellen und politischen Steuerungsmöglichkeiten nahe, die dem veränderten gesellschaftlichen Regulierungsbedarf gewachsen ist. Im Inneren lässt die Regulationsfähigkeit des modernen Staates aus zwei Gründen nach[149]. Zum einen erweisen sich zentralisierte und bürokratische Eingriffe in die komplexen Gegenwartsgesellschaften in vielerlei Hinsicht als wirkungslos und unangemessen. Zum anderen hat die Engagementbereitschaft eines großen Teils der jüngeren Generation in den Wohlstandsdemokratien ihre Orientierung geändert und richtet sich offenbar immer

---

[148] Offe 2000
[149] Scharpf 1989, 1998

weniger auf die großen Institutionen des politischen Systems, denen bislang in besonderer Weise die Partizipationserwartungen des Staates und die Anstrengungen der politischen Bildung galten. Neue Formen sozialer und politischer Steuerung sind daher notwendig geworden.

Die Märkte bedürfen der ökologischen, kulturellen und sozialen Wiedereinbettung durch politische Regelungen, die öffentlich beraten und demokratisch entschieden sind und auf diesem Wege den Normen intakter Lebenswelten und der Geltung sozialer Grundrechte Vorrang gegenüber der ökonomischen Logik geben. Andernfalls würden die Demokratien dort, wo sie bestehen, einen zunehmenden Legitimationsverlust erleiden, die sozialen Entwicklungen der Kontrolle der Menschen entgleiten und die Folgen der voranschreitenden Globalisierung sich aller politischen Verantwortung entziehen. Die damit gebotene *Re-regulierung* der Ökonomie ist nicht allein eine Angelegenheit der Entwicklung transnationaler Institutionen, sondern vor allem der Rückgewinnung demokratischer Beratungs- und Mitentscheidungschancen. Eine lebendige und transnational vernetzte Zivilgesellschaft kann in diesem Prozess der Re-Politisierung eine gewichtige Rolle spielen[150].

Die Finanz-, Güter- und Dienstleistungsmärkte haben durch ihre bisher überwiegend bloß negative Integration durch Grenzabbau und Deregulierung im globalen Maßstab und innerhalb der nationalen Gesellschaften ihre frühere soziale und politische Einbettung verloren und zusätzlich als Folge von deren Auswirkungen einen neuen sozialen, ökologischen und kulturellen Einbettungsbedarf hervorgerufen. Ihm kann auf den hergebrachten Wegen national begrenzter und in diesem Rahmen dann eher etatistisch hierarchischer Regulierung gegenwärtig nur höchst unvollkommen entsprochen werden. Dieses Dilemma hat die Frage aufgeworfen, welchen Beitrag eine aktivierte Bürgergesellschaft und neue Formen der Kooperation von Staat und Zivilgesellschaft zur Verbesserung der politischen Steuerung gesellschaftlicher Entwicklung künftig leisten können[151].

Der Staat

Der demokratische Rechtsstaat in seiner Organisationsform als partizipative Demokratie, in dem nicht nur die Rechte der Bürgerinnen und Bürger umfassend gewährleistet sind, sondern auch ihre faktische Teilhabe an den Entscheidungen, die sie betreffen, ist der normative Anspruch des Staates der Sozialen Demokratie. Partizipative Demokratie in diesem Sinne heißt unter modernen Bedingungen eine Parteiendemokratie, die durch ein starkes intermediäres System der gesellschaftlichen Initiativen, Vereine, Verbände und eine aktive Zivilgesellschaft kontrolliert, ergänzt und eingerahmt wird. Die konkrete organisatorische Ausprä-

---

[150] Held 1995, 2000, Zürn 1998
[151] Meyer/Weil 2002

gung einer Demokratie, die diesen normativen Ansprüchen in der Praxis genügt, hängt von einer Reihe empirischer Gegebenheiten ab. Zu ihnen gehören historische Traditionen im Hinblick auf die Frage nach der Wahl zwischen Unitarismus und Föderalismus, Traditionen der Organisation und Integration gesellschaftlicher Interessen, verschiedene Formen von Parteiensystemen, die politische Kultur und das bevorzugte Regierungssystem. In dieser Hinsicht lassen sich zwischen der Fülle unterschiedlicher historischer Fälle und strategischer Optionen keine spezifischen Präferenzen für die staatlichen Organisationsformen Sozialer Demokratie begründen, sofern die genannten normativen Bedingungen erfüllt sind[152]. Diese lassen sich, wie die empirischen Fälle so unterschiedlicher Demokratien wie etwa Schweden, Großbritannien, Japan, die Bundesrepublik Deutschland, Frankreich oder Kanada zeigen, mit einer großen Vielgestaltigkeit konkreter Ausprägungsformen verbinden.

Tiefergreifende Probleme für die staatliche Organisation der Sozialen Demokratie sind in den systematischen Funktionsdefiziten staatlichen Handelns und in seinen prinzipiellen Wirksamkeitsgrenzen in den komplexen Gesellschaften der Gegenwart zu sehen. Da das Staatsverständnis der Sozialen Demokratie auf weit reichende distributive und regulative Erwartungen an staatliches Handeln im Rahmen des Markt-Staat-Zivilgesellschaft-Verbundes bezogen ist, hängt ihre Möglichkeit in hohem Maße von den empirischen Bedingungen modernen Staatshandelns ab.

Die Regulations- und Distributions*funktionen* des Staates in den modernen Gesellschaften sind mit empirischem Erklärungsanspruch in drei unterschiedlichen, wenn auch nicht gänzlich voneinander unabhängigen Hinsichten in Frage gestellt worden. Sie laufen alle auf eine prinzipielle Depotenzierung staatlicher Handlungsmacht hinaus[153]:

1. Souveränitätsverlust des Staates nach außen infolge der sozialökonomischen Globalisierungsprozesse.
2. Souveränitätsverlust des Staates nach innen infolge der zunehmenden Komplexität der gesellschaftlichen Teilsysteme.
3. Prinzipielle Überforderung des modernen Staates aufgrund seiner Handlungsgrenzen und Funktionsdefizite.

Am weitesten im Hinblick auf den außenbedingten Souveränitätsverlust des Staates gehen jene Theorien, die auf der Annahme basieren, dass die für jede Gesellschaft maßgeblichen ökonomischen und sozialpolitischen Kausalitäten unter Globalisierungsbedingungen in der globalen Arena erzeugt werden, in der

---

[152] Vgl. M. Schmidt 2000
[153] Meyer 2002a: 289-293

keiner der souveränen Nationalstaaten und noch nicht einmal regionale politische Kooperationssysteme wie die Europäische Union mit Aussicht auf Erfolg regulative oder distributive Politiken durchsetzen können[154]. Diese Kritik hat in der Metaphorik des unbegrenzten Meeres der offenen Märkte ihren Niederschlag gefunden, in dem die Nationalstaaten nur noch wie Inseln wirken, die gegen die Flut ankämpfen ohne einen Einfluss auf Strömungsverhältnisse und Wasserstände ausüben zu können[155].

Da in offenen Märkten kein Nationalstaat mehr über die Zinshoheit verfügt, die Investitionsströme und Finanztransaktionen in praktisch unbegrenzter Höhe sich staatlichem Einfluss entziehen, und die sozialstaatlichen Regime, die Unternehmensverfassungen sowie die makroökonomischen Regulationsregime dem globalen Wettbewerb ausgesetzt sind, entziehen sie sich faktisch dem Souveränitätsanspruch der nationalstaatlichen Demokratie[156]. Kein demokratisch verfasster Nationalstaat kann es unter diesen Umständen riskieren, aus normativen oder kurzfristig kalkulierten elektoralen Gründen in diesen Kernbereichen Regelungen zu treffen, die in der globalen Marktdynamik mit Kapitalabwanderung bestraft würden und damit auch zu gesellschaftlichem Wohlfahrtsverlust führen müssten.

Von *libertärer* Seite ist die so diagnostizierte Entwicklungstendenz mit dem Argument normativ legitimiert worden, dass sie den Vorrang der objektiven Vernunft der ökonomischen Logik vor der Irrationalität stimmungsabhängiger Entscheidungen in der modernen Massendemokratie sichere und damit insgesamt den gesellschaftlichen Interessen wirkungsvoller diene[157]. Dieser Analyse zufolge verbleiben dem Nationalstaat unter Bedingungen offener Märkte lediglich noch Möglichkeiten zu einer Standortpolitik, die die jeweiligen Wirtschafts- und Sozialsysteme an die Weltmarkterfordernisse anpasst, ihnen aber kaum noch wirkliche Gestaltungschancen offen lässt. Folglich scheitern alle normativen Ansprüche an die sozialökonomischen Gestaltungsansprüche der Sozialen Demokratie in prinzipieller Weise an der veränderten Realität.

Die mit empirischem Erkenntnisanspruch auftretende These vom prinzipiellen Souveränitätsverlust des Staates nach innen infolge der erreichten von außen unbeherrschbaren Eigenkomplexität der gesellschaftlichen Teilsysteme ist in verschiedenen Varianten und in folgenden Versionen vorgetragen worden. Zu unterscheiden sind: 1. eine holistisch systemtheoretische Variante, 2. eine pragmatisch-funktionale Variante und 3. eine pragmatisch-normative Variante[158].

---

[154] Guéhenno 1994
[155] Streeck 1999
[156] Scharpf 1998
[157] von Weizsäcker 2000
[158] Meyer 2002b

In der pragmatisch-normativen Variante stützt sich die These vom staatlichen Souveränitätsverlust auf die Beobachtung, dass angesichts der Komplexität und der Interdependenzen in den politökonomischen Teilsystemen staatliche Regelungs- und Verteilungspolitiken regelmäßig zu suboptimalen Wohlfahrtsergebnissen führen, die jede Regierung, unabhängig von ihren normativen Präferenzen, zu vermeiden versucht[159]. In ihrer pragmatisch funktionalen Version stützt sich die These auf die Beobachtung, dass der hierarchisch-zentralistisch verfasste Staat nicht in der Lage ist, früh genug und ausreichend genau die politökonomisch wirksamen Planungen und Handlungszwänge in den einschlägigen gesellschaftlichen Funktionssystemen zu erkennen. Folglich ist er erst recht nicht in der Lage, sie funktionsadäquat und wirkungsvoll zu beeinflussen und zu steuern[160]. In ihrer systemtheoretischen Version geht diese These von der theoretischen Annahme aus, dass sich bei dem in modernen Gesellschaften erreichten Komplexitätsgrad der Teilsysteme und ihrer geschlossenen Funktionscodes eine Außensteuerung durch das gesellschaftliche Teilsystem Staat/Politik nicht mehr realisieren lässt[161].

Aus steuerungstheoretischer Sicht müssen zusätzlich zu den durch den relativen Souveränitätsverlust des Staates bedingten Funktionseinschränkungen auch die prinzipiellen, durch seine Handlungsorganisation selbst bedingten Defizite in Betracht gezogen werden[162]. Alle genannten Restriktionen der distributiven und regulativen Staatsfunktionen unter den in der Gegenwart geltenden Bedingungen beschreiben im Kern reale Veränderungen. Die dargestellten Restriktionen sind für die einzelnen Handlungsbereiche in unterschiedlichem Maße umfassend und rigide. Sie sind aber in keiner einzigen der beschriebenen Hinsichten absolut und unüberwindbar. Dem Staat bleiben, auch unter den durch die Globalisierung und die gesteigerte gesellschaftliche und ökonomische Komplexität veränderten Bedingungen, Kapazitäten und Ressourcen zur Erreichung seiner Ziele[163].

Der empirische Vergleich der OECD-Länder ist in dieser Hinsicht aufschlussreich. Die Varianzen in zentralen staatlichen Handlungsbereichen, etwa der Steuerpolitik, der Haushaltspolitik, der Arbeitsmarktpolitik, der makroökonomischen Steuerung, der Sozialstaats-Gestaltung, der Bildungspolitik und der transnationalen Kooperation ebenso wie in den Bereichen Corporate Governance und Industrial Relations beweisen, dass die Handlungsspielräume von Staaten unter weit gehend denselben internationalen und gesellschaftlichen Bedingungen mindestens so weit reichen wie die empirisch nachweisbaren Varianzen in die-

---

[159] Willke 1993, 2003
[160] Beck 1998a, 1998b
[161] Luhmann 1989
[162] Buchanan/Tullock 1962, Prisching 2003
[163] Scharpf/Schmidt 2000, Hall/Soskice 2001, Merkel u.a. 2005

sem Bereich. Freilich hängt, wie die sozialwissenschaftliche Forschung gleichfalls dargelegt hat, die Chance zur Wahrnehmung dieser strukturell vorhandenen Handlungsspielräume in hohem Maße auch von spezifischen Interessen, politischen und elektoralen Konstellationen sowie der in einmal eingeschlagenen Pfaden Struktur bildenden Entwicklung ab. Aber auch diese Faktoren entziehen sich unter gewandelten Bedingungen nicht prinzipiell der veränderten Einflussnahme. Vor allem Schocks und Krisen schaffen Voraussetzungen selbst zu tief greifendem institutionellem Wandel der institutionellen Rahmenbedingungen.

Die These vom Souveränitätsverlust des Staates nach innen und nach außen ist daher nur in modifizierter Form empirisch haltbar. Staatliches Handeln unterliegt zwar unter den Bedingungen der Gegenwart neuen und hartnäckigeren Restriktionen, es behält aber einen beträchtlichen Spielraum für distributive und regulative Politik im Sinne der Ziele Sozialer Demokratie. Deren Wahrnehmung hängt zu einem erheblichen Teil von der Fähigkeit der staatlichen Akteure ab, erstrebte Ziele auf neuen Wegen, u. a. auch durch die Entwicklung neuer Handlungs- und Kooperationsformen zu erreichen. In den Diskussionen um die Modernisierung des Staatsverständnisses der Sozialen Demokratie spielen in diesem Zusammenhang die Vorstellungen vom aktivierenden Staat eine besondere Rolle. Der aktivierende Staat in diesem Verständnis löst sich aus der traditionalistischen Fixierung, seine wesentlichen Ziele durch eigenes hierarchisches Handeln erreichen zu müssen. Stattdessen versteht er sich als Gewährleister oder Moderator für das Erreichen der gesetzten Ziele, verlässt sich aber bei der Implementierung der zielführenden Politiken in pragmatischer Weise auf diejenigen gesellschaftlichen, ökonomischen oder zivilgesellschaftlichen Akteure, die jeweils am besten geeignet erscheinen, die Ziele auf effiziente, ökonomische und kontextsensible Art zu erreichen.

Diese Veränderung im Selbstverständnis staatlicher Aufgabenerfüllung begann in vielen europäischen Ländern schon in den siebziger Jahren mit der Privatisierung kommunaler Dienstleistungen, für deren Erfüllung und Erschwinglichkeit der Staat zwar weiterhin die Garantie, aber nicht mehr die Durchführungsverpflichtung übernahm. Vergleichbare Formen neuer Arbeitsteilung zwischen Staat und Zivilgesellschaft, Staat und Privatwirtschaft, Staat und Verbänden aber auch Staat und Bürgern haben sich für ein weites Spektrum unterschiedlicher Aufgaben eingespielt[164].

Die Grundthese von den prinzipiellen Funktionsdefiziten staatlicher Steuerung basiert auf einer Reihe von empirisch gut bestätigten Beobachtungen:

- Das Interesse der Akteure in den staatlichen Systemen an sich selbst.

---

[164] Anheiner/Priller/Zimmer 2000, Jann 2004, Giddens 1995, 1999b

- Die prinzipiell begrenzte Informationsverarbeitungskapazität aller staatlichen Akteure.
- Die begrenzte Fähigkeit der staatlichen Akteure in den gesellschaftlichen und sozialökonomischen Teilsystemen für staatlich gesetzte Handlungsziele hinreichend zu motivieren.
- Die Ungeeignetheit des autoritären Regulationsmodus selbst für eine Reihe von gesellschaftlichen und sozialökonomischen Handlungszielen.
- Die principal-agent Konstellation mit ihrer Konsequenz, dass staatliche Akteure regelmäßig als unzureichend kontrollierte Beauftragte anderer Interessen handeln.

All diese Funktionsdefizite begründen aber nicht das libertäre Postulat der Minimierung staatlicher Aufgabenzuschreibung, da die anderen verfügbaren gesellschaftlichen Steuerungsmodi, Markt und Zivilgesellschaft, ihre eigenen, im Hinblick auf eine Reihe zwingend begründbarer Steuerungs- und Distributionsziele wesentlich weitergehende Mängel aufweisen und zur Bewältigung der Kernherausforderung gesamtgesellschaftlich verbindlicher Regelungen weder in der Lage noch legitimiert sind. Die Feststellung der beschriebenen Funktionsdefizite begründet jedoch die Notwendigkeit eines politisch reflektierten *Steuerungspluralismus,* bei dem jeweils problemangemessene Formen der marktlichen und zivilgesellschaftlichen Steuerung teils kontrollierend, teils ersetzend, teils komplementierend hinzutreten.

Jedoch müssen alle nicht vom Staat selbst erbrachten Leistungen „im Schatten der staatlichen Hierarchie" erfüllt werden, solange es sich bei den gesetzten Zielen um die Einlösung von Rechtsansprüchen der Bürger handelt, zu denen der Staat verpflichtet ist. Diejenige regulative und distributive Politik, die für die Einlösung dieser Rechtsansprüche jeweils geboten ist, bleibt in der direkten *Gewährleistungs*verantwortung staatlichen Handelns. Das gilt naturgemäß für so wichtige Bereiche wie die gesamte Steuergesetzgebung und Abgabenordnung, die Struktur der Finanzierung und Leistungen des Sozialstaates sowie die ökologiepolitische und makroökonomische Rahmensetzung des Staates für privatwirtschaftliches Handeln.

Der Markt
Die Erfahrungen des zwanzigsten Jahrhunderts und ihre theoretische Durchdringung haben in unzweideutiger Weise manifestiert, dass die Koordination mikroökonomischer wirtschaftlicher Entscheidungen in vielfacher Hinsicht und in vielen wirtschaftlichen Handlungsfeldern am wirksamsten und mit den geringsten unerwünschten Nebenfolgen über Märkte erfolgen kann. Dies gilt jedenfalls dann, wenn die Funktionszuweisung und Begrenzung der Märkte durch die

übergeordnete politische Rahmensetzung gesichert ist, die Funktion der Märkte einer handlungsfähigen Aufsicht unterliegt und die wirtschaftlichen Entscheidungsbereiche, die über Märkte koordiniert werden sollen, durch politische Entscheidungen der Gesellschaft definiert und eingegrenzt worden sind[165]. Im Rahmen einer solchen *Symbiose mit einem komplexen System politischer Vorgaben*, Kontrollen, Eingrenzungen und Steuerungsleistungen können Märkte, indem sie ihrer eigenen Funktionslogik der Allokationsentscheidung über Preisbildung folgen, die gesamtgesellschaftlich beste Wohlfahrtsproduktion in der ihnen überwiesenen Handlungsdomäne gewährleisten. Die Liste der prinzipiellen Marktdefizite ist im Kern unbestritten. Dazu gehören vor allem die folgenden[166]:

- Selbstregulierte Märkte tendieren zur Einschränkung, im Extremfall zur Aufhebung des Wettbewerbs durch Konzentrations- und Kartellbildungsprozesse.
- Selbstregulierte Märkte sind nicht in der Lage, die Infrastrukturleistungen zu sichern, auf denen sie beruhen und die öffentlichen Güter bereit zu stellen, die sie selbst voraussetzen.
- Die Marktlogik befriedigt nur kaufkräftige Nachfrage, ihre Verteilungswirkung ist nach moralischen Kriterien nicht gerecht.
- Selbstregulierte Märkte lösen von sich aus gesellschaftlich zentrale wirtschaftliche Aufgaben wie Vollbeschäftigung zu sozial vertretbaren Bedingungen, Geldwertstabilität und stetiges Wachstum nicht.
- Selbstregulierte Märkte betrachten Naturkapital als freies Gut und tendieren daher zur Zerstörung der ökologischen Grundlagen menschlicher Zivilisation.
- Die Marktlogik ist präsentistisch, da sie sich allein auf die gegenwärtige Nachfrage und die sicheren Extrapolationen aus ihr beziehen kann.

Es ist die spezifische Komplementarität von politischen Vor-, Begleit-, und Rahmenleistungen und der in diesen Grenzen dann autonomen Entfaltung der ökonomischen Logik des Marktes, in der Märkte ihre unverwechselbare und unsubstituierbare gesellschaftliche Steuerungsfunktion erbringen können. *Karl Polanyi* hat in seiner paradigmatischen Studie über die Geschichte des Verhältnisses von Markt und Gesellschaft eindrucksvoll gezeigt, dass die Märkte bis auf die kurze, katastrophenbehaftete Ausnahme am Beginn des einundzwanzigsten Jahrhunderts immer tief in die kulturellen, sozialen und politischen Kontexte der Gesellschaft eingebettet waren, in der sie eingerichtet wurden[167]. Die kontrafak-

---

[165] Gurgsdies/Granados 1999
[166] Horn/Knieps/Müller 1988, Fritsch/Wein/Ewers 2003
[167] Polanyi 1977

tische Annahme, dass ein nachhaltiges Funktionieren von Märkten überhaupt möglich sei und dann in optimaler Weise gelingen würde, wenn die sozialen Kontexte der Einbettung zu Gunsten einer reinen, von außen nicht mehr beeinflussten Selbstregulation der Märkte aufgelöst würde, ist seit der Weltwirtschaftskrise der neunzehnhundertzwanziger Jahre dann in allen kapitalistisch verfassten Gesellschaften, wenn auch in höchst unterschiedlichem Maße, wieder einer Praxis gewichen, die an die Stelle des Regelungsmonismus der Märkte den Regelungsdualismus am Markt und sozialer Steuerungslogik gesetzt hat.

Nach kurzen Versuchen einer liberalistischen Radikalkur gegen die staatswirtschaftlichen Verkrustungen der kommunistischen Herrschaftsära sind auch die post-kommunistischen Gesellschaften auf die allgemeine Linie der Einbettungspragmatik eingeschwenkt. Im Hinblick auf ihre alternativlose Bedeutung für die wirtschaftspolitische Praxis gibt es am Beginn des einundzwanzigsten Jahrhunderts auch zwischen den großen politischen Grundrichtungen der modernen Demokratien keinen prinzipiellen Gegensatz mehr, selbst wenn in der politischen Arena die älteren Klischees vom reinen Markt- oder Staatshandeln als überlegener Logik am Leben gehalten werden.

Unter den genannten Bedingungen hat sich also die Marktkoordination für einen weiten Bereich privater Güter als das im Sinne der gesamtgesellschaftlichen Wohlfahrt wirkungsvollste ökonomische Koordinationsinstrument erwiesen. In der Geschichte der Theoriediskussion der Sozialen Demokratie hat diese wissenschaftliche Erkenntnis, obgleich sie durch praktischen Anschauungsunterricht so demonstrativ untermauert war, lange Zeit einen schweren Stand gehabt. Sie hat sich dann in den verschiedenen Ländern und Strömungen in höchst ungleichzeitiger Weise durchgesetzt und ist erst seit den neunzehnhundertachtziger Jahren zum Allgemeingut geworden. Den Ausschlag für den schließlichen Erfolg dieses Lernprozesses haben vor allem Argumente gegeben, die in den jeweils auf exemplarische Weise historischen Krisen-Erfahrungen bekräftigt werden konnten.

Im Hinblick auf die politische Steuerung gesellschaftlicher Prozesse kann die überlegene Allokationsleistung des Marktes zwar bedeutende Beiträge erbringen, aber immer nur unter dem Vorbehalt staatlicher Gewährleistungsverantwortung und zivilgesellschaftlicher Kontrolle.

Die Zivilgesellschaft

Das Konzept der Zivilgesellschaft hat zwar für die Theorie der Sozialen Demokratie eine Schlüsselbedeutung, kann aber aus einer Reihe gewichtiger Gründe nicht den Anspruch erheben, deren Nachfolge in einer nicht mehr autoritären Phase des Selbstverständnisses Sozialer Demokratie antreten zu können. Die Argumente, die für eine wesentliche Aufwertung der Zivilgesellschaft im Rah-

men einer Theorie der Sozialen Demokratie vorgetragen wurden, sind dazu geeignet, die Reste der Tradition einer etatistischen Fixierung Sozialer Demokratie
auch unter starken demokratischen Prämissen aufzulösen. In diesem Sinne sind
sie in den Diskussionen, die sich im Anschluss an den Zusammenbruch des autoritären Kommunismus in Osteuropa in den neunziger Jahren ergaben, auch nachhaltig wirksam geworden. Sie haben deutlich werden lassen, dass nicht nur aus
autonomieethischen, sondern in den komplexen Gegenwartsgesellschaften ebenso sehr aus steuerungspolitischen Gründen der etatistische Regulierungsmodus
an enger werdende Grenzen stößt und mit seinen eigenen normativen Prämissen
in Widerspruch gerät. Im Kapitel über die Zivilgesellschaft werden deren weit
reichende Potenziale demokratischer Selbststeuerung und basisdemokratischer
Einwirkung auf das politische System der Gesellschaft beschrieben. Zivilgesellschaftliches Handeln erweist sich als eine zunehmende politische Steuerungsressource moderner Gesellschaften auf nationaler, regionaler und globaler Handlungsebene. Auch dieser Regulationsmodus ist jedoch durch kennzeichnende
Funktionsdefizite charakterisiert. Dazu gehören vor allem[168]:

- Das häufig ungeklärte und lückenhafte demokratische Mandat der Akteure.
- Das in seinem Aufkommen und seiner Nachhaltigkeit unzuverlässige Auf-
  kommen der Handlungsressource Solidarität.
- Die geringe Eigenkomplexität der zivilgesellschaftlichen Akteure.
- Die „dunklen Seiten" der Zivilgesellschaft in der Form privatnütziger Moti-
  ve unter dem Deckmantel gemeinnütziger Handlungsziele.

Die genauere Analyse der Wirkungsmöglichkeiten und Handlungsgrenzen der
Zivilgesellschaft lässt aber das Selbstmissverständnis vortreten, das entsteht,
wenn aus dem demokratiepolitischen Korrektiv und steuerungspolitischen Komplement Zivilgesellschaft der umfassende Gegenentwurf einer alternativen Verfassung der politischen Demokratie selbst gemacht werden soll.

Unvermeidlicher Steuerungspluralismus
Für die Ziele Sozialer Demokratie erscheint im Lichte der spezifischen Vorzüge
und Grenzen der verfügbaren gesellschaftlichen und politischen Regulationsmo-
di allein ein pragmatischer Steuerungspluralismus angemessen, da keines der
Instrumente gegenüber den anderen in jeder Hinsicht und in allen Handlungsbereichen vorzugswürdig ist. Angemessen erscheint ein Steuerungsmix mit funkti-
onsbedingter Fokussierung:

---

[168] Vgl. Roth 2004

Erstens: Weitest gehende Koordination von wirtschaftlichen Allokationsent-scheidungen über Märkte, aber unter der Bedingung ihrer politisch gesteuerten Einbettung.

Zweitens: Weitest gehende politische Selbstorganisation und Selbstregulation der Zivilgesellschaft, aber unter dem Vorbehalt staatlicher Garantie der Rechte.

Drittens: Unbedingte Rechtsgarantie durch Staatshandeln, aber in möglichst kooperativen Formen.

Auch wenn es in letzter Instanz nur das staatliche Handlungssystem sein kann, das die Rechte aller Bürger garantiert, kann es diese Aufgabe doch umso besser erfüllen, je zielgerechter es durch die regulativen Komplementen des Marktes und der Zivilgesellschaft korrigiert und ergänzt wird.

12 Gesellschaftliche Demokratisierung

Libertäre Entthematisierung
In der Theorie der libertären Demokratie ist für die Vorstellung einer gesell-schaftlichen Demokratisierung von vornherein kein legitimer Platz. Wenn der selbstregulierende Markt, die wirtschaftliche Eigentumsfreiheit sowie die allge-meine Vertragsfreiheit schon für sich genommen als die vollgültigen Äquivalen-te der Verfassung der Freiheit in Wirtschaft und Gesellschaft gelten, fehlen alle normativen demokratietheoretischen Voraussetzungen, um die Vorstellung einer Demokratisierung der gesellschaftlichen Funktionssysteme überhaupt theoretisch in Erwägung ziehen zu können. Es sind drei Kategorien von Argumenten, die aus libertärer Sicht von Grund auf gegen das Konzept gesellschaftlicher Demo-kratisierung sprechen: *erstens*, die Eigentumsfreiheit als substanzieller Teil des negativen Freiheitsbegriffs selbst, *zweitens*: das Verständnis der Gesellschaft als staats- und politikfreier Privatsphäre und *drittens*: die Überzeugung, dass die ungeschmälerte Respektierung der durch beide gezogenen Grenzen die Voraus-setzung für die Funktionalität der gesellschaftlichen Teilsysteme sind. Das Risi-ko einer Gefährdung der Geltung und Wirkung universeller Grundrechte, das ja in allen Bereichen *asymmetrischer gesellschaftlicher Kooperation* gegeben ist, wird auf diese Weise entweder unter den Generalverdacht einer prinzipiell grundrechtswidrigen Verstaatlichung der Gesellschaft gestellt, oder entthemati-siert.

Normative und funktionale Bedingungen

Für die Theorie der Sozialen Demokratie hingegen ist die gesellschaftliche Demokratisierung eine Schlüsselfrage, weil sich gerade in der Realität der außerstaatlichen Handlungssphären, soweit es nicht um die eigentliche Privat- und Intimsphäre geht, die Realwirkung der Grundrechte erweisen muss. Bei den gesellschaftlichen Funktionssystemen, der Wirtschaft, dem Bildungssystem, dem Wissenschaftssystem, den Medien, der Verwaltung oder den sozialen Sicherungssystemen, handelt es sich ja zweifellos um Sphären öffentlicher gesellschaftlicher Kooperation, die alle durch *asymmetrische Direktionsverhältnisse* gekennzeichnet sind. Im Hinblick auf sie stellen sich überall gleichermaßen, wenn auch auf je unterschiedliche Weise, zwei grundrechtlich und demokratiepolitisch unabweisbare Fragen: erstens, wie kann im Rahmen der grundlegenden Abhängigkeit der unselbstständig weisungsgebundenen Personen der Schutz ihrer Menschenwürde und ihres Autonomieanspruchs auch in den sozialen Handlungskontexten gewährleistet werden; und zweitens, welchen Beitrag kann ihre Mitwirkung an den Funktionsentscheidungen für die Optimierung der gesamtgesellschaftlich relevanten Leistung des jeweiligen Teilsystems erbringen. Es geht also um die Sicherung der Bedingungen sozialer Autonomie.

In einer Reihe der Tradition Sozialer Demokratie zu zurechnenden Theorieansätze hat bis vor kurzem die Vorstellung geherrscht, Soziale Demokratie sei als eine Form der Demokratisierung aller gesellschaftlichen Teilsysteme zu verstehen[169]. Als Kernbereich galt dabei traditionell das ökonomische Subsystem. Dabei stand durchaus die Vorstellung Pate, die ins Auge gefasste Form radikaler Demokratisierung ziele in letzter Instanz auf eine Einführung der durch Deliberation und Mehrheitsprinzip gekennzeichneten *politischen Entscheidungslogik* der Demokratie in allen funktionalen Subsystemen der Gesellschaft ab[170]. Diese Annahme erweist sich im Lichte reflektierter politischer Grundwerte der Theorie Sozialer Demokratie jedoch sowohl aus normativen wie aus funktionalen Gründen als unhaltbar.

Modelle gesellschaftlicher Demokratisierung

Die in der jüngeren sozialwissenschaftlichen Diskussion entwickelten Beiträge zur Lösung des Demokratisierungsproblems, soweit sie sich aufgrund ihrer Prämissen dem Diskurs der Sozialen Demokratie zurechnen lassen, können in sechs Grundmodelle unterschieden werden, die sich in ihrem analytischen Ansatz und in ihren demokratiepolitischen Schlussfolgerungen deutlich unterscheiden, das

---

[169] Vilmar 1973, Brandt 1986, 2001, Meyer 1980, Meyer u.a. 1986
[170] So etwa das in seiner Zeit einflussreiche Konzept der gesellschaftlichen Demokratisierung bei Fritz Vilmar 1973.

Postulat der gesellschaftlichen Demokratisierung selbst jedoch als legitim begründen:

1. Das Modell der umfassenden *Voll-Demokratisierung* (F. Vilmar[171])
2. Das Modell der *Funktions-Demokratisierung* durch die Betroffenen-Kollektive (P. Hirst[172])
3. Das Modell der internen Teilsystem-Öffentlichkeiten (H. Willke[173])
4. Das Modell der republikanischen Sub-Politisierung (U. Beck[174])
5. Das Modell der demokratischen *Außen-Intervention* (J. Habermas[175])
6. Das Modell der funktionsbezogenen Teil-Demokratisierung (R. Löwenthal[176])

Erstens: Das Modell der umfassenden Voll-Demokratisierung
Fritz Vilmars Modell einer „multifrontalen gesellschaftlichen Demokratisierung"
beruhte auf der orthodox-sozialistischen Prämisse, dass zur Herstellung einer
demokratischen Legitimation für die gesamtgesellschaftliche Verfassung die
Einführung der demokratischen Legitimationslogik in allen gesellschaftlichen
Teilsystemen unverzichtbar sei[177]. Dieser Annahme lagen zwei Erwägungen
zugrunde. Die erste war normative Art und besagte, dass im Prinzip außer der
partizipativen Demokratie keine andere legitimierbare Logik die Funktion gesellschaftlicher Teilbereiche geben könne. Die andere war funktionaler Natur
und hatte die Vorstellung zum Inhalt, dass jedes Teilsystem seinen gesamtgesellschaftlichen Zwecken aus interessepolitischen Gründen am besten entsprechen
könne, wenn in ihm die demokratische Entscheidungslogik dominiert. Beide
Prämissen entsprangen der klassischen Grundannahme der sozialistischen Orthodoxie, wonach es in allen gesellschaftlichen Teilsystemen letztlich allein um
die Frage gehe, welche Interessen sich durchsetzen können. Diese Grundannahme enthielt ihrerseits eine Identitätsthese, der zufolge für jedes gesellschaftliche
Funktionssystem galt, dass die Interessen der in ihm abhängig Beschäftigten,
also jeweils dem Direktionsrecht unterworfenen Personen, mit dem gesellschaftlichen Mehrheitsinteresse identisch seien. Folglich sei mit der flächendeckenden
Demokratisierung aller gesellschaftlichen Teilsysteme im Sinne einer Suprema-
tie partizipativ demokratischer Legitimationsverfahren gleichzeitig den funktionalen *und* den Legitimationszwecken der Gesellschaft am besten gedient. In

---

[171] Vilmar 1973
[172] Hirst 1994
[173] Willke 1992
[174] Beck 1997, 2002
[175] Habermas 1981, 1992a
[176] Löwenthal 1974
[177] Vilmar 1973

diesem Sinne war auch das Kernstück dieser Demokratisierungsstrategie, die *Wirtschaftsdemokratie*, konzipiert.

Es ist kaum übertrieben, in diesem Verständnis des Konzepts gesellschaftlicher Demokratisierung die herrschende Vorstellung in Gewerkschaften und Sozialdemokratie in Deutschland und einer Reihe anderer Länder zu sehen, das bis in die neunzehnhundertachtziger Jahre hinein die programmatische Vorstellungswelt dominierte. Der theoretische Bezugsrahmen des Modells war eine modifizierte Version des marxistischen Interessenparadigmas, wonach es letztlich allein soziale und ökonomische Interessen und nicht Funktionslogiken sind, die Strukturen und Funktionen in allen gesellschaftlichen Teilbereichen bestimmen, so dass alle theoretischen und praktischen Probleme gesellschaftlicher Transformation nur als Machtfragen thematisiert werden können. Letztlich geht das Kernargument dieses Modells auf die Vorstellung zurück, dass es in allen gesellschaftlichen Teilbereichen „das Volk" ist, das durch die Interessen der Macht von der Teilhabe an den Entscheidungen ferngehalten wird, die zu übernehmen die Bedingung für die demokratische Erfüllung seiner gesamtgesellschaftlich legitimen Interessen ist.

Zweitens: Das Modell der Funktions-Demokratisierung durch die Betroffenen-Kollektive

Paul Hirst und andere haben für die Neufassung von Demokratie im Zeitalter der Globalisierung ein basis-demokratisch funktionalistisches Modell der Demokratisierung entwickelt[178]. Es enthält in seinen verschiedenen Varianten, in unterschiedlicher Radikalität und Ausprägung, eine Absage an die Verfassung der repräsentativen Demokratie und ihrer Institutionen. Stattdessen sollen Entscheidungsprobleme in den jeweiligen politischen Funktionsbereichen, etwa Umwelt, Handel, Menschenrechte, Information, Medien oder Bildung, in basis-demokratischer Weise, möglichst ohne die Vermittlung von repräsentativen Organen jeweils von den Kollektiven beraten und entschieden werden, die von den spezifischen Problemen am meisten betroffen sind und aus diesem Grund auch die größte Legitimation zur Entscheidungssouveränität geltend machen können. Auf diese Weise ergäbe sich eine ähnliche Arbeitsteilung bei der Ausübung demokratischer Souveränitätsrechte, wie sie *faktisch* in den Fraktionen innerhalb parlamentarischen Demokratien üblich ist, in denen stets nur wenige Abgeordnete die Entscheidungen für ein bestimmtes Problemfeld vorbereiten und letztlich auch treffen, während die übrigen Fraktionsmitglieder diese Entscheidungen vertrauensvoll und loyal mittragen, in dem Bewusstsein, dass sie selbst in anderen Problemzusammenhängen in ähnlicher Weise das Entscheidungsprimat innehaben.

---

[178] Hirst 1994

Da sich die am meisten Betroffenen in aller Regel auch am stärksten für die Teilhabe an den betreffenden Entscheidungsprozessen interessieren und engagieren, ergibt sich bei einem solchen Modell eine spontane demokratische Funktionsdifferenzierung.

Im Ergebnis wird, entsprechend den Annahmen dieses Modells, auf diese Weise gleichzeitig zweierlei erreicht: die Demokratisierung der gesellschaftlichen Teilbereiche und die Demokratisierung der makropolitischen Entscheidungen aus den gesellschaftlichen Funktionsbereichen heraus. Dieses Modell kann sich in einem beschränkten Maße auf die Praxis der funktionalen Regime in der Arena transnationaler Politik (WTO, Kyoto-Prozess etc.) stützen, weist aber offenkundig sowohl in der normativen wie in der empirischen Dimension beträchtliche Defizite auf. Es kann, *erstens*, normativ nicht gerechtfertigt werden, dass gesellschaftliche Teilgruppen, auch wenn sie die am meisten und direktesten betroffen sein sollten, die alleinigen Entscheidungsbefugnisse über Sachverhalte innehaben, die unvermeidlich *auch* die ganze Gesellschaft betreffen. Es ist, *zweitens*, nicht ersichtlich, ob in einem solchen Modell gesichert werden könnte, dass alle anstehenden politischen Probleme tatsächlich entschieden werden und dass sich zwischen funktionalen Teillösungen ein halbwegs kohärenter Zusammenhang ergibt, der die Intentionen der Entscheidungen in dem einen Bereich nicht durch die unkoordinierten Entscheidungen in anderen Bereichen wieder zunichte macht. Darüber hinaus ist schwer vorstellbar, dass ohne einen vorab gesetzten gesamtgesellschaftlichen Organisations- und Legitimationsrahmen der funktionelle Markt der Interessen eines Zugriffs auf die Teilnahme an den einzelnen funktionsspezifischen Entscheidungskontexten sich spontan, ohne in diesem Rahmen kaum zu beherrschende Konflikte, regeln ließe.

Drittens: Das Modell der republikanischen Sub-Politisierung
Ulrich Beck hat im Rahmen seiner Konzeption der Sub-Politik den Vorschlag neuer Formen der Politisierung innerhalb der gesellschaftlichen Teilsysteme gemacht, die den verlorengegangenen demokratischen Legitimationsanspruch wieder herstellen sollen[179]. Nach Becks Diagnose entsteht ein in der modernen Risikogesellschaft prinzipielles und folgenreiches demokratisches Legitimationsdefizit dadurch, dass in wichtigen gesellschaftlichen Teilsystemen, wie Wissenschaft und Technologie, Wirtschaft und im Sozialsystem, Entscheidungen mit langen Vorlauffristen vorbereitet und dann auch praktisch umgesetzt werden, die im Kern politischer Natur sind, da sie sich für die ganze Gesellschaft als Zwangskonsum auswirken, dem sich durch individuelle Entscheidungen niemand mehr entziehen kann, über die aber nicht in einem politisch legitimen Verfahren ent-

---

[179] Beck 1997

schieden wird. Das Paradebeispiel für einen solchen Zusammenhang ist die Kernenergie.

Die Komplexität der Entscheidungszusammenhänge in den gesellschaftlichen Teilbereichen und die langen Vorlaufzeiten für Forschung, Entwicklung und Umsetzung bringen es mit sich, dass immer mehr der für die Lebensbedingungen der ganzen Gesellschaft maßgebenden Entscheidungen, die im Kern politischer Natur sind, auf diese Weise privatisiert und damit auch dem demokratischen Legitimationsprozess entzogen werden. Dieser objektiven Subpolitisierung muss, dem Vorschlag Becks zufolge, eine subjektive Subpolitisierung entsprechen, ein bürgerschaftliches Engagement der in den Teilsystemen als Fachleute tätigen Bürger in Wahrnehmung ihrer gesamtgesellschaftlichen politischen Verantwortung. Indem sie als Fachpersonal in gesellschaftlichen Teilsystemen, wie denen der Technologieentwicklung und der Wirtschaft, zugleich eine Staatsbürgerrolle übernehmen und die möglichen politischen Folgen ihres Handelns in einem frühen Stadium der Entwicklung öffentlich machen, tragen sie in zweifacher Weise zur Rückgewinnung demokratischer Legitimität der Entscheidungen in ihrem jeweiligen gesellschaftlichen Funktionssystem bei. Sie wirken, *erstens*, innerhalb ihres Teilsystems selbst durch ihre Argumente und den Druck, der von ihnen ausgeht, auf die Entscheidungen ein und verändern sie im Sinne demokratischer Verantwortlichkeit. Und sie eröffnen, *zweitens*, mit den innerhalb der jeweiligen Teilsysteme öffentlichen Diskussionen über zu erwartende politische Folgen der großen gesellschaftlichen Öffentlichkeit und den Akteuren des politischen Systems wesentlich erweiterte Möglichkeiten, in einem Monitorring-Verfahren gegenüber den gesellschaftlichen Teilsystemen frühzeitig problematische Entwicklungstendenzen erkennen zu können. Infolgedessen können diese wirkungsvolle Interventionen erwägen und vorbereiten, die eine demokratische Einwirkung auf die subpolitischen Entwicklungen in den Funktionssystemen wieder möglich macht.

Dieses Modell erscheint in legitimationstheoretischer Hinsicht kohärent, denn es ersetzt die Entscheidungskompetenzen der Gesamtgesellschaft nicht durch die der politischen Aktivisten in den Funktionsbereichen. Es überzeugt auch in seiner doppelten Zielsetzung der öffentlichen Selbstkorrektur der Entscheidungsprozesse in den Teilsystemen und der Öffnung der Vorgänge in ihnen für die gesamtgesellschaftliche Demokratie. Da es keine Institutionalisierungsvorschläge enthält, weist es gleichwohl auch drei empfindliche Schwachstellen auf: *Erstens* ist nicht gewährleistet, dass der teilsysteminterne Druck öffentlicher Meinungsbildung tatsächlich auch zu einer entsprechenden Veränderung der harten Entscheidungen in den jeweiligen Teilsystemen führt; *zweitens* ist das gesellschaftliche Demokratisierungspotenzial vollständig vom Aufkommen bürgerlichen Engagements in den jeweiligen Teilsystemen abhängig und *drittens* ist

nicht ersichtlich, auf welche Weise die ausgeprägte Asymmetrie zwischen den
ökonomisch-sozialen Abhängigkeitsverhältnissen der in den Teilsystemen Tätigen auf der einen Seite und ihrem politischen Verantwortungsinteresse als Bürger auf der anderen Seite überwunden werden kann.

Viertens: Das Modell der internen Teilsystem-Öffentlichkeiten
Helmut Willke hat auf der Basis der Luhmannschen Systemtheorie, die im Kern
auf eine Entmächtigung des politischen Systems überhaupt gerichtet ist, einen
Vorschlag zur Rückgewinnung des Politischen und der demokratischen Legitimation des gesellschaftlichen Gesamtsystems und seiner funktionalen Teilsysteme entwickelt[180]. Willke teilt mit Luhmann die Grundannahme, dass in den komplexen Gegenwartsgesellschaften von einer Hierarchie der gesellschaftlichen
Funktionssysteme nicht mehr gesprochen werden kann und mithin die Vorstellung einer hierarchischen Steuerung der Teilsysteme vom politischen Teilsystem
her obsolet geworden sei. Im Hinblick auf jedes der gesellschaftlichen Teilsysteme entsteht daher Willke zufolge das demokratische Legitimationsproblem,
wie die Binnenwirkungen und die Außenwirkungen der einzelnen Teilsysteme,
wie Wirtschaft oder Technik, auch ohne staatlich-politische Hierarchie mit den
Interessen der Bürger in Einklang gebracht werden können. Da Willke insoweit
nicht die autopoietische Steuerungseuphorie Luhmanns teilt, der zufolge sich die
funktionalen Teilsysteme und das gesellschaftliche Gesamtsystem immer wieder
auf dem Wege der Selbstkorrektur in Harmonie miteinander befinden, jedes
Teilsysteme aber gegen alle übrigen Teilsysteme hermetisch abgeschlossen ist
und sie alle daher untereinander kommunikationsunfähig sind, muss Willke mit
der selbstgestellten Aufgabe gesellschaftlicher Demokratisierung in diesem Bezugsrahmen ein theoretisches Dilemma bewältigen.

Er schlägt zu diesem Zwecke vor, dass zwei Formen institutionalisierter
Demokratisierungsforen im Bereich der Funktionssysteme eingerichtet und miteinander verknüpft werden:

Erstens: Innerhalb jedes Teilsystems ein Forum, das die internen Entwicklungen
problematisiert, öffentlich zur Debatte stellt und auf diese Weise auf die Entscheidungen im Rahmen der vorausgesetzten Funktionslogik des jeweiligen
Teilsystems auch einwirkt.

Zweitens: Überlappende Foren an den Scharnierstellen zwischen den Teilsystemen, auf denen die Wechselwirkungen zwischen ihnen unter demokratiepolitischen Gesichtspunkten erörtert und auf dem Wege von Entscheidungsempfeh-

---

[180] Willke 1992

lungen innerhalb der Teilsysteme implementiert werden können. Auf diese Weise soll erreicht werden, dass in den Grenzen der jeweils internen Funktionslogik der Teilsysteme die in ihnen tätigen Akteure eine institutionell gestützte Form der politischen Öffentlichkeit herstellen, mit der sie in dem überhaupt möglichen Maße auf die Teilsystem-Entscheidungen einwirken können. Gleichzeitig können diese Foren eine Übersetzung der jeweiligen Teilsystem-Codes in die Sprache der benachbarten Teilsysteme ermöglichen und damit auch eine gewisse Koordinationsleistung zwischen ihnen erbringen.

Das Hauptproblem dieses Vorschlags besteht in dem beträchtlichen Spannungsverhältnis, das sich zwischen seinen systemtheoretischen Grundannahmen und der vorgeschlagenen Form politischer Mitentscheidungspraxis ergibt. Wenn nämlich die Funktionscodes innerhalb der gesellschaftlichen Teilsysteme als hochgradig geschlossene Wirkungsmechanismen konzipiert werden, wie es in der Luhmannschen Systemtheorie geschieht, dann ist schwer zu erkennen, in welcher Weise in dem jeweiligen Teilsystem-Code fremde politisch-moralische Erörterungen tatsächlich auf die relevanten Entscheidungen einwirken können. Zudem ist auf der Basis der eng gefassten theoretischen Annahme des Modells auch nicht ersichtlich, wie eine Koordinationsleistung zwischen den Teilsystemen zustande kommen kann, da ja jedes der Teilsysteme nur seinen eigenen Funktionscode lesen kann.

Die Annahmen diese Modells erscheinen unter der Bedingung als ein legitimierbarer und praktikabler Beitrag zur Frage der Demokratisierung gesellschaftlicher Teilsysteme, dass von den strengen theoretischen Systemprämissen, von denen es auf analytischer Ebene eigentlich ausgeht, weitgehend abgesehen wird und zusätzlich die Frage gestellt wird, auf welche Weise die gesamtgesellschaftliche demokratische Legitimation geschaffen werden soll.

Fünftens: Das Modell der demokratisierenden Außen-Intervention.
Das Modell von *Jürgen Habermas* schließt genau an diese kritischen Punkte an[181]. Es basiert auf anderen theoretischen Grundannahmen. Zum einen wird die Funktionslogik der gesellschaftlichen Teilsysteme nicht im Sinne eines hermetischen Codes, sondern als offenere Form der Logik der Verfolgung von Interessen interpretiert, auf die einzuwirken unter bestimmten Voraussetzungen eher möglich erscheint. Zum anderen ist für Habermas die Gesellschaft nicht ein System aus Systemen, sondern eine duale Struktur aus kommunikativ geprägter Lebenswelt und politisch beeinflussbaren Funktionssystemen. Da Habermas aber die Grundannahme teilt, dass innerhalb der funktionalen Teilsysteme interesse-

---

[181] Habermas 1981, 1992a

geleitete Logiken die Handlungen der Beteiligten koordinieren, kann er die Durchsetzung demokratischer Interessen nicht aus einer Ersetzung der Funktionslogiken der Teilsysteme durch die demokratische Beratungs- und Entscheidungslogik erwarten. Er traut ihr sogar weit weniger zu, als im Rahmen seiner theoretischen Grundannahme prinzipiell möglich erscheint.

Die Hauptlast der Demokratisierung der gesellschaftlichen Teilsysteme prägt in Habermas' Modell die demokratisch legitimierte und kommunikativ gedeckte politische Intervention in die Funktionslogik der Teilsysteme. Sie geschieht aber gerade nicht in der Weise, dass nach politischem Ermessen in ungefilterter Form in diese Funktionslogiken eingegriffen wird. Es ist vielmehr das *Recht*, das es erlaubt, demokratische Entscheidungen in die Sprache der jeweiligen Teilsysteme so zu übersetzen, dass am Ende der demokratische Einfluss auf die Ergebnisse der Teilsysteme wirksam werden kann, ohne deren Logik zu ignorieren. In dem nämlich etwa für Umweltverschmutzung Geldstrafen verhängt werden, kann das moralisch-politisch definierte Ziel der Umweltsicherung in die Logik der gewinnorientierten Entscheidungen des ökonomischen Systems umgesetzt werden. Das Recht erlaubt für jedes gesellschaftliche Teilsystem eine Veränderung der Funktionsparameter der Teillogiken nach Maßgabe politisch-moralischer Entscheidungen, über die demokratisch entschieden worden ist und die mit den Machtmitteln des politischen Systems in harte interne Steuerungsfaktoren für die gesellschaftlichen Teilsysteme umgewandelt werden.

Sechstens: Das Modell der funktionsbezogenen Teil-Demokratisierung
Der Politikwissenschaftler *Richard Löwenthal* hat in der Hochphase der Debatten über die umfassende Demokratisierung der Gesellschaft der Bundesrepublik in den sechziger Jahren ein wichtiges Kriterium für die Möglichkeiten und Grenzen der Demokratisierung gesellschaftlicher Bereiche vorgeschlagen[182]. Im Maße wie Fachwissen allein für die Lösung einer gesellschaftlichen Funktionsaufgabe maßgeblich ist, empfiehlt es sich aus demokratiepolitischen und funktionalen Gründen, die relevanten Entscheidungen nach dem *Prinzip der fachlichen Einzelverantwortung* an die jeweiligen Fachleute zu delegieren. Im Maße aber, wie die Entscheidungsbetroffenen eine gleiche Kompetenz der Mitentscheidung in Anspruch nehmen können, weil es letztlich um *Interessen- und Wertfragen* geht, die alle gleichermaßen betreffen und für die es gerechtfertigte Alternativen gibt, müssen die Präferenzen der von den Entscheidungen Betroffenen den Ausschlag geben. In diesen Fällen erweisen sich demokratische Entscheidungsverfahren als sinnvoll und notwendig.

---

[182] Löwenthal 1974

Bei der inneren Demokratisierung gesellschaftlicher Einheiten und Funktionsbereiche ist darüber hinaus von Bedeutung, dass demokratische Entscheidungsbeteiligung so organisiert wird, dass der Zeit- und Organisationsaufwand, der für sie erforderlich ist, nicht den gesamtgesellschaftlichen Funktionszweck der jeweiligen Einheit selbst in Frage stellt. Die Vorstellung, die gesellschaftlichen Demokratisierungskonzepten der Sozialen Demokratie in den sechziger und frühen siebziger Jahren zugrunde lag, gerät in einen unauflösbaren Widerspruch zu den normativen Forderungen von Demokratie selbst. Es lässt sich nämlich nicht rechtfertigen, dass für die ganze Gesellschaft bestandsnotwendige und grundrechtswirksame Leistungen der gesellschaftlichen Teilsysteme, etwa der Wirtschaft, des Bildungssystems oder der Medien, ausschließlich von dem Teil der Gesellschaft entschieden wird, der im jeweiligen Teilsystem tätig ist. Was auch immer die tatsächlichen Folgen einer solchen missverstandenen Art gesellschaftlicher Demokratisierung im konkreten Falle sein mögen, von unterschiedlichen Formen der Dysfunktionalität und Leistungsminderung bis hin zu den naheliegenden Risiken der Selbstprivilegierung geschlossener Gruppen, sie ist demokratiepolitisch nicht legitimierbar.

Akteurstheoretische Bedingungen
Die teils konkurrierenden, teils einander überlappenden Modelle gesellschaftlicher Demokratisierung bedürfen einer vergleichenden Analyse im Lichte der im vorliegenden Theoriekonzept eingenommenen akteurstheoretischen Perspektive. Sie bedingt, dass für alle Handlungskontexte, die thematisiert werden, die Bedingungen der Funktionslogik der jeweiligen gesellschaftlichen Teilsysteme und die in ihnen wirksamen Akteurskonstellationen, so wie sie gegenwärtig erkennbar sind, als Ausgangsbedingungen zugrundegelegt werden. Soweit Handlungsstrategien erörtert oder vorgeschlagen werden, stehen sie in akteurstheoretischer Sicht unter der Legitimationspflicht, ihre Anschließbarkeit an die gegebenen realen und institutionellen Bedingungen begründen zu müssen, wie weit auch immer sie in ihren längerfristigen Handlungsperspektiven darüber hinaus zielen mögen. Sie stehen darüber hinaus auch unter dem Vorbehalt ihrer Vereinbarkeit mit den Funktionsbedingungen in allen anderen gesellschaftlichen Teilsystemen, mit denen sie interagieren, sowie dem gesellschaftlichen Gesamtsystem und seinen funktionalen und normativen Zielsetzungen.

Grundlegend für die vergleichende Analyse ist die legitimationstheoretische Annahme, dass über die Verfassung der gesellschaftlichen Teilsysteme, die Rolle ihrer jeweiligen maßgeblichen Funktionslogik und die Organisation von Verantwortungs- und Beteiligungsverhältnissen in ihnen, *soweit sie gesamtgesellschaftliche Auswirkungen haben*, Letztentscheidungen allein auf der Ebene der gesamtgesellschaftlich verfassten Demokratie getroffen werden können. Auf dieser

Ebene freilich muss die entsprechende Entscheidung als eine *politische* öffentlich erörtert und legitimiert werden, da keines der gesellschaftlichen Teilsysteme den Anspruch erheben kann, in seinen Strukturen, Wirkungsweisen und gesamtgesellschaftlichen Folgen der politischen Legitimation entzogen zu sein, so lange die Wirkung seiner Folgen über den Kreis derer hinausreicht, die die Entscheidungen treffen. Gleichwohl ist jede Entscheidung über die Verfassung gesellschaftlicher Teilsysteme, die auf der Ebene gesamtgesellschaftlicher Demokratie getroffen wird, einschränkend an die Respektierung der *Grundrechte* der in diesen Teilsystemen tätigen Personen zwingend gebunden.

Es sind folglich drei Faktoren, die bei der politischen Entscheidung über die politische Verfassung gesellschaftlicher Teilsysteme ins Spiel kommen[183]:

Erstens: das letzte Entscheidungsrecht der gesamtgesellschaftlichen Demokratie.

Zweitens: die Funktionsleistung des jeweiligen Teilsystems für die Gesellschaft und

drittens: die Grundrechte der in den Funktionssystemen tätigen Personen.

Für das, was in dieser Hinsicht im Rahmen einer modernen Theorie der Sozialen Demokratie normativ begründet und empirisch gerechtfertigt werden kann, ist der Begriff der *gesellschaftlichen Demokratisierung* zwar in einer *relativierten* Lesart weiterhin brauchbar. Er erweist sich aber als irreführend, wenn mit ihm die Vorstellung verbunden wird, in den gesellschaftlichen Teilsystemen solle oder könne das demokratische Mehrheitsprinzip der dort tätigen Personen als die maßgebliche Handlungslogik institutionalisiert werden.

Funktionsgerechte Partizipation
Das *Habermas*sche Modell der demokratisierenden Außen-Intervention begründet eine Minimalbedingung für die demokratische Einflussnahme auf die Funktionsweise und die Außenwirkungen gesellschaftlicher Funktionssysteme. Es bietet im Unterschied zu den *Luhmann*schen *Voraussetzungen* im Konzept von *Willke* auch eine theoretische Erklärung dafür, dass eine solche Intervention überhaupt mit Aussicht auf Erfolg unternommen werden kann, weil es die systeminternen Funktionsregeln nicht als hermetischen Code, sondern als beeinflussbare Logik beschreibt. Habermas' Konzept versäumt jedoch die analytische Klärung der Entscheidungsverhältnisse der innerhalb der Teilsysteme handelnden Akteursgruppen. *Willkes* Modell der systeminternen Öffentlichkeiten bringt

---

[183] Daraus ergäbe sich eine alternative Deutung des Begriffs *stakeholder society,vgl.* Ackerman/ Alstoff 1999

ebenso wie *Becks* Konzept der gesellschaftlichen Sub-Politisierung auf konstruktive Weise die Dimension eines zivilgesellschaftlichen Republikanismus der Selbststeuerung durch Tugend und Konsens ins Spiel, leidet aber am Mangel einer Mindestform institutionalisierter Partizipation, die auch im wahrscheinlichen Konfliktfall wirksam bleibt.

Im Rahmen Sozialer Demokratie erweist sich eine gleichzeitig anhand universalistischer Kriterien und jeweils spezifischer Funktionslogiken zu bestimmende Form der Entscheidungsteilhabe in den gesellschaftlichen Funktionssystemen aus drei Gründen als zwingend:

Erstens: sie sichert die Geltung und die Realwirkung der Grundrechte im Sinne sozialer Autonomie in allen öffentlichen und halböffentlichen Handlungszusammenhängen gesellschaftlicher Kooperation;

Zweitens: sie erhöht bei angemessener Institutionalisierung in aller Regel die für die jeweiligen Teilsysteme spezifischen Leistungen für die Gesamtgesellschaft und die anderen Teilsysteme; und

Drittens: sie verbessert durch die Öffentlichkeit der Teilsysteme, die durch Demokratisierung hergesellt wird, die demokratischen Regulationsmöglichkeiten der Gesamtgesellschaft.

Gleichzeitig würde jedoch, im Hinblick auf dieselben Kriterien, die Voll-Demokratisierung gesellschaftlicher Funktionsbereiche den Grundsätzen und Funktionsbedingungen Sozialer Demokratie widersprechen. Die Institutionalisierung des Konsens- oder Mehrheitsprinzips in den Funktionsbereichen würde, *erstens,* die Wirksamkeit der Funktionslogik des jeweiligen Teilsystems in Frage stellen, von der es aber abhängt, ob das jeweilige Funktionssystem das Optimum seiner von der ganzen Gesellschaft erwarteten Leistung erbringen kann oder nicht. Sie würde, *zweitens*, die Steuerungskompetenz des Staates gegenüber den jeweiligen Teilsystemen in Frage stellen und *drittens* für grundlegende gesellschaftliche Funktionserfordernisse ohne zustimmungsfähige Legitimation Gruppensouveränität an die Stelle der demokratischen Volkssouveränität setzen.

Infolge dessen lässt sich „Demokratisierung" im Konzept der Sozialen Demokratie nicht als eine Form der Voll-Demokratisierung, nämlich der Ersetzung der systemspezifischen Funktionslogiken durch die politische Entscheidungslogik, legitimieren. Normativ und funktional begründet ist hingegen eine von Fall zu Fall zu konkretisierende Form der funktionsgerechten Mitentscheidung aller in den jeweiligen Funktionssystemen Tätigen nach grundrechtlich und demokratiepolitisch zu legitimierenden Kriterien. Zu ihnen gehören mindestens die folgenden:

Erstens: Die Gewährleistung desjenigen Maßes an Mitbestimmungsrechten über die durch Direktionsrecht entschiedenen Handlungsanforderungen der betreffenden Personen, das zur Sicherung ihrer sozialen Autonomie unabdingbar ist.

Zweitens: Dasjenige Maß und diejenige Form von Mitbestimmungsrechten, die das Einbringen der spezifisch funktionsbezogenen Kompetenz und Erfahrungen der einzelnen Personen garantieren.

Drittens: Ein ausreichender Spielraum für das Wirksamwerden der spezifischen Funktionslogik der einzelnen gesellschaftlichen Teilbereiche nach dem Prinzip der Einzelverantwortung der dafür kompetenten, einsetzbaren und abrufbaren Experten.

Viertens: Institutionalisierungsformen für die Mitbestimmung, die die Entscheidungsökonomie in ein pragmatisch vertretbares Verhältnis zu den Bedingungen für die Erfüllung der Funktionszwecke des jeweiligen Teilsystems bringt.

Nach diesen Kriterien sind Formen entscheidungswirksamer Mitbestimmung in allen gesellschaftlichen Teilbereichen sowohl erforderlich wie auch funktionsdienlich, sofern sie einen bestimmten Schwellewert der Balance zwischen Funktionslogik und Mehrheitslogik nicht überschreiten und in der Zeitökonomie des Entscheidungsverfahrens die funktional vertretbaren Dimensionen respektieren. Anhand dieser Kriterien entscheidet es sich auch, im Hinblick auf welche der unterschiedlichen Dimensionen von Direktionsbefugnissen jeweils welches Maß und welche Form der Mitentscheidung der Entscheidungsbetroffenen gerechtfertigt werden kann[184]. Während beispielsweise in einem Wirtschaftsunternehmen die Investitionsentscheidungen selbst zum Kernbereich der Funktionslogik zählen, sind Fragen der Einrichtung des Arbeitsplatzes, der Gleichbehandlung der Beschäftigten im Hinblick auf Entlohnung, Qualifizierung, Beförderung oder Entlassung Fragen, die in erster Linie die Menschenwürde betreffen und darum einer weitergehenden Form ihrer Mitbestimmung unterliegen müssen. Während in einem Krankenhaus die Strategien der medizinischen Behandlung und Versorgung von Patienten im Kernbereich die Funktionslogik des Gesundheitssystems betreffen, sind Fragen der Personalpolitik, der Arbeitszeitorganisation oder der Dienstpläne wiederum Fragen, die in erster Linie Menschenwürde und

---

[184] Adler-Karlsson 1973

Grundrechte betreffen. Ebenso sind im Bildungssystem, auch in den Schulen, wissenschaftlich-pädagogische Funktionsentscheidungen Expertenverantwortung und Fragen der sozialen Beziehungen in der Behandlung der Lernenden sowie der Ressourcen-Verwendung in beträchtlichem Maße auf die gleichberechtigten Interessen der Beteiligten bezogen.

Für die verlangten Strategien gesellschaftlicher Demokratisierung zieht die Theorie Sozialer Demokratie mithin eine *Ober- und eine Untergrenze* der Institutionalisierung. Für den zwischen ihnen liegenden Bereich formuliert sie eine Reihe wohlbegründeter Entscheidungskriterien. Zwingend auszuschließen ist das Fehlen von Mitbestimmung unter Berufung auf den Vorrang der Funktionslogik eines Teilsystems. Ausgeschlossen werden muss für den Regelfall gleichermaßen die Volldemokratisierung eines Funktionsbereiches, soweit sie die gesamtgesellschaftlich legitimierten Grundfunktionen in Frage stellt. Es sind aber auch Fälle denkbar, in denen die betroffenen Akteursgruppen unter konkreten Umständen volldemokratische Entscheidungsverfahren vereinbaren, weil sie überzeugt sind, auf eine gemeinsam geteilte Kultur und auf einen Konsens zurückgreifen zu können, der erwarten lässt, dass sie gemeinsam die Durchsetzung der funktionslogischen Erfordernisse zuverlässig gewährleisten können.

„Demokratisierung" gesellschaftlicher Teilbereiche, insbesondere auch der Terminus „Wirtschaftsdemokratie" erscheinen mithin im Lichte der Theorie der Sozialen Demokratie als traditionsreiche Metaphern, die in operativer Hinsicht irreführend sind. Worum es geht ist die Institutionalisierung einer *funktionsgerechten Partizipation.*

13 Zivilgesellschaft und liberale Demokratie

Zentralität der Zivilgesellschaft
Theorie und Praxis von Zivilgesellschaft haben für die Soziale Demokratie eine zentrale Bedeutung. Die Perspektiven zivilgesellschaftlicher Entwicklung bemessen sich nicht allein an den Potenzialen bürgerschaftlicher Engagementbereitschaft und des Korrekturbedarfs des institutionellen Arrangements der liberalen Demokratie. Das Problem der gesellschaftlich-institutionellen Aufgabenteilung stellt sich für die Zivilgesellschaft unter den Bedingungen der Globalisierung neu. Es stellt die Frage auf neue Weise: „welche Sphären des Lebens von politischer Autorität, vertraglich geregeltem Marktaustausch oder selbstverwaltenden und -verantwortlichen Gemeinschaften und Vereinigungen der civil society gelenkt werden sollten"[185]. Moderne Gesellschaften stellen für die Steuerung

---

[185] Offe 2000

ihrer Entwicklung prinzipiell diese drei Muster in ihren unterschiedlichen Kombinationsformen zur Verfügung. In einer grundlegenden Selbstverständigung darüber, in welchen Handlungsformen sie welche ihrer aktuellen Entscheidungs- und Steuerungsprobleme lösen wollen, klärt sich auch das Verhältnis der Zivilgesellschaft zu den Sphären von Markt und Staat. Die Zeiten, in denen in „gestaltungsmonistischer" Manier Liberale auf den Markt allein, Sozialdemokraten auf den Staat allein und Konservative auf die Gemeinschaft allein mit einem Anspruch auf politische Plausibilität setzen konnten, gehören der Vergangenheit an. Heute kann es allein noch darum gehen, welche Balance der drei Komponenten sozialer Ordnung – Staat, Markt und Gemeinschaft – den politischen Problem-Konstellationen der Gegenwart angemessen ist. Es ist allein eine politische Grundfrage der staatsbürgerlichen Kompetenz und der Verfügbarkeit der Steuerressource Solidarität, in gegebener Lage die Entscheidung über die Balance dieser Ordnungskomponenten angemessen zu treffen. Die Selbstbegrenzung der Reichweite zivilgesellschaftlicher Handlungskompetenz ist ihrerseits eine der wichtigsten Aufgaben zivilgesellschaftlicher Praxis und Selbstreflexion[186]. Nur in der Zivilgesellschaft selbst kann sich aber auch die Urteilskompetenz herausbilden, die der Zivilgesellschaft den angemessenen Ort im Verhältnis zu Markt und Staat zuweist. In diesem Sinne gewinnen die Verständigungsprozesse in der Zivilgesellschaft den Rang eines meta-politischen Entscheidungsforums.

Das politische Steuerungskonzept Zivilgesellschaft ist für Soziale Demokratie aus vier voneinander unabhängigen Gründen von konstitutiver Bedeutung:

Erstens: Im zivilgesellschaftlichen Handeln erfüllen sich in der Regel unmittelbar die demokratiepolitischen Postulate der demokratischen Selbststeuerung der Gesellschaft durch gleiche Bürger.

Zweitens: Durch zivilgesellschaftliche Interventionen in die demokratischen Entscheidungsprozesse des gesamtgesellschaftlichen Systems können Bürgerinteressen zur Geltung gebracht und repräsentative demokratische Verfahren bürgerschaftlich beeinflusst werden.

---

[186] Roland Roth weist zu Recht auf die „dunklen Seiten" der Zivilgesellschaft hin (Roth 2004). Im Hinblick auf sie könnte man parallel zum Markt- bzw. Staatsversagen auch von einem „Zivilgesellschaftsversagen" sprechen. Im Folgenden wird ein teilweise normativer Begriff von Zivilgesellschaft verwendet, der nur solche freiwilligen Bürgeraktivitäten umfasst, die zumindest auch gemeinwohlorientiert sind. Dadurch wird das Problem der zivilgesellschaftlichen Defekte zwar nicht prinzipiell gelöst, aber beträchtlich relativiert.

Drittens: Durch bürgergesellschaftliches Engagement können Bürger in besonderer Weise diejenigen Handlungskompetenzen (empowerment) erwerben, die zu einer wirkungsvollen Wahrnehmung der Staatsbürgerrolle befähigen.

Viertens: Als eine Form des solidarischen Bürgerhandelns können zivilgesellschaftliche Aktivitäten, soziale Selbsthilfe und Hilfe für Dritte bereitstellen, die qualitativ und quantitativ den materiellen und sozialen Bedürfnissen betroffener Bürger weit über das hinaus gerecht werden können, was durch Rechte eingefordert und durch sozialstaatliches Handeln eingelöst werden kann. Sie erweisen sich damit als die zentralen Gelegenheitsstrukturen für soziale und bürgerschaftliche Selbstverantwortung.

Sozial-Ökonomische Potenziale
Der Begriff eines *Dritten Sektors* betrachtet die zivilgesellschaftliche Praxis aus der Perspektive ihrer sozialen und ökonomischen Wirkungen[187]. Die assoziativen Organisationen und Initiativen der Zivilgesellschaft sind ja nicht allein im Hinblick auf ihren Beitrag zur Selbstgesetzgebung und Selbstregierung von Interesse, sondern ebenso als Produzenten von sozialer Sicherheit, Wohlfahrt und Wohlstand. Wie *Robert Putnam* plausibel gemacht hat, ist das zivilgesellschaftliche Engagement insbesondere auch in seiner Funktion der immateriellen Wohlfahrtsproduktion sogar bis hinein in den Bereich der seelischen und körperlichen Gesundheit, der Erfahrung von Anerkennung und Lebenssinn und der Handlungsorientierung von unersetzlicher Bedeutung[188]. Aber auch im Hinblick auf die ökonomisch messbaren Indikatoren sozialer Wohlstandsproduktion leistet der Dritte Sektor mit seinen unterschiedlichen Non-Profit-Organisationen auf einer breiten Palette von Handlungsfeldern einen unschätzbaren Beitrag zur gesellschaftlichen Wohlfahrt. Mit den übrigen Organisationen und Initiativen der Zivilgesellschaft haben die Dritte-Sektor-Organisationen die Freiwilligkeit und die Gemeinwohlorientierung gemeinsam, sind aber vor allem auf Aufgabenstellungen im Bereich der sozialen und kulturellen Infrastruktur gerichtet. In Deutschland wird die Zahl der Non-Profit-Organisationen im Jahr 2000 auf 500.000 geschätzt, mit einem Zuwachs im Zeitraum von 1989 bis 1998 um rund 25 Prozent. Schätzungen zufolge ist die Zahl von 17 Millionen regelmäßig und dauerhaft Engagierten als eine untere Größe anzusehen, auszugehen ist von etwa 21 Millionen Ehrenamtlichen[189]. Diese Zahlen werden dadurch noch aufgewertet, dass die Gesamtzahl der für Gemeinwohl -Zwecke geleisteten Stunden pro Jahr auf 2,3 Milliarden berechnet wird. Somit verbinden die Aktivitäten des Dritten

---

[187] Anheier/Zimmer/Priller 2000.
[188] Putnam 2000
[189] Putnam 2000

Sektors in großem Maßstab ökonomisch messbare Wohlstandsproduktion und in Gemeinschaftsarbeit erbrachte solidarische Dienstleistungen mit einem bürgerschaftlichen Engagement, das zur Verbesserung der Qualität demokratischen Regierens beiträgt[190].

Staatliche Komplementarität
Der demokratische Staat ist nicht lediglich darauf angewiesen, ein ausreichendes Maß und angemessene Formen der Aktivitäten der Zivilgesellschaft bloß zu erhoffen, er kann und muss sie vielmehr durch sein aktives Handeln ermöglichen und fördern. Insofern trägt er für das Aufkommen einer lebendigen Bürgergesellschaft selbst einen wichtigen Teil der Verantwortung. Der ermöglichende bzw. aktivierende Staat muss nicht nur durch die Garantie der negativen Freiheitsrechte, die den positiven Freiheitsgebrauch der Zivilgesellschaft erst möglich machen, die rechtlich institutionellen Grundvoraussetzungen der Zivilgesellschaft gewährleisten. Er kann darüber hinaus durch eine Vielzahl von fördernden und stützenden Aktivitäten und nicht zuletzt durch einen Wandel seiner eigenen Handlungsformen in Richtung Kooperation entscheidende Beiträge zur Stärkung der Zivilgesellschaft leisten[191]. Der Staat, den die Zivilgesellschaft braucht, ist daher weder der libertäre Minimalstaat, der als Gegenüber nur den Wirtschaftsbürger und das privatautonome Individuum kennt, noch der starke Staat der Konservativen, der sich in hierarchisch-autoritären Handlungsmustern erschöpft. Es ist der kooperative Staat der partizipativen Demokratie.

Der Staat kann und muss Gelegenheitsstrukturen für das zivilgesellschaftliche Engagement schaffen und in den Formen seiner eigenen Kooperationsangebote und Kooperationsfähigkeit seinerseits eine Gelegenheitsstruktur für die Förderung zivilgesellschaftlicher Aktivitäten darstellen. *Evers/Rauch/Stitz* kommen im Ergebnis ihrer gründlichen Studie über die Verschränkung von staatlichen, marktlichen und bürgergesellschaftlichen Elementen bei sozialen Dienstleistungen im Schul-, Kultur- und altenpflegerischen Bereich zu dem Ergebnis, dass es für die Neubestimmung des Verhältnisses von staatlichem Handeln und zivilgesellschaftlicher Aktivität sinnvoll sei, nicht in erster Linie vom Angebot an Engagementbereitschaft und den Möglichkeiten seiner Förderung auszugehen, sondern vielmehr die entgegengesetzte Sichtweise einzunehmen, nämlich die der gesellschaftlichen Nachfrage nach Engagement. Die Erfahrung mit der Praxis blockierender Formen staatlichen Handelns lenkt den Blick auf die Möglichkeiten, durch den Umbau der öffentlichen Dienste „gesellschaftliche Perspektiven für und Bedürfnisse nach Engagement (neu) entstehen zu lassen"[192].

---

[190] Putnam 1996
[191] Deutscher Bundestag 2002 Enquete-Kommission „Zukunft des bürgerschaftlichen Engagements"
[192] Evers/Rauch/Stitz 2002

Corporate Citizenship

Ein im Konzept der Sozialen Demokratie bisher vernachlässigter Aspekt zivilgesellschaftlichen Handelns ist das Konzept der Unternehmensverantwortung in der Zivilgesellschaft (*Corporate Citizenship*). Unternehmen können ja prinzipiell eine doppelte Rolle spielen. Neben ihrer Einbindung in die Marktsphäre, in der sie der dort wirksamen Logik unterliegen, sind sie ja zugleich an ihren jeweiligen lokalen Standorten immer auch mitverantwortliche Akteure einer gesellschaftlichen Lebenswelt und insoweit verpflichtete Bürger der Zivilgesellschaft. Diese Verantwortung kann und muss die Zivilgesellschaft einfordern. In dieser anderen Rolle können, wie das amerikanische Beispiel zeigt, Unternehmen als zivilgesellschaftliche Akteure mit erheblichem Ressourcenaufwand und beträchtlichem Erfolg, etwa durch die zeitweilige Freistellung von Mitarbeitern, tätig werden. Wenn die Handlungsnetze der Bürgerinnen und Bürger intakt sind, kann vermieden werden, dass Unternehmen ihre Anwesenheit in der Zivilgesellschaft als Marketingprojekt missverstehen. Dann können nicht nur die personellen und sachlichen Ressourcen der *corporate citizens* einen erheblichen Beitrag zu den sozialen Projekten und der demokratischen Selbstbestimmung in der Zivilgesellschaft leisten. Solche Einbindung kann in Teilbereichen auch deren ökonomisches Verhalten selbst, soweit es die umgebende Lebenswelt betrifft, mit den politisch bestimmten Zielen der Bürgergesellschaft in Einklang bringen.

Regionale und globale Handlungsfelder

In den Diskussionen über die Rückgewinnung der durch die Globalisierung verloren gegangenen nationalstaatlichen Entscheidungskompetenzen durch neue Formen der Politik auf der transnationalen Ebene spielen zivilgesellschaftliche Akteure eine zentrale Rolle. Ganz gleich, ob es sich dabei um ehrgeizige Projekte einer kosmopolitischen Demokratie[193] handelt, um das integrierte Konzept einer sozialen und föderalen Weltrepublik[194] oder um offenere Formen komplexer Regierung jenseits des Nationalstaates[195], die transnationale Zivilgesellschaft spielt stets eine Schlüsselrolle. Radikal basisdemokratische Vorstellungen, wie die von *Benjamin Barber*[196], denen zufolge die politische Entscheidungskompetenz auch auf der transnationalen Ebene in entscheidendem Maße auf die zivilgesellschaftlichen Akteure zurückverlagert werden sollte, bleiben in der in Gang gekommenen Debatte um transnationale Demokratisierung eher randständig. Konstruktive Modelle von global governance knüpfen an den schon in Gang

---

[193] Held 1995
[194] Höffe 1999
[195] Zürn 2000
[196] Barber 1995

gekommenen Prozess transnationalen Regierens an und entwerfen Vorstellungen für dessen zielgerichtete und koordinierte Weiterentwicklung.

Global agierende zivilgesellschaftliche Akteure gewinnen in diesem Konzept eine eigenständige Rolle, die in ihren Möglichkeiten und Grenzen gegenwärtig noch nicht festgelegt ist. Sie tragen zur Demokratisierung und Effektivierung transnationaler Institutionen wie den Vereinten Nationen und den globalen Regimen mit ihrer bereichsbezogenen Regulierungspolitik bei und sie vernetzen und vertiefen die regionale politische Kooperation. Sie spielen daher in fast allen Entwürfen globaler Demokratie eine mitentscheidende Rolle[197]. Trotz der realen Gefahr, dass sie durch die harten Institutionen der Transnationalisierung in die weicheren Randbereiche abgedrängt werden und dann hauptsächlich bloß auf der Darstellungsebene globaler Politik in Erscheinung treten, verweisen die jüngeren Erfahrungen doch auf die Möglichkeit gewichtigerer Handlungschancen für die transnationalen zivilgesellschaftlichen Akteure. Vor allem bei der Vernetzung der Mehrebenenpolitik im transnationalen Rahmen, bei der Thematisierung wichtiger Entscheidungsfragen in der globalen und nationalen Öffentlichkeit und als Wächter für die Einhaltung transnationaler Vereinbarungen spielen zivilgesellschaftliche Akteure zunehmend ihre unverwechselbare Rolle. Der beobachtbare Trend spricht für ein „beschleunigtes NGO-Wachstum"[198]. Obgleich auch der Anti-Globalisierungsprotest von Akteuren der transnationalen Zivilgesellschaft vorangetrieben wird, spielen die NGOs in der globalen Arena doch ganz überwiegend die konstruktive Rolle von Akteuren, die gegen die liberale Vorherrschaft der Märkte auf deren Wiedereinbettung in eine transnational verantwortete soziale, ökologische und makroökonomisch regulative Politik setzen.

Ressourcen, Restriktionen und Grenzen

Gegen die politische Zentralität der Zivilgesellschaft in ihren Funktionen der Selbstregierung und der sozialen Selbsthilfe im Rahmen Sozialer Demokratie wird der Einwand erhoben, sie verstärke die Ungleichheit und lenke den Druck zur notwendigen gesellschaftlichen Strukturreform vom politischen System ab. Die empirischen Studien haben in dieser Hinsicht zwei interessante Ergebnisse zu Tage gefördert. Während zutrifft, dass die Armen und Langzeitarbeitslosen jenseits wechselseitiger solidarischer Existenzhilfen kaum zur Mitarbeit in eher altruistisch orientierten, sozialen und politischen Initiativen bereit sind, zeigen diejenigen Regionen, in denen die soziale und wirtschaftliche Ungleichheit begrenzt ist, ein deutlich größeres zivilgesellschaftliches Engagement als die Regionen mit ausgeprägter Ungleichheit. Das könnte unter anderem daran liegen, dass zivilgesellschaftliche Aktivitäten, entgegen einem anderen Vorurteil, in aller

---

[197] Roth 2001
[198] Roth 2001

Regel gerade nicht zu einem Verzicht auf Einwirkungen in das politische System führen. Im Gegenteil, je aktiver sich die Zivilgesellschaft entfaltet, desto kritischer, wachsamer und anspruchsvoller sind die Aktivbürger im Hinblick auf die Leistungen des politischen Systems und umso mehr sorgen sie auch selbst dafür, dass politisches Handeln sich an Gemeinwohlinteressen orientiert[199]. Die Stärkung der Zivilgesellschaft lenkt daher nicht von den notwendigen Strukturreformen, etwa im Bildungs-, Wirtschafts- oder Sozialbereich ab, sondern verbessert ihre Verwirklichungschancen.

Im Hinblick auf die normativen Funktionsbestimmungen Sozialer Demokratie kann die Zivilgesellschaft, im Maße wie sie sich entfaltet und ihre Möglichkeiten tatsächlich auch ausschöpft, die folgenden Funktionsleistungen für Soziale Demokratie übernehmen:

1. Gesellschaftliche Demokratisierung ausgewählter Handlungsbereiche in der Lebenswelt.
2. Verbesserung der Einwirkungskompetenzen von Bürgerinnen und Bürgern auf die öffentliche Meinungs- und Willensbildung.
3. Solidarische Selbsthilfe.
4. Demokratische Korrekturen von Verwaltungshandeln und politischen Planungen.
5. Korrektur von Handlungsfolgen des Marktsystems durch Einbeziehung ortsansässiger wirtschaftlicher Akteure in die zivilgesellschaftlichen Verantwortungsstrukturen.
6. Bereitstellung der gesellschaftlichen Gelegenheitsstrukturen für solidarisches Handeln, die Anmahnung und Erfüllung von Bürgerpflichten.

Die Schwächung der Rolle der Mitgliederparteien in den europäischen Demokratien seit dem letzten Viertel des zwanzigsten Jahrhunderts hat die Bedeutung des politischen Handlungsfelds Zivilgesellschaft für die Soziale Demokratie beträchtlich erhöht. Dazu hat auch die Erfahrung beigetragen, dass viele der Auswirkungen der Globalisierung auf die Lebens- und Arbeitswelt angemessen vor allem nur noch im lokalen und regionalen Raum politisch bearbeitet werden können, so zum Beispiel wenn ganze Wirtschaftsbranchen infolge der globalen Konkurrenz eine Region wirtschaftlich brachzulegen drohen. Das Projekt Zivilgesellschaft ist ein wichtiges Element im Handlungsmodell Soziale Demokratie, kann aber nicht die Funktion übernehmen, als überwölbende und alles übrige integrierende Leitidee des Gesamtkonzepts zu fungieren und die Gesamtheit der

---

[199] Putnam 1996

politischen Steuerungs- und Partizipationsbestrebungen übernehmen oder gar die regulativen und distributiven Staatsfunktionen ersetzen.

Die genauere Analyse der Wirkungsmöglichkeiten und Handlungsgrenzen der Zivilgesellschaft lässt das Selbstmissverständnis hervortreten, das entsteht, wenn aus dem demokratiepolitischen Korrektiv und steuerungspolitischen Komplement Zivilgesellschaft der umfassende Gegenentwurf einer alternativen Verfassung der politischen Demokratie selbst gemacht werden soll. Die Zivilgesellschaft eröffnet mit den ihr eigenen Handlungsmöglichkeiten neben beträchtlichen Chancen direkter gesellschaftlicher Demokratisierung und solidarischer Handlungspraxis in der Dimension sozialer Hilfe zwar auch neue Chancen der politischen Selbststeuerung komplexer Gesellschaften, kann aber mangels der Eigenkomplexität ihrer Willensbildungs- und Handlungsstrukturen, wegen der stets begrenzten Garantie der Stetigkeit ihres Handelns und der unvermeidlichen Partikularität ihrer demokratischen Legitimationsbasis in keinem Falle die gesamte Last der notwendigen gesellschaftlichen Steuerungsleistungen oder gar die Garantie der Grundrechte übernehmen.

III. Politische Ökonomie

14   Wirtschaftliche Grundrechte und Globalisierung

Effekte der Marktglobalisierung
Der Handlungsrahmen für die politische Ökonomie der Sozialen Demokratie war seit dem Beginn der neunzehnhundertachtziger Jahre durch eine Reihe politisch bedingter Entscheidungen und Ereignisse einer säkularen Wende unterworfen. Sie definiert die wirtschaftlichen und sozialpolitischen Handlungsbedingungen für alle nationalstaatlichen und regionalpolitischen Akteure von Grund auf neu[200]. Das gilt im Kern, wie in einem späteren Kapitel im Einzelnen begründet werden soll, nach aller gegenwärtig möglichen Voraussicht in fortgeltender Weise für die wichtigsten wirtschafts- und sozialpolitischen Handlungsdimensionen auch für den Fall, dass es in überschaubaren Fristen gelingen sollte, die weit reichenden Programme einer positiven Globalisierung zu realisieren, die von den politischen Akteuren der Sozialen Demokratie verfochten werden[201]. Auch im Falle weit gehenden Gelingens der grundrechtlich gebotenen und politisch möglichen politischen Gestaltung der globalen wirtschafts- und sozialpolitischen Handlungsbedingungen bleibt ein radikal veränderter Kontext durch die Tatsache der globalen Integration von Produkt- und Finanzmärkten bestehen. Die offenen Weltmärkte wurden nicht als *fact of life* Wirklichkeit, sondern durch eine Reihe politischer Entscheidungen. Dennoch wird ihr funktionaler Kern eines *global erweiterten Wettbewerbs* auf den Güter-, Dienstleistungs- und Investitionsmärkten voraussichtlich aus legitimatorischen *und* politischen Gründen fortgeltend wirksam bleiben.

Der schon seit den neunzehnhundertsiebziger Jahren durch die Preisgabe der Bretton-Woods-Institutionen in Gang gesetzte Prozess der zunehmend transnationalen Integration der Märkte überschritt zu Beginn der neunzehnhundertneunziger Jahre eine entscheidende Schwelle. Mit dem Ende des sowjetkommunistischen Imperiums 1989 wurde der gesamte Bereich Zentral- und Osteuropas in den kapitalistischen Weltmarkt integriert. Der Übergang von GATT zur WTO brachte eine wesentliche Liberalisierung der Konditionen des Welthandels mit sich. Und die erfolgreiche Realisierung des im Maastrichter Vertrag beschlosse-

---

[200] Beck 1998a, 1998b, Zürn 1998, Streeck 1999, Held/McGrew 2000, Scharpf/Schmidt 2002
[201] Beispielsweise das ehrgeizige Programm der Sozialdemokratischen Europäischen Partei für dieses Handlungsfeld von 2003, der sogenannte Rasmussen-Report, Rasmussen 2003.

nen einheitlichen Marktes in der Europäischen Union wurde zu einem bedeutenden Liberalisierungsschritt in der stärksten Wirtschaftsregion der Welt. In der Folge vollzog sich eine Welle weit gehender Liberalisierung der Wirtschafts- und Handelspolitik in allen wichtigen Handelsnationen der Welt. Als Ergebnis dieser Entscheidungen und Ereignisse änderten sich die weltweiten ökonomischen Rahmenbedingen in vierfacher Hinsicht entscheidend:

Erstens: Der Wettbewerb auf den nicht geschützten, für den globalen Handel zugänglichen Produktmärkten verschärfte sich weltweit infolge des erleichterten Marktzuganges von Niedriglohnökonomien.

Zweitens: Die weit reichende Flexibilisierung der Finanzmärkte in Verbindung mit neuen, von der realen Ökonomie der Güter und Dienstleistungen weit gehend unabhängigen Finanzinstrumenten führte zu einer beträchtlichen Erhöhung der Beweglichkeit transnationaler Kapitalströme, insbesondere auch für die sehr großen Finanzmassen institutioneller Anleger.

Drittens: Die neue globale Flexibilität der Finanzmärkte setzt die Staatshaushalte unter Druck, da im Falle einer von Anlegern als zu hoch angesehenen Verschuldung einzelner Länder der Rückzug von Investitionen im großen Stil die wahrscheinliche Folge ist.

Viertens: Das transnational flottierende Anlagekapital in der Größenordnung hoher Milliardenbeträge verlangt eine Unternehmenspolitik der kurzfristigen hohen Gewinne, weil es abgelöst von allen lokalen Ligaturen allein noch dem reinen Renditeinteresse folgt.

Während die Nationalökonomien der Staaten und regionalen Kooperationssysteme in den Wirtschaftskrisen *vor* dem neuen Globalisierungsparadigma die Chance durch höchst unterschiedliche Strategien der Anpassung hatten, geraten unter den veränderten Bedingungen die Sozialstaatsstrukturen und in unterschiedlichem Maße auch die ökonomischen Regulationsregime unter Druck. Die institutionelle Verfassung der politischen Ökonomie und der Sozialstaatorganisation der einzelnen Gesellschaften als solche sind nun herausgefordert. Realistische Handlungsstrategien einer neuen politischen Ökonomie Sozialer Demokratie unter Globalisierungsbedingungen müssen auf diese Herausforderungen nachhaltige Antworten finden, die zugleich den normativen Grundentscheidungen und den akteurstheoretisch definierten Realisierungsbedingungen genügen.

Grundrechte und politische Ökonomie
Für die Analyse der politischen Ökonomie der Sozialen Demokratie bietet sich ein dreigliedriger theoretischer Zugang an. *Erstens*: Die *normative Theorie* der Sozialen Demokratie mit ihrer Entfaltung universeller Grundrechte, auf die jeder Staatsbürger in moderner Demokratie einen gleichen und uneingeschränkten Anspruch hat, bildet den Horizont für die Problemerörterung. *Zweitens*: die *historisch-systematische* Analyse der durch die ökonomische und gesellschaftliche Entwicklung zu Tage getretenen Probleme und Risiken für die politische Durchsetzung der Geltung der Grundrechte bildet einen analytischen Leitfaden. Und drittens: die *empirisch vergleichende Forschung praktizierter Strategien* zur Lösung dieser Probleme, die in jüngster Zeit in unterschiedlichen Gesellschaften mit guten Gründen unter Berufung auf politische Zielsetzungen Sozialer Demokratie realisiert worden sind, liefert ein Tableau für die Spielräume der politischen Ökonomie Sozialer Demokratie sowie die Bedingungen und Folgen, die sie kennzeichnen.

Arten der Gefährdung liberaler Grundrechte
Aus der empirischen Erfahrung mit den sozialen, politischen und ökonomischen Auswirkungen des selbst regulierten Marktes, verbunden mit der weit gehenden Verabsolutierung der Verfügungsrechte aus Produktionsmitteleigentum in dieser Phase, entwickelte die soziale Kritik die Grundzüge einer Matrix der prinzipiellen Arten der Gefährdung von Grundrechten durch die Wirkungen kapitalistischer Wirtschafts- und Sozialverfassung. Da sie weder von der Überzeugung geleitet war, dass diese Widersprüche durch eine Preisgabe der Prinzipien aufzulösen seien, noch eine fundamentale Beseitigung der auf privates Produktionsmitteleigentum und Marktregulation gestützten Wirtschaftsverfassung als Problemlösung erachtete, gewann diese Matrix in implizierter oder explizierter Form die Funktion einer Orientierung für die Entwürfe der politischen Ökonomie der Sozialen Demokratie. Sie basiert auf einer Heuristik der Gefährdungsarten von Grundrechten im Lichte der historischen Erfahrungen und ist insofern für neue Erfahrungen im Zuge der geschichtlichen Entwicklung grundsätzlich offen. Sie ermöglicht die Ermittlung einer Reihe prinzipieller Gefährdungsdimensionen. Dazu gehören:

Erstens: Personen können verschuldet oder unverschuldet beim Versuch scheitern, ein ausreichendes Einkommen am Markt zu erzielen. In diesem Falle sind ihnen die Bedingungen eines menschenwürdigen Lebens, im Grenzfall des physischen Überlebens verwehrt. Dies kommt einer Verletzung aller Grundrechte gleich. Der Anspruch der betreffenden Personen auf *private*, *soziale* und *politische* Autonomie ist fundamental verletzt.

Zweitens: Personen können durch unzureichendes Einkommen in ihrem Anspruch verletzt sein, ihre negativen Freiheitsrechte praktizieren zu können. Dies entspricht im Hinblick auf die am Markt erzielten Ergebnisse einer Beeinträchtigung ihrer sozialen Handlungsfähigkeit und damit ihrer privaten und politischen Autonomie.

Drittens: Personen können infolge eigener Mittellosigkeit zum Abschluss von Erwerbsverträgen genötigt sein, die in ihrem Vollzug Bedingungen ihrer Menschenwürde verletzen. Das führt zur Beeinträchtigung ihrer sozialen Autonomie.

Viertens: Personen können durch Ungleichheiten der Verteilung sozialer Lebensgüter in ihren positiven Handlungschancen behindert und in ihren politischen Beteiligungsrechten benachteiligt sein. Das entspricht einer Gefährdung ihrer privaten und politischen Autonomie.

Alle diese Risiken sind in dem Maße wahrscheinlich, in dem Märkte als selbstregulierende Institutionen aus einer auf die Grundrechte bezogenen sozialen und politischen Einbettung herausgelöst werden. Diese Feststellung entspricht systematischer historischer Erfahrung und findet in den Theorien des Marktversagens ihre Erklärung.

Öffentliche Güter und Bürgerrechte
Öffentliche Güter sind ihrem Begriff nach solche Güter, deren Gebrauch und Nutzung allen Menschen des natürlichen oder politischen Raumes, in dem sie angeboten werden, offen stehen. Niemand, der Zugang zu dem sozialen oder politischen Angebotsraum bestimmter öffentlicher Güter hat, kann oder soll von ihrem Gebrauch ausgeschlossen werden. Dies gilt entweder als Folge der physischen Eigenschaften der öffentlichen Güter oder legaler Regelung, in bestimmten Fällen auch legitimer Rechte. Die Qualität der Luft ist ein Beispiel für den unbegrenzten Zugang in Folge der physischen Qualität, soziale Grundsicherung ist ein Beispiel für Nutzungsfreiheit durch legale Berechtigung, der Schutz von Menschenrechten oder der freie Schulbesuch in vielen Ländern sind Beispiele für die Öffentlichkeit der Güternutzung durch legitime Ansprüche aus universellen Grundrechten. Auch Gesetze und Rechte lassen sich in diesem Sinne als öffentliche Güter verstehen. Die Universalität und das Recht der Nutzung sind also die beiden unterscheidenden Qualitäten von öffentlichen Gütern. Aus dieser Bestimmung folgt der unmittelbare Zusammenhang zwischen dem Gerechtigkeitsverständnis und dem Konzept des Angebots öffentlicher Güter für jedes politische Gemeinwesen. Wenn Gerechtigkeit als gleiche Freiheit verstanden wird und Freiheit im weiten Sinn materiell fundierter individueller Handlungschancen,

dann ist bereits der Anspruch jedes Individuums auf dasjenige System öffentlicher Güter impliziert, ohne die in einer gegebenen Gesellschaft der Anspruch von Gerechtigkeit nicht erfüllt werden könnte.

Gerechtigkeit als legitimierende Norm einer gesellschaftlichen Gesamtverfassung bezieht sich auf drei Dimensionen politisch verantworteten gesellschaftlichen Handelns:

Auf das gesellschaftliche Institutionensystem, auf die öffentlichen Leistungen und Rechte und auf die Verteilung der gesellschaftlichen Lebenschancen und ihr Verhältnis zu den individuellen Beiträgen zur Produktion der Gesamtheit der gesellschaftlichen Güter und Lebenschancen.

Die öffentlichen Güter finden sich in den ersten beiden Dimensionen und sind in strenger Auslegung sogar mit ihnen identisch. In der ersten Dimension sind Institutionen wie die Gerichtsbarkeit oder die Einrichtungen des Regierungssystems selbst öffentliche Güter, deren Gebrauch allen Staatsbürgern offen steht und deren Tätigkeit ihnen allen zugute kommt. In der zweiten Dimension lässt sich bezogen auf die komplexen Dienstleistungsgesellschaften der Gegenwart eine große Fülle von öffentlichen Leistungen unterscheiden, denen allen der Charakter öffentlicher Güter eignet. Das gilt etwa für Überwachung des Luftraums ebenso wie für das Angebot öffentlicher Schulen, Sicherheit und Lebensmittelkontrolle, das kommunale Baurecht, die Leistungen der sozialen Sicherung und den Zustand der Straßen und öffentlichen Toiletten.

Gerechtigkeit und Gleichheit

Offensichtlich ist das Konzept der öffentlichen Güter, auf welcher Geltungsebene auch immer, sei es national, regional oder global, nicht die Antwort auf alle mit dem Gerechtigkeitsproblem verbundenen Fragen, sondern vielmehr einer der politisch-ökonomischen Wege, die gefundenen Antworten praktisch umzusetzen[202]. Das gilt in allen drei relevanten Handlungsdimensionen, die jeweils von genauen Vorklärungen der gerechtigkeitstheoretischen und politischen Grundentscheidungen abhängen:

Erstens ist für jedes politische Gemeinwesen, national, regional oder global, zu klären, welche sozialen Güter in welchem Umfang als öffentliche Güter bereit gestellt werden sollen, z. B. in den Elementarbereichen der Gesundheitsversorgung, der Schulbildung oder der Grundsicherung.

Zweitens ist im Hinblick auf ein tatsächlich bereitgestelltes Angebot öffentlicher Güter im zentralen Bereichen zu entscheiden, ob es für alle Personen gänzlich

---

[202] In diesem Sinne auch Kaul/Grunberg/Stern, 2002

kostenfrei zugänglich sein soll, oder für alle eine gleiche, aber für niemanden prohibitive Grundgebühr oder eine soziale, nach Einkommen gestaffelte Nutzungsgebühr erhoben werden soll. Nur im Falle der im physikalischen Sinne öffentlichen Güter stellen sich Fragen dieser Art nicht.

Drittens sind der quantitative Beitrag der Begünstigten und die Art der Finanzierung der jeweiligen öffentlichen Güter zu klären. Auch hier gibt es in beiden Dimensionen eine fast unbegrenzte Vielfalt von Möglichkeiten. Sogar der universalistische, überwiegend durch ein stark progressives Einkommenssteuersystem finanzierte schwedische Wohlfahrtsstaat erhebt etwa bei der Inanspruchnahme des grundrechtlich zugesicherten öffentlichen Guts Gesundheitsversorgung sowie in weiteren Bereichen jeweils eine Grundgebühr, die freilich keinen einzigen Bürger von seiner Nutzung ausschließt.

Gerade bei den globalen öffentlichen Gütern spielen die beiden Fragen des Finanzierungsbeitrags der einzelnen Länder zu ihrer Produktion und die Regelung des Zugangs zu ihnen innerhalb der einzelnen Länder eine Schlüsselrolle, die nicht schon durch die moralische oder politische Anerkenntnis der Forderung nach globalen öffentlichen Gütern beantwortet ist. Bei dieser Antwort müssen aus der Perspektive einer Theorie der Sozialen Demokratie zwei Kriterien den Ausschlag geben: 1. Die universal gewährten und global zu gewährleistenden politischen, bürgerlichen, sozialen, ökonomischen und kulturellen Grundrechte der UN-Pakte von 1966. Sie verlangen eine hohe Sockelgleichheit bei der Bereitstellung der ihnen entsprechenden öffentlichen Güter und einen niemanden ausschließenden Zugang zu ihnen. 2. Sie verlangen von der Weltgemeinschaft, dass alle Staaten einen Beitrag zur Finanzierung dieser globalen öffentlichen Güter leisten, der ihre tatsächliche Bereitstellung gewährleistet, ohne die gleichen Grundrechte der Bürger in den Geberländern zu gefährden.

Gewährung und Gewährleistung
In den Diskussionen der letzten Jahre ist zunehmend deutlich geworden, dass das zivilgesellschaftliche Engagement nicht wie ein Naturereignis zu betrachten ist, das man bestenfalls erhoffen kann oder wie eine moralische Ausnahmeleistung, die sich durch die Intensivierung ermunternder Appelle herbei reden lässt. Zivilgesellschaftliches Engagement bedarf nicht nur einer Vielzahl von staatlichen Voraussetzungen, es verlangt auch eine Veränderung der Strukturen und Formen staatlichen Handelns selbst[203]. Der Staat kann und muss Gelegenheitsstrukturen für das zivilgesellschaftliche Engagement schaffen und in den Formen seiner

---

[203] Deutscher Bundestag 2002

eigenen Kooperationsangebote und Kooperationsfähigkeit seinerseits selbst eine Gelegenheitsstruktur für die Förderung zivilgesellschaftlicher Aktivitäten darstellen.

Eine Vielzahl bedeutender öffentlicher Güter in der Gegenwartsgesellschaft kann von nicht-staatlichen Handlungsinstanzen, vor allem den Initiativen und Netzwerken der Zivilgesellschaft und des Dritten Sektors, produziert werden. Es sind solche öffentlichen Güter, die wie der Schutz der Wohnumwelt die Lebensqualität verbessern und das gute Leben bereichern. Für diejenigen öffentlichen Güter indessen, die die grundlegenden Rechte der Menschen und Bürger betreffen, verlangen die Prinzipien der Sozialen Demokratie, dass der Staat selbst die letzte Gewährleistungsverantwortung übernimmt, auch wenn er die Bereitstellungsverantwortung nach der Pragmatismusregel an diejenigen privaten oder zivilgesellschaftlichen Akteure überträgt, die sie am besten erstellen können. Denn nur die Form ihrer Erbringung kann nicht-staatlichen Initiativen überlassen werden, die Garantie ihrer sicheren Gewährleistung hingegen und die angemessene Qualität ihrer Erbringung können nur durch eine staatliche Handlungspflicht garantiert werden.

15 Der Markt-Staat Verbund

Probleme der Marksteuerung
Erfahrung und Forschung haben erwiesen, dass selbstregulierende Märkte nicht nur Grundrechte verletzten, sondern auch in ihrer wirtschaftlichen Leistungsfähigkeit hochgradig problembehaftet sind und selbstdestruktive Dynamiken entfalten. Das ist in den Systembedingungen ihrer eigenen Funktionslogik begründet. Sechs Verursachungskomplexe des Marktversagens lassen sich in dieser Hinsicht unterscheiden[204], die die politische Regulation von Marktwirtschaften auch zu einer Voraussetzung ihrer ökonomischen Funktionstauglichkeit machen.

Erstens: Die Existenz von Monopolen, wie etwa in den Bereichen von Eisenbahn, Energieversorgung und Telekommunikation. In diesen Bereichen kann der Markt selber überhaupt nur durch politische Eingriffe hergestellt und eine zumindest marktähnliche Erbringung der entsprechenden Leistungen durch dauerhafte politische Einflussnahme gewährleistet werden. Im anderen Falle würden entweder die erforderten Leistungen gar nicht erbracht oder zu überhöhten Preisen angeboten. Da es gerade in diesen Bereichen um wichtige Infrastrukturleistungen für die ganze Gesellschaft und Grundversorgungsleistungen für alle Bür-

---

[204] Czada/Lütz/Mette 2003: 16

ger geht, ist staatliches Regulierungshandeln eine Bestandsvoraussetzung für die Erfüllung wirtschaftlicher Grundfunktionen für die Gesellschaft überhaupt.

Zweitens: Märkte erzeugen kraft ihrer eigenen Funktionslogik zahlreiche ungewollte externe Effekte. Negative Externalitäten treten immer dann auf, wenn Marktteilnehmer Kosten und Lasten auf dritte, in ihre Transaktionen nicht einbezogene Personen abwälzen und damit soziale Kosten erzeugen, die von der politischen Gemeinschaft als ganzer kompensiert werden müssen. Gerade im Hinblick auf die Erzeugung negativer Externalitäten erweist sich der Marktkapitalismus als eine dynamische und unübersichtliche gesellschaftliche Risikostruktur. Da der Markt auf dem Prinzip rationaler Entscheidungen im Eigeninteresse der Marktteilnehmer selbst beruht, blendet er systematisch alle Folgen aus, die sich nicht auf die jeweiligen Vertragspartner im Rahmen des Marktgeschehens beziehen. Dazu gehören beispielsweise Umweltbelastungen durch Schadstoffe, aber gleichermaßen die Arbeitslosigkeit und ihre Folgen, die durch den Konjunkturverlauf der Marktdynamik selber erzeugt wird. Auf den globalen Märkten gehören dazu neben diesen und weiteren Risiken insbesondere auch transnational folgenreiche Finanzkrisen, die in einzelnen Volkswirtschaften zu Kapitalvernichtung, Wachstumseinbußen, Massenarbeitslosigkeit und umfangreichen Wohlfahrtsverlusten führen können.

Drittens: Regulierungsanlass besteht in den vielen Bereichen, die von prinzipiell asymmetrischen Informationen zwischen Anbietern und Konsumenten von Dienstleistungen und Produkten sowohl im Hinblick auf Preise wie auf Qualitäten gekennzeichnet sind[205]. Alle komplexen Märkte funktionieren unter den Bedingungen prinzipiell asymmetrischer Information auf Seiten der Anbieter und der Konsumenten. In der wissenschaftlich-technischen Zivilisation führt dies zu einem neuen Typ von Risikoproduktion. Giftstoffe etwa können Waren mit folgenreichen Wirkungen für Gesundheit und Leben belasten, die die Konsumenten prinzipiell nicht mehr selbst erkennen können[206]. Auch wenn die Sachinformationen darüber, etwa im Bezug auf Strahlenmengen oder die Menge enthaltener Gefahrenstoffe, richtig und rechtzeitig bekannt gemacht werden, hängt die Einschätzung des damit verbundenen Risikos in einer zunehmenden Zahl von Fällen von Expertenmeinungen ab, auf die der Einzelne angewiesen ist.

Viertens: Märkte tendieren im Maße, wie sie der Selbstregulierung überlassen werden, zur Selbstaufhebung durch Monopolisierung und die Anhäufung von

---

[205] Kay/Vickers, 1988: 306-308
[206] Beck 1986

Marktmacht durch Oligopole. Dadurch setzen sie ihre eigene Funktionslogik in den entsprechenden Sektoren ganz oder teilweise außer Kraft.

Fünftens: Märkte können ihrem Funktionssinn entsprechend nur auf die gegenwärtige oder kalkulierbare Nachfrage anderer Marktteilnehmer reagieren. Sie können folglich weder öffentliche Güter anbieten noch kollektive entschiedene Zukunftsprojekte implementieren.

Sechstens: Die Marktlogik entfaltet sich in den Zyklen von Konjunktur und Depression, bis hin zur Möglichkeit anhaltender Wirtschaftskrisen. In ihren systembedingten Konjunkturkrisen erzeugen Märkte Unternehmensbankrotte, Arbeitslosigkeit und auf direktem und indirektem Wege Verluste erwarteter Steuereinnahmen.

Da aber Märkte in den Grenzen ihrer Funktionsdefizite als Institutionen zur produktiven Allokation von Ressourcen, zur Befriedigung privatautonomer Konsumenten-Präferenzen und zur technisch-wissenschaftlichen Innovation allen bekannten Alternativen der Koordination von Wirtschaftsentscheidungen weit überlegen sind, kann die Begrenzung ihrer Risiken nur durch eine ihre Kernfunktion sichernde Politik der Einbettung und Regulation erfolgen. Erst in der Kombination mit den jeweils zielführenden Regulativen und makro-ökonomischen Koordinationen können Märkte ihre Funktionsvorzüge entfalten, ohne gleichzeitig durch ihre Funktionsdefizite Gemeinwohlinteressen und Grundrechte in unzumutbare Weise zu verletzen. Regulative Wirtschaftspolitik soll entweder externe Effekte dieser Art überhaupt verhindern, indem sie durch vorab durchgesetzte Regeln schon im Entstehen ausgeschlossen werden, etwa im Falle von Umweltzerstörung oder aber die Kosten der externen Effekte auf die Verursacher selbst zurück wälzen, damit die Gesellschaft von ihnen entlastet ist, etwa im Falle von Arbeitsschutzbestimmungen.

Angesichts der unterschiedlichen Art und Wirkungsweise externer Effekte und ihrer Ursachen müssen die Mittel einer Erfolg versprechenden ökonomischen Regulationspolitik ebenfalls vielgestaltig sein. Zu ihnen gehören vor allem:

1. die rechtliche Rahmensetzung
2. Überwachungsmaßnahmen, Berichtspflichten
3. Strukturen der korporativen Ko-Regulation
4. Makro-ökonomische Wirtschaftspolitik auf der Nachfrageseite
5. Mikro-ökonomische Maßnahmen zur Verbesserung der Angebotsstruktur
6. Gezielte Eingriffe in das Wirtschaftsgeschehen.

In vielen Bereichen der Wirtschaft, deren externe Effekte besonders unübersichtlich und zugleich folgenreich für die Gesamtgesellschaft sind, sind daher in modernen Gesellschaften spezielle Regulierungsbehörden eingerichtet worden, die eine permanente Fachaufsicht ausüben und über Instrumente der Feinsteuerung ihrer Eingriffe verfügen. Das gilt etwa für das Banken- und Versicherungswesen, die Arzneimittelwirtschaft oder die Kernenergie. Für die Weltfinanzmärkte sind entsprechende globale Institutionen in der Diskussion.

Das marktimmanente Problem der asymmetrischen Informationen enthält zwei verschiedene Herausforderungen, die unterschiedliche Formen der politischen Regulation verlangen. In einem Fall geht es um die Erzwingung der Kennzeichnung von Produkteigenschaften, wie etwa der Zusammensetzung von Nahrungsmitteln, dem Schadstoffanteil von Werkstoffen oder Angaben über die tatsächliche Höhe effektiver Zinsen bei undurchsichtig berechneten Kreditkosten. In dem anderen Fall geht es um die Bewertung der Art von Risiken, die überhaupt für Verbraucher von bestimmten Schadstoffen in bestimmten Größenordnungen ausgehen können. Für die Beurteilung der Frage etwa, von welcher Größenordnung an die in Minimalquantitäten stets vorhandenen radioaktiven Strahlen ein ernst zu nehmendes Risiko für Gesundheit und Leben darstellen, ist der Bürger letztlich allein auf die Aussage von Experten angewiesen, die er selbst nicht überprüfen kann. In diesen Fällen ist es auch eine Aufgabe politischer Regulation, die Veröffentlichung von Expertenmeinungen zu den einzelnen Risikofeldern so zu organisieren und transparent werden zu lassen, dass sie für die Bürgerinnen und Bürger zur eigenen Meinungsbildung handhabbar werden. Vor allem obliegt es politischer Regulation, möglichst schon die Entstehung unzumutbarer Risiken vorbeugend zu verhindern.

Insbesondere die makro-ökonomische Regulation, die korporatistische Ko-Regulation und die mikro-ökonomische Angebotspolitik sind in entscheidendem Maße mitverantwortlich für die Erreichung der drei zentralen Zielgrößen Wachstum, Vollbeschäftigung und Einkommen. Der Markt erzeugt also aus sich heraus verschiedene Typen von Risiken und bedarf daher immer regulativer Voraussetzungen und Korrekturen. Insofern enthält die ritualisierte Konfrontation von Markt und Staat eine systematische Irreführung. Der vermeintliche Markt-Staat-Dualismus kann nicht zum Ausgangspunkt für theoretische Überlegungen für ein komplexes Steuerungskonzept gemacht werden.

Der Markt ist eine gesellschaftliche Institution, deren Grenzen, Ziele und Funktionsweise im Rahmen Sozialer Demokratie im Hinblick auf die von den vorrangigen Normen der bürgerlichen, politischen, ökonomischen und sozialen Grundrechte bestimmt sind. Märkte können wegen ihrer immanenten Defizite und Risiken nicht als ökonomisch-institutionelle Äquivalente der rechtsstaatlichen Demokratie interpretiert werden. Ihre Einrichtung und die Bestimmung ihrer Grenzen sind politische Entscheidungen im Hinblick auf Grundrechte und Gemeinwohlinteressen wie Produktivität, Güterversorgung, bedürfnisgerechte Nachfrageorientierung, ökonomische Handlungsfreiheit und Vollbeschäftigung. Die Verfassungen von Märkten sind als politische Entscheidung aus den Souveränitätsrechten politischer und sozialer Bürgerschaft zu legitimieren.

Die Überlegenheit der Marktlogik
Die Erfahrungen des zwanzigsten Jahrhunderts und ihre theoretische Deutung begründen den Schluss, dass die Koordination mikroökonomischer wirtschaftlicher Entscheidungen in den meisten Handlungsfeldern am wirksamsten und mit den geringsten unerwünschten Nebenfolgen durch eingebettete Märkte erfolgen kann. Dies gilt jedenfalls dann, wenn die Funktionszuweisung und Begrenzung der Märkte durch die übergeordnete politische Rahmensetzung gesichert ist, die Entfaltung der Marktlogik einer sanktionsfähige Aufsicht unterliegt und die wirtschaftlichen Handlungsbereiche, die durch Märkte koordiniert werden sollen, durch politische Entscheidungen der Gesellschaft definiert werden. Im Rahmen einer solchen Symbiose mit einem komplexen System politischer Vorgaben, Kontrollen und Steuerungsleistungen können Märkte, in dem sie ihrer eigenen Funktionslogik der Allokationsentscheidung über Preisbildung folgen, eine gesamtgesellschaftlich optimale Wohlfahrtsproduktion in den ihnen überwiesenen Handlungsdomänen gewährleisten. Es ist dabei freilich die spezifische *Komplementarität* von politischen Vor-, Begleit- und Rahmenleistungen und der *in diesen Grenzen autonomen* Entfaltung der ökonomischen Logik des Marktes, in der sie ihre unverwechselbare gesellschaftliche Steuerungsfunktion erbringen kann. Die kontrafaktische Annahme, dass ein nachhaltiges Funktionieren von Märkten überhaupt möglich sei, wenn die sozialen Kontexte der Einbettung zu Gunsten einer reinen, von außen nicht mehr beeinflussten Selbstregulation der Märkte aufgelöst würde, ist in der Praxis seit der Weltwirtschaftskrise der neunzehnhundertzwanziger Jahre in allen kapitalistisch verfassten Demokratien durch eine politische Ökonomie abgelöst worden, die an die Stelle des Markt-Monismus den Regelungspluralismus aus Markt und sozialer Steuerungslogik gesetzt hat. Nach kurzen Versuchen einer libertären Radikalkur gegen die staatswirtschaftlichen Verkrustungen der kommunistischen Herrschafts-Ära sind auch die Gesellschaften Mittel- und Osteuropas auf die allgemeine Linie des *Einbettungspragmatismus* eingeschwenkt[207].

Die alternativlose Bedeutung von Märkten für die Wohlfahrtsoptimierung ist in den modernen Demokratien kein prinzipieller Streitpunkt mehr und in der wissenschaftlichen Debatte im Wesentlichen unangefochten. Die Marktkoordina-

---

[207] Meier/Pleines/Schröder 2003

tion hat sich für einen weiten Bereich privater Güter als das im Sinne der gesamtgesellschaftlichen Wohlfahrt wirkungsvollste Koordinationsinstrument durchgesetzt. Was zwischen libertärer und Sozialer Demokratie umstritten bleibt, sind allerdings die grundlegenden Fragen der Legitimation und Ziele der Einbettung und Prozesssteuerung sowie deren Ausmaße und Instrumente. Es geht dabei um Varianten des demokratischen Wohlfahrtskapitalismus, die, wie der empirische Vergleich zeigt, bedeutende Folgen für Produktivität, Innovation, Beschäftigung, Wettbewerbsfähigkeit und die Einlösung von Grundrechten haben.

Einbettung der Wirtschaft
In der Geschichte der Theoriediskussion der Sozialen Demokratie hat die differenzierte Sicht des Marktes lange Zeit einen schweren Stand gehabt. Sie hat sich dann in den verschiedenen Ländern und Strömungen in höchst ungleichzeitiger Weise durchgesetzt und ist erst seit den neunzehnhundertachtziger Jahren zum Allgemeingut geworden. Den Ausschlag für den schließlichen Erfolg dieses Lernprozesses haben vor allem drei Argumente gegeben, die sich jeweils auf *exemplarische historische Erfahrungen* stützten.

Erstens: Auf *Eduard Bernstein* geht das Argument zurück, dass die Verwerfung der Marktsteuerung in der ursprünglichen sozialistischen Orthodoxie auf der empirisch widerlegten Annahme beruht, der von Marx prognostizierte unvermeidlich geradlinig voranschreitende ökonomische Konzentrationsprozess werde die volkswirtschaftlichen Strukturen und Entscheidungsverhältnisse immer mehr vereinfachen, so dass am Ende der kapitalistischen Entwicklung nur noch eine überschaubare Anzahl von Monopolisten und Oligopolisten die Volkswirtschaft lenkten[208]. Die Übernahme dieser wenigen Kommandozentralen einer intern monopolisierten Ökonomie erschien in der Logik dieses Denkens lediglich noch als Machtfrage, die nur marginale Veränderungen der ökonomischen Koordination verlangte, ihr aber durch den Wechsel in den Kommandozentralen der Wirtschaft neue, gesamtgesellschaftlich legitimierte Ziele vorgegeben sollte. Mit Verweis auf die trotz der tatsächlichen Konzentrationstendenzen weiterhin anwachsende innere Komplexität der kapitalistischen Ökonomie verlangte Bernstein eine prinzipielle Abkehr der Sozialen Demokratie in seiner Epoche von der Zielsetzung der Wirtschaftsplanung und Sozialisierung.

Die zunehmende volkswirtschaftliche Komplexität verlangt nach diesem Argument die Anerkennung des Marktes als der Institution, die allein in der Lage ist, die unübersichtliche Fülle der Informationen und Interessen ohne unvertretbare Verluste an Arbeitsproduktivität, gesellschaftlichen Ressourcen, Einwir-

---

[208] Meyer 1977

kungsmöglichkeiten und Konsumentensouveränität zu koordinieren. Im Maße wie sich die sowjetkommunistische Alternative staatlicher Planwirtschaft auf der Grundlage flächendeckender Verstaatlichung dann entfaltete und ihre ökonomischen, politischen und sozialen Kosten sichtbar wurden, gewann dieses Argument auch innerhalb der Theorietraditionen der Sozialen Demokratie zunehmend an Gewicht.

Zweitens: Das Komplexitätsargument wurde in den neunzehnhundertzwanziger Jahren durch die These des Ökonomen *Eduard Heimann* ergänzt und theoretisch fundiert, dass monopolfrei funktionierende Märkte unter bestimmten Randbedingungen ihrerseits als Instrumente der Sozialisierung von Produktionsentscheidungen betrachtet werden müssen[209]. Sie können die Funktion sozialer Kontrolle von Produktionsentscheidungen erfüllen, da sie einer viel größeren Zahl von Bürgern, im Grenzfall allen, in ihrer Rolle als Konsumenten mehr Einfluss auf die Entscheidungen der Anbieter gewähren als die Kontrollbehörden von Planwirtschaften. Die gesellschaftliche Kontrolle ist im Falle umfassender Bürokratisierung der Wirtschaftssteuerung gerade prinzipiell blockiert. Das in dieser Zeit entwickelte Konzept der *Wirtschaftsdemokratie* basierte auf der Anerkennung des Prinzips der Marktregulation in zentralen ökonomischen Handlungsfeldern, wollte aber verfassungspolitisch und institutionell sicherstellen, dass auf allen Ebenen wirtschaftlicher Entscheidungsfindung die Gewerkschaften und die politischen Repräsentanten der Gesellschaft an der Rahmensetzung für wirtschaftliches Handeln und den strategischen Investitionsentscheidungen beteiligt sind[210].

Drittens: Nachdem sich das Marktargument durchgesetzt hatte, spielten längere Zeit Überlegungen eine Rolle, das Privateigentum durch vielfältige Formen gesellschaftlichen Eigentums im Rahmen marktwirtschaftlich organisierter Volkswirtschaften zu ersetzen. Vor allem die Theorien des funktionalen Sozialismus von *Gunnar Adler-Karlsson* und die theoretischen Erklärungen für die Funktionsschwächen des jugoslawischen Marktsozialismus führten schließlich zu dem für die moderne Theorie der Sozialen Demokratie entscheidenden Paradigmenwechsel. Die Koordinierungsfunktion der Märkte lässt sich ohne eine in ihnen wirksame *Kapitalfunktion* auf der Basis *privaten Produktionsmitteleigentums* nicht wirksam machen[211]. Zwar kann und muss der privateigentumsgestützten Kapitalfunktion das Feld des Marktes nicht vollständig überlassen werden, damit sie ihren für die Entfaltung der Marktlogik unverzichtbaren Dienst leisten kann.

---

[209] Heimann 1929
[210] Naphtali 1927, Novy 1978
[211] Adler-Karlsson 1973, Lemân 1969, 1982

Aber sie muss eine in bestimmter Hinsicht wesentliche und unangefochtene autonome Rolle spielen können, damit die Marktlogik wirksam werden kann.

Diese drei historischen Argumentationsschritte begründen dasjenige moderne Paradigma politischer Ökonomie, innerhalb dessen Soziale Demokratie ihre Problemlösungen allein noch formulieren kann. Seine Grenzlinien sind bestimmt durch die Unverzichtbarkeit der ökonomischen Kernfunktion der Marktsteuerung, die produktiven Funktionen von Privateigentum und die Notwendigkeit der gesellschaftlich-politischen Einbettung der Märkte. Infolgedessen kann es bei den auf die Wirtschaftsverfassung und die Prozesspolitik bezogenen Grundfragen der politischen Ökonomie der Sozialen Demokratie immer nur um die pragmatische Begründung spezifischer situationsangemessener Mischformen von Markt und Staat, jedoch nicht um eine Alternativentscheidung zwischen beiden Steuerungsformen gehen.

Jedes politische Steuerungsprojekt ist durch die widersprüchlichen Interessen der beteiligten Akteure in einem unübersichtlichen Handlungsfeld geprägt. Die politische Ökonomie der Sozialen Demokratie ist bestimmt durch Spannungen und *Trade-Offs* zwischen Produktivität und Wachstum auf der einen Seite, sozialer Gerechtigkeit und Sicherheit auf der anderen, Flexibilität und Innovation auf der einen Seite, den Schutz abhängiger Beschäftigung und umfassender sozialer Sicherung auf der anderen, einem ausreichenden Maß von Eigentums- und Vertragsfreiheit auf der einen Seite und sozialer Einbindung und Regulation auf der anderen, sowie autonomen Unternehmensfunktionen auf der einen Seite und sozialer Autonomie und politischer Rahmensetzung auf der anderen Seite. Für die pragmatische Bearbeitung dieser Spannungen und Trade-Offs erweist sich die Kombination vielfältiger Regelungsprinzipien in der empirischen Praxis dennoch als erfolgreicher und stabiler als alle Modelle, die nur einem einzigen Regelungsprinzip folgen, sei es dem der staatlichen Entscheidungslogik, der Marktregulation oder der sozialen Selbststeuerung. Dieser Ansatz einer aufgaben- und situationsgerechten Kombination verschiedener Steuerungselemente zur Erreichung politisch-legitimierter Ziele erhält die Chance der problembezogenen Abwägung im Hinblick auf Zielwerte der politische Ökonomie der Sozialen Demokratie. Er enthält aber auch das wiederkehrende Risiko der Debalancierung und unerwünschter Trade-Offs.

Als empirisch gestützte und normativ legitimierte Maßstäbe des Regulierungs-Mixes der politischen Ökonomie Sozialer Demokratie folgen aus dieser Analyse drei Imperative:

Erstens: Im Hinblick auf das Grundrecht der größtmöglichen privatautonomen Freiheitsräume, die in gleicher Weise für alle Bürgerinnen und Bürger möglich sind, muss die Wirtschaftsordnung den weitest möglichen Raum für individuelle Handlungsfreiheit und Vertragsfreiheit bereitstellen. So viel Markt wie möglich.

Zweitens: Im Hinblick auf die positive Freiheitsnorm und die von ihr verlangte Verfügbarkeit der individuellen und sozialen Güter, die ihre Voraussetzungen sind, geht es um die Gewährleistung der größtmöglichen Arbeitsproduktivität im Sinne der bestmöglichen nachhaltigen Verwertung der verfügbaren Ressourcen bei der Erzeugung von Gütern und Dienstleistungen. Diese Norm verlangt eine Wirtschaftspolitik, die die größtmögliche Ressourcenproduktivität erwarten lässt. Sie verlangt ebenso eine Politik der gerechten Verteilung sozialer Güter über das hinaus, was der Markt bewirkt.

Drittens: Der Grundsatz der positiven Handlungsfreiheit, aber auch schon das elementare Prinzip der gleichen Würde aller Personen, bezieht sich in erster Linie auf die mikroökonomische Ebene der Wirtschaftsverfassung und bindet die Unternehmensverfassung, die Organisation der Arbeitsplätze und die staatlichen Eingriffe an die Bedingung, dass die Würde und die Freiheitsrechte aller beteiligten Personen in gleichem Maße respektiert und geschützt werden.

Da die Zielwerte, um die es bei diesen Imperativen geht, prinzipiell gleichrangig sind, ist die politische Ökonomie der Sozialen Demokratie nur als offener und reflexiver Optimierungsprozess der Balancierung konfligierender Instrumente möglich.

16 Varianten des Kapitalismus

Empirische Orientierung
Eine empirische Theorie der Sozialen Demokratie muss ihre normativen Ansprüche auf die institutionellen Zusammenhänge beziehen, die sich in der vergleichenden Forschung zur Typenbildung politischer Ökonomie tatsächlich ermitteln und begründen lassen. Denn es ist wissenschaftlich unstrittig, dass sich die Marktwirtschaften der westlichen Industrie- und Dienstleistungsökonomien in ihren institutionellen Arrangements in hohem Maße unterscheiden, dass sie in verschiedenartige Produktions- und Sozialstaatsregime eingebettet sind und dass sie auf unterschiedlichen Wegen teils zu ähnlichen, teils aber auch zu sehr divergenten Ergebnissen gelangen können. Das Muster des Zusammenspiels von politischem System, Wirtschaftssystem und des Sozialstaatssystems, das die Bedingungen Sozialer Demokratie erfüllt, muss ökonomisch effizient genug sein, um die Realisierung der sozialstaatlichen Ziele Sozialer Demokratie öko-

nomisch zu gewährleisten. Gleichzeitig sollen die Normen Sozialer Demokratie in allen Sphären der politischen Ökonomie gelten und nicht durch die alleinige Förderung von Wachstum und Produktivität verletzt werden. Bei der vergleichenden Untersuchung unterschiedlicher Typen kapitalistischer Wohlfahrtsdemokratien geht es daher um Antworten auf die Frage, wie sich unter den empirischen Handlungsbedingungen offener Märkte ökonomische Leistungsfähigkeit und die Normen der Sozialen Demokratie miteinander verbinden lassen. Die Empirie zeigt, dass der Spielraum in dieser Hinsicht groß ist, seine politische Füllung aber von zahlreichen Voraussetzungen und Restriktionen abhängt.

Mikroökonomischer Forschungsansatz
David Soskice und *Peter Hall* wählen für ihre vergleichenden Analysen entwickelter Marktwirtschaften eine mikroökonomische Perspektive[212]. Sie unterscheidet sich von früheren vergleichenden Forschungen vor allem dadurch, dass die unterschiedlichen Konfigurationen von Marktökonomien in all ihren sich wechselseitig bedingenden Dimensionen erfasst werden. Während in früheren vergleichenden Forschungen oft nur Teilbereiche aus dem komplexen institutionellen Beziehungsgeflecht politischer Ökonomien betrachtet wurden, z.B. Arbeits- oder Finanzmärkte, die Rolle und Bedeutung der Gewerkschaften oder korporatistische Steuerungsmechanismen, widmet sich dieser Forschungsansatz den maßgeblichen Interaktions-Effekten aller relevanten Teilbereiche und versucht auf diesem Wege, die spezifische Eigenart der jeweiligen Systeme in ihrer Gesamtheit zu beschreiben und zu erklären. Der wichtigste Unterschied zur vergleichenden Forschung Politischer Ökonomien früherer Jahrzehnte ist, dass nicht die Organisation der Arbeit, sondern die des Kapitals als entscheidende Variable für die Wirkungsweise der unterschiedlichen Kapitalismustypen als Erklärungsmuster verwendet wird.

Die politische Ökonomie wird diesem Ansatz zufolge als ein sozial-ökonomischer Raum verstanden, in dem jeder Akteur versucht, seine Interessen in einer „rationalen strategischen Interaktion mit anderen durchzusetzen"[213]. Als Struktur bestimmende Akteure werden die Unternehmen identifiziert. Sie sind unter Bedingungen raschen technologischen Wandels und verschärften internationalen Wettbewerbs die Schlüsselakteure, deren Aktivitäten die wirtschaftliche Leistungsfähigkeit jedes Landes bestimmen. Sie müssen sich kontinuierlich die Kompetenzen und Kenntnisse aneignen, um Güter und Dienstleistungen profitabel entwickeln, produzieren und verteilen zu können. Diese Kompetenzen entfalten sich in einem institutionellen Kontext, in dem sie eine Vielzahl von Beziehungen nach außen (Zulieferer, Kunden, Partner, Gewerkschaften, Verbände und

---

[212] Hall/Soskice 2001
[213] Scharpf 1997a

Regierungen) und nach innen (eigene Belegschaft) herstellen müssen. Um zu prosperieren, müssen sich Unternehmen den unterschiedlichen Sphären der politischen Ökonomie anpassen: Neben den Konkurrenzbeziehungen im Kampf um Kunden müssen sie Finanzmittel akquirieren, Löhne und Arbeitsbedingungen regulieren, sicherstellen, dass die Arbeitskräfte die notwendigen Fertigkeiten und Fähigkeiten besitzen und sich den Zugang zu Ressourcen und neuesten Technologien sichern[214].

Unternehmen befinden sich folglich in einem mehrdimensionalen Beziehungsgeflecht und ihr Erfolg hängt maßgeblich von ihrer Fähigkeit ab, eine Bandbreite verschiedenartiger Akteure effektiv zu koordinieren. Systematische Varianten der Unternehmensstrategie werden durch die Unterschiede im institutionellen Rahmen der politischen Ökonomie erzeugt. Das Muster der jeweiligen Unternehmenskoordinierung lässt aufschlussreiche Erkenntnisse über unterschiedliche Typen der Marktwirtschaft, vor allem ihre Voraussetzungen und Folgen erwarten. Eine solche Sichtweise öffnet auch den Blick für die Varianten und Wirkungsweisen politischer Steuerung. Sie ermöglicht Antworten auf die polit-ökonomischen Schlüsselfragen: Welcher spezifische Strukturzusammenhang der politischen Ökonomie verbessert die jeweiligen Möglichkeiten der Unternehmen und somit die wirtschaftliche Leistungsfähigkeit einer Marktwirtschaft insgesamt? Was müssen Regierungen angesichts neuer Herausforderungen tun und welche makroökonomischen Steuerungspolitiken sind innerhalb eines gegebenen institutionellen Kontexts Erfolg versprechend? Sind bestimmte wirtschafts- und sozialpolitische Strategien von einem polit-ökonomischen Kontext auf einen anderen übertragbar oder muss jede politische Ökonomie notwendig aus sich heraus ihre eigenen, kontextabhängigen Lösungen hervorbringen? Hinzu kommen Fragen nach der institutionellen Stabilität und dem Wandel unterschiedlicher politischer Ökonomien angesichts des technologischen Fortschritts und des Wettbewerbsdrucks der Globalisierung. Vor allem ermöglicht dieser Ansatz eine empirisch gestützte Antwort auf die zentrale polit-ökonomische Systemfrage, ob im Zuge globalisierter Wirtschaftsbeziehungen länderspezifische Vorteile ökonomischer Koordinierungen an Bedeutung verlieren und eine Konvergenz der unterschiedlichen Modelle vorprogrammiert sei[215]. Im Hinblick auf den zunehmend transnationalen Aktionsraum von Unternehmen kommt der Frage eine entscheidende Bedeutung zu, wie die globale Öffnung der Märkte und deren formale Verbindung zur politischen Sphäre gestaltet werden kann, ohne die langfristige Wettbewerbsfähigkeit zu gefährden. Es geht also um die Klärung der Rolle der institutionellen Struktur der politischen Ökonomie und der durch sie bedingten Prozesspolitik als Standortfaktor im globalen Wettbewerb.

---

[214] Hall/Soskice 2001
[215] Vgl. Albert 1992, Streeck, 1997

Die *Varieties of Capitalism*-Forschung hat verschiedene Typologien hervorgebracht. *Michel Albert* unterscheidet den „atlantischen" vom „rheinischen" Kapitalismus[216], *Vivien A. Schmidt* – mit Blick auf die wichtige Rolle des Staates – die drei Typen des *Managed Capitalism*, des *Market Capitalism* und des *State Capitalism*, für den sie Frankreich als beispielhaft ansieht[217]. *Jonas Pontusson* und *Hyeok Yong Kwon* schlagen mit Bezugnahme auf die Formen aktiver wohlfahrtsstaatlicher Einmischung als *partisanship* von Regierungen, eine Unterscheidung von *liberal market economies* und *social market economies* vor[218]. Diese Typologien stehen in keinem grundsätzlichen Widerspruch zu einander. Sie stellen in ihren vergleichenden Betrachtungen jeweils unterschiedliche institutionelle Dimensionen und verschiedenartige Ausschnitte des Verhältnisses von Staat und Markt in den Vordergrund.

Die Unterscheidung *koordinierter* (coordinated market economies CMEs) und *unkoordinierter* Marktwirtschaften (liberal market economies LMEs)[219] von *David Soskice* und *Peter Hall* ist das dominante Paradigma der jüngeren Forschung[220]. Dies hat zwei Gründe: Zum *einen* ist diese Typologie so breit angelegt, dass sich Untergruppen und Differenzierungen widerspruchsfrei bilden und problemlos in sie integrieren lassen. Zum *anderen* sind die Idealtypen so strukturiert, dass sie in eine aufschlussreiche analytische Beziehung zu den Typologien der Sozialstaatsregime oder der *industriellen Beziehungen* gebracht werden können. Auf diesen Wegen strukturieren sie den empirischen Zugang zum Kern des Gesamtzusammenhangs der polit-ökonomischen Konstellation.

Für die Klärung der unterschiedlichen Dimensionen der politischen Ökonomie der Sozialen Demokratie bietet die *Varieties of Capitalism*-Forschung einen angemessenen Analyse-Rahmen. Sie begründet ein methodisches Raster, das eine kritisch vergleichende Bewertung unterschiedlicher Institutionengefüge von kapitalistischen Wohlfahrtsökonomien im Hinblick auf die Anforderungen Sozialer Demokratie erlaubt. Gleichzeitig basiert sie auf einer *empirischen* Grundlage und macht sichtbar, welche Ressourcen und Restriktionen eine solche Politik bedingen. Sie bietet einen theoretischen Rahmen für die Spielräume und Grenzen der Kombinierbarkeit aller empirisch in Betracht kommenden Einzelinstrumente polit-ökonomischer Verfassung und Steuerung.

---

[216] Albert 1992
[217] V. Schmidt 2000a
[218] Pontusson/Yong Kwon 2004:3 „Soziale Marktwirtschaften sind koordinierte Marktwirtschaften – ohne Japan."
[219] Um Verwechselungen mit in den politisch-theoretischen Kapiteln der „Theorie der Sozialen Demokratie" benutzten Begriffen „liberal" und „libertär" zu vermeiden, werden im Folgenden nur die Bezeichnungen „koordiniert" und „unkoordiniert" verwendet; „unkoordinierte Marktwirtschaft" ist aber deckungsgleich mit „liberaler Marktwirtschaft" im Sinne von Soskice und Hall.
[220] Soskice 1999, Hall/Soskice 2001

Koordinierte und Unkoordinierte Marktwirtschaften

Soskice/Hall unterscheiden zwei Formen der Unternehmenskoordinierung in Marktwirtschaften: einerseits eine Koordinierung, die auf strategische Interaktion ausgerichtet ist und andererseits eine Koordinierung, die primär auf dem Konkurrenzprinzip des Marktes basiert und sich durch Marktbeziehungen bestimmt. Ob ein Unternehmen seine Aktivitäten durch den Markt oder durch strategische Interaktion koordiniert, hängt entscheidend von dem institutionellen Kontext ab, in dem es sich befindet. Politische Ökonomien unterscheiden sich vor allem dadurch, wie die Unternehmen innerhalb einer Marktwirtschaft ihre Koordinierungsprobleme lösen. Formen marktförmiger und strategischer Koordinierung finden sich in allen kapitalistischen Ökonomien, doch wesentliche Faktoren, die das Verhalten der Firmen bestimmen, sind durch das spezifische, politisch vermittelte Institutionengefüge der jeweiligen nationalen Marktwirtschaften vorgegeben. Die relevanten Institutionen der Koordinierung wie auch die jeweiligen Organisationsmuster der Gewerkschaften und Arbeitgeberverbände lassen sich in diesem Rahmen aus den spezifischen Prozessen der politischen und wirtschaftlichen Koordinierung erklären. Die Typologie basiert also auf der Beobachtung, dass unterschiedliche Typen von Unternehmensbeziehungen systematisch in den Ländern variieren bzw. bestimmte Arten der Unternehmenskoordinierung Marktwirtschaften unterschiedlich dominieren.

Die politischen Ökonomien einzelner Länder lassen sich entsprechend der Koordinierungsstrategien ihrer Unternehmen zwischen den beiden idealtypischen Polen graduell platzieren. Den einen Pol bilden unkoordinierte Marktwirtschaften (LMEs), in denen die Beziehungen zwischen Unternehmen und anderen Akteuren hauptsächlich durch Wettbewerbsbeziehungen vermittelt werden. Sie sind durch Austauschprozesse von Gütern und Dienstleistungen, also durch reine Geschäftsbeziehungen im Kontext von Konkurrenz und formalen Verträgen charakterisiert. Der gegenüberliegende Pol des Spektrums besteht aus koordinierten Marktwirtschaften (CMEs), in denen Unternehmen typischerweise stärker strategische Interaktionen mit Gewerkschaften, Kreditgebern und anderen Akteuren eingehen. Diese nicht-marktförmige Form der Koordinierung zieht ein ganzes Muster externer Unternehmensbeziehungen nach sich, ebenso Kommunikations-Netzwerke, die auf persönlichem Informationsaustausch basieren und damit eine Vertrauensbasis für vielfältige Formen der Zusammenarbeit schaffen.

Weil die Übergänge zwischen den beiden Idealtypen fließend sind, lassen sich marktförmige wie strategische Koordinierung nur graduell unterscheiden, oberhalb einer bestimmten Schwelle bewirkt die graduelle Verschiedenheit aber qualitative Unterschiede in Funktionsweise und Folgen gegebener Realtypen. Soskice/Hall identifizieren fünf Sphären der politischen Ökonomie, in denen die

Unternehmen mit zentralen Koordinierungsproblemen konfrontiert sind, die sie auf typologisch unterschiedliche Weise lösen.

Erstens Industrielle Beziehungen: Unternehmen müssen das Beziehungsproblem lösen, wie und mit wem sie über die Arbeitsbedingungen ihrer Belegschaften verhandeln. Im Bereich der *industriellen Beziehungen* geht es um Löhne und Produktivitätsquoten, also um die wesentlichen Erfolgsbedingungen von Unternehmen. Aber es geht dabei indirekt auch um Beschäftigungsquoten und Inflationsraten, also um die Leistungsfähigkeit der Ökonomie als ganzer. Im diesem Bereich sind Ebene und Ausmaß der Lohnkoordinierung ausschlaggebend: Finden die Lohnverhandlungen auf einer nationalen Ebene, auf einer Zwischenebene oder auf der Firmenebene statt und wieweit sind Gewerkschaften und Arbeitgeber bei Lohnverhandlungen zentralisiert?

Zweitens Berufliche Aus- und Fortbildungssysteme: Unternehmen sind mit der Frage konfrontiert, wie sie sicherstellen können, dass ihre Mitarbeiter mit der passenden Ausbildung ausgestattet sind. Umgekehrt stellt sich für die Arbeitnehmer die Frage, wie viel Zeit, Geld und Energie sie in welche Ausbildung investieren wollen. Die Lösung dieses Koordinierungsproblems ist jedoch nicht nur für die Unternehmen und für den individuellen Arbeitnehmer von großer Bedeutung, sondern betrifft die Konkurrenzfähigkeit der gesamten Ökonomie. Hier geht es im Vergleich der Marktwirtschaften um die Frage, ob ein System korporativer Koordination zwischen Staat, Arbeitgebern und Gewerkschaften für eine betriebliche Ausbildung existiert oder nicht.

Drittens Corporate Governance: Wichtige Koordinierungsfragen treten auch in der Sphäre der Unternehmungsverfassung bzw. Unternehmenskontrolle auf. Hier geht es für die Unternehmen um den Zugang zu Finanzierungskapital und für die Investoren um Sicherheiten und die Rendite für ihre Investitionen. Die konstitutionelle Struktur von *Corporate Governance* lässt sich im Ländervergleich u.a. über die Größe des Aktienmarktes, die relative Macht der *Shareholder*, also den rechtlichen Schutz und den wahrscheinlichen Einfluss von Kleinaktionären gegenüber der Macht des Managements und der Großaktionäre messen. Außerdem betrifft sie die Kontrollstrukturen, also die Frage, wie Unternehmen mit anderen Unternehmen, einschließlich Banken, verflochten sind.

Viertens Beziehungen zwischen Unternehmen: Ein wichtiges Koordinierungsproblem sind die Beziehungen, die Unternehmen mit Blick auf die Sicherung einer stabilen Nachfrage der eigenen Produkte mit anderen Unternehmen unterhalten, besonders mit Zulieferern und Kunden. In dieser Sphäre der Beziehungen werden auch besondere Problemlösungen wie das Festlegen von verbindlichen Standards, Technologietransfers oder die Zusammenarbeit in Forschung und Entwicklung koordiniert.

Fünftens Beziehungen zu der Belegschaft: Unternehmen stehen vor dem Problem, sicherzustellen, dass die Mitarbeiter mit den notwendigen Kompetenzen und Fertigkeiten ausgestattet sind und im Sinne der Unternehmensziele kooperieren.

Vergleicht man die institutionellen Interaktionsmuster in diesen fünf Sphären systematisch, so lassen sich im OECD-Bereich zwei Cluster von Ländern eindeutig identifizieren: In einem Cluster *unkoordinierter Marktwirtschaften* finden sich die USA, Großbritannien, Kanada und Irland; in dem Cluster *koordinierter Marktwirtschaften* Österreich, Deutschland, Norwegen, Japan, Belgien, Finnland, Dänemark, Schweden und die Schweiz[221]. Daneben findet sich noch ein drittes, nicht eindeutig zu klassifizierendes Cluster, das Frankreich, Italien, Spanien, Portugal, Griechenland und die Türkei umfasst. Es neigt sich zwar eher den koordinierten Marktwirtschaften zu, aber mit charakteristischen Unterschieden. Diese Gruppe weist aber untereinander institutionelle Ähnlichkeiten auf und wird daher als *mediterrane* Marktwirtschaft klassifiziert. Ihre Kennzeichen sind ein großer Agrarsektor und extensive Staatsinterventionen. Sie repräsentieren eine spezifische Art nicht-marktlicher Koordinierung in der Sphäre der Finanzierungen, aber liberale Arrangements in der Sphäre der Arbeitsbeziehungen.

Als Beispiel für eine unkoordinierte Marktwirtschaft stehen die USA, als Beispiel für eine koordinierte Marktwirtschaft Deutschland.

Die USA als typisch unkoordinierte Marktwirtschaft
In der Sphäre der Kapitalbeschaffung sehen sich amerikanische Unternehmen großen Aktienmärkten gegenüber, die durch eine sehr hohe Transparenz und sehr heterogene Gruppen von Akteuren gekennzeichnet sind. Die Unternehmensfinanzierung erfolgt maßgeblich über den Kapitalmarkt. Dies führt einerseits dazu, dass Firmen untereinander nur gering verflochten sind (weder Banken noch andere Firmen haben Sitze in Aufsichtsräten eines Unternehmens inne) und anderseits dazu, dass die Interessen der Aktionäre an möglichst hohen Dividenden die Unternehmensstrategie wesentlich bestimmen. Der Zugang zu fremdem Kapital ist stark abhängig von dem aktuellen Wert der Firma auf dem Aktienmarkt und den frei verfügbaren Informationen über ihre neuesten Profitraten und Marktbewertungen. Aus diesem Grund und wegen der Tatsache, dass der Gesetzgeber

---

[221] Hall/Soskice 2001, Hall/Gingerich 2001

144

sehr tolerant gegenüber Fusionen und ‚feindlichen Übernahmen' ist, stehen Manager in den USA unter dem andauernden Druck hoher kurzfristiger Rentabilitätswerte. Geringe Profitraten können schnell mit Konkurs oder ‚feindlicher Übernahme' bestraft werden.

Verbände von Kapital und Arbeit sind in den USA eher Lobbyorganisationen als Institutionen der Selbststeuerung[222]. Da die Gewerkschaften hier im Vergleich zu koordinierten Marktwirtschaften schwach[223] und die Arbeitgeberverbände kaum koordiniert und daher nur bedingt durchsetzungsfähig sind sowie gesetzlicher Kündigungsschutz kaum ausgebildet ist, sind die Arbeitsbeziehungen durch kurzfristige Beschäftigungsverhältnisse und Lohnverhandlungen auf betrieblicher Ebene gekennzeichnet. Ein insgesamt flexibler Arbeitsmarkt wird zusätzlich durch ein Ausbildungssystem unterstützt, das lediglich allgemeine Qualifikationen vermittelt, die über Firmen und Branchen hinweg verwendbar sind. Das Management in den USA hat normalerweise eine uneingeschränkte Kontrolle über das Unternehmen und somit die Freiheit, Arbeitskräfte entsprechend der Konjunktur kurzfristig anzustellen, aber auch schnell wieder zu entlassen. Das bietet den Unternehmen die Möglichkeit, flexibel auf Marktentwicklungen reagieren zu können, erhöht aber auch den Druck zur kurzfristigen Anpassung an Marktveränderungen. Das amerikanische System der Arbeitsbeziehungen ist daher weniger effektiv bei der Entwicklung aufwändiger Produktionsstrategien, die langfristig stabile Beschäftigungen verlangen. Es begünstigt stattdessen ein Produktionsmodell, das auf standardisierter Massenproduktion und einem niedrigen Ausbildungs- und Lohnniveau basiert.

Da der Arbeitsmarkt sehr unreguliert und die Wahrscheinlichkeit, den Arbeitsplatz zu verlieren relativ groß ist, neigen amerikanische Arbeitnehmer dazu, in sehr allgemeine Ausbildungen zu investieren, die sie auch in ihrem nächsten Job verwenden können. Und da sich die Arbeitgeberverbände nur in schwacher Form koordinieren können, gelingt es Unternehmen nicht, in industriespezifischen Ausbildungsprogrammen zusammenzuarbeiten. Infolgedessen lassen sich Arbeitnehmer in den USA eher in allgemeinen Fertigkeiten ausbilden, die besonders gut zu den sehr konjunktursensiblen Dienstleistungssektoren passen. Für viele Unternehmen und Sektoren führt das zu einem Mangel an spezialisierten Fachkräften.

In den USA dominiert seit jeher die Idee wirtschaftlicher Handlungsfreiheit, so dass der Staat nur in das Marktgeschehen eingreift, um dessen Funktionsfähigkeit zu erhalten und beispielsweise Kartellbildungen zu unterbinden. Das

---

[222] In den USA verhindert zusätzlich eine restriktive Gesetzgebung die Bildung kartellartiger Selbsthilfestrukturen.

[223] Auch wenn die Gewerkschaften in den USA im Vergleich zu Europa zwar grundsätzlich schwach sind, können sie jedoch in einzelnen Industriesektoren durchaus stark sein.

zeigt sich darin, dass der amerikanische Staat keine effektiven Steuerungs- und Regulierungsinstrumente aufgebaut hat und die Selbstorganisation der Industrie eher behindert. Stattdessen überlässt man die Kontrolle über die Märkte einer „legalistischen Regulierungskultur, in der unabhängige Regulierungsbehörden darüber wachen, dass Verbraucher und Anleger ausreichend informiert sind, um ihre Konsum- und Investitionsentscheidungen treffen zu können"[224]. Der amerikanische Staat hält sich darüber hinaus bei der sozialen Kompensation von Marktergebnissen zurück. Er ist kein Sozialstaat im europäischen Sinne und übernimmt keine Verantwortung für die Realgeltung universeller Grundrechte.

Deutschland als typische koordinierte Marktwirtschaft
In einer koordinierten Marktwirtschaft wie Deutschland eröffnen sich Unternehmen andere Zugänge zu Finanzmitteln als über den Kapitalmarkt. Die Arbeit des Managements wird daher nicht nur durch den Markt bewertet und kontrolliert, sondern durch Netzwerke, in denen neben Banken auch andere Unternehmen, Arbeitnehmer und staatliche Akteure vertreten sind. Hier finden sich Möglichkeiten für persönlichen Informationsaustausch und für die Entwicklung von Vertrauen. Die Finanzierung der Unternehmen erfolgt im Wesentlichen durch Bankkredite, die mittels Reputation akquiriert werden, und weniger durch öffentlich zugängliche Unternehmensdaten und kurzfristige Gewinnziffern. Die Informationen über Reputation und Operation von Unternehmen wiederum erhalten die Investoren durch das enge Beziehungsgeflecht, das sie kultivieren. Dieser Zugang zu „geduldigem Kapital", das nicht abhängig ist vom kurzfristigen Ertrag, ermöglicht es Unternehmen, in langfristige Projekte zu investieren und eine gut ausgebildete Belegschaft auch in ökonomischen Krisenzeiten zu halten. Das korrespondiert mit der Beobachtung, dass das Management in Deutschland weniger sensibel auf unmittelbare Gewinne oder den Wert der eigenen Aktien reagieren muss. Steuerbestimmungen, Gesetze und Netzwerke einer breiten Unternehmensverflechtung schrecken Versuche zu ‚feindlichen Übernahmen' eher ab. Das Top-Management großer deutscher Unternehmen hat selten die Möglichkeit, wichtige Entscheidungen unilateral zu treffen. Stattdessen muss es sich die Zustimmung von Aufsichtsräten und Netzwerken sichern, in denen neben Banken auch andere Unternehmen, Arbeitnehmer und staatliche Akteure vertreten sind. Es sind folglich weniger die kurzfristigen Rendite-Interessen der Aktionäre, die Unternehmensentscheidungen bestimmen, sondern die Interessen einer Vielzahl gesellschaftlicher *stakeholder*.

In der Sphäre der Produktionssysteme sind deutsche Unternehmen häufig durch Strategien gekennzeichnet, die sehr gut ausgebildete Arbeitskräfte voraus-

---

[224] Lütz 2003:15

setzen. Als Problem der Arbeitgeber in qualitätsorientierten Produktionsregimen ergibt sich eine spezifische Abhängigkeit von qualifizierten Facharbeitern. Um sich vor immer weiter reichenden Forderungen der Arbeitnehmer zu schützen und Abwerbungen gut ausgebildeter Mitarbeiter durch andere Firmen zu verhindern, haben sich deutsche Firmen im System industrieller Beziehungen durch koordinierte Tarifverhandlungen zwischen Arbeitgebern und Gewerkschaften in den einzelnen Industriesektoren organisiert. Dadurch kommt es zu einer Angleichung der Löhne für vergleichbare Fertigkeiten im gesamten Industriesektor. Das erschwert die Abwerbung industriespezifisch ausgebildeter Arbeitskräfte. Es versichert den Arbeitnehmern, dass sie im gleichen Industriesektor den gleichen Lohn zu erwarten haben, unabhängig davon, an welches Unternehmen sie sich mit ihrem Berufswissen langfristig binden. Aus diesem Grund und angesichts starker Gewerkschaften, Betriebsräte und einem hohen rechtlichen Beschäftigungsschutz, ist der deutsche Arbeitsmarkt weit weniger flexibel und durchlässig als der in den USA.

Die Rolle des Staates in der politischen Ökonomie in Deutschland nach dem Zweiten Weltkrieg lässt sich am besten als die eines *ermöglichenden oder befähigenden* Staates beschreiben. Seine direkten Eingriffsmöglichkeiten in die Wirtschaftsprozesse waren zwar durch föderale Strukturen und eine Anzahl unabhängiger Institutionen wie Bundesbank und Bundeskartellamt beschränkt, doch hatte der Staat die Fähigkeit entwickelt, gesellschaftliche Gruppen und quasi-öffentliche korporatistische Akteure in der Selbstorganisation zu fördern und mit den notwendigen, teilweise konstitutionellen Mitteln auszustatten, um Bereiche der politischen Ökonomie selbst zu regulieren und zu verwalten, die anderswo durch den Staat geregelt wurden oder dem Markt überlassen blieben. Die EZB und ihre monetäre Unabhängigkeit sowie die europäischen Wettbewerbskommissare folgen den politisch-ökonomischen Prinzipien, die auch für die Bundesrepublik gelten, und stellen somit keinen Bruch dar. Darüber hinaus gibt der Staat einen erheblichen Teil des Bruttosozialprodukts für die sozialen Sicherungssysteme aus und folgt dem Verfassungsgebot „gleichwertiger Lebensverhältnisse" in allen Bundesländern, in dem er ein System der regionalen Umverteilung entwickelt hat[225].

Obwohl die meisten kapitalistischen Ökonomien entweder als unkoordinierte oder koordinierte Marktwirtschaften klassifiziert werden können, besteht innerhalb jeder der beiden Gruppen eine Vielzahl markanter Variationen. *Koordinierte* Marktwirtschaften unterscheiden sich untereinander darin, ob sie sich in Industriesektoren (in den meisten Länder Nordeuropas) oder eher innerhalb von Firmengruppen (in Japan und Süd-Korea) koordinieren. In Deutschland bei-

---

[225] Streeck 1997

spielsweise organisieren sich Arbeitgeberverbände und Gewerkschaften in Industriesektoren. Das bedeutet, dass die Koordinierung bei Tarifverhandlungen, in der beruflichen Ausbildung und den Technologietransfers im Wesentlichen sektorenspezifisch ist.

17 Wirtschaftsverfassung Sozialer Demokratie

Komparative Grundlagen
Für die Wirtschaftsverfassung und Wirtschaftspolitik Sozialer Demokratie können aus der *Varietes of Capitalism*-Forschung strategische Orientierungen gewonnen werden. Sie muss davon ausgehen, dass die einzelnen Elemente der institutionellen Arrangements, die die Unternehmensentscheidungen in kapitalistischen Marktwirtschaften bedingen, systematisch variieren und nicht voluntaristisch kombiniert werden können. Dies liegt teils daran, dass sie einander im strikten Sinne bedingen, teils daran, dass sie einander begünstigen und im Übrigen offenbar auch daran, dass die jeweilige Bündelung durch konsistente soziokulturelle Einstellungsmuster der maßgeblichen Akteure nahe gelegt wird. Die empirischen Befunde über die festgestellten Varianzen zwischen den einzelnen Elementen der institutionellen Arrangements lassen sich andererseits nicht als theoretisch begründete Festlegungen möglicher Spielräume überhaupt für ihre Auswahl und ihr Zusammenwirken interpretieren. Ihre Kombinierbarkeit und deren Auswirkungen auf das politisch-ökonomische Gesamtergebnis, das daraus resultiert, erscheinen zwar systemspezifisch vorgeprägt, aber auch in Grenzen kontingent.

Aus diesen empirischen Befunden ergeben sich für die politisch ökonomischen Handlungsstrategien Sozialer Demokratie zwei Orientierungen:

Erstens: Wegen der starken Affinitäten oder Wechselbedingungen zwischen den relevanten polit-ökonomischen Institutionen sind immer nur *Paketlösungen* erreichbar, bei denen sich im Hinblick auf die normativen Ziele der Sozialen Demokratie wünschenswerte mit weniger wünschenswerten Elementen mischen. Teilweise erzeugen diese Gemengelagen aber auch Alternativen, zwischen denen sich innerhalb des Rahmens, der von den normativen Zielsetzungen der Sozialen Demokratie vorgegeben ist, pragmatische Abwägungsentscheidungen begründen lassen.

Zweitens: Dasjenige Maß an arbeitsrechtlichen Regelungen und Mitbestimmungsrechten, dass für den Schutz der Gesundheit und der Würde der abhängig Beschäftigten geboten ist, muss auf der Ebene der industriellen Beziehungen und

148

der Unternehmensverfassung unabhängig von ökonomischen Leistungsgesichtspunkten institutionalisiert werden.

Institutionelle Komplementaritäten
Die politische Ökonomie erweist sich als ein System miteinander in hohem Maße verflochtener Arenen, in denen die Praktiken in der einen Sphäre abhängig sind von dem Charakter der Institution in einer anderen Sphäre. Die Institutionen der politischen Ökonomie erwachsen auf historischem Boden, sie bilden sich aus sozialen Prozessen und historischen Erfahrungen. Sie prägen die möglichen Aktionsmuster der beteiligten Akteure, vor allem auch der Staaten, vor.

Die Schwerkraft institutioneller Komplementaritäten führt zu einer fortwährenden Reproduktion der Unterschiede zwischen unkoordinierten und koordinierten Marktwirtschaften in allen Sphären der politischen Ökonomien. Wie sich die Subsysteme der jeweiligen Marktwirtschaften komplementär und funktional aufeinander beziehen, wird in drei herausgehobenen institutionellen Wechselverhältnissen besonders deutlich. Während die staatlichen Akteure in LMEs unter den Bedingungen offener Märkte in der Regel auf schwache Formen der Rahmensetzung beschränkt sind, können sie in CMEs zusätzlich die Rolle von Akteuren im Gefüge des politisch-ökonomischen Institutionengeflechts spielen. In beiden Fällen ist ihr Aktionsradius aber dadurch begrenzt, dass sie keine Störungen im Zusammenspiel der Institutionen verursachen dürfen.

Erstens: Arbeitsbeziehungen – Corporate Governance
Institutionelle Strategien in der Sphäre der *Corporate Governance*, die durch Unternehmensverflechtungen, durch die Machtkontrolle der Vorstände und durch den von kurzfristigen Gewinnziffern unabhängigen Zugang zu Finanzkapital geprägt sind, stützen sich in der Sphäre der Arbeitsbeziehungen meist auf Praktiken, die durch höhere Arbeitsplatzsicherheit und zentralisierte Tarifverhandlungen gekennzeichnet sind. Unternehmen, die nicht nach kurzfristigem Profit streben müssen, können ihren Mitarbeitern festere Zusagen bezüglich Lohn und Arbeitsplatzsicherheit machen. Im Gegensatz dazu sind Unternehmen, deren Finanzierung maßgeblich über den Kapitalmarkt erfolgt, so dass sie das unmittelbare Interesse ihrer Aktionäre befriedigen müssen („Shareholder Value") und der Gefahr ‚feindlicher Übernahmen' ausgesetzt sind, auf größtmögliche Autonomie und auf uneingeschränkte Handlungsvollmachten des Managements bedacht. Ein derartiges System der *Corporate Governance* korrespondiert sowohl mit einem flexiblen Arbeitsmarkt als auch mit individuellen Lohnfindungen zwischen Arbeitgeber und Arbeitnehmer, die es Unternehmen ermöglichen, schneller auf Marktveränderungen reagieren zu können. Es sträubt sich gegen qualifizierte Formen der Arbeitnehmermitbestimmung.

Zweitens: Arbeitsbeziehungen – Ausbildungssystem
In Marktwirtschaften, deren Arbeitsbeziehungen wesentlich durch häufige Arbeitsplatzwechsel und durch Lohnfindungen auf Firmenebene geprägt sind, scheint es für Unternehmen wie für Arbeitnehmer sinnvoller, berufliche Ausbildungssysteme zu entwickeln, die eher allgemeine Fähigkeiten und Kenntnisse vermitteln. Im Gegensatz dazu ist es für Unternehmen, die in Arbeitsbeziehungen mit starken Gewerkschaften und koordinierten Tarifverhandlungen eingebunden sind, effizienter, in gemeinsamen Ausbildungssystemen zu kooperieren, die spezialisierte, industriespezifische Kenntnisse vermitteln, während gleichzeitig hohe und tariflich gesicherte Löhne und relativ sichere Arbeitsplätze die Arbeitnehmer ermutigen, sich schwer transferierbare Kenntnisse anzueignen.

Drittens: Corporate Governance – Unternehmensbeziehungen
In Marktwirtschaften, in denen vielfältige Institutionen der Unternehmenskontrolle den Zwang zu kurzfristiger Profitmaximierung begrenzen, ist es für Unternehmen leichter, in Bereichen der Forschung, der Produktentwicklung oder der Technologietransfers mit anderen Unternehmen zu kooperieren. Wo aber mobile und heterogene Kapitalmärkte Investitionstransfers von einem Unternehmen zum anderen erleichtern, ist es für Unternehmen wichtiger, über neue Technologien exklusiv verfügen zu können. Aus diesem Grunde erwerben Unternehmen hier neue Technologien eher durch den Zukauf anderer Unternehmen oder durch das Abwerben von Personal, als sich in langfristigen Kooperationen zu engagieren[226].

Kapitalismustypen im Vergleich
Nach *Soskice/Hall* bilden also Arrangements von institutionellen Komplementaritäten die innere feste Struktur der jeweiligen politischen Ökonomien. Sie sind historisch gewachsen und stellen auch im globalen Wettbewerb einen *Filter* für die Verarbeitung der systemexternen Herausforderungen dar. Sie prämieren systemimmanente Antworten gegenüber systemstrukturellem Wandel. Keiner der polit-ökonomischen Typen ist dem anderen in jeder Hinsicht überlegen. Abgesehen von Unterschieden in spezifischen Entwicklungsphasen sind beide in der Lage, unter dem Druck der Globalisierung auf je eigene Weise ihre ökonomische Leistungsfähigkeit zu behaupten, allerdings bezogen auf unterschiedliche Leistungsstandards in unterschiedlichem Maße. Systematische Differenzen zwischen beiden Ökonomie-Typen finden sich daher in einer Reihe spezifischer Leistungsdimensionen. Unkoordinierte und koordinierte Marktwirtschaften entwi-

---

[226] Hall/Gingerich 2001

ckeln unterschiedliche Varianten technologischer Innovationsfähigkeit und tendieren dazu, Einkommen und Arbeit unterschiedlich zu verteilen.

Die Produktionssysteme koordinierter Marktwirtschaften erweisen sich als vorteilhaft bei der Durchführung von „diversifizierten Qualitätsproduktions-Strategien" und als hinderlich für kurzfristig orientierte Produktmarktstrategien[227]. Darüber hinaus scheinen koordinierte Wirtschaftsordnungen komparative Vorteile bei der Hervorbringung von inkrementellen Innovationen, hingegen Nachteile bei Grundlageninnovationen aufzuweisen. Japanische Unternehmen sind im Vergleich zu Firmen in unkoordinierten Marktwirtschaften, die von einem sehr flexiblen Arbeitsmarkt profitieren, weniger zu radikalen Innovationen fähig. Sie können aber auch nicht Technologietransfers durch Kooperation nutzen. Eine politische Ökonomie, die wesentlich auf *keiretsu*-Unternehmensgruppen basiert, ermutigt die Unternehmen, Strategien zu entwickeln, die besondere Vorteile aus den Möglichkeiten der sektorenübergreifenden Technologietransfers und der schnellen Um-Organisation der Arbeitskräfte ziehen. Japanische Unternehmen haben im Vergleich mit deutschen oder amerikanischen Firmen einen institutionellen Vorteil bei der Massenproduktion von günstigen Konsumgütern und Maschinen und der Verwertung von Elektronik, die bereits existierende Technologie für eine erweiterte Produktionspalette nutzt.

Die Unterschiede im institutionellen Rahmenwerk der politischen Ökonomie bedingen auch systematische Unterschiede der Unternehmensstrategien. Dies wird beispielsweise in der Art deutlich, wie Unternehmen in Großbritannien, einer unkoordinierten Marktwirtschaft, und in Deutschland, einer koordinierten Marktwirtschaft, auf die gleichen Herausforderungen unterschiedlich reagieren. Auf veränderte Wechselkurse, die den Export der eigenen Produkte auf ausländischen Märkten verteuern, reagieren britische Unternehmen eher damit, die Preissteigerung an die Kunden weiterzugeben, um die Profitabilität zu erhalten. Deutsche Unternehmen hingegen tendieren in derselben Situation eher dazu, ihre Preise zu halten und dadurch zwar geringere Profite in Kauf nehmen zu müssen, aber ihre Marktanteile verteidigen zu können.

Der *Varieties of Capitalism*-Ansatz liefert einen Analyserahmen, der solche unterschiedlichen Reaktionen von Unternehmen auf die gleiche Herausforderung erklärt:
Britische Firmen müssen in einer unkoordinierten Marktwirtschaft ihre Profitraten halten, da sie von einem Kapitalmarkt abhängig sind, der die Ausschüttung kurzfristig anfallender Gewinne belohnt. Ihre Verluste von Marktanteilen hingegen können sie in einem sehr offenen Arbeitsmarkt wiederum dadurch kompensieren, dass sie kurzfristig Arbeitskräfte entlassen. In Gegensatz dazu

---

[227] Streeck 1991

können deutsche Unternehmen einen Rückgang der Profite für eine gewisse Zeit aushalten, da das Finanzsystem in einer koordinierten Marktwirtschaft den Zugang zu Kapital unabhängig vom kurzfristigen Gewinn ermöglicht.

Bei der qualitativen Bewertung im Sinne der *Sozialen Demokratie* weisen die auf den *shareholder value* ausgerichteten institutionellen Strukturen *unkoordinierter Marktwirtschaften* in vierfacher Hinsicht ein grundsätzliches Defizit auf:

Erstens vergrößern die auf kurzfristigen Profit ausgerichteten Unternehmensstrategien soziale und ökologische Probleme dadurch, dass sie die langfristigen Folgen aus unternehmensstrategischen Überlegungen weit gehend ausschließen.

Zweitens werden durch die Form der *corporate governance*, die allein auf die unkontrollierte Verfügungsmacht des Managements ausgerichtet ist, verschiedene gesellschaftliche Gruppen, allen voran die Arbeitnehmer, aus wichtigen ökonomischen Entscheidungsprozessen ausgeschlossen.

Drittens ist die Ausrichtung unkoordinierter Marktwirtschaften auf einen sehr flexiblen und unregulierten Arbeitsmarkt mit nur sehr allgemein ausgebildeten Arbeitnehmern – im Gegensatz zu den Facharbeitern in koordinierten Marktwirtschaften – problematisch, da sie die Abhängigkeit der Arbeitnehmer in vermeidbarem Maße verschärft.

Viertens korrespondieren die Schwäche der Gewerkschaften und das Fehlen zentralisierter Lohnverhandlungen in unkoordinierten Marktwirtschaften mit dieser Struktur der Arbeitsbeziehungen und verstärkt die in ihr angelegte Tendenz.

Normative Leistungsdimensionen
Die politische Ökonomie der Sozialen Demokratie muss den Analyserahmen der *Varieties of Capitalism*-Forschung um die Leistungsdimensionen der *Demokratisierung*, der *sozialstaatlichen Sicherung* sowie der *sozialen Teilhabe* erweitern und ihre Präferenzen darauf beziehen. Dabei geht es um den Geltungsbereich der positiven Freiheitsrechte, um gleiche Lebenschancen, soziale Sicherheit und Autonomie sowie Schutz vor sozio-strukturellen Risiken. Es geht ferner um die Sicherung der Würde am Arbeitsplatz, um die gerechte Verteilung von Einkommen und um angemessene Interessenvertretungen bei betrieblichen, aber auch makroökonomischen Entscheidungen. Diese Leistungsdimensionen der politischen Ökonomie müssen jedoch mit Aspekten der makroökonomischen Leistungsfähigkeit wie Arbeitslosigkeit, Inflation und Wachstum in eine analytische und normative Beziehung gesetzt und gegeneinander abgewogen werden.

In der Dimension der positiven Freiheit ist Erwerbsarbeit eine zentrale Kategorie. Über Lohnarbeit beziehen Menschen nicht nur ihr Einkommen und somit die sozialen Güter für ein selbst bestimmtes Leben, sondern auch die Grundlage ihrer sozialen und kulturellen Anerkennung und Selbstachtung. Die Möglichkeit, durch Arbeit Einkommen zu erwerben, ist also die primäre Voraussetzung zu Verwirklichung positiver Freiheitsrechte der Bürger. Für die politische Ökonomie der Sozialen Demokratie ist folglich der Zugang zum Arbeitsmarkt ein wesentlicher Leistungsmaßstab, gleichermaßen im Hinblick auf Freiheit und auf Gerechtigkeit. Seit Mitte der neunzehnhundertachtziger Jahre scheinen sich unkoordinierte Marktwirtschaften mit ihrem sehr flexiblem Arbeitsmarkt, ihrer schnelleren Marktanpassungsfähigkeit aufgrund ungehinderter und umfassender Managemententscheidungen, und ihrer radikalen Innovationsmöglichkeiten durch schnell zu akquirierendes Kapital auf Kapitalmärkten in den wichtigen ökonomischen Leistungsdimensionen – Inflation und Arbeitslosigkeit – besser zu behaupten. Viele koordinierte Marktwirtschaften hingegen leiden seither unter hoher struktureller Arbeitslosigkeit. Libertäre Autoren stützen auf diesen Erfolg ihre Schlussfolgerung, dass koordinierte Marktwirtschaften nicht fähig seien, ihre Arbeitsmärkte an den postfordistischen Wandel der Produktionsweisen und den globalen Wettbewerb anzupassen. Eine solch einfache Gegenüberstellung von unkoordinierten und koordinierten Marktwirtschaften hinsichtlich der Arbeitslosenquote ist aber in mehrfacher Hinsicht irreführend. Vergleicht man beispielsweise die Arbeitslosenquote der USA – als der typischen unkoordinierten Marktwirtschaft – mit der in koordinierten Marktwirtschaften während der letzten zwanzig Jahren, so zeigt sich, dass sie manchmal höher, manchmal niedriger ist und mit den allgemeinen makroökonomischen Bedingungen variiert. Im Zeitraum 1983-1988 hatten Schweden, Norwegen, die Schweiz und Österreich Arbeitslosenquoten, die niedriger waren als in den USA (und sich eher den japanischen Quoten näherten -weniger als 3%), ihre ebenfalls koordinierten Nachbarn Dänemark, Frankreich, Niederlande und Belgien hatten hingegen eine höhere Arbeitslosenquote (9-12%). Im Jahr 1992 war die Zahl der Arbeitslosen in Schweden, Niederlande, Norwegen, Schweiz und Österreich niedriger als in den USA (7,5%), und auch im amerikanischen Boom-Jahr 1998 war die Arbeitslosenquote immer noch in den Niederlanden, Norwegen und Schweiz niedriger als in den USA (4,6%). Die Arbeitslosenquote lag in Großbritannien, einer weiteren unkoordinierten Marktwirtschaft, im Zeitraum 1990-1998 in vier von acht Jahren über den OECD Durchschnitt[228].

Die hohe Arbeitslosigkeit in einigen koordinierten Marktwirtschaften hat eine Vielzahl von Ursachen, die, wie der Vergleich zeigt, nicht auf die institutio-

---

[228] Scharpf/Schmidt 2000: Statistical Appendix Tab. A.4

nelle Variablen des *Varieties of Capitalism*-Ansatz reduziert werden können. Unkoordinierte Marktwirtschaften scheinen zwar flexibler auf Marktentwicklungen zu reagieren und Arbeitslosigkeit konjunkturell schneller abbauen zu können, aber auch ihre institutionellen Strukturen, insbesondere ein flexibler und deregulierter Arbeitsmarkt (schneller Austausch, geringe Betriebsbindung), können hohe Arbeitslosenquoten grundsätzlich nicht verhindern. Darüber hinaus müssen die Nebenkosten eines derart flexiblen Arbeitsmarktes für die Gesellschaft in den Vergleich einbezogen und zur Arbeitslosenstatistik in Beziehung gesetzt werden. Nicht nur die Quantität sondern auch die Qualität der Arbeitsplätze ist von Bedeutung. Niedriglohn-Jobs beispielsweise, die auf der Basis von *low-skill-low-wage* entstehen, können die Betroffenen leicht in *working poor*-Fallen drängen und behindern eher die Ausübung der materiellen Freiheitsrechte, als die notwendigen Ressourcen für sie zu schaffen. Ein zu flexibler und zu deregulierter Arbeitsmarkt schränkt – vor allem am unteren Ende der Qualifikations- und Einkommensskala – das Recht auf autonome Gestaltung der eigenen Lebensbedingungen ein. Hinzu kommt, dass Marktwirtschaften, deren Lohnfindungsprozesse unkoordiniert und auf Firmenebene organisiert sind, dazu tendieren, große Lohnunterschiede zu bewirken. Wo aber die ökonomische Ungleichheit ein produktives und faires Maß übersteigt wie in den USA und in Großbritannien, sind Armut und soziale Exklusion weiter verbreitet als in koordinierten Marktwirtschaften. Auch die „Sozialvererbung" von Lebenslagen und somit die ungerechte Verteilung von Lebenschancen, ist in unkoordinierten Marktwirtschaften weitaus stärker ausgeprägt[229]. In den Dimensionen der positiven Freiheit und der gleichen Würde finden sich also in unkoordinierten Marktwirtschaften markante Defizite.

Andererseits führt das in koordinierten Marktwirtschaften verbreitete Fehlen eines Niedriglohnsektors häufig zu Massen- und Langzeitarbeitslosigkeit. Die Transformation von einer Industrie- zu einer Wissens- und Dienstleistungsökonomie bewirkt strukturelle Veränderungen der Arbeit und stellt Arbeitsmarkt- und Sozialsysteme sowie korporative Steuerungsinstitutionen in koordinierten Marktwirtschaften vor schwierige Herausforderungen. Dabei erweisen sich häufig gerade jene Institutionen, die zum Schutz gegen Arbeitsmarktrisiken geschaffen wurden, als Hindernis bei der Anpassung an die neuen Herausforderungen, und somit beim Abbau der Arbeitslosigkeit. Vor allem in den Ländern, in denen die Sozialversicherungssysteme wesentlich durch Einkommensbeiträge finanziert werden und so die Kosten des Faktors Arbeit erhöhen, sind sie selbst zur Mit-Ursache dauerhafter Massenarbeitslosigkeit geworden[230]. In einigen koordinierten Marktwirtschaften mit stark regulierten Arbeitsmärkten und starren

---

[229] Esping-Andersen 2003b
[230] Scharpf 1999a, 2000a

Tarifsystemen, etwa Deutschland, ist eine zunehmende – den unkoordinierten Marktwirtschaften durchaus vergleichbare – soziale Polarisierung zwischen Insidern und Outsidern zu beobachten. Das weit verbreite Phänomen der Schwarzarbeit ist Ausdruck dieser Desintegration des koordinierten Arbeitsmarktes.

Vor dem Hintergrund veränderter Rahmenbedingungen der internationalen Produktmärkte und zunehmend spezialisierten Marktnischen können international exponierte Wirtschaftssektoren ihre Wettbewerbsfähigkeit nur durch kontinuierliche Produkt- und Prozessinnovation sowie Kostenreduktion sichern. Internationaler Wettbewerb wird notwendigerweise die Produktivität der Unternehmen erhöhen. Dies führt im Ergebnis dazu, dass die Beschäftigungsmöglichkeiten in exponierten Sektoren selbst in den Ländern begrenzt sind, die sich auf internationalen Märkten gut behaupten[231]. Tatsächlich haben die Beschäftigungsquoten in den exponierten Sektoren in praktisch allen entwickelten Marktwirtschaften abgenommen, wohingegen Beschäftigungszuwächse fast ausschließlich in geschützten Sektoren (Dienstleistungen, die lokal produziert und konsumiert werden,) erreicht wurden[232]. In diesen geschützten Sektoren finden sich Beschäftigungszuwächse entweder im privatwirtschaftlichen Niedriglohnbereich oder bei öffentlich erbrachten sozialen Dienstleistungen; dies wiederum ist eine Folge der jeweiligen sozialstaatlichen Einbettung der Produktionsregime, der Sozialstaatsfinanzierung und von Politikentscheidungen, die davon abhängen, welche Steuerlastquote die Gesellschaft akzeptiert.

Folglich müssen koordinierte Marktwirtschaften auf die Herausforderungen veränderter Produktionsweisen und neuer internationaler Rahmenbedingungen anders reagieren können als unkoordinierte. Die Organisation des Sozialstaats und seine Auswirkungen auf den ökonomischen Prozess und seine Ergebnisse müssen in die Vergleichsperspektive einbezogen werden.

18 Soziale Marktwirtschaft und Globalisierung

Integrales Konzept
Wirtschaftssysteme, die in grundrechtsbasierte Sozialstaaten eingebunden sind und einer auf Vollbeschäftigung zielenden makro- und mikroökonomischen Regulationspolitik unterliegen, können soziale Marktwirtschaften genannt werden[233]. Das *Varieties of Capitalism*-Konzept von *Kitschelt/Lange/Marks/Stephans* zielt auf die Synthese von Sozialstaats- und Marktwirtschaftstypen. Es wählt zu diesem Zweck die makroökonomische Ebene als Ausgangspunkt des

---

[231] Scharpf/Schmidt 2000
[232] Scharpf 1999
[233] Pontusson/Yong Kwon 2004

Vergleichs[234]. Der Forschungsansatz geht von der Beobachtung aus, dass die institutionellen Transformationen nationaler Ökonomien durch die äußeren Ursachen der veränderten Weltwirtschaft hervorgerufen werden. Die Veränderungen sind in jedem Fall durch die jeweiligen politisch-ökonomischen Institutionen vermittelt, so dass ihre Divergenz auch unter den Bedingungen der Globalisierung erhalten bleibt. Die Analyse des Wechselverhältnisses von Sozialstaat und Produktionsregime führt zur Unterscheidung von vier Ideal-Typen des Verbundes von Marktwirtschaft und Sozialstaat.

Erstens: Unkoordinierte Marktwirtschaften in Kombination mit *residualen (liberalen) Sozialstaaten*. Gewerkschaften werden hier als Behinderung von Management-Entscheidungen wahrgenommen und spielen daher nur eine geringe Rolle bei der Koordinierung von Unternehmensaktivitäten. In diesen Ländern findet sich zumeist ein bipolares Parteiensystem, dessen Konfliktlinie durch ökonomische Verteilungsfragen geprägt ist.

Zweitens: Gesamtstaatlich-koordinierte Marktwirtschaften in Kombination mit *universalistischen*, egalitären, redistributiven und dienstleistungsorientierten *Sozialstaaten* mit einem hohen Dekommodifizierungsgrad. Die auf nationaler Ebene koordinierten Marktwirtschaften sind durch Verhandlungen auf Spitzenebenen sowie durch Absprachen zwischen den hierarchischen Organisationen von Arbeitgebern und Gewerkschaften zu allen wichtigen Themen gekennzeichnet, von den Löhnen und der öffentlichen Politik bis hin zu Ausbildung und Mitbestimmung. *Regierungen* übernehmen in diesen Institutionen der Selbstkoordinierung meist eine *moderierende*, selten eine direktive Rolle. Diese Länder sind durch die Hegemonie sozialdemokratischer Parteien und einen zersplitterten bürgerlichen Parteienblock gekennzeichnet.

Drittens: Sektoral koordinierte Marktwirtschaften in Kombination mit beschäftigungs- und einkommensbezogenen, *transferorientierten Sozialstaaten* mit einem mittleren Dekommodifizierungsgrad. Sie ermöglichen die Aneignung von Berufsqualifikationen in Betrieben oder – unter Einbindung von Firmen und Gewerkschaften – in staatlichen Schulen. Gewerkschaften organisieren ihre Mitglieder in industriellen Sektoren und spielen eine wichtige Rolle bei der Organisation der Arbeitsbedingungen innerhalb der Betriebe und bei der Lohnfindung. In diesen Ländern dominiert ein tripolares Parteiensystem, das sich im Wesentlichen durch die Differenzierung in liberalen, katholischen und sozialdemokratischen Strömungen konstituiert.

---

[234] Kitschelt u.a. 1999

Viertens: Industriegruppen-koordinierte Marktwirtschaften (keiretsu) in Kombination mit *residualen* oder *paternalistischen Sozialstaaten*. Das Parteiensystem dieser Länder ist durch eine Hegemonie „bürgerlicher" Parteien und einem Wettbewerb nicht-ideologischer Klientel-Parteien geprägt.

Während *Soskice/Hall* für koordinierte Marktwirtschaften die Untergruppen Industriekoordinierung (in den meisten nordwesteuropäischen Ländern) und Firmengruppenkoordinierung (Japan und Korea) bilden, unterscheiden *Kitschelt* u.a. darüber hinaus die industriesektoren-koordinierten Marktwirtschaften in solche mit einer hauptsächlich nationalen und solche mit einer hauptsächlich sektoralen Koordination. Bis in die frühen neunzehnhundertachtziger Jahre unterschieden sich die skandinavischen Länder mit ihrer nationalen Koordinierung von den Ländern des „rheinischen" Kapitalismus (z.B. Belgien, Schweiz, Deutschland) mit ihrer hauptsächlich sektoralen Koordinierung. *Kitschelt* u.a. betonen jedoch, dass innerhalb ihrer Typologie die Gruppen der koordinierten Marktwirtschaften deutlich von unkoordinierten Marktwirtschaften abgegrenzt werden müssen. Ihr Modell überlappt sich infolgedessen – trotz seiner weiter gehenden Differenzierung und dem erweiterten analytischen Ansatz – mit den Befunden von *Hall/Soskice*. Ferner zeigt ihre Typologie erhebliche Übereinstimmungen mit der paradigmatischen Typologie der Sozialstaatsregime von *Gøsta Esping-Andersen*[235].

Die unter Zwei und Drei und, wie die genauere Analyse des japanischen Beispiels zeigt, bedingt auch die unter Vier rubrizierten Modelle erfüllen mit gewissen Variationsspielräumen konstitutive Bedingungen Sozialer Demokratie. Das Modell der unkoordinierten Marktwirtschaften mit residualem Sozialstaat hingegen ist eine libertäre kapitalistische Demokratie.

Die Einbeziehung wohlfahrtsstaatlicher Arrangements in die Analyse von Produktionsregimen unterschiedlicher kapitalistischer Ökonomien zeigt, dass eine Vielzahl politisch-ökonomischer Institutionen in komplexem Wechselwirken zu korporativen und politischen Akteuren steht, durch die bestehende Strukturen reproduziert werden. Ferner macht dieser Ansatz Affinitäten zwischen Typen der Produktions-Regime, Mustern sozio-ökonomischer Ungleichheit, Sozialstaatsregimen und Konstellationen korporativ-politischer Akteure in Parteien und Interessengruppen sichtbar. Er definiert auf empirischer Grundlage das akteurstheoretische Handlungsfeld und Komplexitätsniveau auf das sich die polit-ökonomischen Strategien Sozialer Demokratie beziehen müssen.

---

[235] Esping-Andersen 1990

Institutionen-Mix

Das institutionelle Beziehungsgeflecht zwischen Arbeitsmarktsystemen, Unternehmensorganisation und -finanzierung und sozialstaatlichen Strukturen markiert die Bedingungen, unter denen die positiven Eigenschaften unkoordinierter Marktwirtschaften genutzt und deren negative Aspekte durch angemessene soziale Sicherungssysteme kompensiert werden können. So hat beispielsweise Dänemark durch Abbau des Kündigungsschutzes einen der flexibelsten Arbeitsmärkte, der nur noch von denen in den USA und Großbritannien übertroffen wird. Das ermöglicht dänischen Unternehmen, ihre Belegschaft flexibel zu erweitern und zu verringern. Diese Unsicherheit für den Arbeitnehmer wird durch ein im internationalen Vergleich sehr großzügiges Arbeitslosengeld, eine aktive Politik zur Wiedereingliederung auf dem Arbeitsmarkt und einer Vielzahl weiterer Sozialleistungen kompensiert.

Umgekehrt haben Produktionsregime, die auf einem ausgedehnten Niedriglohnsektor und einem flexiblen, unregulierten Arbeitsmarkt basieren, sozial hochgradig problematische Folgen, wenn sie nur über schwach ausgebildete soziale Sicherungssysteme verfügen. Zu den sozial unerwünschten Folgen zählen nicht nur Arbeitnehmerarmut trotz Erwerbsarbeit und soziale Unsicherheit, sondern auch schwer wiegende Formen sozialer Anomie. Dies wird am Beispiel USA sehr deutlich. Hier saßen 1993 1.339.695 Menschen im Gefängnis, das bedeutet eine Quote von 519 Strafgefangenen pro 100.000 Einwohnern. In Deutschland lag die Quote im selben Jahr bei 80 Strafgefangenen pro 100.000. *Bruce Western* and *Katherine Beckett* haben ausgerechnet, dass in Europa arbeitslose Männer männliche Strafgefangene in einem Verhältnis 20 bis 50 zu 1 übertreffen. In den USA liegt das Verhältnis zwischen Arbeitslosen und Strafgefangenen bei weniger als 3 zu 1. Rechnet man alle Strafgefangenen in den Arbeitsmarkt hinein, so wäre die Beschäftigungsquote in Europa im Zeitraum von 1976-1994 in 15 von 19 Jahren höher als die der USA. Diese Berechnungen zeigen, dass 1995 zwar die offizielle Arbeitslosenquote in Deutschland bei 7.1% und in den USA nur bei 5.6% lag, bei Berücksichtigung der Gefängnisinsassen in beiden Ländern in Deutschland auf 7.4% und in den USA aber auf 7,5% steigen würde[236]. Erst wenn der Systemvergleich ausreichend weit gefasst wird, lassen sich die Auswirkungen der Realtypen auf universelle Grundrechte realistisch beurteilen.

Spezifische Mischverhältnisse

Selbst unter den anspruchsvollen Voraussetzungen, dass die notwendigen ökonomischen Rahmenbedingungen politisch durchgesetzt werden können, die sozi-

---

[236] Western/Beckett 1999

alen Bürgerrechte durch ein universelles Sozialstaatsregime und ausreichende Mitbestimmungsrechte gewährleistet sind und das politische Primat über die Ökonomie als prinzipielles Regelungs- und Interventionsrecht verfassungspolitisch anerkannt und institutionalisiert ist, kann folglich die Auswahl der institutionellen Arrangements politischer Ökonomie in konkreter Lage nur eine pragmatische Entscheidung zwischen Varianten des Wohlfahrtskapitalismus sein. In die politischen Entscheidungen des jeweils spezifischen Mischverhältnisses müssen aus Sicht der Sozialen Demokratie zwei Gesichtspunkte eingehen:

Erstens: Das nach dem Stand der empirischen Erkenntnisse erwartbare ökonomische Gesamtergebnis im Hinblick auf das erreichbare Bruttosozialprodukt und die ökologisch vertretbaren Wachstumsraten.

Zweitens: Politisch legitimierte Präferenzentscheidungen im Hinblick auf typspezifische Vorzüge wie hohe Beschäftigung, Arbeitsplatzsicherheit, Kontinuität, Produktivität und Innovationskraft.

Globalisierungseffekte
Ähnlich wie *Soskice/Hall* betrachten *Kitschelt* u.a. politische Ökonomien als Rahmenwerke von Anreizen und Zwängen, die tief in einem komplexen Beziehungsgeflecht von Institutionen verwurzelt und daher nicht durch kurzfristige politische Entscheidungen grundlegend veränderbar sind. Die prinzipielle Veränderbarkeit der Typen unter dem Druck neuartiger globaler und soziokultureller Zwänge ist allerdings unbestritten. Es ist dabei eine offene Frage, ob dieser Druck die divergenten Typen zur Konvergenz drängt. Das Argument des *Varieties of Capitalism*-Ansatzes ist, dass es die existierenden und divergierenden institutionellen Rahmenbedingungen selbst sind, die politische Ökonomien auf den gemeinsamen Druck höchst unterschiedlich reagieren lassen. Die gleichen ökonomischen Herausforderungen verschärfen die institutionellen Unterschiede eher, als dass sie die unterschiedlichen Marktwirtschaften zur Strukturangleichung zwingen. *Kitschelt* u.a. nennen fünf Gründe, die eine Konvergenz von modernen politischen Ökonomien auf ein einziges, überlegenes Modell von Märkten und politischen Entscheidungsinstitutionen theoretisch und empirisch unplausibel erscheinen lassen:

Erstens: Selbst in einer Welt mit sinkenden Kosten für Transport und Kommunikation wird der internationale Wettbewerb nicht vollständig sein. Es bleibt eine Vielzahl von Nischen und lokalen Produktionsregimen übrig, die vor internationalem Wettbewerb geschützt sind.

Zweitens: Die Effekte der ökonomischen Globalisierung auf die heimische Wirtschaft unterscheiden sich je nach der Mischung ökonomischer Faktoren, auf die sie treffen. Mit Blick auf die „Portfolios" der unterschiedlichen Produktionsregime kommt es zwar zu institutionellen Anpassungen, aber eher im Sinne typenspezifischer Akzentuierung. Vor dem Hintergrund bestehender institutioneller Strukturen und spezifischer komparativer Vorteile, ist es wahrscheinlicher, dass die Wahl neuer Strategien den internen Systemvorgaben folgen wird: Länder, Regionen und Sektoren bevorzugen Bereiche ökonomischer Aktivitäten und spezialisieren sich in Märkten, die mit ihren institutionellen Vorzügen kompatibel sind.

Drittens: Ein gemeinsamer internationaler Wettbewerbsdruck wird von Akteuren in unterschiedlichen institutionellen Arrangements unterschiedlich wahrgenommen. Dem globalen Problemdruck wird durch eine Bandbreite wirksamer Antworten begegnet, die jeweils durch frühere Erfahrungen, durch bestehende Techniken der Problemlösung und durch die unterschiedliche Wahrnehmung von Problem-Brennpunkten motiviert sind und institutionell umgesetzt werden.

Viertens: Eine allgemeine Konvergenz marktwirtschaftlicher Typen als Ergebnis erhöhten internationalen Wettbewerbs setzt die Bereitschaft und Fähigkeit von Regierungen voraus, ihre Marktinstitutionen zu liberalisieren. Der Grad der ökonomischen Internationalisierung aber wird kollektiv durch Regierungen und geopolitische Regime geschaffen, die sehr unterschiedliche Präferenzen und institutionelle Kapazitäten haben, tarifliche und nichttarifliche Grenzen abzubauen. Die Anpassungsmuster sind also eine Funktion nicht nur ökonomischer und organisatorischer, sondern auch politischer Logik.

Fünftens: Der Einfluss des internationalen Wettbewerbs auf nationale Politik und Institutionen wird durch den heimischen Status quo gebrochen – das heißt durch die relative Stärke und organisatorische Fähigkeit von Produzentengruppen, durch die Konfiguration der Parteien, durch das Wahlsystem, durch die Beziehung zwischen Exekutive und Legislative und schließlich durch Fähigkeiten und die territorial-administrative Organisation von nationalen Bürokratien. Diese gegebenen Konfigurationen wirken nicht nur als „abhängige Variablen", die durch neue Herausforderungen zum Wandel gezwungen werden, sondern erweisen sich als subtile Filter für die Anpassungsstrategien der maßgeblichen Akteure[237].

---

[237] Kitschelt u.a. 1999

Vor dem Zeithorizont der letzten fünfzig Jahre lassen sich nun strukturelle Veränderungen des Institutionengefüges von Marktwirtschaften in vier wesentlichen Dimensionen erfassen:

Erstens ist nach dem Grad der Allokation knapper Ressourcen durch den Markt oder den Staat und nach den Verschiebungen der jeweiligen Allokationsmuster zu fragen. In der politischen Dimension gibt *zweitens* das Ausmaß direkter staatlicher Kontrolle darüber Auskunft, inwieweit institutionelle Veränderungen stattgefunden haben. *Drittens* lassen sich in der Dimension sozialstaatlicher Interventionen Veränderungen nachzeichnen. Und *viertens* kann der Wandel in der Arbeitsmarkt-Organisation anhand des Ausmaßes und der Intensität von kollektiver gegenüber Markt-Allokation bei der Bestimmung der Arbeitsbedingungen analysiert werden.

Setzt man dieses statische Dimensionen-Raster in Beziehung zum dynamischen Wandel entwickelter Kapitalismus-Typen, so lassen sich Muster institutioneller Konvergenzen und Divergenzen institutioneller Systeme identifizieren.

Die erste Periode, das „goldene Zeitalter" des Nachkriegskapitalismus von 1950-1973, ist charakterisiert durch anhaltende Divergenz aller Kapitalismus-Typen, infolge national unterschiedlicher Klassenkompromisse und Wachstumsmodelle. In dieser Phase finden sich aber auch überall graduelle Bewegungen hin zu mehr „organisiertem Kapitalismus". Das heißt, die Divergenz der bereits entwickelten Strukturen in den Bereichen der politischen Allokation knapper Ressourcen blieb bestehen, wohingegen eine Konvergenz in Richtung stärkerer politischer Kontrolle von Markt-Ergebnissen auszumachen war.

Auch in der zweiten Periode, der „Phase der Schocks und Krisen" von 1973-1982, in der alle Nachkriegspfade Zeichen eines ökonomischen und politischen Ungleichgewichts zeigen, entwickeln sich die einsetzenden Politik-Experimente in pfadabhängiger Richtung fort. Länder mit einem organisierten Kapitalismus wie die national koordinierten Marktwirtschaften verstärkten ihre Anstrengungen, ihre Ökonomien weiter zu organisieren. Im Gegensatz dazu gingen Länder mit vergleichsweise geringer Organisation dazu über, sich aus Staatsorganisation und Regulierung zurückzuziehen und in wachsendem Maß Markt-Beziehungen zur Geltung zu bringen.

Bezüglich der dritten Periode, der Phase der Transformation der entwickelten kapitalistischen Ökonomien unter dem Druck der Globalisierung seit 1982, divergieren die wissenschaftlichen Interpretationen. Die beiden hauptsächlichen Erklärungsansätze bewerten die gegenwärtigen Entwicklungen unterschiedlich:

Dem *neo-liberalen* Ansatz zufolge sind alle Typen des Kapitalismus nun starken Marktkräften ausgesetzt, die nach Wiedereinsetzung von Marktbeziehungen in jenen Bereichen verlangen, die vormals durch nicht-marktliche Institutionen (Arbeitsbeziehungen, Finanzen, Wirtschaftsverbände, Ausbildung, Forschung und Entwicklung usw.) organisiert waren. Diesem Druck seien alle politischen Ökonomien ausgesetzt, ungeachtet ihres Kapitalismustyps zu Beginn dieser Periode. Dieses *neoliberale Konvergenz-Modell* ignoriert die Rolle unterschiedlicher Institutionen-Muster, die den Druck in Richtung einer evolutionären Konvergenz abschwächen oder brechen können.

Der *neo-institutionelle* Ansatz hingegen vertritt die These, dass die institutionelle Divergenz nicht nur bestehen bleibt, sondern sich unter dem Druck der Globalisierung selbst erneuert. Es gab zwar eine eindeutige Tendenz gesamtstaatlich-koordinierter Marktwirtschaften, sich auf sektoral-koordinierte Marktwirtschaften hin zu entwickeln, und eine Tendenz von sektoral-koordinierten Marktwirtschaften, sich neu zu organisieren, um den veränderten politischen und ökonomischen Herausforderungen zu begegnen. Dieser Veränderungsprozess führt aber nicht zu einer Angleichung koordinierter an unkoordinierte Marktwirtschaften. Die eher koordinierten Marktwirtschaften bleiben organisiert, sie bleiben eher interventionistisch, regulativ und sozial protektiv, und streben immer noch danach, notwendige Anpassungen durch Kooperation und Konzertierung zwischen korporativen Akteuren und Regierungen herzustellen. Die unkoordinierten Marktwirtschaften hingegen werden eher noch libertärer, mit einer Schwächung des sozialen Schutzes und einer immer stärkeren Betonung der individuellen Leistung und der Märkte.

Korporatismus-Strukturen

Eine „duale Konvergenz", nach der sich unkoordinierte von koordinierten Marktwirtschaften weiter entfernen, während koordinierte Marktwirtschaften allgemein auf das Modell der Sektoren-Koordinierung hin konvergieren, zeichnet sich auch auf der Meso-Ebene politischer Ökonomien ab. Bestimmte meso-ökonomische Variablen dürfen nicht nur als passive Vermittlungsinstanzen äußeren Drucks betrachtet werden, sondern sind eher aktive Akteure, die auf diesen Druck reagieren. Dies gilt offensichtlich für die Struktur der Lohnverhandlungen[238].

Zum Ausgang des Krisenjahrzehnts Ende der neunzehnhundertsiebziger und zu Beginn der neunzehnhundertachtziger Jahre, als sich eine allgemeine makroökonomische Abkehr vom Keynesianismus und eine Hinwendung zum Monetarismus vollzog, lässt sich auch ein genereller Rückzug von korporatistischen Lohnpolitiken oder wenigstens von staatlichen Versuchen, den Lohnfindungsprozess zu steuern, feststellen. Der Rückzug des Staates aus den verschiedenen Formen der Lohnregulierung in Dänemark, Belgien, den Niederlanden und vor allem im Thatcheristischen Großbritannien repräsentiert eindeutig eine

---

[238] Iversen/Pontusson 2000

Deregulierung des Lohnfindungsprozesses. Großbritannien in den neunzehnhundertachtziger Jahren steht für die Neuordnung der Politik-Prioritäten, in der das Ziel der Preisstabilität relativ zu dem Ziel der Vollbeschäftigung aufgewertet und die Rolle der Gewerkschaften geschwächt wurde. Die Betonung der Selbstregulation durch den Markt, auch und besonders im Bereich der Arbeitsbeziehungen und der Lohnfindung, und des Rückzugs des Staates aus der makroökonomischen (keynesianischen) Steuerung wurde zum politischen Leitbild. Allerdings waren die korporatistischen Strukturen in Großbritannien, die von *Thatcher* zerschlagen wurden, von jeher nur sehr schwach entwickelt.

Ganz anders die Entwicklung in Schweden. Hier war seit dem Krieg die polit-ökonomische Entwicklung durch ein außergewöhnlich kohärentes korporatistisches Modell geprägt, das zentralisierte Lohnverhandlungen zwischen dem mächtigen Gewerkschaftsdachverband der Industriearbeiter (LO) und ihrem privatsektoralen Gegenpart auf Arbeitgeberseiter (SAF) makroökonomische Politik, vereinzelte staatliche Eingriffe in den Arbeitsmarkt und eine Vielfalt von sozialpolitischen Maßnahmen miteinander verband. Diese kompakte Form des Korporatismus ermöglichte sozialdemokratischen Regierungen bis Ende der neunzehnhundertsiebziger Jahre eine (post)keynesianische Steuerung (Rehn-Meidner-Modell[239]) mit dem Ergebnis der Vollbeschäftigung, die durch eine „solidarische Lohnpolitik", eine aktive Arbeitsmarktpolitik und eine selektive Industriepolitik unterfüttert wurde. In den neunzehnhundertachtziger Jahren verloren die Strukturen der industriellen Beziehungen und Institutionen einer moderaten Lohnpolitik zunehmend ihre Bedeutung und Wirkungskraft. Zum einen schien die schwedische Maxime „First growth than redistribution"[240] mehr und mehr vergessen worden zu sein. Die Dachverbände der Arbeitergewerkschaften (LO) und der Arbeitgeber (SAF) verloren die Lohnführerschaft an die Akteure im öffentlichen Sektor, deren Abschlüsse weit über den Vorgaben im industriellen und Export-Sektor lagen. Nach immensen Lohnsteigerungen in den neunzehnhundertsiebziger und neunzehnhundertachtziger Jahren kam auch die Lohn-Preis-Spirale dramatisch in Schwung.

Auch hielt die solidarische Lohnpolitik mit den Anforderungen postfordistischer und zunehmend wissensbasierter Produktionsformen nicht mehr Schritt. Die Arbeitgeber, vor allem in exportorientierten Sektoren, forderten zunehmend Lohndifferenzierungen. Vor allem die Arbeitgebervereinigung im Maschinen-

---

[239] Benannt nach den beiden Gewerkschaftsökonomen Gösta Rehn und Rudolf Meidner, deren Steuerungsstrategie die klassische keynesianistische antizyklische Nachfragetheorie gezielt mit dem Instrument der Lohnpolitik verband, die der heterogenen Struktur einer Volkswirtschaft entsprach. Dadurch wurden wettbewerbsfähige Firmen und Wirtschaftssektoren entlastet, während Firmen und Branchen, die nur schwach wettbewerbsfähig waren, verstärktem Lohndruck ausgesetzt wurden.
[240] Pontusson 1992

bau, ein Schlüsselmitglied im SAF, war unzufrieden mit der zentralisierten Lohnverhandlungspraxis und brach 1983 aus dem zentralisierten System aus, um mit ihrem LO-Gegenpart, der Metallarbeitergewerkschaft, eine separate Lohnvereinigung zu erzielen. Nach diesem dramatischen Bruch kam es in den darauf folgenden Jahren das eine Mal zu Verhandlungen auf der Ebene der Industriesektoren, ein anderes Mal auf nationaler Ebene der Dachverbände. Diese wechselhafte Strategie endete in den frühen neunzehnhundertneunziger Jahren, als sich die SAF endgültig gegen die Verhandlungen auf Spitzenebene entschied. Und so war in den Lohnrunden seit Mitte der neunzehnhundertneunziger Jahre der Streitpunkt – zwischen der SAF und den Gewerkschaften, aber auch innerhalb der SAF – nicht mehr, ob es Verhandlungen noch auf Spitzenebene geben sollte, sondern nur noch, wie viel Raum industriesektorale Ergebnisse für firmeneigene Abschlüsse lassen. Nach dem Zusammenbruch des Verhandlungssystems auf Dachverbandsebene ging es ferner um die Frage, ob Verträge auf Industrie-Ebene dieselbe Gültigkeitsdauer haben sollten, so dass eine gewisse Koordinierung der Verhandlungen über Sektoren hinweg möglich bleibt.

In den neunzehnhundertachtziger Jahren verloren die korporatistischen Institutionen in dem Maße an Bedeutung, in dem die Bedeutung der Geldpolitik und die Rolle der Zentralbanken relativ zu anderen Instrumenten der makroökonomischen Steuerung zu nahm. Die Deregulierung der Finanzmärkte und die Deregulierung der Lohnverhandlungen korrelierten. Der schwedische Fall repräsentiert eine radikale „paradigmatische Anpassung", in gewissem Maße einen „Regimewechsel".. Die wesentlichen Strukturen der schwedischen Sozialstaatspolitik und der traditionell aktivierenden Arbeitsmarktpolitik blieben von diesen Veränderungen unberührt.

Es spricht wenig dafür, ein grundsätzliches Ende der korporatistischen Selbststeuerung zu erwarten. So markiert der Bruch mit einer koordinierten Einkommenspolitik und dem „Abkommen von Wassenaar" in den Niederlanden 1982 vielmehr den Beginn einer neuen Ära konsensueller Koordinierung auf Industriesektoren- und Firmen-Ebene, mit dem Ergebnis, dass die Niederlande oft als ein Fall eines wiedergeborenen Korporatismus angeführt werden. Selbst in Schweden scheint sich seit Mitte der neunzehnhundertneunziger Jahre ein neuer Konsens über koordinierte Verhandlungen auf Industriesektoren-Ebene durchzusetzen. Die Gewerkschaften mussten zwar ihre Forderungen nach Verhandlungen auf Dachverbandsebene aufgegeben, aber auch die Arbeitgeber sind von der Forderung abgerückt, exklusiv auf Firmenebene zu verhandeln. Der niederländische Fall jedoch lässt vermuten, dass der neue Konsens nicht notwendigerweise eine weitere Dezentralisierung ausschließt. Die Arbeitgeberforderung nach dezentralisierteren Lohnverhandlungen und mehr „Lohnflexibilität", die zu mehr Produktivität, Wachstum und Wettbewerbsfähigkeit führen soll, dominiert

alle entwickelten kapitalistischen Länder seit den frühen achtziger Jahren, überlagert aber sehr unterschiedliche Praktiken und Entwicklungslinien in den industriellen Beziehungen. Die „*organisierte Dezentralisierung*" in koordinierten
Marktwirtschaften muss von der „*disorganisierten Dezentralisierung*" in Ländern wie den USA und Großbritannien deutlich unterschieden werden[241].

Nicht nur die Erwartung einer neoliberalen Konvergenz industrieller Beziehungen erscheint im Lichte dieser Erfahrungen unbegründet, sondern auch die
Annahme eines „uniformen Trends" innerhalb entwickelter Marktwirtschaften.
So findet sich zum Beispiel in Norwegen und Finnland kein Beweis für einen
einfachen Dezentralisierungtrend. Und in Dänemark entwickelten sich nach
dem Ende der Lohnfindung auf Dachverbandsebene in den frühen neunzehnhundertachtziger Jahren neue Formationen sub-verbandlicher Verhandlungsinstituti-
onen, aus denen Lohnabschlüsse hervorgingen, die sogar in mancher Hinsicht
umfassender sind als die traditionellen Abkommen. Schweden ist mit seiner
einzigartigen Dezentralisierung innerhalb der vier nordischen Länder bisher die
Ausnahme.

In der Gruppe der koordinierten Marktwirtschaften lassen sich also einige
Fälle von institutioneller Stabilität und Fälle signifikanter institutioneller Veränderungen beobachten. Dasselbe gilt für unkoordinierte Marktwirtschaften. Länder wie Schweden, Dänemark, die Niederlande und Belgien konvergieren in
ihren Lohnverhandlungspraktiken und makroökonomischen Steuerungspolitiken
zum „rheinischen Modell". Die unkoordinierten Marktwirtschaften Neuseeland
und Großbritannien konvergieren zum amerikanischen Modell. Eine Konvergenz
von koordinierten und unkoordinierten Marktwirtschaften in diesen Dimensionen
lässt sich nicht feststellen. Aber auch das deutsche System, auf das sich die nati-
onal-koordinierten Modelle hinbewegt haben, ist trotz seiner institutionellen
Stabilität strukturellen Transformationsprozessen unterworfen.

Es zeigt sich, dass dort, wo im Bereich der industriellen Beziehungen Kom-
munikations- und Ausgleichsstrukturen bestehen, die Akteure dahin tendieren,
diese Strukturen auch zu nutzen. Auch wenn sich diese Strukturen und Mechanismen in koordinierten Marktwirtschaften in den letzten zwei Jahrzehnten verändert und an neue Herausforderungen angepasst haben, vertrauen die polit-
ökonomischen Akteure hier offensichtlich weiterhin auf Koordination, Ausgleich
und Kommunikation. Dies scheint auch der Grund zu sein, warum koordinierte
Marktwirtschaften im Gegensatz zu unkoordinierten angesichts der neuen Herausforderung der globalen Märkte gerade nicht auf eine radikale Flexibilisierung
und Deregulierung der Arbeitsbeziehungen und auf den Abbau sozialer Sicherung setzen, sondern auf *organisierte* Anpassungsstrategien.

---

[241] Traxler 1995

Entgegen der neoliberalen Auffassung, dass unkoordinierte Marktwirtschaften auf die globale Integration der Finanz- und Produktmärkte besser reagieren können, sprechen jüngere Erfahrungen dafür, dass koordinierte Marktwirtschaften mittel- und langfristig die besseren Chancen der Selbstbehauptung haben. Ein Produktionsregime, das wesentlich auf einem Niedriglohnsektor, einem schwach ausgebauten Sozialstaat und niedrigen Steuern basiert, kann im globalen Wettbewerb *nur* durch den fortschreitenden Abbau von Regulierung und sozialer Sicherung reagieren. Koordinierte Marktwirtschaften hingegen können mit Aussicht auf Erfolg auf dieselbe Herausforderung differenzierter reagieren, und sich mittels gut ausgebildeter und sozial gesicherter Arbeitnehmerschaft auf hochwertigen und spezialisierten Produktmärkten behaupten. Freilich stellt sich für sie das Problem, dass sich Beschäftigungswachstum in den geschützten Sektoren der niedrig qualifizierten Dienstleistungsberufe auf der Basis geringer Lohnspreizung nicht erreichen lässt.

19   Das Primat der Politik

Politische Gesamtverantwortung
Angesichts der ökonomischen, sozialen und ökologischen Funktionsdefizite, die der Logik des Markt selbst unvermeidlich innewohnen, ist es das Ziel der ökonomischen Regulationspolitik, die Widersprüche zwischen mikro-ökonomischer Rationalität und politisch definierten Interessen der Gesellschaft zu verringern. Märkte können aufgrund derselben inhärenten Funktionsweise, die ihre überlegenen Vorzüge bei der Allokation der Produktionsfaktoren möglich macht, mit politisch definierten Zielen, Normen und Interessen einer Gesellschaft nur durch eine Politik der ökonomischen Regulation in Einklang gebracht werden.

Die orthodoxe Auffassung in klassischen Theorien der Sozialen Demokratie, der zufolge ein hohes Maß an strategischer Koordination prinzipiell einem hohen Maß an Markt-Koordination vorzuziehen ist, lässt sich im Lichte der Erfahrung und der Forschungen im Hinblick auf die normativen Zielsetzungen Sozialer Demokratie nicht legitimieren. In den weiten Grenzen der normativ begründbaren Kerninstitutionen der Wirtschaftsverfassung kann die Wahl der spezifischen Regelungsarrangements kapitalistischer Marktwirtschaften im Rahmen Sozialer Demokratie nur als eine pragmatische und reflexiv offene politische Wahlhandlung begründet werden. Das Ermessen, mit dem sie jeweils getroffen wird, ist an die Grundbedingung der Maximierung der politischen und sozialen Grundrechtsgeltung gebunden und gerade darum im Hinblick auf die Auswahl der angemessenen Instrumente unter den jeweils konkret gegebenen Handlungsbedingungen für politische Ermessensentscheidungen offen. Im Hinblick auf

Produktivitätsfortschritte, Beschäftigung oder Wachstumsraten kann auch eine Politik der Sozialen Demokratie zur begrenzten Bevorzugung der Marktregulation gegenüber den Institutionen der strategischen Koordinierung führen. Im Rahmen einer Theorie der Sozialen Demokratie lässt sich daher zwar kein spezifisches polit-ökonomisches Modell begründen, aber doch eine Grenze bestimmen, innerhalb derer die vertretbaren Modelle variieren können, ebenso ein Bündel von normativen Parametern, denen jedes Modell genügen muss, das den Anforderungen Sozialer Demokratie entspricht.

Politische Regulation von Märkten durch die Setzung rechtlicher Rahmenbedingungen ist aus diesen Gründen zwar ein wichtiges, aber keineswegs das ausreichende Instrument. Die prinzipielle Möglichkeit der Einwirkung politischer Gesellschaften auf Funktion und Wirkung ihrer Teilsysteme, vor allem auch des Teilsystems Marktwirtschaft, kennzeichnet zwar eine elementare politische Steuerungsleistung für die wirtschaftliche Entwicklung, reicht aber bei weitem nicht aus. Regulative Politik muss, will sie der Entwicklungsdynamik moderner Märkte gerecht werden, die *legislative* Regelbildung und Anwendung mit *exekutiven* und *judikativen* Überwachungs- und Erzwingungsaufgaben und *makroökonomischer Prozesssteuerung* fallgerecht verbinden können[242]. Politische Regulation wirtschaftlicher Prozesse ist daher als die Gesamtheit der politisch legitimierten Eingriffe in die Handlungsspielräume von Unternehmen zu verstehen, die diese gleichzeitig in einer solchen Weise und in einem solchen Maße offen lässt, dass die gesellschaftlich erwünschten Unternehmenstätigkeiten erhalten und gegebenenfalls gefördert werden. Es geht bei regulativer Politik also um politisch legitimierte und implementierte Strategien, als deren Ergebnis der Handlungsspielraum privater Akteure mit gesamtgesellschaftlich definierten Interessen in Einklang gebracht werden sollen. Da Märkte von sich aus keine Gewähr für eine Funktion im Einklang mit gesellschaftlichen Interessen bieten können, sondern eine Reihe von Defekten aufweisen, die mit ihren produktiven Funktionen unlösbar verbunden sind, stellt sich die Aufgabe ihrer politischen Regulation in marktwirtschaftlich verfassten Volkswirtschaften immer und in umfassender Weise. Davon machen auch überwiegend libertär verfasste und legitimierte Gesellschaften in der Praxis keine Ausnahme, auch wenn sie in der offiziellen Ideologie diesen Sachverhalt oft nicht zu erkennen geben.

Zielgerechte Regulation
Sowohl die politische Legitimation wie auch die zielgerechte Implementation einer Politik der ökonomischen Regulation im Sinne der *Aufstellung, Überwachung und Sanktionierung allgemeiner Regeln* für ökonomische Entscheidungen,

---

[242] Czada/Lütz/Mette 2003: 13

ist höchst voraussetzungsvoll und durch eine Fülle von stets nahe liegenden unerwünschten Nebenfolgen belastet. Da zwischen der Funktionslogik politischer Entscheidungssysteme und derjenigen des ökonomischen Subsystems prinzipielle Spannungen bestehen, die nicht durch die Überführung der einen in die andere aufgehoben werden können, kann ökonomische Regulationspolitik immer nur ein versuchsweiser und prekärer Prozess der Einflussnahme mit den Mitteln politischer Logik auf die ökonomische Funktionslogik sein, die dieser Grenzen und Ziele setzen soll, ohne sie in ihrem erwünschten Eigensinn zu stören. Die beiden gesellschaftlichen Großversuche, die diese Dialektik aus entgegengesetzten Gründen nicht beherzigen konnten, sind mit gigantischen sozialen Kosten exemplarisch gescheitert. Das erste war der *libertäre Versuch* einer Überordnung der Marktlogik über die Logik der politischen Steuerung in den Jahren nach dem Ersten Weltkrieg, der zu Weltwirtschaftskrise und Demokratiezerstörung geführt hat[243]. Der zweite war der *marxistisch-leninistisch* begründete Versuch des Sowjetkommunismus, das ökonomische Subsystem ausschließlich nach den Maximen der politischen Machtlogik zu steuern, der nach jahrzehntelangem Verfall der Produktivkraftentwicklung schließlich zum Zusammenbruch des ökonomisch-politischen Gesamtsystems führte[244].

Flexibilität und pragmatische Offenheit der Instrumente ökonomischer Regulation sind nicht die Folge eines Interessenkompromisses, der konsequentere Regelungen verhindert. Sie ergeben sich vielmehr aus den internen Spannungen zwischen den Grundrechten, den Funktionsbedingungen des ökonomischen Subsystems der Gesellschaft und der Logik politischer Entscheidungen und ihrer Realisierung.

Beträchtliche Gestaltungsmöglichkeiten

Die Tatsache, dass es verschiedenartige kapitalistische Wohlfahrtsdemokratien mit unterschiedlichen sozialen, ökonomischen und politischen Zielfunktionen gibt, ist unstrittig. Bedeutsamer für die politische Ökonomie der Sozialen Demokratie sind daher die Fragen, wie sich die verschiedenen Marktwirtschaften entwickelt haben, wie und aus welchen Gründen sie sich verändern und vor allem wie und wieweit die Normen der Sozialen Demokratie in den jeweiligen institutionellen Konstellationen der unterschiedlichen Marktwirtschaften durchgesetzt werden können. Die *Varieties of Capitalism*-Forschung belegt, dass sich auch unter Bedingungen offener Märkte politische Ökonomien vom Typ der *koordinierten Marktwirtschaft in Kombination mit einem grundrechtsgestützten Sozialstaat* erfolgreich behaupten können, soweit sie ihre Strukturen den veränderten Gegebenheiten anpassen. Die Einbettung und Regulierung der Märkte ebenso

---

[243] Polanyi 1977
[244] Habermas 1990b

wie der universalistische Sozialstaat bleiben auch unter den Bedingungen der Globalisierung ein aussichtsreiches Projekt Sozialer Demokratie. Die vergleichende Sozialstaatsforschung enthält entscheidende Hinweise dafür, mit welchen strukturellen Mitteln Sozialstaaten nachhaltig erfolgreich reguliert und gleichzeitig einen produktiven Beitrag zur ökonomischen Dynamik leisten können.

Die Notwendigkeit und der Umfang politischer Wirtschaftsregulierung sind seit den neunzehnhundertneunziger Jahren durch drei allgemeine gesellschaftliche und politische Entwicklungstendenzen in erheblichem Maße angewachsen:

Einerseits durch die zunehmende Privatisierung ehemals staatlich erbrachter oder gewährleisteter Produktionen und Dienstleistungen in vielen Ländern.

Zweitens durch die Prozesse der transnationalen Marktintegration, die zu einer wachsenden Kluft zwischen der Reichweite der von den Märkten erzeugten externen Effekte auf der einen Seite und den Möglichkeiten ihrer politischen Regulation auf der anderen Seite geführt haben, und,

drittens, die Zunahme von unübersichtlichen Zivilisations- und Umweltrisiken infolge unregulierter Wachstumsprozesse.

Die Deregulierungen der neunzehnhundertsiebziger und neunzehnhundertachtziger Jahre in vielen Bereichen sind in der Zwischenzeit durch eine Tendenz zur Problem angemessenen Re-Regulierung abgelöst worden[245]. Durch diese Entwicklungen ist die libertäre Position, die Regulationspolitik im Wesentlichen auf die Garantie von Wettbewerbsbedingungen beschränken wollte, umfassend in die Defensive geraten. Auf der Tagesordnung der politischen Ökonomie der Sozialen Demokratie steht darum eine umfassende öffentliche Neubegründung regulativer Wirtschaftspolitik. Sie liegt angesichts der beschriebenen Problemkonstellationen innerhalb der einzelnen Gesellschaften und für die transnationalen Arenen weit gehend auf der Hand. Worum es vor allem aber geht ist die Entwicklung von Instrumenten regulativer Politik, von Formen der politischen Entscheidungsfindung über die Ziele ihres Einsatzes sowie die Organisierung eines politischen Willens zu ihrer Durchsetzung in einer globalen Arena.

---

[245] Majone 1997

20 Grundrechte und Sozialstaat

Produktiver Sozialstaat

Der Sozialstaat gehört zu den zentralen politischen Handlungsstrategien, mit denen die dazu verpflichteten institutionellen Akteure auf die sozio-strukturellen Risiken reagieren, um die Sicherung der Grundrechte der Bürger zu gewähren. Soziale Demokratie ist daher wesentlich durch einen umfassenden Typ von Sozialstaatlichkeit gekennzeichnet, der die Grundrechte der privaten und politischen Autonomie gewährleistet und das Prinzip der sozialen Bürgerschaft nicht nur im Hinblick auf die soziale Sicherung, sondern gleichermaßen unter den Gesichtspunkten der sozialen Autonomie durch Entscheidungsteilhabe und das jeweils politisch konkretisierte Verständnis von Gerechtigkeit einlöst. Gleichzeitig haben Erfahrung und vergleichende Forschung gezeigt, dass Sozialstaatsregime nur in dem Ausmaß nachhaltig wirksam sein können, wie sie die zusätzlichen Bedingungen eines produktiven Beitrags zu den ökonomischen Funktionsbedingungen ihrer Gesellschaft erfüllen[246]. Sozialstaatsregime dürfen in der Symbiose mit marktkapitalistischen Ökonomien ihre Eigenlogik nicht statt der Märkte oder gegen die Märkte, sondern nur mit den Märkten entfalten. Dies allerdings lässt, wie die vergleichende Sozialstaatsforschung gezeigt hat, einen sehr weiten Spielraum für unterschiedliche Modelle und unterschiedliche Anspruchsniveaus sozialstaatlicher Sicherung.

Die grundrechtliche Verpflichtung zur Sozialstaatlichkeit ist universell, die politische Entscheidung über deren Art und Ausmaß hingegen sind gebundene politische Ermessensentscheidungen, die, wie der empirisch Vergleich zeigt, auf vielen verschiedenen wegen realisiert werden können. Die Art der Organisation sozialstaatlicher Sicherung ist eine politische Entscheidungsfrage, deren Antwortspielräume durch die jeweils gegebene Akteurskonstellation begrenzt und strukturiert sind. Das Niveau sozialstaatlicher Sicherung ist durch das Niveau des Bruttosozialprodukts, der Arbeitsproduktivität, durch die politischen Kulturen und durch die politische Akteurskonstellation jedes Landes mitbestimmt. Unter dem Gesichtspunkt der Sozialen Demokratie ist die oben genannte Beschreibung um eine wesentliche Dimension zu ergänzen: Organisation und Leistungserbringung müssen in einem Sozialstaat, der sich als Teil Sozialer Demokratie versteht, in einer solche Weise erfolgen, die das demokratische Grundprinzip der Einheit von Autor und Adressat, also die Bedingungen sozialer Autonomie, wahrt. Die Partizipation der Leistungsempfänger muss in die Strukturen der Leistungsentscheidungen und -erbringungen durchgängig eingewoben sein. Der Sozialstaat

---

[246] Scharpf/Schmidt 2000, Leibfried 2001, Hemerijck 2002

muss, um die normativen Anforderungen Sozialer Demokratie zu erfüllen, intern demokratisiert sein.

Ein weitergehender Konsens in der Forschungsliteratur herrscht aber im Hinblick darauf, dass der Sozialstaat die Grundrechte und Bedürfnisse der Bürger in den „fünf großen" Handlungsbereichen Gesundheit, Erziehung/Bildung, Wohnen, soziale Sicherheit und personenbezogene Dienstleitungen dem Wirken bloßer Marktkräfte durch politisch vermittelte Leistungsgarantien entziehen muss. In jüngster Zeit sind die Handlungsbereiche Umwelt, Freizeit, Transport und Stadt- und Landschaftsplanung hinzugekommen[247]. Im Rahmen einer Theorie muss die schwierige Frage offen bleiben, wo in einer gegeben Gesellschaft genau im Hinblick auf all diese Risiko- und Sicherungsbereiche die untere Leistungsgrenze dafür liegt, dass ein Regime die Bedingungen grundrechtsgestützter Sozialstaatlichkeit noch in hinreichender Weise erfüllt. Es geht ihr vielmehr um die Beschreibung, Begründung und Erklärung der Formen und Standards von Sozialstaatsregimen und -niveaus, die den grundrechtlichen Prämissen und den empirischen Möglichkeiten Sozialer Demokratie in der wirklichen Welt gerecht werden können.

Im Hinblick auf die Strukturen der Sozialstaatlichkeit stößt die klassische Unterscheidung von Zielen und Instrumenten an einige prinzipielle Grenzen. Sie unterliegt durch den Imperativ der sozialen Autonomie drei bedeutenden Einschränkungen:

Erstens: Vollbeschäftigung ist zwar in einer Hinsicht auch ein Mittel, nämlich für die Finanzierbarkeit der übrigen sozialstaatlichen Leistungen. Sie ist aber im Hinblick auf den grundrechtsbezogenen Wert von Erwerbsarbeit in anderer Hinsicht ein Selbstzweck.

Zweitens: Die Art und Weise, in der soziale Sicherungsleistungen erbracht werden, darf nicht in Widerspruch stehen zu den Zielen einer Sicherung der Menschenwürde.

Drittens: Die Strukturen zur Definition und Gewährleistung sozialer Sicherung müssen ihrerseits den Bedingungen demokratischer Partizipation gerecht werden.

Mit diesen Einschränkungen lassen sich die Strukturen der Sozialstaatlichkeit im Hinblick auf die Kategorien Ziele und Instrumente analysieren. Es kann nicht überraschen, dass nahezu keines der möglichen Instrumente sozialstaatlicher

---

[247] Powell/Hewitt 2002: 6

Organisation im Hinblick auf das Ziel des Sozialstaates der Sozialen Demokratie vollständig neutral ist. Die meisten Instrumente haben Rückwirkungen auf die Ziele selbst. Die Steuerpolitik ist in dieser Hinsicht ein besonders gewichtiges Instrument der Ermöglichung und der Legitimation sozialstaatlicher Ziele.

Regime sozialer Sicherung
Anton Hemerijck hat aufgrund der verfügbaren Empirie die Faktoren systematisch analysiert, die im Hinblick auf den Sozialstaat variieren können. Daraus ergibt sich ein differenziertes Tableau der Organisationsmöglichkeiten[248]:

Dimensionen des Sozialstaats
Erstens: Bezugsberechtigung für die Leistungen und das Spektrum der abgesicherten Risiken. Der Zugang zu sozialen Sicherungsleistungen kann entweder auf Bürgerschaft beruhen oder auf Bedürfnissen, auf arbeitsbezogenen Versicherungsbeiträgen oder privaten Verträgen.

Zweitens: Leistungsstruktur und Großzügigkeit der Gewährleistung. Die Leistungen können entweder großzügig oder minimal sein, auf Einkommens- und Vermögensüberprüfungen basieren, einheitliche Grundleistungen, einkommensbezogene oder beitragsbezogene Leistungen gewähren. Die Leistungsstruktur ist auf landesspezifische Ziele des sozialen Schutzes bezogen: Einkommenssicherung, Armutsbekämpfung oder Gleichheit.

Drittens: Finanzierungsmethoden. Die Finanzierung kann aus allgemeinen Steuern erfolgen, aus lohnbezogenen Beiträgen, Nutzungsgebühren oder verschiedenen Formen der Kombination aus all diesen Varianten.

Viertens: Dienstleistungsintensität. Soziale Dienstleistungen können entweder durch professionelle (öffentliche) Dienstleister, durch den Markt oder auf informelle Weise durch die (erweiterte) Familie erbracht werden.

Fünftens: Familienpolitik. Sie kann passiv sein, mit einer starken Betonung von Geldzahlung zur Unterstützung der Familienstruktur mit dem männlichen Ernährer an der Spitze, oder sie kann die Geschlechtergleichheit innerhalb und außerhalb des Haushalts aktiv unterstützen, indem öffentliche Tagesbetreuung und großzügige Elternurlaubsunterstützung gewährt werden.

---

[248] Hemerijck 2002: 178

Sechstens: *Arbeitsmarktpolitik*. Die Arbeitnehmer- und Gewerkschaftsrechte können hochgradig unterschiedlich organisiert sein, ebenso wie die Sicherungsbestimmungen gegen Entlassungen, evtl. Mindestlohnregulierungen, wie Rechte kollektiver Tarifverhandlungen und ihre Prozeduren, die Einrichtung von Betriebsräten und zahlreiche unterschiedliche Varianten aktiver Arbeitsmarktpolitik.

Siebtens: Logik des Regierens. Die Verantwortung für das Management der Sozialstaats- und Beschäftigungspolitik liegt nicht notwendigerweise bei der öffentlichen Verwaltung. Auch lokale Behörden und Kooperationsformen zwischen den Sozialpartnern sowie dem privaten oder Dritten Sektor beim Management und bei der Erbringung von Wohlfahrtsleistungen sind möglich.

Achtens: Industrielle Beziehungen. Eng verbunden mit der Beschäftigungspolitik und der Arbeitsmarktregulierung sowie der Logik der Sozialstaats- und Beschäftigungspolitik ist das Maß und die Koordination der industriellen Beziehungen auf gesamtgesellschaftlicher Ebene. Die Bandbreite reicht vom fragmentierten, unkoordinierten System über sektorbezogene Verhandlungen bis hin zur zentralisierten Koordination. Die Koordination der industriellen Beziehungen ist von entscheidender Bedeutung für Beschäftigung, die primäre Einkommensverteilung und das Maß, in dem externe Wirkungen, wie Inflation und Arbeitslosigkeit auf dem Wege einer Zusammenarbeit der Tarifparteien moderiert werden können.

Diese Faktoren können zwar in den realen Organisationsmodellen der politischen Ökonomie einer Gesellschaft nicht in beliebiger Weise miteinander kombiniert werden, da zwischen ihnen Ausschließungsbeziehungen und Affinitäten bestehen. Der durch sie eröffnete Varianzspielraum ist aber, wie die vergleichende Forschung zeigt, beträchtlich.

Gøsta Esping-Andersen hat in klassisch gewordener Weise die Sozialstaatsregime, die sich im letzten Viertel des zwanzigsten Jahrhunderts herausgebildet haben, einem systematischen Vergleich unterzogen[249]. Die von ihm beschriebenen und analysierten Idealtypen eines *liberalen*, eines *konservativen* und eines *sozialdemokratischen* Sozialstaates unterscheiden sich in einer Vielzahl von Charakteristika, besonders aber auch darin, ob und in welchem Maße sie soziale Bürgerrechte institutionalisiert haben. Im Hinblick auf die Grundrechte liegt die eigentliche Scheidelinie für die drei von Esping-Andersen beschriebenen Sozialstaatsregime zwischen grundrechtsgestützten Sozialstaaten und einem liberalen

---

[249] Esping-Andersen 1990

Sozialstaat, der soziale Bürgerrechte nicht institutionalisiert, sondern lediglich verschiedene Varianten von bedarfsabhängiger Armenhilfe ohne Rechtsanspruch kennt und die Bürger in erster Linie auf den Markt als Wohlfahrtsproduzenten verweist. Er entspricht folglich nicht den Bedingungen Sozialer Demokratie. Die beiden anderen Varianten weisen unterschiedliche Formen institutionalisierter sozialer Bürgerrechte auf. Die Wohlfahrtsproduktion im sozialdemokratischen Typ liegt beim Staat, im korporativen Modell wird die Hauptverantwortung der Familie und Gesellschaft zugeordnet.

A. Universalistische (sozialdemokratische) Sozialstaaten skandinavischen Typs

Sie sind gekennzeichnet durch folgende Merkmale:

- Die Anspruchsberechtigung auf fast alle Sozialleistungen beruht auf einem in sozialen Rechten konkretisierten sozialen Bürgerstatus.
- Die Lohnersatzleistungen in fast allen Transferprogrammen sind sehr hoch und liegen nahe dem jeweiligen Einkommensniveau.
- Der Sozialstaat wird zum überwiegenden Teil aus allgemeinen Steuern finanziert.
- Über den Gesundheits- und Erziehungssektor hinaus bietet das System eine breit ausgefächerte Palette sozialer Dienste, beispielsweise im Bereich der Ganztagsbetreuung für Kinder und bei der Altenpflege.
- Eine aktive Familienpolitik zielt auf eine Frauenerwerbstätigkeit, die durch umfassende Angebote der Ganztagsbetreuung für Kinder ermöglicht wird. Hinzu kommen weitere soziale Dienste, die dies unterstützen.
- Die Arbeitsschutzpolitik variiert von niedrigen (Dänemark) zu hohen (Schweden) Standards, wird aber in jedem Fall durch aktive Arbeitsmarkt- und Berufsweiterbildungsprogramme unterstützt.
- Korporatistische industrielle Beziehungen, bei denen auf der Zentralebene die wichtigsten Verhandlungen erfolgen, die für den ganz überwiegenden Teil der Unternehmen und Beschäftigten Geltung erlangen.
- Eine starke Selbstverpflichtung des Staates zu einer makroökonomischen Politik der Vollbeschäftigung.

B. Das kontinentale konservative Sozialstaatsregime

Dieses auf dem europäischen Kontinent verbreitete Regime ist durch die folgenden Merkmale gekennzeichnet, die je nach den Traditionen der einzelnen Länder eine stärker korporatistische oder familistische Akzentuierung gewinnen können:

- Eine nach Berufs- und Statusgruppen beschäftigungsbezogene Sozialversicherung als Grundstruktur des gesamten Systems.
- Große Ungleichheiten in den Transferniveaus der verschiedenen Programme, beispielsweise hohe Lohnersatzraten im Rentensystem, niedrige Lohnersatzraten bei der Arbeitslosenversicherung (Italien).
- Die Sozialstaatsfinanzierung erfolgt überwiegend durch lohnbezogene Beiträge.
- Über die Gesundheitsversorgung und das Bildungssystem hinaus werden nur wenige Dienstleistungen auf niedrigem Niveau angeboten. In diesem Bereich spielen der Dritte Sektor und private Anbieter eine große Rolle.
- Eine eher passive Familienpolitik, die auf dem Rollenmodell des männlichen Familienversorgers basiert. Niedrige Frauenbeschäftigungsquote.
- Hohe Beschäftigungsschutzgarantien verbunden mit überwiegend passiven Arbeitsmarktpolitiken.
- Umfassende Berufsbildungsprogramme, die branchenübergreifend organisiert sind.
- Straff organisierte Systeme der Sozialpartnerschaft der Tarifparteien.
- Koordinierte industrielle Beziehungen. Vorherrschaft sektoraler Tarifverhandlungen mit einer hohen Reichweite ihrer verbindlichen Geltung.

C. Das angelsächsische liberale Sozialstaatsregime

Es ist durch eine Vorherrschaft von Marktprinzipien gekennzeichnet und beruht auf folgenden Grundlagen:

- Wichtige Programme sind auf einzelne Zielgruppen bezogen, denen bedürfnisorientierte, vom Bedürftigkeitsnachweis abhängende Leistungen zugute kommen.
- Die Lohnersatzleistungen in den unterschiedlichen Programmen haben ein niedriges Niveau.
- Die Programme sind überwiegend aus allgemeinen Steuern finanziert.
- Jenseits von Gesundheitswesen und Bildungssystem besteht kaum ein Anspruch auf soziale Dienstleistungen.
- Unterentwickelte Familienpolitik.
- Niedriger Beschäftigungsschutz verbunden mit passiver Arbeitsmarktpolitik und einem unterentwickelten System der Berufsbildung.
- Unkoordinierte, im Wesentlichen durch den Markt vermittelte industrielle Beziehungen auf der Grundlage gemäßigt starker Gewerkschaften, dezentralisierte Tarifverhandlungen, die nur einen Teil der Beschäftigten einschließen.

Das konservative und das sozialdemokratische Sozialstaatsregime basieren trotz ihrer gravierenden institutionellen Unterschiede beide auf konstitutionalisierten sozialen Grundrechten, wenn auch in unterschiedlichem Ausmaß. Allerdings unterscheiden sie sich im Hinblick auf den Universalismus der Sozialleistungen, die Finanzierung und die Statusgleichheit der Leistungsempfänger. Der sozialdemokratische Idealtypus ist gekennzeichnet durch Grundsicherungsleistungen für alle, die unabhängig von vorherigen Einkommenshöhen, Beiträgen oder Arbeitsleistungen gewährt werden. Dieses universalistische Modell zielt auf Statusgleichheit. Solidarität zwischen Klassen soll durch gleiche Rechte für alle gefördert werden. Die Sozialleistungssysteme sind steuerfinanziert. Der konservative Idealtyp ist hingegen von staatlichen Zwangsversicherungen geprägt. Die Sozialleistungen sind von den vorher geleisteten Beiträgen abhängig. Da die Zugangsberechtigungen zu ausreichenden sozialen Leistungen somit an hohe und langjährig gezahlte Beiträge gekoppelt sind, hat dieses System den Effekt, soziale Schichtung zu begünstigen und, bei Eintritt der unterschiedlichen sozialen Risiken, zu erhalten.

Esping-Andersen selbst hat den Sachverhalt unterstrichen, dass es sich bei den von ihm beschriebenen Sozialstaatsregimen um Idealtypen handelt, die verschiedene Merkmale zusammenfassen. Die einzelnen Länder befinden sich in unterschiedlichem Abstand zu den jeweiligen Idealtypen. Viele von ihnen, wie etwa Deutschland, Frankreich oder Großbritannien, weisen in der konkreten Ausprägung ihres Sozialstaatsmodells Merkmale aus unterschiedlichen Idealtypen auf, die in den verschiedenen Teilbereichen der Sozialstaatsorganisation eine Rolle spielen. Die realen Sozialstaatsmodelle unterscheiden sich neben einer Fülle anderer konstitutiver Kriterien vor allem darin, wie sie die Grundlagen der Anspruchsberechtigung der Bürgerinnen und Bürger für die von ihnen angebotenen Leistungen institutionalisieren. Sie können die legitimen Ansprüche auf Bürgerrechte, Bedürftigkeit oder Beiträge stützen. Im Falle des Kriteriums der Bedürftigkeit besteht keinerlei Rechtsanspruch auf die sozialen Leistungen, weder im Hinblick auf ihre Gewährung überhaupt noch im Hinblick auf deren Art und Umfang. Im Falle der Beitragsabhängigkeit haben nur die Beitragszahler einen privatrechtlichen Anspruch auf die Gewährung der entsprechenden Leistungen in voller Höhe. Im Falle des Bürgerrechts auf soziale Leistungen ist zwar die Berechtigung zu ihrem Bezug selbst verfassungsrechtlicher Tatbestand, Art und Umfang der Leistungen bleiben aber von den vorherrschenden politischen Gerechtigkeitskonzeptionen und der auf sie gestützten Gesetzgebung abhängig. Unter dem Gesichtspunkt der normativen Anforderungen Sozialer Demokratie kommen bei der Beurteilung der unterschiedlichen Anspruchsberechtigungen drei Kriterien in Betracht:

Erstens: Der Rechtsstatus sozialer Leistungen als verfassungsmäßiges Bürgerrecht.

Zweitens: Art und Umfang der Leistungen unter Berücksichtigung ihres Beitrags zur Sicherung positiver Freiheitschancen für private und politische Autonomie.

Drittens: Die Art der Erbringung der Leistungen im Hinblick auf die Bedingungen sozialer Autonomie.

Alle drei Kriterien gelten gleichzeitig und in einem bestimmten Sinne auch gleichrangig, keines von ihnen kann zugunsten eines der anderen ohne zwingenden Grund relativiert werden. Im Lichte der empirischen Erfahrungen mit unterschiedlichen Sozialstaatstypen und ihren Auswirkungen lässt sich eine Priorität für die angemessene Kombination zwischen dem Bürgerrechtskriterium und einem ausreichenden Sozialleistungsspektrum begründen. Das *Niveau* des rechtlich gesicherten Leistungsspektrums muss nach Maßgabe des Grundrechts auf Risikoschutz mindestens so bemessen sein, dass die Teilhabe der betroffenen Personen am gesellschaftlichen Leben auch im Falle des Eintretens der soziostrukturellen Risiken in grundsätzlicher Gleichberechtigung mit allen anderen

Personen gewährleistet bleibt. Die genaue Bemessung dieses Kriteriums hängt notwendigerweise von den konkreten gesellschaftlichen Umständen ab, kann aber für jede gegebene Situation annäherungsweise beschrieben werden. Das dritte Kriterium der sozialen Autonomie muss dabei mindestens in der Weise zur Geltung kommen, dass die Festlegung von Art und Niveau der Sicherungsleistungen in einem demokratisch kontrollierten Prozess erfolgt und die Prozeduren der Gewährleistung die Menschenwürde und den Bürgerstatus der betroffenen Personen nicht nur nicht verletzen, sondern in ausdrücklicher Weise respektieren. Die Bürger sind in die Entscheidungen über die Leistungserbringung und möglichst auch in diese selbst einzubeziehen. Ein Trade-Off in der Weise, dass eine besonders generöse Ausstattung der Sicherungsleistungen ihre bürgerrechtliche Institutionalisierung oder die Bedingungen sozialer Autonomie in den Formen ihrer Realisierung dispensiert, widerspricht den grundrechtlichen Legitimationsbedingungen prinzipiell.

Sozialstaat im polit-ökonomischen Kontext
In der Theorie der Sozialen Demokratie werden vom Sozialstaat zwei wesentliche Ergebnisse erwartet, die durch die Art seiner Organisation und Leistungserbringung gewährleistet werden sollen.

Erstens, soziale Gerechtigkeit: Der Sozialstaat soll durch die Risikovorsorge und -kompensation, auf die er konstitutiv bezogen ist, die gerechte Verteilung von Lebenschancen und die gleiche Gewährleistung der Realgeltung der Grundrechte sichern. In diesem Sinne ist er als die Hauptantwort, die die Soziale Demokratie auf die politisch optionalen Risiken gibt, durch seinen normativen Beitrag zur Sicherung der politischen Grundrechte definiert.

Zweitens, ökonomische Leistungsfähigkeit: Der Sozialstaat soll gleichzeitig, sowohl indirekt durch seinen Beitrag zur sozialen Gerechtigkeit als auch direkt durch die Art, wie er seine Leistungen erbringt, ökonomische Effektivität und Wirtschaftswachstum fördern. Dies geschieht auf unterschiedlichen Wegen: 1. durch die motivierende Kraft, die eine gerecht organisierte Gesellschaft auf die Bürger ausübt, 2. durch die vermutlich erhöhte Bereitschaft der Bürger, die vom Bewusstsein sozialer Sicherung ausgeht, sich auf gesellschaftlichen und wirtschaftlichen Wandel einzulassen, 3. durch Beiträge zur Qualifizierung und Re-Qualifizierung der Arbeitskraft und 4. durch die antizyklischen Wirkungen der sozialstaatlichen Einkommenssicherung[250]. Durch die Erfahrung einer annähernd gerechten Verteilung der Lebenschancen sowie durch die öffentlichen Güter, die

---

[250] Hemerijck 2002: 173

der Sozialstaat allen Bürgerinnen und Bürgern zur Verfügung stellt, kann er einen entscheidenden Beitrag zum sozialen Zusammenhalt und zur politischen Stabilität leisten[251].

Diese Kriterien der Sozialen Demokratie für die sozio-kulturellen, die ökonomischen und die politischen Wirkungen des Sozialstaats enthalten einerseits kausale Annahmen über empirische Wirkungszusammenhänge angemessener Sozialstaatsorganisation. Sie können umgekehrt aber auch als theoretische begründete *Bedingungen* für die Organisationsweise und die erwarteten Funktionen eines Sozialstaats gelesen werden. Dann enthalten sie erstens die normative Vorgabe, dass der Sozialstaat auf eine solche Weise eingerichtet werden soll, dass er die beschriebenen Erwartungen möglichst erfüllen kann und zweitens eine Reihe funktionaler Kriterien für die Erreichung dieser Ziele.

Es ist eine historisch offene Frage, ob das residuale liberale Wohlfahrtsstaatsregime auf der einen und die grundrechtsgestützten Modelle auf der anderen Seite unterschiedliche historische Stadien der Realisierung Sozialer Demokratie verkörpern oder bleibendes Resultat unterschiedlicher gesellschaftlichpolitischer Grundkonstellationen in den einzelnen Ländern sind. Die bisherige Vorgeschichte, in der verschiedenartige institutionelle Voraussetzungen, Akteurskonstellationen und Muster politisch-kultureller Orientierung von Anfang an zur Ausbildung verschiedenartiger Modelle geführt und sich dann im Verlaufe einer zum Teil ein Jahrhundert überschreitenden Geschichte in dem einmal gesetzten Rahmen pfadabhängig entwickelt haben, scheint für eine erhebliche Nachhaltigkeit der eingespielten Unterschiede zu sprechen[252]. Andererseits gibt es Anzeichen dafür, dass der seit den neunzehnhundertneunziger Jahren beträchtlich gewachsene Globalisierungsdruck ein gewisses Maß an Anpassungszwängen in Richtung auf die im Wettbewerb erfolgreichsten Modelle erzeugt[253].

Esping-Andersen erklärt die Unterschiede zwischen den einzelnen Typen aus einer Reihe kontingenter historischer Faktoren, deren Rolle und Gewicht aber Fragen aufwerfen. Dazu gehören Unterschiede in der historischen politischen Kultur, in der Parteienkonstellation, im Grad der Mobilisierung von Arbeiterparteien, ihrer Koalitionsfähigkeit, in der Größe der jeweiligen Länder und ihrer Volkswirtschaften und dem dadurch bedingten Grad ihrer Außenabhängigkeit sowie die demokratische Vorgeschichte der einzelnen Länder. Da die bisherige Geschichte der Entwicklung dafür spricht, dass aus der Sicht der beteiligten Akteure in wechselnden Situationen gute Gründe für die Unterstützung sozialstaatlicher Strukturen sprechen und zudem bei ihnen allen die interessensgestütz-

---

[251] Streeck 1992, 1997
[252] Esping-Andersen 1990
[253] Scharpf/Schmidt 2002: 310-336

te Fähigkeit zum sozialen und politischen Lernen, zumal in Krisensituationen, nach Maßgabe wohlerwogener Interessen vorauszusetzen ist, kann die spezifische Akteurskonstellation der Entstehungsphase von Sozialstaaten nicht als die bleibende Grundbedingung ihrer zukünftigen Entwicklungsspielräume gelesen werden. Die sogenannte „*Pfadabhängigkeit*" ist vielmehr ihrerseits durch prinzipiell kontingente Akteurskonstellationen und deren wechselnde Interessen bedingt.

Im Prozess der Entfaltung der einzelnen Modelle spielen Anleihen bei konkurrierenden Modellen offenbar eine zunehmende Rolle[254]. Das lässt sich besonders am Beispiel der Schicksale der Wohlfahrtsstaatsmodelle der USA und Schwedens zeigen. Die Vereinigten Staaten sind nach einem durch die Auswirkungen der Weltwirtschaftskrise bedingten Pendelausschlag in Richtung eines mehr sozialdemokratisch geprägten Wohlfahrtsstaatsmodells später sogar unter der Führung einer demokratischen Regierung umfassend und gründlich zu den residualen Wohlfahrtsstaatsmodellen ihrer Anfangszeit zurückgekehrt[255]. Schweden hingegen war nach dem Ausbau seines sozialdemokratischen Modells im Verlaufe der siebziger Jahre in den neunzehnhundertneunziger Jahren gezwungen, eine Reihe der einmal gewährten Sozialleistungen wieder zurückzufahren, ohne einen Systemwechsel zu vollziehen[256]. Die jüngste Welle der Sozialstaatsreform in Europa seit den neunzehnhundertachtziger, verstärkt der neunzehnhundertneunziger Jahre, unter dem Einfluss offener Märkte kann als ein *benchmarking*-Prozess interpretiert werden, bei dem erfolgreiche Problemlösungen auch über Modellgrenzen hinweg zum allgemeinen Vorbild werden.

Die Beibehaltung eines residualen Wohlfahrtsstaatsmodells liberaler Prägung unter den Bedingungen eines hoch entwickelten Bruttosozialproduktes kann als eine Verletzung der Verpflichtungen aus den sozialen und ökonomischen Grundrechten gewertet werden. Ob diese Grundrechte allerdings eher durch ein Modell konservativer oder sozialdemokratischer Prägung realisiert werden, ist eine politische Ermessensfrage, die von den empirischen Umständen der einzelnen Länder abhängt. Beide Modelle sind, wenn auch in unterschiedlicher Konsequenz und auf unterschiedlichen Wegen, in der Lage, die prinzipiellen Ansprüche, die aus den sozialen und ökonomischen Grundrechten folgen, zu realisieren, auch wenn das unter ihren Bedingungen erreichbare Ausmaß an sozialer und ökonomischer Gleichheit und das gewährleistete Leistungsniveau variieren.

---

[254] Visser/Hemerijk 2000
[255] Vgl. das Kapitel ‚USA' in: Meyer 2006.
[256] Vgl. das Kapitel ‚Schweden' in Meyer 2006.

Modellvarianzen

Aus der Theorie der Sozialen Demokratie kann kein besonderes Modell des Sozialstaatsregimes abgeleitet werden, jedoch eine Anzahl konkreter Normen für die Legitimationsfähigkeit unterschiedlicher Modelle sowie eine begründete Präferenz für die unter den jeweils gegebenen Bedingungen zielführenden Institutionen und Politiken. Der Sozialstaat der Sozialen Demokratie ist in den Grenzen der Grundrechte für Modellvarianzen offen. Das gilt umso mehr, als unter dem Druck des demografischen Wandels und der durch die integrierten Märkte bedingten Regulierungskonkurrenz alle bestehenden Sozialstaaten in einen Transformationsprozess eingetreten sind, dessen Grundlinien sich zwar deutlich abzeichnen, dessen Ausgang aber offen ist. Die beiden wichtigsten Kriterien sind:

Erstens: Ein umfassendes System gewährter und gewährleisteter sozialer und ökonomischer Grundrechte und

Zweitens: die Einbeziehung der Empfänger von sozialen Leistungen als Inhaber sozialer Rechte in die Entscheidungsstrukturen der Gewährleistung durch ausreichende Partizipationsrechte.

Sie sind sowohl im konservativen wie im sozialdemokratischen Sozialstaatsregime erfüllbar, wie insbesondere die den beiden unterschiedlichen Modellen zugehörigen exemplarischen Fälle Schweden und Deutschland zeigen. In beiden Fällen spielen Selbstverwaltungsmodelle in den Sozialsicherungssystemen eine zentrale Rolle und die Gewährleistung eines sozial angemessenen Lebensstandards ist durch Bürgerrechte sichergestellt. Die bisherige Erforschung der Entstehungsbedingungen der unterschiedlichen Wohlfahrtsstaatstypen hat wichtige Hinweise auf die Bedingungen geben, die erfüllt sein müssen, damit sich ein umfassendes System sozialer Rechte herausbilden und in der Praxis dann auch nachhaltig gewährleistet werden kann. Ein wichtiger Faktor besteht in der Komplementarität von marktfördernden und kompensierenden Funktionen des jeweiligen Sozialstaatsmodells[257]; ein zweiter ist die Wechselbeziehung zwischen dem Sozialstaatstypus und den Interessenslagen seiner politischen Unterstützungskonstellation; ein dritter ist die Qualität und politisch-kulturelle Fundierung der öffentlichen Diskurse über die Rechte der Bürger und ihrer Folgen für den Sozialstaat[258].

---

[257] Esping-Andersen 1990
[258] Scharpf/Schmidt 2000

181

Rechte und Pflichten

Das Konzept der Dekommodifizierung spielt in der empirischen Sozialstaatsty-pologie von Esping-Andersen eine Schlüsselrolle. Unter anderem werden Typ und Qualität der unterschiedlichen Wohlfahrtsstaatsmodelle anhand des Grades der Dekommodifizierungsleistungen gemessen, die sich in der Organisationswei-se und den Zugangsrechten zu den hauptsächlichen sozialen Wohlfahrtspro-grammen, vor allem Rentenzahlung, Gesundheitsversorgung und Arbeitslosen-unterstützung, verkörpern. Esping-Andersen charakterisiert den Grad der De-kommodifizierung anhand der „Leichtigkeit mit der eine Person aus dem Markt heraus optieren kann"[259]. Dieser Maßstab erscheint jedoch, selbst im Lichte der Korrekturen, die in den universalistischen Sozialstaatsmodellen Skandinaviens im Verlaufe der neunzehnhundertneunziger Jahre in dieser Hinsicht durchgeführt worden sind, durchaus fragwürdig. Nach Esping-Andersen kommt im Grad der Dekommodifizierung das für die Konzeption der Sozialen Demokratie spezifi-sche Element des Umfangs, der Intensität und des Arrangements der sozialen Bürgerrechte zum Ausdruck, da soziale Rechte überhaupt, wenn gleich in ande-rem Umfang und anderer Form, auch in konservativen und residualen Wohl-fahrtsstaatsmodellen gewährt werden können.

Sobald die *Komplementarität von Rechten und Pflichten* für diese Frage in Erwägung gebracht wird, zeigt sich, dass die Leichtigkeit, sich den Marktzwän-gen zu entziehen, jedenfalls kein Indikator für die Universalität und Intensität der Realgeltung sozialer Grundrechte sein kann. Das wäre nur dann der Fall, wenn allein die individuellen Grund*rechte* als normativer Maßstab in Betracht gezogen würden. Aber selbst in diesem Falle würde eine unbegründete Weigerung er-werbsfähiger Personen zur Aufnahme von Erwerbsarbeit die sozialen Rechte Dritter verletzen, sofern diese nicht ausdrücklich einwilligen. Der in einem sol-chen Fall unvermeidliche ungerechtfertigte Ressourcenverbrauch verkürzt die positiven Freiheitschancen aller anderen im selben Maße, wie diese durch die Dekommodifizierung von großen Gruppen in Anspruch genommen werden. Hier zeigt sich im konkreten Anwendungsfall, was im normativen Grundlagenbereich der Theorie dargelegt worden ist. Schon die Gewährleistung des größtmöglichen Maßes gleicher sozialer und ökonomischer Rechte, das für alle möglich ist, ver-langt von jeder einzelnen Person zum einen die Rücksichtnahme auf die Rechte der anderen und zum anderen Rücksichtnahme auf die Existenz und Reprodukti-onsbedingungen der Rechtsgemeinschaft als Ganzer.

Oberhalb einer bestimmten Schwelle würde die unbegründete Inanspruch-nahme des Rechts auf Ausstieg aus den Marktzwängen die Ressourcen jeder Gesellschaft in solchem Umfang erschöpfen, dass entweder das materielle Ver-

---

[259] Esping-Andersen 1990: 49

sorgungsniveau für alle zunehmend abgesenkt werden müsste oder gar von einem bestimmten Zeitpunkt an weitere hinzutretende Hilfsbedürftige nicht mehr in gleicher Weise versorgt werden könnten. Diese Inkonsistenz ergibt sich schon auf der Ebene des Systems der Rechte, falls die Rechtssubjekte sich nicht auch gemeinsam dazu verpflichten, als Pflichtsubjekte zu handeln, die die sozialen Rechte nur im notwendigen Ausmaß wahrnehmen und im Übrigen einen pflichtgemäßen Beitrag zur Erhaltung des Systems dieser Rechte im Ganzen leisten. Unter der Bedingung der Gleichursprünglichkeit universeller Grundrechte und Grundpflichten lässt sich vielmehr das Argument begründen, dass jede Person, die dazu unter Wahrung ihrer menschlichen Würde in der Lage ist, nicht nur zur Teilhabe am gesellschaftlichen System der Erwerbsarbeit berechtigt, sondern auch verpflichtet ist. Nur dann, wenn nachweisbare Gründe vorliegen, dass eine Person nicht in der Lage ist, sich durch selbst verantwortetes Handeln unter Marktbedingungen ein angemessenes Einkommen zu verschaffen, hat sie auf der Grundlage ihrer sozialen Bürgerrechte den Anspruch auf ein Ersatzeinkommen, das ihre Handlungsfreiheit und sozialen Handlungsmöglichkeiten gegenüber den Chancen, die ein erzielbares Markteinkommen böte, nicht wesentlich verschlechtern. Wenn im Falle der nachweislichen Unmöglichkeit für die betreffende Person, sich aus eigener Verantwortung und mit eigenen Kräften am Markt zu behaupten, Risiken für ihre Grundrechtsgeltung eintreten, also beispielsweise durch Arbeitslosigkeit, Krankheit, Alter, Erwerbsunfähigkeit, dann müssen die sozialen Sicherungen, die die Grundrechte garantieren, so wirksam werden, als hätte die betreffende Person das ihr mögliche Einkommen am Markt erzielt. Dieser Anspruch gilt jedenfalls für einen angemessenen Zeitraum, der es den betroffenen Personen erlaubt, entweder erneut die ihnen angemessene Arbeit zu finden oder ihre Lebenspläne auf die veränderte Situation umzustellen. Sobald diese Bedingungen erfüllt sind, kann von einer Dekommodifizierung auch dann gesprochen werden, wenn die Nachweise der Pflichterfüllung sorgfältig geführt werden müssen und im Falle ihres Mangels Sanktionen in Form von Leistungseinbußen verhängt werden. Die betreffende Person ist in diesem Falle nicht auf Gedeih und Verderb auf den Markt angewiesen, wird aber an ihn verwiesen, solange sich zumutbare Marktchancen für sie tatsächlich realisieren lassen. In dieser Hinsicht sind die *dänischen* Arbeitsmarktreformen der neunzehnhundertneunziger Jahre von beispielhafter Bedeutung, denn ihre Strategie zielt darauf ab, möglichst viele Maßnahmen einzuführen, die die Beschäftigungsfähigen in Arbeit bringen, die Kooperation bei der Umsetzung dieser Maßnahmen aber zur sanktionsfähigen Pflicht machen[260].

---

[260] Vgl. bspw. Visser/Hemerijck 1998, Gamillscheg 2004, Koch/Walwei 2003

Die von *van Parijs* ins Spiel gebrachte Idee eines von allen Bedingungen befreiten allgemeinen Grundeinkommens, das jeden Bürger jederzeit in die Lage versetzt, allein darüber zu entscheiden, ob er es vorzieht, zur Arbeit oder zum Surfen zu gehen, mag unter bestimmten Umständen die Zustimmung einer Gesellschaft finden können. Sie ist aber weder aus den sozialen Grundrechten noch aus universellen Gerechtigkeitsnormen zu rechtfertigen, weil sie, falls sie sich überhaupt über längere Zeit in der Praxis behaupten könnte, die Freiheitschancen der Bürger, sowie ihre Rechte und Pflichten notwendigerweise in extremem Maße ungleich verteilen muss[261]. Das Modell scheint über den Vorzug zu verfügen, in einer durch die offenen Märkte zusätzlich unsicher gewordenen Beschäftigungssituation allen Bürgern ihr Grundrecht auf soziale Sicherung in einer symbolisch demonstrativen Weise zu garantieren. Eine solche Garantie kann allerdings auch dann wirksam werden, wenn sie auf vorgängige Erfüllung von Pflichten bezogen wird, die jeder Bürger erfüllen *kann*. Gegen das Modell des unbedingten Bürgergeldes sprechen daher drei starke Gründe:

Erstens: Es ist nicht verallgemeinerbar, weil es voraussetzt, dass nur eine begrenzte Minderheit der Bürger von ihm Gebrauch macht.

Zweitens: Es ist in der Praxis nicht nachhaltig organisierbar, weil es nach aller Erfahrung eine Motivation zu seiner exzessiven Inanspruchnahme erzeugt.

Drittens: Es widerspricht der in der Natur der sozialen Grundrechte selbst begründeten Komplementarität von Rechten und Pflichten, soweit es nicht, unter bestimmten kontingenten Bedingungen, von der Rechtsgemeinschaft der Bürger selbst ausdrücklich gewünscht wird.

Das gleiche gilt naturgemäß für alle Grund- oder Bürgereinkommen-Modelle, sofern sie demselben Muster folgen.

In allen gegenwärtigen Sozialstaatsmodellen, einschließlich der am weitesten dem sozialdemokratischen Idealtyp angeglichenen skandinavischen, wird die Höhe der Lohnersatzleistungen mit guter Begründung davon abhängig gemacht, dass es den Empfängern nachweislich nicht gelungen ist, sich über erfolgreiche Marktaktivitäten selbst angemessen zu versorgen. Nur dann stehen ihnen aus ihren sozialen Rechten Ersatzleistungen zu, die sie den erfolgreichen Marktteilnehmern für eine bestimmte Zeit je nach Regelungstyp mehr oder minder gleich stellen. In diesem bedingten Sinne handelt es sich bei ihrem sozialen Status um eine Dekommodifizierung, jedoch nicht in der prinzipielleren Hinsicht, den der

---

[261] Elster 1986, Kersting 2000: 268 ff

Begriff eigentlich nahe legt, nämlich einer unbedingten Entlastung vom Druck der Selbst-Vermarktung. Alle diese Sicherheitssysteme sind vielmehr darauf angelegt, die einzelnen Personen zunächst zu einem eigenen Einkommenserwerb am Markt zu verpflichten, aber im Falle ihres Versagens die entstehenden Risiken auf eine solche Weise und in solchem Maße aufzufangen, dass ihre sozialen Lebensbedingungen gesichert sind. Insofern besteht die Dekommodifikationswirkung der sozialen Sicherungssysteme nicht darin, dass sie der einzelnen Personen eine prinzipielle Alternative zum Markt anbieten, sondern darin, dass sie eine Sicherung bereitstellen, die im Risikofall ihre Grundrechte schützt.

Wie das Beispiel Dänemarks zeigt, sind gerade die am weitesten entwickelten sozialen Sicherungssystemen auf höchstem materiellen Niveau darauf ausgerichtet, die am Arbeitsmarkt Erfolglosen schnellst möglich, auch mit sanktioniertem Nachdruck, in den Arbeitsmarkt zurück zu bringen. Die vollen Lohnersatzleistungen können sie nur beim Nachweis intensiver Eigenbemühungen um einen Arbeitsplatz beziehen. Wesentlich als Grundbedingung für eine hinreichende Versorgungsgarantie der sozialen Sicherungssysteme ist daher auch nicht eine prinzipielle Dekommodifizierung. Darum widersprechen die verschärften Prüfungsbemühungen, die beispielsweise in der schwedischen Arbeitsmarktpolitik schon immer und in Großbritannien, der Bundesrepublik Deutschland, den Niederlanden und einigen anderen Sozialstaaten im Zuge der Sozialstaatsrevision seit den neunzehnhundertneunziger Jahren eingeführt worden sind, den sozialen Grundrechten nicht. Sie können vielmehr als ein Beitrag zur Aufrechterhaltung des allgemeinen Legitimitätsbewusstseins und als eine nachhaltige Sicherung ihrer materiellen Ressourcen gerechtfertigt werden.

Ein Dilemma entsteht freilich in den Fällen, in denen bei Verletzung der Pflicht zur Aufnahme von Erwerbstätigkeit eine Kürzung der Zuwendungen erfolgt, die die Lebensbedingungen der Betroffenen unterhalb die Grenze einer sozial akzeptablen menschenwürdigen Existenz fallen lassen würde, die unter allen Umständen zu garantieren zum Kern der sozialen Grundrechte gehört. Eine Sozialstaatsorganisation hingegen, die auch mit Kontrollen und Sanktionen darauf hinwirkt, dass jeder die primäre Verpflichtung zur Selbstverantwortung erfüllt, bevor er sozialstaatliche Schutzrechte in Anspruch nimmt, erscheint aus der Sicht der Reziprozität von Grundrechten und Grundpflichten nicht nur gerechtfertigt, sondern auch geboten. Inwieweit ein Sozialstaat nun aber im oben genannten Sinne dekommodifiziert und aktiviert, hängt maßgeblich von seinen institutionalisierten Gerechtigkeitsvorstellungen und kulturellen Traditionen ab. Es sind die Narrative des Sozialstaates, die auf dieser Grundlage die Ausrichtungen und Niveaus der nationalen Sozialpolitiken bestimmen. Sie beziehen sich nur zum Teil auf die universellen Grundrechte, zum Teil aber auch auf die kollektive Ethik und die spezifischen Erfahrungen einer konkreten Gesellschaft.

21 Schlüsselressourcen Bildung und Arbeit

Recht auf gleichwertige Bildung

Das Recht auf gleichwertige Bildung für alle Bürger ist einer der Schlüssel zur Sozialen Demokratie. Es ist unbestritten, dass Bildung maßgeblich über die Zukunftschancen jedes einzelnen Bürgers mitentscheidet. Nur eine den individuellen Fähigkeiten entsprechende Ausbildung in der Schule, im Beruf oder in der Hochschule schafft die personenbezogenen Chancen für ein selbst bestimmtes Leben. Sie eröffnet Perspektiven auf Entscheidungsfreiheit, Teilhabe an den Möglichkeiten der Gesellschaft und ein selbständiges und selbstbewusstes Leben. Die Bildung ist auch einer der Schlüssel für eine sozial gerechte und wirtschaftlich erfolgreiche Gesellschaft. In der Wissensgesellschaft sind hoch qualifizierte Arbeitskräfte, die über die Bereitschaft und Fähigkeit zur beständigen Neuqualifikation verfügen, eine fundamentale Voraussetzung für Produktivität und wirtschaftlichen Fortschritt. Da Bildung gleichermaßen die entscheidende Ressource für das humane, soziale und politische Kapital ist, über das eine Person verfügen kann, ist sie für die Förderung von Zivilgesellschaft und Demokratie sowie die Sicherung der sozialen Lebenschancen von ausschlaggebender Bedeutung[262]. Bildung ist auch mit zunehmender Bedeutung die beste persönliche Versicherung gegen Arbeitslosigkeit. Personen ohne abgeschlossene Berufsausbildung sind deutlich eher von Arbeitslosigkeit betroffen, als Personen mit Hochschulabschluss.

In der Sozialen Demokratie besteht eine zentrale Verpflichtung des Staates folglich darin, für die freie und gleiche Entfaltung aller Bürger nicht nur die formalen, sondern auch die tatsächlichen Voraussetzungen im Bildungssystem zu schaffen. Eine *Chancen ausgleichende* Bildungspolitik ist ein Kernelement präventiver Sozialstaatlichkeit. Bildungsinvestitionen sind gleichzeitig Investitionen in persönliche Freiheitschancen, gesellschaftliche Entwicklungspotenziale und demokratische Integration.

OECD-Studien weisen nach: Verbesserungen beim Bildungsstand in der Erwerbsbevölkerung haben in den untersuchten Staaten wesentlich zur Steigerung der Arbeitsproduktivität beigetragen[263]. Eine Steigerung der Quantität und der Qualität der Bildung der Erwerbsbevölkerung führte in allen wichtigen Industrienationen zur Steigerung des Bruttoinlandsprodukts. Bildungsinvestitionen lohnen sich also auch ökonomisch. Ihr Effekt wird allerdings häufig erst nach längeren Zeiträumen sichtbar. Die Langzeitdimension der Prozesse und Reformen im Bildungswesen wird beispielhaft daran deutlich, dass die Leistungsfähigkeit eines Schülers, der 2004 die Sekundarstufe I abschließt, von Verände-

---

[262] Allmendinger/Leibfried 2002, 2004
[263] Schleicher 2003

rungen der Lehrmethoden beeinflusst wird, die bis in das Jahr 1990 zurückreichen. Diese Lehrmethoden werden von Lehrern praktiziert, deren Ausbildung unter Umständen in den sechziger Jahre stattgefunden hat[264].

Der Grundsatz des prinzipiellen Steuerungspragmatismus der Theorie der Sozialen Demokratie verlangt auch auf einem in normativer Hinsicht so zentralen Handlungsfeld wie dem Bildungssystem nicht die Festlegung auf einen bestimmten Typ öffentlicher Einrichtungen. Auch ein gemischtes Bildungswesen mit großen Anteilen privat-betriebener Bildungseinrichtungen *kann* die Bedingungen erfüllen, soweit ein umfassendes chancengerechtes Stipendiensystem die gleichen Zugangschancen bei gleicher Begabung sichert. Wie auch immer die Frage der Kosten und Gebühren geregelt sein mag, sofern kein Bewerber von irgendeinem Teil des Bildungsangebotes ausgeschlossen wird, zu dem er durch seine Begabung befähigt ist, entspricht es den Anforderungen Sozialer Demokratie. Dennoch lassen sich aus den bekannten empirischen Vergleichsuntersuchungen eine Reihe von Grundsätzen für normativ Erfolg versprechende Formen der Institutionalisierung ableiten. Insbesondere die PISA-Studien haben Zusammenhänge im Bereich der Bildungsinstitutionen sichtbar gemacht, die für jede Strategie der sozialen Chancengleichheit von Bedeutung sind[265].

Zentral ist die empirische Erkenntnis, dass zwischen einem möglichst frühen Zeitpunkt des Einsetzens pädagogisch fördernder Betreuung im Vorschulalter und möglichst spät einsetzender Differenzierung nach Schultypen auf der einen Seite und Verbesserung der sozialen Chancengleichheit sowie der Lernerfolge auf der anderen Seite eine sehr enge Beziehung besteht.

Frühkindliche Förderung
In der frühen Kindheit machen Menschen die größten Schritte in ihrer Entwicklung. Ihre Lernfähigkeit ist im Laufe ihres Lebens nie wieder so ausgeprägt wie in dieser Lebensphase. Chancen, die in dieser Zeit nicht genutzt werden, sind vielleicht nicht ein für allemal verpasst, es wird aber später erheblich schwerer, sie neu zu eröffnen. Weit gehend wirkungslos bleiben laut der Evaluationsforschung nachholende Bildungsprogramme im späteren Leben, sofern die betreffenden Personen nicht bereits angemessene kognitive Fähigkeiten mitbringen, die sie in früheren Lebensphasen erworben haben. Die Förderung und Unterstützung durch Bildungsangebote hat im frühen Lebensalter also die besten Erfolgsaussichten[266]. Auf diesem Zusammenhang beruht auch die Tatsache, dass die sozialen Ausgleichseffekte umso stärker ausfallen, je früher Bildung einsetzt.

---

[264] Schleicher 2003
[265] Deutsches PISA-Konsortium 2001, 2003
[266] Sachverständigenrat Bildung der Hans-Böckler-Stiftung 2002: 91

Die Forschung belegt, dass das frühkindliche Alter die bei weitem wichtigste Phase für die Erlernung der „kognitiven Fähigkeiten" ist. Die kognitive Entwicklung eines Kindes wird durch die Herkunft und den Bildungsstand der Eltern stark beeinflusst. Zur Sicherung der Chancengleichheit bedarf es daher eines Bildungssystems, das allen Kindern unabhängig von ihrer sozialen Herkunft gleiche Voraussetzungen für den Erwerb kognitiver Fähigkeiten zusichert. Zur Erreichung des Ziels der sozialen Chancengleichheit muss die Vererbung des Sozialstatus von den Eltern auf die Kinder aufgehoben werden. In Ländern wie den Vereinigten Staaten, Deutschland und Großbritannien leisten die bestehenden Bildungssysteme dies kaum. Die drei nordischen Länder Schweden, Dänemark und Norwegen weisen dagegen eine positive Bilanz auf. Hier hat die väterliche Ausbildung heute keinerlei Einfluss mehr auf die Entwicklung der kognitiven Fähigkeiten und Schulleistungen der Kinder[267].

Diese Länder setzen seit Jahrzehnten auf die allgemeine Versorgung mit Betreuungsmöglichkeiten für Kinder im Vorschulalter. Kinder aus wirtschaftlich und/oder kulturell benachteiligten Haushalten erhalten grundsätzlich dieselben kognitiven Anregungen wie Kinder mit sozial privilegiertem Hintergrund. Deshalb verfügen skandinavische Kinder bei der Einschulung unabhängig von ihrer sozialen Herkunft über gute kognitive Fähigkeiten, was ihre gesamte Bildungskarriere positiv unterstützt und den Schulablauf effizienter gestaltet, weil sich zu Schulbeginn alle Kinder auf einem annährend gleichen Stand befinden, auf dem aufgebaut werden kann. Von ausschlaggebender Bedeutung für wirkliche Chancengleichheit sind daher Investitionen in die frühkindliche Förderung. Dazu zählt auch, die Gebühren für entsprechende Einrichtungen so gering wie möglich zu halten bzw. dem Einkommen entsprechend zu erheben, damit niemand aufgrund seiner finanziellen Situation frühkindliche Bildungsdefizite erleidet. Die in den skandinavischen Ländern praktizierte Regelung hat zum Ausbau eines fast vollständigen Betreuungsangebots für unter Dreijährige geführt[268]. Auch im Hinblick auf die Integration von Kindern aus Migrantenfamilien erscheint ein Anreizsystem oder gar eine Verpflichtung zum Kindergartenbesuch aller Kinder spätestens ab drei Jahren sinnvoll.

Schulische Bildung

Bislang hat die soziale Herkunft nicht nur Auswirkungen auf die Ausprägung der kognitiven Fähigkeiten, sondern auch auf die Chancen der Bildungsbeteiligung bzw. den erreichten Schulabschluss. In früh gegliederten Schulsystemen ist es schwieriger, den Zusammenhang zwischen Merkmalen des familiären Hinter-

---

[267] Vgl. die Länderstudien in Meyer 2006 sowie die Daten in Kap 30 u.31 dieses Bandes.
[268] Esping-Andersen 2003b

grunds der Schülerinnen und Schüler und ihrem Schulerfolg zu lockern[269]. Ein besonders wirkungsvolles Rezept gegen Bildungsbenachteiligungen ist nach internationalen Erfahrungen die Einheitsschule. Einheitsschulsysteme haben den Vorteil, dass sich schwächere und stärkere Schüler beim Lernen gegenseitig unterstützen. Schwächere Schüler können von den Stärkeren lernen. Die Begabteren erwerben soziale Kompetenz, wenn sie sich den schwächeren Schülern zuwenden und ihnen helfen.

Ebenso wichtig für mehr Chancengleichheit in der Bildung ist die Ganztagsschule. Mit ihrer Hilfe kann das Leistungsniveau in den unteren Sozialschichten verbessert werden, denn durch die Verlängerung der aktiven Lernzeit kann mehr Rücksicht auf Einzelne genommen werden und der positive Effekt auf die kognitiven Fähigkeiten ist stärker. Die Ganztagsschule gewährleistet zugleich auch weitere Ziele Sozialer Demokratie: Sie ermöglicht den Eltern eine bessere Teilnahme am öffentlichen Leben und unterstützt – vor dem Hintergrund der nach wie vor tradierten geschlechtsspezifischen Arbeitsteilung – die Gleichstellung von Männern und Frauen. Denn ganztägige Kinderbetreuung ist eine wesentliche Voraussetzung für die Chancengleichheit der Geschlechter bei der Erwerbstätigkeit. Die Ganztagsschule baut bestehende Hindernisse für eine Vollzeiterwerbstätigkeit der Eltern ab und fördert damit aktiv die Gleichberechtigung. Sie muss allerdings als pädagogisch anspruchsvolle Schule organisiert werden. Gefordert ist eine hohe fachliche Qualifikation der Lehrkräfte. Nur diagnostisch kompetente, pädagogisch-psychologisch geschulte, didaktisch versierte und fachkompetente Lehrer sollten das Lernen und den schulischen Alltag der Kinder begleiten. Lehrkräfte sollten außerdem zur ständigen Fort- und Weiterbildung verpflichtet werden. Das Lernen im 45-Minuten-Takt erfüllt nicht die Anforderungen an ein Problem lösendes, selbständiges, eigenverantwortliches und handlungsorientiertes Lernen in sinnstiftenden Zusammenhängen.

Sozialer Demokratie entsprechen allgemein bildende Schulen, die nach dem Leitbild von Eigenverantwortung und Selbststeuerung ausgerichtet sind. Zum einen sollen alle Menschen zur Eigenverantwortlichkeit im Lernen und Handeln ausgebildet werden, zum anderen muss die Bildungseinrichtung selbst ihre Arbeit eigenverantwortlich gestalten können[270]. Dazu gehört, dass die Zuständigkeit für die Gestaltung der Bildungsprozesse vom Staat auf die unmittelbar Beteiligten verlagert wird. In Vereinbarungen kann festgelegt werden, welche Qualitätskriterien und Leistungsmaßstäbe gelten, welche Inhalte und welche Verbindlichkeit die Arbeit hat und wie sie überprüft und verändert werden sollen. Schüler und Eltern müssen in die Gestaltung der pädagogischen Arbeit miteinbezogen werden. Dies könnte zu einem neuen Verständnis von Schule führen: sie wird

---

[269] Deutsches PISA-Konsortium 2003: 55-57
[270] Sachverständigenrat Bildung der Hans-Böckler-Stiftung 2002: 85-87

begriffen als Ort, an dem sich die Menschen gegenseitig darin unterstützen, Kompetenzen zu erwerben und das Leben bewältigen zu können. Eine Schule in Eigenverantwortung wird selbst zur lernenden Organisation, die den Informationsaustausch mit ihrem gesellschaftlichen Umfeld organisiert. Sie ist in der Lage, die regionalen wie lokalen Rahmenbedingungen und die individuellen Verhältnisse der Schülerinnen und Schüler produktiv aufzunehmen. Eine solche Organisation ist die diesem gesellschaftlichen Teilsystem angemessene Form der Demokratisierung.

Berufliche Bildung
Eine fundierte berufliche Erstausbildung ist für jeden Menschen die Grundvoraussetzung, um eine angemessene Erwerbsarbeit aufnehmen und damit seiner Selbstverantwortung gerecht werden zu können. Gesellschaftliche Teilhabe, Anerkennung und Identität werden in ausschlaggebender Weise durch Ausbildung und Erwerbsarbeit geprägt, auch wenn in Zukunft immer weniger ein stabiler Lebensberuf das Leitbild der Ausbildung sein kann. Alle Jugendlichen brauchen daher einen Rechtsanspruch auf eine grundlegende und qualifizierte berufliche Erstausbildung.

Bildungspolitische Grundsätze der Sozialen Demokratie
Bildungspolitik wird bis heute häufig immer noch nicht zur Sozialpolitik gezählt, obwohl das Bildungswesen zu den wichtigsten Institutionen einer Verteilung von Lebenschancen und damit als zentraler Faktor der Bekämpfung sozialer Ungleichheit gelten kann[271]. Auch im Bildungssystem müssen die Mittel effektiv eingesetzt und effizient genutzt werden. Die verfügbaren Mittel sollen vor allem verteilungsgerecht eingesetzt werden. So sollte z.B. die Benachteiligung der Bildungswege, die über die Hauptschule zu Abschlüssen im Dualen System führen, gegenüber denen, die über Gymnasien zu Hochschulabschlüssen führen, aufgehoben werden. Bildungspolitik muss selbstreguliertes Lernen fördern, die Urteils- und Orientierungsfähigkeit der Menschen stärken, sowie den Menschen zur Widerständigkeit erziehen. Es gibt Belege dafür, dass die darauf bezogenen neuen Dimensionen von Humankapital an Bedeutung gewinnen, vor allem Eigenschaften wie soziale Fertigkeiten, Führungsfähigkeit, „emotionale Intelligenz", kulturelles und soziales Kapital.

Als Grundsätze einer Bildungspolitik der Sozialen Demokratie können daher die folgenden gelten:

---

[271] Allmendinger/Leibfried 2004

Erstens: Jeder Mensch hat ein Recht auf eine intensive Grundausbildung, die ihn befähigt, von seinen Grundrechten und Grundpflichten wirksamen Gebrauch zu machen.

Zweitens: Jeder Mensch hat ein Recht auf eine weiter führende berufliche Ausbildung.

Drittens: Es ist die Pflicht des Staates, dafür Sorge zu tragen, dass diese Rechte effektiv ausgeübt werden können.

Das Recht auf Bildung hat drei Aspekte: Es ist erstens ein *soziales Grundrecht* aller Bürger, es betrifft zweitens die *Chancengleichheit*, keine Gruppe darf bevorzugt oder benachteiligt werden; und es begründet drittens die Pflicht des Staates zu einer *aktiven Bildungspolitik*. Denn nur so kann Chancengleichheit nicht nur formal sondern auch real gewährleistet werden.

Das gesamte Bildungs- und Weiterbildungsangebot sollte der Gesellschaft als öffentliches Gut zur Verfügung gestellt werden. Das bedeutet aber nicht, dass Bildung grundsätzlich kostenfrei sein muss, sondern vielmehr, dass keiner Person die Teilnahme am Bildungssystem aufgrund fehlender finanzieller Mittel verwehrt werden darf. Auch wenn es als wünschenswert erachtet wird, Bildung als freies und gleiches Gut kostenfrei anzubieten, so dürfte eine solche Forderung kaum vollständig aus öffentlichen Haushalten zu finanzieren sein[272]. Nach Einkommen und Vermögen gestaffelte Kostenbeiträge stehen, vor allem in höheren, berufsbefähigenden Stufen des Bildungssystems, nicht im Widerspruch zu den Grundrechten von Personen und allgemeinen Gerechtigkeitsvorstellungen. Das gilt insbesondere für das Hochschulstudium, dessen erfolgreicher Abschluss in der Regel noch mit dem späteren Erwerb von durchschnittlich höheren Einkommen verbunden ist. So lassen sich etwa nach dem Beispiel Australiens nach gelagerte Studiengebühren oder andere Arten der Studienfinanzierung rechtfertigen, vor allem wenn die Tatsache berücksichtigt wird, dass viele andere Berufsausbildungen und -weiterbildungen nur gegen Bezahlung angeboten werden.

Prekäre Erwerbsarbeit
Die Erwerbsarbeit unterliegt weltweit einem tief greifenden Wandel. Zugrunde liegt ein ganzes Bündel von Ursachen, besonders Globalisierung, Änderungen in der Geschlechterrolle, sozialer Wandel, Tertiärisierung und die Herausbildung

---

[272] Außerdem sollte aus Gerechtigkeitsgründen darauf hingewiesen werden, dass durch ein kostenfreies Angebot Nichtakademiker die Ausbildung von Akademikern mitfinanzieren, obwohl letztere nach der Ausbildung meist einen durchschnittlich höheren Verdienst haben.

der Wissensökonomie[273]. Erwerbsarbeit ist ein wesentliches Scharnier zwischen dem ökonomischen und dem sozialpolitischen Subsystem der politischen Ökonomie. Sie ist zugleich eine Schlüsselgröße für die Zielwerte Sozialer Demokratie.

Eine der lange Zeit kaum in Zweifel gezogenen Annahmen über die künftige Arbeitsgesellschaft besteht in der Prognose, dass kontinuierliche, überschaubare und sinnhaft verlaufende Erwerbsbiografien von den Arbeitsmärkten der globalisierten Ökonomie nur noch als Ausnahme zugelassen werden[274]. Zur Regel werde vielmehr die diskontinuierliche, fragmentierte Erwerbsbiografie mit Phasen gewollter und ungewollter Teilzeitarbeit und – so gut wie immer – vorübergehender oder anhaltender Erwerbsarbeitslosigkeit. Ökonomische Globalisierung und beschleunigter technologischer Wandel in der Wissensgesellschaft führen zu schnellem Strukturwandel, Arbeitsplatzverlagerungen und einer immer rascheren Entwertung gelernten Berufswissens. Das hat weit reichende Konsequenzen. Lebenslanges Lernen für alle, auch für die hoch qualifizierten Kräfte, die sich überwiegend auf der Gewinnerseite der Modernisierung behaupten. Ständige Veränderungsbereitschaft, Unsicherheit darüber, wie es wann weiter gehen wird, werden zum Standardfall. Auch Schlüsselqualifikationen, die der Einzelne in dieser unabschließbaren Weiterbildung zunehmend erwerben kann, schützen ihn vor den Ungewissheiten und Unsicherheiten unabsehbarer Veränderungszwänge nicht. Sie erleichtern ihm aber die Übergänge in die nachfolgenden Tätigkeiten. Häufige, auch abrupte Entwertungen von Berufswissen, Erfahrungen und Fachkompetenzen ergeben sich selbst für die privilegierten und hoch qualifizierten Dauerbeschäftigten in den wettbewerbsgeprägten Unternehmen durch die interne Veränderung der Arbeitsplätze.

Als Alternative zur schwindenden Erwerbsarbeit wurde ein Typ von „kommunitaristischer"[275] Bürgerarbeit in Zivilgesellschaft und Lebenswelt vorgeschlagen, die selbst organisiert, gleichwertig mit der Erwerbsarbeit, gesellschaftlich anerkannt und mit einer Art Bürgergehalt nicht entlohnt, aber belohnt werden soll. Nach diesem Plan sollen mit einem einzigen arbeitspolitischen Instrument gleichzeitig drei grundlegende Ziele erreicht werden. Die ihrerseits stets prekäre „kommunitaristische" Bürgerarbeit würde durch die Belohnung vermehrt und stabilisiert, Arbeitslosigkeit durch eine begriffliche Neudefinition überwunden und viele der besonders explosiven Probleme in der gesellschaftlichen Lebenswelt, etwa im Umfeld von Schule, Betreuung, Wohnwelt und Umwelt, können durch das stark wachsende Angebot von Bürgerarbeit rasch und umfassend, lebensnah und zu geringen Kosten gelöst werden.

---

[273] Bosch 1998
[274] Beck 1999
[275] Beck 1999

Ein solches Modell trifft aber in der Praxis auf drei schwer wiegende Probleme:

Erstens wissen wir aus der Erfahrung vieler Länder, dass zur „kommunitaristischen" Bürgerarbeit vornehmlich solche Menschen bereit sind, die im Übrigen gut und stabil in das System der Erwerbswelt integriert sind. Es geht also nicht allein um die abstrakt verfügbare Zeit des Einzelnen, sondern um Motive der gesellschaftlichen Zugehörigkeit.

Zweitens ist kein Mechanismus vorstellbar, der die Bürgeraktivitäten zur Zufriedenheit der Beteiligten und Betroffenen lizenziert und klassifiziert, damit entschieden werden kann, für welchen Typ welche Art von Belohnung in Frage kommt.

Drittens wären die Trittbrettfahrereffekte nach aller Wahrscheinlichkeit enorm, weil viele die schwache Organisationsform von zivilgesellschaftlichem Engagement nutzen würden, um an den Aktivitäten nur geringfügig, an der Belohnung aber in vollem Maße teilzuhaben. Dafür gibt es in den weichen Organisationsformen des bürgergesellschaftlichen Engagements kein Gegenmittel, es sei denn durch große Kontrollbürokratien.

Arbeit, Menschenwürde und soziale Inklusion
Alle empirischen Untersuchungen stützen das Argument[276]: Leitlinie der politischen Ökonomie der Sozialen Demokratie kann nur die gleiche Chance aller sein, an der gesellschaftlichen Erwerbsarbeit teilhaben zu können. Allein Erwerbsarbeit schafft jene Bedingungen für die individuelle Selbstachtung und gesellschaftliche Anerkennung, in der Menschenwürde zur realen Erfahrung werden kann[277]. Die Chance zur Teilhabe an der gesellschaftlichen Erwerbsarbeit ist daher aus gutem Grund ein ökonomisches Grundrecht, das zugleich die Voraussetzungen für die Erfüllung zahlreicher anderer sozialer und wirtschaftlicher Grundrechte teils einschließt, teils nach sich zieht. Alle Reformprojekte, die der Erwerbsarbeit auf immer den Abschied geben und stattdessen auf alternative Formen der Existenzsicherung setzen, greifen darum zu kurz, auch wenn sie Lösungen für die Zwischenzeiten bei erzwungenen oder selbst gewählten Wechseln des Arbeitsplatzes bieten.

Menschenwürde in Verbindung mit sozialer Staatsbürgerschaft begründet Rechte des Einzelnen auf Teilhabe an den gesellschaftlichen Handlungssystemen, die für die Selbstachtung des Einzelnen und die mit ihr verbundene gesell-

---

[276] klassisch Jahoda/Lazarsfeld/Zeisel 2003
[277] Sen 1999b

schaftliche Anerkennung wesentlich sind. Wie in allen ähnlich gelagerten Fällen ist es primär die Pflicht des Einzelnen selbst, durch die ihm möglichen Anstrengungen sich den ihm angemessen erscheinenden Zugang zu diesen Handlungssystemen zu verschaffen: in der Zivilgesellschaft, in der Öffentlichkeit, in der Politik, im Bildungsbereich und in der Wirtschaft. Es ist die Verpflichtung des Staates, im Rahmen des ihm Möglichen angemessene Gelegenheiten und Chancen in all diesen Bereichen zur Verfügung zu stellen, die Zugangsbarrieren auf das funktional Unabdingbare zu verringern und eine Gleichbehandlung aller Bürgerinnen und Bürger zu ermöglichen. Für die Gegenwartsgesellschaft begründet dieser Anspruch das *Recht auf Arbeit*. Unter den Bedingungen der Marktwirtschaft kann es weder in der Garantie der Erhaltung eines einmal erlangten Arbeitsplatzes bestehen noch in einem einklagbaren Recht auf Beschäftigung für jeden Einzelnen in jeder gegebenen Situation. Aus ihm folgen vielmehr zwei politische Imperative, die sich (mit einem starken Verpflichtungscharakter) an staatliches Handeln richten:

Erstens: Die politische Verpflichtung des Staates, auf Vollbeschäftigung hinzuwirken

Zweitens: Dem Einzelnen, der trotz nachgewiesener größtmöglicher eigener Anstrengungen keinen Arbeitsplatz finden kann, eine gegenüber Arbeitseinkommen nicht diskriminierende soziale Sicherung zu gewährleisten und ihm diejenigen Hilfen zu geben, die er braucht, um unter den absehbaren Bedingungen der Arbeitsmarktentwicklung erneut Erwerbsbeschäftigung zu finden.

Unter absehbaren Bedingungen sind das Recht auf und die Pflicht zur Aufnahme von Erwerbsarbeit zentrale soziale Grundwerte. Der Zugang aller zu angemessen entlohnter und zumutbarer Erwerbsarbeit ist als soziales Grundrecht nicht substituierbar. Der empirische Vergleich macht die These plausibel, dass diese Zielsetzung auch in der globalisierten Ökonomie unter geeigneten institutionellen Bedingungen durchaus erreichbar ist[278]. Die Erhöhung der Beschäftigtenquote kann die Arbeitslosenquote, wie das Beispiel einer Reihe von OECD-Ländern zeigt, beträchtlich verringern, im Prinzip bis auf die Quote der fluktuationsbedingten natürlichen Erwerbslosenquote von ca. 4%. Vom Jahr 2010 an ist in Deutschland mit einem demografisch bedingten Arbeitskräftemangel zu rechnen[279].

Wie kann, das sind die beiden Schlüsselfragen für das Projekt der Sozialen Demokratie, unter den bekannten empirischen Bedingungen Erwerbsarbeit für alle erreicht werden und wie kann das unvermeidliche Maß an Flexibilität in der

---

[278] Vgl. vor allem Scharpf/Schmidt 2000
[279] Bosch 1998

Arbeit mit sozialer Sicherheit und Kontinuität vereinbart werden? Eine Politik „gegen die Märkte", auch das zeigt die vergleichende Forschung, ist unter den Bedingungen offener Märkte zum Scheitern verurteilt. Sie findet auch, aufgrund der massiven Wohlstandsverluste, die ihr Preis wären, in keiner Demokratie der Gegenwart Widerhall. Eine Politik bloß „für die Märkte" in der Hoffnung, dass allein der Markt die Wunden, die er schlägt, auch heilen kann, führt, wie die angelsächsischen Länder zeigen, die sie praktizieren, zur Diskriminierung der unteren Einkommensbereiche. Sie widerspricht dem Grundrecht auf ein angemessenes Erwerbseinkommen, das den sozialen Lebensunterhalt sichert. Erfolg verspricht eine Arbeitspolitik „mit den Märkten". Die Entwertung der nationalstaatlichen keynesianischen Nachfragesteuerung und Wirtschaftsplanung als Mittel der Vollbeschäftigungspolitik in offenen Märkten ist nicht das Ende der politisch-ökonomischen Gestaltungschancen. Auch eine Beschäftigungspolitik „mit den Märkten" auf nationalstaatlicher Ebene hat, wie die Erfolge in den Niederlanden, Österreich und Dänemark zeigen, weiterhin erhebliche Handlungsspielräume. Dafür sprechen fünf Gründe. Sie weisen zugleich den Weg für realistische, in der Praxis erprobte und Erfolg versprechende Strategien[280]:

Erstens: Die Erreichung des Vollbeschäftigungsziels entscheidet sich in hoch entwickelten Ökonomien nicht allein in den exponierten Sektoren, die der globalen Konkurrenz ausgesetzt sind. Diese können sich durch Rationalisierung, technologische Innovation und Produktinnovation dem transnationalen Wettbewerb erfolgreich anpassen und, wie die in dieser Hinsicht erfolgreichsten OECD-Länder zeigen, im günstigen Falle ihren Beschäftigungsstand halten. Ob aber in den für die Vollbeschäftigung entscheidenden personenbezogenen Dienstleistungsbereichen in den vor der Globalisierung geschützten Sektoren das tatsächliche Beschäftigungspotenzial ausgeschöpft werden kann, ist durch politische Entscheidungen wie Steuern, Sozialabgaben oder Niedriglohnsubventionen bestimmt. Für sie besteht in jedem Land ein beträchtlicher Handlungsspielraum, für die Mitgliedsländer der EU zusätzlich durch den gemeinsamen politischen Entscheidungsraum.

Zweitens: Das „Beschäftigungswunder" der Niederlande seit den neunzehnhundertachtziger Jahren hat vor Augen geführt, dass eine zwischen den Beteiligten abgestimmte Verknüpfung von Teilzeitarbeit und Erhalt der normalen Sozial- und Rentenanwartschaften einen substanziellen Abbau von Arbeitslosigkeit ohne Überlastung der Haushalte und Sozialkassen möglich macht. Gleichzeitig erhöht sie die Frauenerwerbsquote.

---

[280] Scharpf/Schmidt 2000

Drittens: Seit dem Beginn der neunzehnhundertneunziger Jahre hat die sozialli-
berale Politik in Dänemark demonstriert, wie sich ökonomische Flexibilisierung
und der Erhalt hoher sozialer Sicherheitsstandards ohne sozial ungeschützte
Mobilität wirkungsvoll miteinander verbinden lassen[281]. Wenn die Nötigung zur
Neuqualifikation und Akzeptanz zumutbarer Arbeitsplätze mit großzügigen
Absicherungen verbunden wird und gleichzeitig durch wohlorganisierte Job-
Rotation vorübergehend freiwerdende Stellen gezielt besetzt werden, können
mehrere Ziele gleichzeitig erreicht werden: die soziale Sicherheit des Einzelnen,
die Befriedigung der sich rasch ändernden Qualifikationsnachfrage der Wirt-
schaft und die gesellschaftliche Integration.

Viertens: In den Ländern, in denen die Erwerbsquote insgesamt am höchsten ist,
ist die Arbeitslosigkeit besonders niedrig. Das ist dort der Fall, wo die Beschäftigungsquote der Frauen hoch ist (dann ist übrigens auch die Geburtenrate überdurchschnittlich hoch). Eine familienfreundliche Gesellschaftspolitik, die dem
Wunsch der meisten Frauen, Kinder zu haben *und* berufstätig zu sein, entgegen-
kommt, wäre daher unter anderem auch ein wichtiger Beitrag zur Verbesserung
der gerechten Verteilung der Erwerbsarbeit und der Verringerung der Arbeitslosigkeit.

Fünftens: Neben einer nachhaltigen Innovations-, Technologie- und Wachstums-
politik in den hoch entwickelten Wissensökonomien bietet sich zur Annäherung
an das Vollbeschäftigungsziel vor allem die Förderung der Beschäftigung im
personenbezogenen Dienstleistungsbereich an. Sie ist, wie die anderen aufgelis-
teten Strategien, in erster Linie ein Projekt der Sozialstaatsreform.

Lohnsubventionierung im Niedriglohnbereich
Das Ziel der Vollbeschäftigung ist in den hoch entwickelten Dienstleistungsökonomien nur unter der Bedingung annäherungsweise zu erreichen, dass die Be-
schäftigungspotenziale im Niedriglohnsektor gering produktiver humaner
Dienstleistungen ausgeschöpft werden können. Dies ist mit der Zielsetzung Sozialer Demokratie unter den Bedingungen vereinbar, dass entweder Einkom-
mens-Ungleichheiten eine legitimierbare Schwelle nicht überschreiten oder die
in diesem Bereich erzielten realen Erwerbseinkommen den sozial definierten
Lebensstandard nicht unterschreiten. Eine rein ökonomisch orientierte Beschäftigungspolitik im Niedriglohnsektor wirft eine Reihe von Problemen im Hinblick
auf die sozialen Grundrechte auf:

---

[281] Frenzel 2002

Erstens: Beschäftigte im Niedriglohnbereich würden unter reinen Marktbedingungen zum größten Teil nicht das für ein sozial definiertes menschenwürdiges Leben notwendige Einkommen erhalten.

Zweitens: Liegt der Lohn, der durch eine Beschäftigung im Niedriglohnbereich erzielt werden kann, unter dem Einkommen aus Transferzahlungen, dann besteht kein Anreiz, eine solche Arbeit überhaupt aufzunehmen.

Drittens: Unter Marktbedingungen ergibt sich ein ausgeprägter Zusammenhang zwischen Beschäftigung im gering produktiven Dienstleistungsbereich und einer überdurchschnittlichen Lohnspreizung in der unteren Hälfte der gesellschaftlichen Einkommensverteilung.

Ein Erfolg versprechender Weg zur Überwindung der Arbeitslosigkeitsfalle und der Probleme der sozial unzureichenden Einkommen ist die Subventionierung des Niedriglohnbereichs. In zahlreichen Ländern ist eine Reihe unterschiedlicher Programme der Lohnsubventionierung, etwa durch negative Einkommensteuerkonzepte[282] oder Kombilohnmodelle, praktiziert worden. Die Hauptunterschiede bestehen darin, ob die Arbeitgeber, die Arbeitnehmer oder beide Seiten subventioniert werden.

22 Ökonomische und soziale Reformperspektiven

Präventive und aktivierende Sozialpolitik
Die Sozialstaaten der ökonomisch hoch entwickelten Länder stehen unter der Bedingung offener Märkte alle vor schwerwiegenden neuartigen Problemen, so weit sie sich an den universellen Grundrechten orientieren. So weit sich allerdings amtierende Regierungen von dieser Bürde befreien möchten, stehen sie vor dem Risiko folgenreicher Stabilitäts- und Integrationskrisen, die die Partizipationsbereitschaft der Gesellschaft, ihre Fähigkeit zum sozialen Zusammenhalt und die politische Legitimation des politischen Handlungssystems gefährden. Die *liberalen* Sozialstaaten sind zwar infolge der Absenkung ihres Anspruchsniveaus und der Verlagerung sozialer Sicherungsleistungen auf dem privaten Sektor ökonomisch lebensfähig, jedoch durch die ungelösten Probleme erheblicher Ungleichheit und verbreiteter Armut in einem normativen Legitimations-Dilemma[283].

---

[282] Dabei handelt es sich um eine in das Steuersystem integrierte Transferleistung.
[283] Scharpf 2000

Die *sozialdemokratischen* Wohlfahrtsstaaten sind nach der Absenkung der Leistungsansprüche und Aufwertung des Prinzips der Selbstverantwortung für die Bezugsberechtigung von Leistungen im Großen und Ganzen nachhaltig organisiert. Das liegt in ausschlaggebendem Maße daran, dass durch die Akzeptanz eines hohen Steuerniveaus die Beschäftigung in den Dienstleistungsbereichen des öffentlichen Sektors hoch ist und die Steuerstruktur mit dem dualen Steuersystem wirtschaftsfreundlich. Solange die Bereitschaft der Bürger dieser Länder, die hohe Steuerlastquote zu tragen, anhält, sehen sie sich in der Hauptsache nur mit dem Problem konfrontiert, dass die für das Vollbeschäftigungsziel notwendige Ausweitung der Beschäftigung im Sektor der niedrig qualifizierten Dienstleistungen eine größere Lohndifferenzierung im unteren Einkommensbereich verlangt. Dieses Erfordernis steht aber im Widerspruch zum traditionellen Egalitarismus in der Grundwerteorientierung dieser Länder und stößt daher auf politische Barrieren.

Die *konservativen* Wohlfahrtsstaaten des europäischen Kontinents stehen vor einer Reihe ungelöster Probleme. Dazu gehören eine wirtschafts- und beschäftigungs*un*freundliche Steuerstruktur, die mangelnde Nachhaltigkeit der Finanzierung der Sozialsysteme und die hohen Schutzbarrieren für Inhaber von Arbeitsplätzen. Angesichts des anhaltenden Doppelproblems, des gleichzeitigen Drucks der offenen Märkte und des demografischen Wandels, stehen alle Sozialstaaten zur Sicherung ihrer finanziellen Grundlagen vor dem Problem, annähernde Vollbeschäftigung zu erreichen. Die ist auch eines der normativen Hauptziele Sozialer Demokratie und die wichtigste Voraussetzung dafür, die finanzielle Nachhaltigkeit des Sozialstaates zu ermöglichen.

Da sich für das Projekt der Sozialen Demokratie die Strategie der zunehmenden Residualisierung des Sozialstaats und der allein dem Markt folgenden Öffnung der Lohnentwicklung nach unten verbietet, kommen für die Lösung der Nachhaltigkeitsprobleme des Sozialstaates bei Wahrung seiner normativen Legitimitätsbedingungen vor allem diejenigen Strategien in Betracht, die sich in einzelnen Vorreiterländern schon als erfolgreich erwiesen haben.

Erstens: Die Einkommensteuerfinanzierung des Sozialstaates erweist sich in offenen Märkten der lohnbezogenen Beitragsfinanzierung als deutlich überlegen. Beiträge, die die Lohnnebenkosten erhöhen, erzeugen einerseits schwerwiegende Probleme für den Arbeitsmarkt, besonders in den weniger produktiven unteren Einkommensbereichen, und sie treiben den Sozialstaat in die Falle, gerade in Krisenzeiten, in denen seine Leistungen besonders dringlich sind, die eigenen finanziellen Grundlagen fortwährend zu untergraben. Sie sind zudem besonders verletzlich durch den demografischen Wandel und nicht in der Lage, die Veränderung der Geschlechterrollen in Familie und Erwerbsleben aufzunehmen.

Zweitens: Eine steuerfinanzierte Grundrente in angemessener Höhe erscheint im Ländervergleich als die Lösung der Probleme der Alterssicherung, die unter der Bedingung offener Märkte nachhaltig finanzierbar ist, ohne negative Nebenwirkungen für die Arbeitsmärkte. Sie erfüllt universalistisch begründbare Gerechtigkeitsstandards, denn es ist zweifelhaft, ob es zu den Aufgaben des Sozialstaates gehören soll, einmal erworbene Einkommensniveaus auf unbegrenzte Zeit in alle Lebenslagen hinein abzusichern. Es kommt hinzu, dass mit der Grundrente die Verteilungskonflikte zwischen den Generationen auf eine Weise geregelt werden können, die sich gegenüber allen betroffenen Generationen als gerecht begründen lässt.

Drittens: Da die Inklusion in die gesellschaftliche Erwerbsarbeit eine der wichtigsten Gleichheitsdimensionen des Gerechtigkeitsprinzips darstellt, verdienen Programme der Aktivierung und Weiterbildung für den Arbeitsmarkt und der auf die Annahme von Beschäftigung bezogenen Organisationen aktivierender Sozialleistungen Vorrang vor Geldtransferleistung und statussichernden Schutzmaßnahmen. Alle Projekte, die der Norm *Making-Work-Pay* folgen, soweit Angemessenheitsbedingungen der angebotenen Arbeitsplätze eingehalten werden, erscheinen in besonderer Weise legitimiert, da die Teilhabe an der gesellschaftlichen Erwerbsarbeit eine wichtige Voraussetzung für die Befähigung der betroffenen Personen zur Teilhabe an den meisten anderen gesellschaftlichen Lebenszusammenhängen darstellt und gleichzeitig die beste Gewähr dafür ist, dass sie ihre Position im Erwerbsleben behaupten und verbessern können.

Viertens: Die Desegmentierung der Arbeitsmärkte durch die Einführung von Formen des Kündigungsschutzes, die gleichzeitig im größten möglichen Maße beschäftigungsfreundlich sind und die Standards für die verschiedenen Kategorien von Erwerbstätigkeit angleichen, erscheint sowohl unter Gerechtigkeitsbedingungen wie im Hinblick auf das Beschäftigungsziel legitim. Dies setzt eine angemessene Sicherung für den Fall der Arbeitslosigkeit voraus, die es den Betroffenen erlaubt, für eine berechenbare Frist ihren Lebensstandard zu halten und durch die bestmöglichen Förderungsmaßnahmen ins Erwerbsleben zurückkehren zu können.

Fünftens: Die Gleichstellung des sozialen Schutzes, auch in der Alterssicherung, zwischen den neuartigen Arbeitsplätzen der Wissensökonomie, die etwa durch *Outsourcing, Freelancing* und Teilzeitarbeit entstehen und den traditionellen Normalarbeitsverhältnissen, ist die beste Voraussetzung für die Ausschöpfung des Beschäftigungspotenzials, das sie bieten. Sie kann einen deutlichen Beitrag zur Annäherung an das Vollbeschäftigungsziel leisten und erfüllt beim Eintreten der sozialstrukturellen Risiken angemessen die Bedingung eines gleichen Mindestschutzes für alle.

Sechstens: Für die Sozialstaaten der hoch entwickelten Dienstleistungsgesellschaften erscheint unter den gegebenen Bedingungen eine familien- und kinderbezogene Reform der sozialstaatlichen Sicherungssysteme von Grund auf als der beste Weg, das klassische Postulat der Sozialen Demokratie zu erfüllen, das soziale Sicherungssystem so zu organisieren, dass es gleichzeitig einen produktiven Beitrag zur ökonomischen Entwicklung leistet, Gerechtigkeit fördert und nachhaltig organisierbar ist.

Das Innovationszentrum nachhaltiger Sozialstaatsreform stellt eine interne Verknüpfung familienzentrierter und bildungszentrierter Reformstrategien dar[284]. Ihre Elemente sind:

Siebtens: Ein Bürgerrecht auf ganztägige Kinderbetreuung vom frühest möglichen Vorschulalter an, dessen Finanzierung durch einkommensgestaffelte Beiträge erleichtert wird, lässt nach allen Erfahrungen zugleich mehrere positive Effekte erwarten: a. die Erhöhung der Frauenerwerbsquote, b. eine wesentliche Erhöhung der Chancengleichheit durch Überwindung sozialer Statusvererbung sowie c. eine signifikante Erhöhung der Geburtenraten. Auf diese Weise werden gleichzeitig und aus denselben institutionellen Quellen heraus die Ziele der Geschlechtergleichstellung, der sozialen Chancengleichheit, der nachhaltigen Finanzierung des Sozialstaates und die Grundlagen einer Politik der zweiten Chancen erreicht. Der frühest mögliche Beginn von Lernen und Bildung ist zugleich die beste Gewähr für die spätere Fähigkeit zum erneuten Weiterlernen. Durchlässige Ganztagsschulsysteme sind eine wichtige strukturelle Stütze eines solchen Sozialstaats.

Unter den Gesichtspunkten seiner normativen Grundlagen, der Nachhaltigkeit seiner Finanzierungsgrundlagen und seiner ökonomischen Funktionalität ist der Sozialstaat einer Sozialen Demokratie hinreichend begründet, wenn er die folgenden Bedingungen erfüllt:

Erstens: Alle Bürger müssen über ein Grundrecht auf die Sicherung eines angemessenen Lebensstandards in allen Risikolagen verfügen, das aber durch ihre Verpflichtung zur primären Eigenverantwortung konditioniert sein kann.

---

[284] Vgl. Esping-Andersen 2000

Zweitens: Im Falle des Eintretens der sozio-strukturellen Risiken für die Real-wirkung der Grundrechte muss den Betroffenen für eine angemessene Zeit, in angemessener Höhe, aber nicht unbegrenzt, die annährende Wahrung ihrer er-worbenen Lebensbedingungen gewährleistet werden.

Drittens: Auf längere Frist, jedenfalls für alle voraussehbaren und in die Lebens-planung einzubeziehenden Risikolagen, erscheint unter den Gesichtspunkten der Gerechtigkeit und der sozialen Grundrechte ein System der gleichen Grundsiche-rung als ausreichend, das es den einzelnen Personen überlässt, darüber hinaus gehende Risikosicherungen in Eigenverantwortung vorzunehmen.

Viertens: Sozialstaatliche Sicherungssysteme, die über diese Ansprüche hinaus gehen, können im Hinblick auf die in gegebenen Gesellschaften vorherrschenden Gerechtigkeitsvorstellungen geboten sein, sie folgen aber nicht zwingend aus den universellen Gerechtigkeitsprinzipien und Grundrechten.

Fünftens: Die Erfahrungen europäischer Sozialstaaten, wie die Niederlande in den neunzehnhundertneunziger Jahren und Deutschland in den Jahren nach der Jahrhundertwende, begründen die Erwartung, dass die strukturelle Pfadabhän-gigkeit der Sozialstaatsentwicklung keine absolute, sondern eine politisch relati-vierbare Größe ist. Unter dem Druck außen- oder binneninduzierter Krisen scheinen auch Gesellschaften, in denen sozialstaatliche Strukturen durch starke organisierte Interessen gestützt werden, durchaus in der Lage, tiefgreifende Re-formen zu realisieren, die sich an den Erfolgsmodellen von Vergleichsländern orientieren.

Pragmatische Beschäftigungspolitik
Die theoretische Erklärung der bisherigen Erfahrungen rechtfertigt nicht die Erwartung, dass unter dem Druck der offenen Märkte eine generelle Konvergenz der politisch-ökonomischen Regime im Hinblick auf das liberale Marktmodell erfolgt. Vielmehr spricht vieles dafür, dass die verschiedenen Typen politischer Ökonomie in der Entfaltung ihrer je eigenen institutionellen Vorzüge die besten Strategien zur Selbstbehauptung in offenen Märkten finden können. Der den Erfordernissen einer Sozialen Demokratie am besten angemessene Typ einer koordinierten Marktwirtschaft in Verbindung mit einem grundrechtsgestützten Sozialstaat ist, unter der Voraussetzung einer Reihe notwendiger Anpassungs-formen, unter Globalisierungsbedingungen nicht nur überlebensfähig, sondern ökonomisch leistungs- und wettbewerbsfähig und politisch erfolgreich. Dieser Typ erfüllt im Vergleich die grundlegenden normativen Anforderungen Sozialer Demokratie am besten:

Erstens: Die Koordinierung der Entscheidungsfindung der makroökonomischen Ebene mit der Ebene der Festlegung der Lohn- und Arbeitsbedingungen und, auf der Unternehmensebene, die Teilhabe eines weiteren Spektrums gesellschaftlicher Interessen an der Entscheidungsfindung ohne ökonomische dysfunktionale Wirkungen.

Zweitens: Er ist in der Lage, grundrechtsgestütze Sozialstaatssysteme und ökonomische Leistungssysteme auf eine wechselseitig stabilisierende Weise zu integrieren und damit Grundrechte in ihrem Gesamtanspruch annäherungsweise einzulösen.

Drittens: Dieser Typ verfügt offenbar über das vergleichsweise höhere Potenzial der sozialen und politischen Integration der betreffenden Gesellschaften, da er in weit geringerem Maße Marginalisierung und nicht legitime Ungleichheiten erzeugt.

In diesem Rahmen legen die Ländervergleiche eine Reihe von Erfolg versprechenden Anpassungsstrategien nahe:

Durch effektive Strategien von Forschungs-, Innovations- und Bildungspolitik können in den exponierten Sektoren die Beschäftigten-Zahlen zwar gehalten, aber kaum ausgeweitet werden. Zusätzliche Beschäftigung ist nahezu ausschließlich im geschützten Dienstleistungssektor zu erwarten. Je nach Sozialstaatstyp und Finanzierungsmodus kann der öffentliche Sektor einen unterschiedlich großen Beitrag hierzu leisten. In allen Fällen ist aber die Fähigkeit des privatwirtschaftlichen Sektors zur Schaffung von Arbeitsplätzen in diesem Bereich für die Erreichung des Vollbeschäftigungsziels ausschlaggebend. Zu seiner Gewährleistung ist die Realisierung der in den sozialstaatlichen Kapiteln beschriebenen Maßnahmen notwendig. Da für das Projekt der Sozialen Demokratie eine Dienstbotenökonomie ausgeschlossen ist, muss die Expansion der sozialen und haushaltsbezogenen Dienstleistungen politisch angestrebt und abgesichert werden.

Die politisch-ökonomischen Regulationssysteme selbst bedürfen spezifischer Formen der Anpassung an die Bedingungen offener Märkte. Die Effekte offener Kapitalmärkte, neuer flexibler Technologien und der De-Industrialisierung machen flexiblere Formen der Vereinbarung von Lohn- und Arbeitsbedingungen erforderlich. Die Dezentralisierung der korporativen Strukturen und ihrer Öffnung für unternehmensnahe Speziallösungen scheinen notwendig. Die Angebotspolitik einer ausreichenden Flexibilisierung der Arbeitsmärkte, der Qualifizierung und Requalifizierung der Arbeitskräfte auf hohem Niveau und einer Reform der Sozialstaatsstrukturen, die zur Aufnahme von Erwerbsarbeit motiviert, sind entscheidende Erfolgsvoraussetzungen.

Eine für die traditionell orientierte Politik der Sozialen Demokratie schwer zu überwindende Hürde besteht in der Erfahrung, dass der steuerlichen Belastung der mobilen Steuerquellen, vor allem also von Kapital, enge Grenzen gesetzt sind. Auch diese Grenze verweist darauf, dass einige der grundlegenden Probleme der ökonomischen Entwicklung, die auf der nationalstaatlichen Ebene unter der Bedingung offener Märkte nicht mehr befriedigend gelöst werden können, die Vereinbarung transnationaler Regulierungssysteme verlangen. Im Falle des Steuersystems sind Maßnahmen zur Harmonisierung auf der regionalen Ebene der Europäischen Union ein wichtiger Schritt. Darüber hinaus weisende Problemlösungen eröffnen einen langen Zeithorizont.

Es wäre aber für die politisch-ökonomische Strategie Sozialer Demokratie ein verhängnisvoller Fehler, wollte sie auf die Vollendung eines einheitlichen Globalisierungsrahmens warten, statt auf nationaler und regionaler Ebene die Anpassungsreformen zu realisieren, die unter den absehbaren empirischen Bedingungen die bestmögliche Erreichung ihrer Ziele gewährleisten können und im Wesentlichen auch unter den in äußerst optimistischen Szenarien wahrscheinlichen Bedingungen sinnvoll bleiben, dass eine globale Einbettung der offenen Märkte gelingt.

Unter der Bedingung, dass die sozialen Sicherungssysteme im Wesentlichen einkommensteuerfinanziert sind, kann eine gleiche Grundsicherung in allen Bereichen der sozialen Risikosicherung als gerecht begründet werden. Sie entspricht dem Anspruch der universellen Grundrechte und lässt sich auch aus den Normen der egalitären Gerechtigkeitstheorie legitimieren[285]. Unter der Bedingung, das den betroffenen Personen in einem ausreichend frühen Stadium ihrer Lebensplanung diese Sicherungsleistungen nach Anspruchsart und Niveau in etwa bekannt sind, erfüllt ein solches System der gleichen Grundsicherung dann die in Frage kommenden Gerechtigkeitsstandards, wenn gleichzeitig ein ausreichendes Beschäftigungsangebot gewährleistet werden kann. Es kann unter diesen Bedingungen den betroffenen Personen in Eigenverantwortung überlassen bleiben, ob und in welchem Umfang und auf welche Weise sie sich über die garantierten sozialen Mindeststandards hinaus versichern wollen. Eine solche Sozialstaatsstrategie erfüllt die normativen Ansprüche eines ausbalancierten Verhältnisses von Rechten und individueller Eigenverantwortung im Hinblick auf die Mindestbedingungen sozialer Bürgerschaft.

Die Theorie der politischen Verpflichtungen aus sozio-strukturellen Risiken verlangt aber ergänzend, dass bei einem nicht vorhersehbaren Eintreten des Risikos des Arbeitsplatzverlustes für eine angemessene Zeit die Lohnersatzleistungen an das zuletzt bezogene Einkommen gekoppelt bleiben, um den betroffenen

---

[285] Das gilt ausdrücklich nicht für sozialstaatliche Ansprüche von Personen, die über Beitragszahlungen erworben worden sind.

Personen ausreichende Möglichkeiten zur beruflichen Neuorientierung oder zur Korrektur ihrer Lebenspläne zu geben. Die Zeitspanne, die dafür in Frage kommt, ebenso wie die Festlegung des Verhältnisses von Lohnersatzleistungen und ehemaligem Lohnniveau könne nur unter Berücksichtigung der sozio-kulturellen Verhältnisse in konkreter Lage entschieden werden.

Die in der politischen Sozio-Kultur einer gegebenen Gesellschaft verankerten Standards sozialer Gerechtigkeit können weit über die minimalen Normen der Grundsicherung hinaus ein einkommensbezogenes Niveau der Lohnersatzleistung aus den sozialen Sicherungssystemen rechtfertigen. Dies ist in den skandinavischen Ländern bisher immer der Fall gewesen. Aus universalistisch begründbaren Gerechtigkeitsmaßstäben und den universell geltenden Grundrechten lässt sich ein solches erhöhtes Anspruchsniveau der umfassenden Absicherung eines einmal erworbenen Lebensstandards nicht zwingend ableiten. Vielmehr kann gegen eine solche Strategie sogar der Einwand erhoben werden, dass eine solche Absicherung einmal erworbener ungleicher Lebensstandards, soweit sie aus öffentlichen Haushalten und nicht ausschließlich aus Beitragsmitteln finanziert wird, Normen eines egalitären Gerechtigkeitsverständnisses verletzt, weil sie die kontingenten Ungleichheiten eines einmal erworbenen Lebensstandards auf Dauer festschreibt und damit fragwürdige Formen der Ungleichheit sozialstaatlich normiert. Sobald freilich innerhalb einer gegebenen Gesellschaft ein Konsens über diese Form der sozialen Risikosicherung erzielt wird, ist sie für diesen Fall politisch gerechtfertigt.

Unter der Bedingung offener Märkte und des mit ihr verbundenen Wettbewerbs der ökonomischen Regulationsregime und der Sozialstaatstypen ist auch diese Konstellation einem Wandel unterworfen. Sowohl die Beitragsfinanzierung aus Arbeitseinkommen wie auch die Finanzierung aus allgemeinen Steuern begrenzen den Spielraum für Strategien der Einkommenssicherung. Sie würden in allen Fällen wegen ihrer negativen Effekte für den Arbeitsmarkt selbst destruktive Konsequenzen für die nachhaltige Organisation des Sozialstaates haben, außer im Falle der Bereitschaft einer Gesellschaft, weit überdurchschnittlich hohe Einkommensteuern auf die Dauer aufzubringen. Insofern wirkt für die meisten Länder in der gegebenen Situation die Globalisierung als ein Filter, der die Spielräume für die Anhebung des auf Dauer garantierten sozialen Sicherungsniveaus über eine sozial angemessene Grundsicherung hinaus begrenzt. Diese von den offenen Märkten auferlegte restriktive Bedingung lässt sich aber anhand der angeführten Argumente durchaus mit universalistischen Gerechtigkeitsprinzipien und universellen Grundrechten vereinbaren. Es ist am Ende eine Frage der konkreten gerechtigkeitspolitischen Diskurse einer Gesellschaft, wie sie den durch die Grundrechte und die allgemeinen Gerechtigkeitsprinzipien definierten Spielraum sozialstaatlicher Sicherung füllen will.

IV Politik der Globalisierung

23 Soziale Demokratie und Globalisierung

Demokratierisiko Globalisierung

„Globalisierung" hat sich als ein hochgradig komplexer Prozess erweisen, der sehr verschiedenartige und viele einander widersprechende Züge aufweist, die im Ganzen betrachtet weder als Einheit noch als zielgerichtete Entwicklung interpretiert werden können[286]. Einige ihrer besonders charakteristischen Dimensionen beziehen sich jedoch direkt auf den Geltungsanspruch und die Wirklichkeit von Demokratie und Staatsbürgerschaft. Sie sind in den Sozialwissenschaften seit den neunzehnhundertneunziger Jahren intensiv, kontrovers und im Hinblick auf mögliche Problemlösungen teilweise auch konstruktiv erörtert worden[287]. Zu den Merkmalen der Globalisierung, die die Demokratie und die Staatsbürgerrechte auf prinzipielle Weise herausfordern und damit wesentliche Zielsetzungen Sozialer Demokratie grundlegend berühren, sind nach den weitgehend übereinstimmenden Ergebnissen der bisherigen demokratietheoretischen Debatten mindestens die folgenden zu rechnen[288]:

Erstens: Während Märkte, Umweltzerstörungen, Migration, organisierte Kriminalität und elektronische Massenkommunikation in zunehmendem Maße alle nationalen Grenzen überschreiten, sind Demokratie und die Fähigkeiten der Weltgesellschaft, politische Antworten für diese Herausforderungen für die Geltung universeller Grundrechte zu finden, im Kern immer noch auf den nationalstaatlichen Handlungsrahmen beschränkt. Eine ihrerseits begrenzte Ausnahme, jedenfalls für bestimmte dieser Problemlagen in ihrem regionalen Geltungsbereich, stellt nur die *Europäische Union* dar. Demokratie und Staatsbürgerrechte werden auf diese Weise ihrer Wirksamkeit beraubt und infolgedessen in ihrem eigenen Legitimationsanspruch prinzipiell in Frage gestellt.

Zweitens: In ihrem gegenwärtigen negativen Stadium der Fokussierung auf den Abbau von Grenzen und deren Kontrollfunktion wirkt die ökonomische Globalisierung als schrittweiser Absenkung des nationalstaatlich erreichten Standes der

---

[286] Beck 1997, Held/Mc Grew 2000
[287] Held 1995, 2000, Beck 1998, Guéhenno 1994, 1999, Giddens 1995, 2001
[288] McGrew 1997, Archibugi/Held/Köhler 1998, Offe 2003, Ruggie 1999, Scharpf 1999b, Streeck 1999, Held 1995, 2000, Held/Mc Grew 2000, Meyer 2001b, 2002b

kulturellen, sozialen und ökologischen Einbettung der Märkte. Diese hatte in Verfolgung des Projektes Sozialer und in wichtigen Teilbereichen sogar liberaler Demokratie im Verlaufe des neunzehnten und zwanzigsten Jahrhunderts den Marktkapitalismus in den wirtschaftlich am meisten vorangeschrittenen Ländern gezähmt und für die liberale Demokratie prinzipiell kompatibel gemacht[289]. Indem der Prozess der negativen Globalisierung genau diese Bedingungen angemessener Einbettung in Kernbereichen aufhebt, stellt er Grundlagen der modernen Demokratie in Frage. Die national organisierten Wohlfahrtsstaaten kommen infolge des verschärften ökonomischen Wettbewerbs in offenen Märkten zunehmend unter Druck[290]. Auf diese Weise gefährdet die ökonomische Globalisierung in ihrer negativen Form die sozialen Grundlagen des historischen Kompromisses zwischen Kapitalismus und Demokratie, die in der europäischen Tradition eine der entscheidenden Voraussetzungen politischer Legitimation darstellen.

Drittens: Die unter dem Druck der ökonomisch dominierten Globalisierung voranschreitende marktgeleitete Modernisierung löst sich in zunehmendem Maße von der Bindung an die politischen und sozialen Grundrechte ab. Die prägenden Kräfte dieser Entwicklung entziehen sich weitgehend der politischen Kontrolle und Verantwortung gegenüber denjenigen Personen und ihren Rechten, die von ihnen direkt betroffen sind.

Viertens: Insgesamt gesehen ergibt sich, wie *Wolfgang Streek* es formuliert hat, ein Verlust der Gleichausdehnung (*Ko-Extension*) zwischen wirksamem demokratischen Handeln und begrenzter nationaler Territorialität[291]. In allen wichtigen politischen Arenen ergibt sich eine Verschmelzung des politischen Schicksals der nationalen politischen Gesellschaften durch grenzüberschreitende Prozesse der Problemerzeugung und der Problembetroffenheit. David Held hat diese transnationale Verschmelzung als *overlapping communities of fate* charakterisiert[292]. Negative Globalisierung erweist sich als ein soziales Meta-Risiko für die Realwirkung der universellen Grundrechte, weil sie die Reichweite und Intensität der meisten einfachen sozialen Risiken erheblich steigert, gleichzeitig aber die politischen Handlungsstrukturen depotenziert, die ihre Vermeidung ermöglichen könnten[293].

---

[289] Ruggie 1999
[290] Leibfried 2001
[291] Streeck 1999
[292] Held 2000: 424
[293] Beck 1986, 1998a, 2002

Negative und positive Globalisierung
Dies sind die Gründe, die dafür sprechen, die bisherige Form der Globalisierung im Hinblick auf ihre Auswirkungen auf Demokratie und Staatsbürgerschaft in den Begriffen von *Jan Tinbergen* als eine Form der „negativen Globalisierung" zu bezeichnen[294]. Zur Wiederherstellung der politischen Handlungsfähigkeit für die Sicherung der Grundrechte der Bürger sind nicht nur aus der Sicht der Theorie der Sozialen Demokratie, sondern aus einer liberalen, demokratietheoretischen und demokratiepolitischen Perspektive überhaupt Strukturen *positiver* Globalisierung erforderlich, die in der Lage sind, die entstandene Legitimations- und Handlungslücke zu schließen. Neue, transnationale Formen der politischen Verantwortlichkeit, der politischen Deliberation und Entscheidungsfindung sowie der an den Grundrechten orientierten Regulation und Einbettung ökonomischer Prozesse, sind unter den Bedingungen der erreichten Formen negativer Globalisierung eine Grundvoraussetzung für die Realgeltung von Demokratie und Grundrechten.

Die negative Globalisierung stellt Demokratietheorie und Demokratiepolitik vor drei miteinander verbundene, aber unterschiedliche Herausforderungen:

Erstens muss auf der *normativen* Ebene geklärt werden, wie unter den Bedingungen der verlorenen *Ko-Extension* zwischen politischen Problemarenen und demokratischen Handlungschancen demokratische und grundrechtliche Legitimation überhaupt noch gesichert werden können. Diese Frage betrifft die Voraussetzungen politischer Legitimation überhaupt im Zeitalter der Globalisierung.

Zweitens muss im Sinne der *akteurstheoretischen* Anforderungen geklärt werden, welche handlungsfähigen und realisierbaren transnationalen Institutionen und Regulationsstrukturen geeignet erscheinen, das globale Demokratiedefizit zu überwinden.

Und *drittens* bedarf es einer handlungsorientierten empirischen Analyse der *Restriktionen*, *Ressourcen* und *Akteure*, die im Prozess der Realisierung transnationaler Regulationsstrukturen eine konstitutive Rolle spielen können.

Die unbeherrschten Auswirkungen der transnationalen Verursachungsketten, wie Umweltschäden und Finanztransaktionen, wirken ja in vielfältiger Weise in die nationalen Gesellschaften hinein und erzeugen dort die gleiche Art von politischen Problemen wie auf der transnationalen Handlungsebene selbst. Die Kehrseite des globalen politischen Souveränitätsverlustes ist ein innerer Souveräni-

---

[294] Tinbergen 1965

tätsverlust in den verfassten nationalstaatlichen Demokratien[295]. Es geht daher bei der Überwindung des durch die negative Globalisierung erzeugten Demokratiedefizits keineswegs allein um das anspruchsvolle Projekt einer Erweiterung der Demokratie in die transnationale Arena, sondern gleichermaßen um die elementare Legitimationsfrage nach der Wirksamkeit demokratischen politischen Handelns innerhalb nationalstaatlich verfasster Gesellschaften, in die die globalen Problemketten hineinwirken, also um die Zukunft der Demokratie überhaupt[296].

Die Suche nach möglichen Antworten auf diese demokratische Legitimationsfrage muss sich im Sinne der modernen Demokratietheorie auf zwei Prämissen stützen:

Erstens: Die nationalgesellschaftlichen und transnationalen Probleme, die *politischer Natur* sind, müssen in politisch-legitimen Prozeduren gelöst werden;

Zweitens: legitim-politische Entscheidungsprozeduren müssen sich an *demokratischen* Verfahren und *grundrechtlichen* Normen orientieren.

Alle neuzeitlichen Demokratiekonzepte basierten auf der Prämisse einer Ko-Extension der beiden Arenen der politischen Problemverursachung und der politisch souveränen Entscheidungsfindung und Problemlösung[297]. Darin bestand die Legitimationsgrundlage und politische Rationalität der Nationalstaatsidee. Der Nationalstaat erschien politisch legitim, soweit er drei für demokratisches Handeln bestandsnotwendige Dimensionen vereinigen konnte: 1. Die Extension der Kette politischer *Problemverursachung*, 2. das Kollektiv der von den politischen Problemen *Betroffenen*, 3. das Kollektiv der *Autoren* und *Adressaten* der politischen Lösungen für alle ihrer Natur nach politischen Probleme. Die Wiedergewinnung demokratischer Legitimität unter den Bedingungen der Globalisierung muss sich auch unter den grundlegend geänderten Voraussetzungen auf angemessene Weise am Maßstab der Erfüllung dieser Legitimationsbedingungen messen lassen. Zur Bestimmung von Problemlagen, die ihrer Natur nach politisch, im Unterschied zu solchen die privater Natur sind, entfalteten sich in den Legitimationsdiskursen des zwanzigsten Jahrhunderts zwei grundlegende Kriterien[298]:

---

[295] Scharpf 1992
[296] Guéhenno 1994
[297] Held 1995, 2000, Streeck 1998b
[298] Meyer 2002b

Erstens: Alle sozialen Handlungen und Handlungsfolgen, die zu Regeln oder gesellschaftlichen Tatsachen führen, die für alle Mitglieder einer gegebenen Gesellschaft unausweichliche Geltung bzw. Wirkung gewinnen, so dass keine privaten Exit-Optionen offen bleiben, sind ihrer Natur nach politisch. Dabei kann es sich einerseits um Gesetze, öffentliche Handlungsprogramme oder öffentliche Güter handeln, aber andererseits auch um externe Effekte gesellschaftlicher oder wirtschaftlicher Aktivitäten, die für ganze Gesellschaften oder große Kollektive als unumgehbarer Zwangskonsum wirksam werden. Sachverhalte dieser Art sind ihrer Natur nach politisch, weil sie nur auf dem Wege kollektiven politischen Handelns bearbeitet werden können.

Zweitens: Wo universelle Grundrechte von Einzelnen oder von Gruppen verletzt werden, liegt ein politisches Problem und somit die Notwendigkeit politisch zu handeln vor. Dies gilt im Kern für alle fünf Gruppen von Grundrechten, auch wenn aus den erörterten Gründen die politischen Interventionsverpflichtungen im Falle der Verletzung von bürgerlichen und politischen Grundrechten unmittelbar, im Falle der Verletzung von sozialen, kulturellen und ökonomischen Grundrechten aber nur auf die Realisierung problemlösender Handlungskonzepte bezogen ist. Wo immer aber Grundrechte verletzt sind, sei es durch zielgerichtetes Handeln staatlicher Akteure, sei es durch die externen Effekte gesellschaftlichen oder ökonomischen Handelns Dritter, entstehen politische Problemlagen, die einer legitimen politischen Lösung bedürfen.

Globalisierung und Soziale Demokratie
Für eine Theorie der Sozialen Demokratie ist die Herstellung demokratischer Handlungsbedingungen in der globalen Arena aus vier Gründen eine wesentliche Herausforderung: 1. zur Gewährleistung der Funktionsfähigkeit der Entscheidungs- und Handlungsverfahren der liberalen Demokratie zur Bearbeitung aller als politisch definierten sozialer Risiken und Problemlagen auf der globalen Ebene; 2. zur Sicherung der liberaldemokratischen Entscheidungssouveränität für die weiterhin auf der nationalstaatlichen Ebene lösbaren politischen Probleme, 3. zur sozialen, politischen und ökologischen Einbettung der offenen Märkte im Hinblick auf die Grundrechte aller von ihren Auswirkungen betroffenen Personen und 4. zur Gewährleistung der politischen Handlungsvoraussetzungen für die Realisierung des Projekts der Sozialen Demokratie innerhalb jeder einzelnen Gesellschaft.

Die negative Globalisierung ist, wie schon die bisherigen empirischen Erfahrungen mit ihrer Einbettung in politisches Gestaltungshandeln durch erste Ansätze von *global governance* demonstrieren, im Gegensatz zum Urteil des britischen Premiers *Tony Blair* kein *fact of life*, mit dem sich alle gesellschaftlichen und politischen Akteure ausschließlich noch auf dem Wege bloßer Anpassungsstrategien arrangieren müssen[299]. Sie ist innerhalb gegenwärtig nicht zuverlässig abschätzbarer Grenzen gestaltbar. In welchem Verhältnis die politischen Handlungsstrategien der Anpassung (coping) und der konstruktiven Gestaltung (shaping) bei der demokratiepolitischen Bewältigung der Globalisierungsprobleme in den absehbaren Fristen zum Zuge kommen werden, ist eine offene Frage. Ihre vorläufige demokratietheoretische Beantwortung setzt eine genaue Klärung der *normativen, systemlogischen* und *akteurstheoretischen* Bedingungen voraus, unter denen das politische Projekt einer positiven Globalisierung durch eine hinreichend demokratische Form von global governance steht. Zu den normativen Voraussetzungen gehört die Klärung des Anspruchs eines *Weltbürgerrechts*. Zu den systemlogischen Voraussetzungen gehört eine empirisch informierte Antwort auf die Frage nach den realistischen Möglichkeiten *transnationaler Demokratisierung*. Zu den akteurstheoretischen Herausforderungen gehören nicht nur die immensen Lasten der ungelösten sozialen, ökologischen und wirtschaftlichen Probleme, sondern auch die Analyse der unsymmetrischen *Interessen* und *Handlungsressourcen* der Staaten und globalen gesellschaftlichen Akteure.

Entscheidend für die Chancen beim Aufbau Sozialer Demokratie in der globalen politischen Arena wird daher das Zusammenwirken von drei Faktoren sein. *Zunächst* die unabweisbare Erkenntnis, dass ohne einen Mindestrahmen Sozialer Demokratie ökologische Krisen die physischen Existenzbedingungen aller Gesellschaften untergraben und die sozialen Lebensbedingungen überall auf der Welt immer wieder krisenhaft erschüttern. Die Erfahrung, *zweitens*, dass wirtschaftliche Krisen als Folge unzureichend geregelter Finanzmärkte häufig den Charakter nicht vorhersehbarer und nicht begrenzbarer Flächenbrände haben, vor deren Wirkungen sich auch die Kooperationsverweigerer nicht retten können, kann auch diese mit der Zeit zu einem Mindestmaß an Kooperation motivieren. *Schließlich* erstarkt die grenzüberschreitende Gegenwehr der von den Folgen bloß negativer Integration am meisten betroffenen Gruppen, so dass für viele nationale Akteure der politische Preis der Kooperationsverweigerung mit der Zeit die ökonomischen Kosten der Kooperation übersteigt.

Unter den gegebenen Bedingungen können nur solche demokratietheoretischen Ansätze den Anspruch auf Realismus erheben, die dem *Giddensschen* Kriterium des „utopischen Realismus" gerecht werden, indem sie in *allen drei logischen* Dimensionen, der normativen, der systemischen und der akteurstheoretischen, zugleich gerechtfertigt werden können.

---

[299] Blair 1998

Weltbürgerschaft

Die Geltung der universellen Grundrechte kommt einem passiven globalen Bürgerstatus gleich. Da die Folgen der negativen Globalisierung alle Dimensionen der universellen Grundrechte in massiver Weise betreffen, begründet das Zusammenwirken beider den politischen Status einer aktiven globalen Bürgerschaft, die alle Menschen berechtigt, als Erdenbürger auf die für jeden Handlungsbereich jeweils geeignete und praktisch mögliche Weise an den Entscheidungen mitzuwirken, die ihre Grundrechte betreffen. Die allgemeinen Grundrechte benötigen die Ergänzung durch globale politische Bürgerrechte, um gegen ihre in einer Situation faktischer Globalisierung immer wahrscheinlicher werdenden Verletzung seitens Dritter in anderen Teilen der Welt geschützt werden zu können. Die auf *Immanuel Kant* zurückgehende Idee der Einrichtung eines politischen Weltbürgerstatus erlangt in der politischen Philosophie und im politischen Diskurs seit dem Beginn der Debatte um die politischen Folgen der Globalisierung zwingende Überzeugungskraft. In einer interdependenten Welt, in der die grundlegenden Rechte und Lebensinteressen von Menschen, unabhängig davon, in welcher politischen Gemeinschaft sie leben, durch Handlungen in jedem anderen Land unmittelbar verletzt werden können, hängt ihr Schutz für jede einzelne Person von ihrer Fähigkeit zur wirksamen politischen Kooperation mit allen anderen Akteuren ab. Diese wird folglich durch den politischen Status einer globalen Bürgerschaft gleichzeitig zum Recht für alle davon Betroffenen und zur Pflicht für alle diejenigen Akteure, die auf die Ursachen von Grundrechtsverletzungen Einfluss nehmen können. Die faktische Realisierung des Weltbürgerstatus verlangt eine entscheidungswirksame Form der politischen Weltbürger-Gesellschaft. Während sich dieser Grundsatz selbst aus den dargestellten grundrechtlichen und demokratietheoretischen Prämissen zwingend ergibt, können die Formen seiner institutionellen und außerinstitutionelle Konkretisierung unter den empirisch gegebenen systemischen und akteurstheoretischen Bedingungen nur auf pragmatischem Wege gefunden werden.

Der für das verantwortliche Zusammenleben autonomer Personen in der Weltgesellschaft grundlegende Vertrag, in dem sich alle Menschen gegenseitig ihre Anerkennung als Rechtssubjekte und Bürger aussprechen, muss sich unter den Bedingungen der faktischen Globalisierung auch auf die Bürgerrechte erstrecken, mit denen sie die Anerkennung ihrer gleichen Autonomie als politischer Souverän für alle Entscheidungen, die alle betreffen, beschließen[300]. Bei den politischen Entscheidungen, durch die der verbindliche Rahmen für die Lebensumstände, mithin der reale Wert der Menschenrechte eines jeden festgelegt wird, haben daher alle das prinzipiell gleiche Recht der Mitentscheidung. Otfried

---

[300] Dower/Williams 2002: 39

Höffe spricht im Hinblick auf die politischen Weltbürgerrechte von einem gestuften Bürgerstatus[301]. Der Einzelne ist zunächst Staatsbürger seines eigenen Landes, darüber hinaus politischer Bürger seiner Region, und schließlich politischer Weltbürger, nicht in konkurrierender, sondern in komplementärer Weise, je nachdem, auf welche Handlungsebene sich seine politischen Mitentscheidungsrechte beziehen müssen, wenn sie wirkungsvoll die Entscheidungen beeinflussen wollen, die seine Menschenrechte und Lebenssituation maßgeblich bestimmen. Als Weltstaatsbürger hat der Einzelne das Recht, an den politischen Prozessen der jeweiligen Ebene teilzunehmen, auf denen über seine grundlegenden Rechte faktisch entschieden wird.

Politische Bürgerschaft (*citizenship*) kann als eine Form der Zusammenarbeit von Personen verstanden werden, die sich auf einen Rahmen und Regeln verständigen, die für ihr Zusammenleben Gültigkeit gewinnen[302]. Staatsbürgerschaft ist im Kern eine wechselseitige Garantie von gleichen Rechten und Verpflichtungen sowie gleichen Möglichkeiten zur Teilhabe an den politischen Entscheidungen, die alle betreffen. Lässt sich, so lautet die durch die Notwendigkeit der positiven Globalisierung aufgeworfene Frage, ein neues Konzept von Bürgerschaft auf die globale Handlungsebene heben? Dieses Recht verlangt eine subsidiäre globale Demokratisierung, bei der hinreichende und angemessene Formen politischer Entscheidung auf allen Ebenen bzw. in allen Handlungsdimensionen der Weltgesellschaft eingerichtet werden, auf denen sie notwendig sind, um die grundlegenden Menschenrechte aller zu sichern. Subsidiär soll die menschenrechtlich gebotene Demokratisierung sein, weil auf die jeweils höhere, vom einzelnen Mitsouverän entlegenere Entscheidungsebene nur delegiert werden soll, was erst auf ihr hinreichend geregelt werden kann. Obgleich die Forderung nach globaler Demokratisierung aus dem Weltbürgerecht selber folgt, lässt sie doch weitgehend offen, auf welchen Wegen der Organisation und der Institutionalisierung sie auf jeder der Ebenen angemessen erfolgen soll. Daher verlangt das Weltbürgerrecht zwar zwingend einen weltweiten Vorrang der Demokratie vor wirtschaftlicher und sozialer Macht, aber nicht die Einrichtung eines institutionell geschlossenen Weltstaats.

Die Weltbürgerrechte und die mit ihnen untrennbar verbundenen Weltbürgerpflichten zielen daher in ihrer Gesamtheit auf die Errichtung einer politischen Weltordnung, in der die liberalen, politischen, sozialen, ökonomischen und kulturellen Menschenrechte jedes Einzelnen mit einem hinreichenden Maß an Wirksamkeit geschützt werden können[303]. Die Weltbürgerrechte begründen auch eine Weltbürgerpflicht der Menschen und der Staaten, die dazu materiell in der Lage

---

[301] Höffe 1999: 336 ff
[302] Faulks 2000
[303] van den Anker 2002

sind, einen solidarischen Ausgleich weltweit wenigstens in dem Maße herbeizuführen, das zu einer angemessenen Mindestsicherung der Geltung der Grundrechte in allen Teilen der Welt unerlässlich ist[304].

24 Globale Demokratisierung

Modelle

Die Herausforderungen, die sich aus den Entlegitimierungsprozessen und dem demokratischen Souveränitätsverlust im Prozess der negativen Globalisierung ergeben, verlangen den Gegenentwurf von Strukturen einer positiven Globalisierung, die gleichzeitig grundrechtliche und demokratische Legitimationsbedingungen erfüllen kann und unter absehbaren Bedingungen realisierbar ist. Darin liegt das entscheidende Kriterium für den Aufbau von transnationalen Strukturen des politischen Diskurses, der Entscheidungsfindung und der Regierung als Elemente positiver Globalisierung. Das ist eine Herausforderung schon für die liberale Demokratie, wegen ihr weiterreichendes Grundrechtsverständnis, aber umso mehr für Theorie und Praxis der Sozialen Demokratie. In der wissenschaftlichen Diskussion konkurrieren vier grundlegende Antworten auf sie.

Erstens: Konsequente Basis-Demokraten wie der amerikanische Politikwissenschaftler *Benjamin Barber* vermuten, dass die Wiedereinbettung des globalen Kapitalismus allein von der weltweiten Aktivierung der Zivilgesellschaft erwartet werden kann[305]. Die Institutionen und Strukturen der repräsentativen Demokratie seien einerseits zu abgelöst von den eigentlichen Bürgerinteressen und andererseits aufgrund der Blockade durch die transnationalen Wirtschaftsinteressen zu wenig in der Lage, eine wirkungsvolle globale politische Regulierung zu organisieren. Transnationale Netzwerke und Aktivitäten der Zivilgesellschaft sind offensichtlich eine wesentliche Voraussetzung und ein fortwährend mitentscheidendes Element globaler Demokratie. Sie können die Wirkungen transnationaler Institutionen, regionaler Kooperationssysteme und globaler Regelungsregime erheblich verbessern und für die Lebenserfahrungen und Interessen der von ihnen betroffenen Menschen offen halten. Sie können sie aber wegen ihrer mangelnden Komplexität, Beständigkeit und Sanktionsfähigkeit nicht ersetzen.

Zweitens: Libertäre Demokraten sehen im Vorrang der globalen Märkte vor der Politik und damit im weitgehenden Verzicht auf Regulierung die Durchsetzung von Rationalität und Fortschritt gegenüber der stets kurzsichtigen Verteilungs-

---

[304] Dower/Williams 2002, Hinsch 2002
[305] Barber 1995

mentalität demokratischer Politiker[306]. Sie erstreben den weitgehenden Verzicht auf den Gebrauch transnationaler Institutionen für wirtschaftliche Regulierung in der Erwartung, dass die selbstregulierten Märkte im Laufe der Zeit die Lebensbedingungen überall auf der Welt verbessern werden. Sie hoffen, dass die Unparteilichkeit der ökonomischen Logik die Mängel demokratischer Politik überwindet. Für die destruktiven Konsequenzen bloßer Marktsteuerung für die Umwelt, die Auswirkungen globaler Finanzspekulationen auf Wohlstand und Beschäftigung sowie die grob ungerechte Verteilung der Lebenschancen im Weltmaßstab wollen sie daher nicht auf politische Regulierung vertrauen, sondern der Marktlogik noch konsequenter zum Durchbruch verhelfen. Das führt aus der Perspektive Sozialer Demokratie nicht nur zur Verschärfung wirtschaftsbedingter Krisen und ökologischer Destruktion, es widerspricht auch dem Weltbürgerecht auf demokratische Selbstbestimmung und Sicherung der Bürgerrechte aller.

Drittens: *Otfried Höffe* hat seine Begründung sozialer und politischer Weltbürgerrechte in den Vorschlag einer subsidiären und föderalen Weltrepublik ausmünden lassen[307]. In der Sache kann diese Leitidee politisch produktiv werden, sofern sie ein Richtungssymbol für die vielfältigen Prozesse globaler Demokratisierung ist. Sobald sich mit ihr das Missverständnis verbindet, es ginge dabei um eine integrierte Form von Weltstaatlichkeit, wird dieser Vorschlag problematisch. Ein Weltstaat, wie demokratisch und föderal auch immer konzipiert, lässt sich in akteurstheoretischer Perspektive nicht plausibel begründen. Er schießt auf normativer Ebene über das Ziel hinaus, erscheint in seinem institutionellen Möglichkeiten für die Lösung globaler politischer Steuerungsprobleme dysfunktional und wird als Handlungsprojekt keine Akteurskonstellation finden, die seine Realisierung betreibt. Widerstände wird es bei vielen Akteuren in aller Welt geben, die zwar an einer globalen Demokratisierung interessiert sind, die Ausweitung abgehobener staatlicher Strukturen aber als Kontrollverlust der Gesellschaften fürchten.

Viertens: Die „realistische" Schule der internationalen Politik erkennt auch in der Globalisierung allein in den souveränen Einzelstaaten handlungsfähige politische Akteure der internationalen Arena. Sie erteilt im Namen des Realitätsprinzips allen Projekten eine Absage, die über die souveräne Politik von Territorialstaaten hinausweisen. Dabei könne es sich nur um folgenlose „Deklamationspolitik" handeln[308]. Für die demokratisierende Gestaltung der globalen Ordnung ist aber nur die „realistische", auch im Eigeninteresse aller beteiligten Akteure begründe-

---

[306] von Weizsäcker 2000
[307] Höffe 1999
[308] Link 2001: 162 ff

te Intensivierung der transnationalen Kooperation vorausgesetzt, die seit längerem mit wechselnden Erfolgen tatsächlich praktiziert wird. Dabei kann die Frage offen bleiben, welchen Anteil intergouvernementale Verhandlungen nationalstaatlicher Regierungen an der erreichten politischen Rahmensetzung haben, welchen Anteil Macht und Gegenmachtbildung bei der Erarbeitung von Kompromissen innerhalb der transnationalen Institutionen und Kooperationssysteme. Entscheidend ist allein die Erarbeitung verbindlicher politischer Steuerungsinstrumente für die Prozesse der negativen Globalisierung, also die Schaffung eines global legitimierten Regelwerks der positiven Globalisierung. Demokratisierung bedeutet den Gestaltungsvorrang demokratisch legitimierter politischer Akteure gegenüber privaten Entscheidungen über wirtschaftliche und gesellschaftliche Entwicklungen. Für sie behalten auch die Nationalstaaten eine gewichtige Rolle, freilich im Rahmen transnationaler Koordination.

Unabhängig von der Legitimationsfrage erklärt die „realistische" Schule der internationalen Politikforschung ein solches Gegenprojekt zur politischen Illusion, da es die kategoriale Differenz zwischen den Handlungs- und Legitimationsprozessen innen- und außenpolitischer Prozesse außer Acht lasse. Die mit dieser Prämisse verbundene Position wird nicht allein von gesellschaftspolitisch libertären Akteuren vertreten, sie ist aber in diesem Diskussionsspektrum in besonderer Weise akzeptiert und verbindet sich kohärent mit ihren globalisierungspolitischen Interessen. In dieser theoretischen Sicht bleiben die souveränen Einzelstaaten die einzigen handlungsfähig politischen Akteure in der internationalen Arena. Alle Projekte, die über die souveränen Territorialstaaten und das Prinzip der dynamischen Macht und Gegenmachtbildung zwischen ihnen hinausweisen, gelten folglich als realitätsfremde Konstruktionen. Die Kritik dieser Schule am Konzept der positiven Globalisierung beruht teilweise auf Missverständnissen. Unstreitig behalten die Nationalstaaten auch künftig ihre ausschlaggebende Rolle, aber im Rahmen von transnationalen Regelungen, die von ihnen selbst institutionalisiert und implementiert werden[309].

Demokratische Globalisierung
Auf der Tagesordnung steht, wie *David Held* argumentiert, ein dritter welthistorischer Schritt der Demokratiegründung, von gleichem Gewicht, aber von ganz anderer Art als der erste im antiken Griechenland der demokratischen Stadtstaaten und der zweite von der europäischen Aufklärung seit dem achtzehnten Jahrhundert eingeleitete einer Demokratisierung der Nationen[310]. Für das Projekt der Sozialen Demokratie stehen mit der Chance des Aufbaus funktionsfähiger libe-

---

[309] Zürn 2000
[310] Held 2000: 429, Beck 1998

ral-demokratische Deliberations- und Entscheidungsstrukturen in der globalen politischen Handlungsarena sowohl die Chancen globaler sozialer, ökonomischer und ökologischer Regulation wie auch ein wichtiger Teil der Realisierungsbedingungen von Sozialer Demokratie auf nationaler und regionaler Ebene auf dem Spiel. Für sie ist die globale Modernisierung der liberalen Demokratie darum im Gegensatz zur Position der libertären Demokratie eine zentrale Handlungsvoraussetzung. Sie kann nicht wie die Theoretiker der libertären Demokratie den Verlust der transnationalen politischen Handlungsfähigkeit als ein *fact of life* betrachten, das die ökonomische Modernisierung unwiderruflich geschaffen hat. Sie verteidigt den liberaldemokratischen Handlungsrahmen mit universalistischen politischen Argumenten gegen das libertäre Argument, der globale politische Souveränitätsverlust sei nicht nur ein Faktum, sondern auch ein Rationalitätsgewinn, weil er durch die Verringerung der Möglichkeiten politischer Fehlentscheidungen in letzter Instanz gleichbedeutend sei mit einem einen Autonomiegewinn für die Bürger der Welt[311].

Empirisch fundierte und legitimatorisch begründete Projekte globaler Demokratisierung können im Gegensatz zu den Positionen der „Realisten" und Libertären, wie *Anthony Giddens* überzeugend dargelegt hat, auch wenn sie teilweise weit über die bestehende Realität hinausweisen, in keinem theoretisch haltbarem Sinne allein schon aus diesem Grunde als „Utopismus" klassifiziert werden[312]. Denn auch die Demokratietheorie selbst und insbesondere die Theorie der Sozialen Demokratie ist unter den gegebenen Umständen einer globalisierten Welt im Fluss, in der der Status quo unhaltbar geworden ist und sich fast täglich verändert, berechtigt und sogar verpflichtet im Sinne eines *utopischen Realismus* auf der Basis der bisherigen Erfahrung am Entwurf transnationaler Formen von Demokratie mitzuwirken, sofern diese geeignet sind, dass Demokratiedefizit der negativen Globalisierung zu überwinden, andererseits aber in der in überschaubaren Fristen gegebenen Welt auch über politische Möglichkeiten der Realisierung zu verfügen.

Diese Forschungsaufgabe wird durch den Umstand begünstigt, dass Elemente der Struktur einer politisch integrierten Weltgesellschaft in embryonaler Form in den gegenwärtigen Formen transnationaler politischer Kooperation schon sichtbar werden. Sie weisen aber in den bestehenden Formen Defizite und Widersprüche auf. Sie sind teilweise durch die Exklusion von Interessen- und Akteursgruppen gekennzeichnet, einige von ihnen, wie die Weltbank und das Welthandelsabkommen leiden an einem für ihre Akzeptanz und Steuerungsfähigkeit belastenden Maß an Ungleichheit in der Repräsentation von Interessen und Akteuren.

---

[311] von Weizsäcker 2000
[312] Giddens 1994

Überlappende Elemente

Im Hinblick auf die politischen Handlungsbedingungen Sozialer Demokratie erscheinen bei der Beurteilung der Angemessenheit der Modelle drei akteurstheoretische Kriterien sinnvoll: *erstens* ihre demokratietheoretische normative Qualität, *zweitens* die Angemessenheit ihres institutionellen Designs im Hinblick auf die politischen Probleme der negativen Globalisierung und, *drittens*, die Umsetzungsfähigkeit ihrer Ansprüche in der Welt, die wir kennen.

Im Lichte dieser Kriterien kann keines dieser Modelle für sich genommen den Anspruch erheben, einen Weg positiver Globalisierung zu entwerfen, auf dem schrittweise die transnationale demokratische Handlungsfähigkeit und damit auch die sozialökologische Einbettung des Weltmarkes gewährleistet werden kann. Erst die Kombination ausgewählter Elemente führt zu einem normativ und institutionell angemessenen politischen Handlungsrahmen. Dabei kann auf dem offensichtlichen Grundkonsens der Modelle über die Ausgangsbedingungen und einige Strukturelemente globaler Demokratisierung aufgebaut werden. Dazu gehören:

- Die grundlegende Analyse der gegebenen Situation selbst. Sowohl die nationalstaatlichen Demokratien wie die Weltgesellschaft bedürfen zum Zwecke der Wiedergewinnung ihrer politischen Legitimation einer neuen Form von Ko-Extension zwischen den grenzüberschreitenden Problemarenen und der politischen Verantwortungs- und Handlungsfähigkeit.
- Eine bestimmte Vorstellung von Weltbürgerschaft (*cosmopolitan citizenship*). Sie muss Bürger in allen Teilen der Welt befähigen, an der politischen Deliberation und Entscheidungsfindung auf allen Ebenen der politischen Weltgesellschaft teilzunehmen, auf denen ihre Interessen jeweils auf dem Spiel stehen, lokal, national, regional und global.
- Die Überzeugung, dass globale Demokratie die soziale, kulturelle und ökologische Wiedereinbettung der globalen Märkte bewirken und die Weltwirtschaft den politischen Verantwortungsstrukturen unterordnen muss.
- Die Notwendigkeit, die bereits bestehenden Institutionen transnationaler politischer Koordination, vor allem der UNO, ihrer Unterorganisationen und die funktionalen politischen Regime, repräsentativer, verantwortlicher und effektiver zu gestalten.
- Die Betonung der wesentlichen Rolle transnationaler Zivilgesellschaft und ihrer Netzwerke im Prozess der demokratischen Globalisierung.
- Der Entwurf wirkungsvoller neuer Institutionen supranationaler politischer Autorität.

- Die Überzeugung, dass globale Demokratie nur als eine neue Form komplexer politischer Interaktion zwischen institutionellen und nicht-institutionellen politischen Akteuren realisierbar und erfolgreich sein kann.
- Die Autoren, mit Ausnahme von *Otfried Höffe,* stimmen darin überein, dass die Vision einer positiven Globalisierung aus Gründen der politischen Regelungsvielfalt und demokratischen Subsidiarität nicht als Weltstaat konzipiert werden darf.

Über diese Gemeinsamkeiten hinaus sind für die politischen Strukturen Sozialer Demokratie auf der Ebene der globalen Politik aus den verschiedenen Ansätzen einzelne Elemente von besonderem Interesse:

- Aus dem *Demarchy-Ansatz* verdient die Grundidee besonderes Interesse, dass funktionale Lösungen für viele der politischen Probleme der Weltdemokratie angemessen sind. Ihre Rolle, ihr Wechselverhältnis zueinander und die Möglichkeiten ihrer Demokratisierung müssen als offener Prozess verstanden werden.
- Aus dem Modell der *Kosmopolitischen Staatsbürgerschaft* verdienen zwei Grundideen besondere Aufmerksamkeit; *erstens,* die Notwendigkeit einer Form institutionalisierter Weltstaatsbürgerschaft; zweitens, der Ausbau von Strukturen supranationaler Gesetzgebung.

Offene Methode globaler Demokratisierung
Eine *offene Methode der globalen politischen Koordination,* die gleichzeitig normativ begründet, institutionell angemessen und in erwartbaren Akteurskonstellationen realisierbar erscheint, kann sich daher auf die folgenden sechs strategischen Elemente, ihre jeweilige interne Demokratisierung sowie wechselseitige funktionsbezogene Interaktion stützen:

Erstens: Das Konzept einer auf Rechten und Pflichten basierenden *Weltbürgerschaft,* dass die einzelnen Bürger berechtigt, überall auf der Welt an den für sie relevanten politischen Entscheidungen aktiv teilzunehmen.

Zweitens: Die Demokratisierung, Ergänzung, Ausweitung und Intensivierung der bestehenden *transnationalen und supranationalen politischen Institutionen* und Organisationen, insbesondere der Vereinten Nationen und ihren Unterorganisationen. Besonders vielversprechend erscheint in dieser Hinsicht die Einrichtung einer Völkerkammer und eines wirtschaftlichen Weltsicherheitsrates, ausgestattet mit Befugnissen der Kontrolle, der Rahmensetzung und, unter bestimmten Bedingungen, auch der Intervention in die wirtschaftlichen Prozesse.

Drittens: Die Vermehrung, Ausweitung, Intensivierung und interne Demokratisierung *der regionalen Systeme politischer Kooperation* wie der Europäischen Union, Asean, Saarc, Merkorsur, Nafta u.a., sowie deren Interaktion. Sie sind Bausteine globaler Demokratisierung.

Viertens: Die Vermehrung und Demokratisierung der funktionalen Regulationen in den wichtigsten Teilbereichen von Weltökonomie und Weltgesellschaft (Handel, Arbeit, Umwelt, Gesundheit, Sicherheit) durch die Ausbildung transnationaler Regime, wie sie im Kyoto-Protokoll, in den Vereinbarungen der Weltarbeitsorganisation ILO und der Welthandelsorganisation WTO begonnen worden sind. Diese funktionalen Regime verlangen eine verbesserte Inklusion der von ihren Regelungen betroffenen Länder in die Entscheidungsfindung.

Fünftens: Die *transnationale Zivilgesellschaft* bedarf einerseits verstärkter Unterstützung durch die politischen Institutionen und verdient bei der Entscheidungsfindung der politischen Weltgesellschaft wachsenden Einfluss. Sie ist unverzichtbar auf Handlungsfeldern wie der Sicherung der Menschenrechte, der Gewährleistung humaner Arbeitsbedingungen, dem Umweltschutz und der Geschlechtergleichstellung. Ihre Themenfelder sind aber nicht begrenzt.

Sechstens: Die *politische Weltöffentlichkeit* hat eine maßgebende Funktion für die Ausbildung der Weltstaatsbürgerschaft und die Kontrolle der globalen Akteure. In den Erörterungen einer globalen Öffentlichkeit über gemeinsame Probleme kann sich ein verbindendes Bewusstsein von Weltbürgerschaft ausbilden. Sie wirkt als Vermittlungssphäre für die verschiedenen Projekte und Akteure globaler Politik.

25 Globalisierung der Sozialen Demokratie

Soziale Grundrechte
Die Differenzierung in der Geltungsweise und den zugeordneten politischen Handlungspflichten zwischen zivilen und politischen Rechten auf der einen Seite und sozialen und ökonomischen auf der anderen, wie sie im Kontrollregime der vereinten Nationen vorgesehen ist, erzeugt keine gespaltene Weltbürgerschaft. Sie beruht auch nicht primär auf Inkonsequenzen und Schwächen im Gefüge der Institutionen und Prozeduren der Vereinten Nationen. Die nähere Betrachtung der empirischen Realisierungsbedingungen beider Kategorien von universellen Grundrechten zeigt vielmehr, dass für den über die Kernarbeiterrechte hinausgehenden Teil der sozialen und wirtschaftlichen Grundrechte in dem Augenblick

ein massiver Selbstwiderspruch erzeugt würde, in dem diese Rechte in gleichem Umfang und in gleicher Weise global durchgesetzt würden. Während für die Kernarbeiterrechte gezeigt werden kann, dass sie nicht nur mit dem Kern der grundlegenden Menschenrechte selbst unlösbar verbunden sind, sondern darüber hinaus auch eine kausale empirische Rolle für den wirtschaftlichen und sozialen Fortschritt innerhalb jedes Landes spielen, sind die Voraussetzungen und die Wirkungen der über sie hinausgehenden Sozialstandards vom Entwicklungsstand jedes einzelnen Landes in ausschlaggebender Weise abhängig und daher im Sinne ihrer eigenen Geltungslogik nur als *obligations of conduct* institutionalisierbar.

Die Kernarbeiterrechte erweisen sich in ökonomischer Betrachtungsweise teilweise als marktschaffend und teilweise als marktfunktional, so dass ihre Einführung auf jeder wirtschaftlichen Entwicklungsstufe eines Landes als ein Beitrag zu wirtschaftlichem Wachstum und zur Effizienzsteigerung der jeweiligen Volkswirtschaft verstanden werden kann. Dies, zusammen mit ihrer konstitutiven Menschenrechtsqualität spricht dafür, dass für ihre Einführung dasselbe strenge Implementations- und Kontrollregime gerechtfertigt ist, das dass Vertragswerk der Vereinten Nationen für die zivilen und bürgerlichen Rechte vorsieht. Über die Realisierungsstandards der darüber hinausreichenden sozialen und ökonomischen Rechte freilich kann nur innerhalb jedes einzelnen Landes nach Maßgabe des jeweils erreichten wirtschaftlichen Entwicklungsstandes entschieden werden, da die externe Erzwingung eines der ökonomischen Situation des Landes unangemessenen Realisierungsstandards schwerwiegende wirtschaftliche Rückschläge bewirken würde. Diese würden im Ergebnis dann ihrerseits wieder die Realwirkung dieser Grundrechte selbst sowie weitere Grundrechte beeinträchtigen. Auf ihre fortschreitende Realisierung kann nur indirekt eingewirkt werden, nämlich auf dem Wege von Druck für die Gewährung der bürgerlichen und politischen Grundrechte sowie der Kernarbeitsrechte, weil beide Gruppen von Rechten auch die voranschreitende Gewährleistung der weitergehenden sozialen Standards zwar nicht garantieren, aber doch wahrscheinlicher machen.

Aus dieser ökonomischen Sicht, die zugleich eine Abwägung im Hinblick auf die Realgeltung der verschiedenen Gruppen von Grundrechten selber darstellt, ist für das Projekt einer globalen Sozialen Demokratie eine praktische Schlussfolgerung zu ziehen: Die Kernarbeiterrechte können und sollten in gleicher Weise und im wesentlichen aus den selben Gründen wie die bürgerlichen und politischen Grundrechte als unmittelbare Gewährleistungspflichten institutionalisiert werden, während die weitergehenden Wirtschafts- und Sozialrechte dem Ermessen der einzelnen Länder überlassen bleiben müssen. Im Hinblick auf sie wird der internationale Druck der Weltgemeinschaft in sinnvoller Weise nur dadurch wirksam, dass die zuerst genannten Gruppen von Rechten realisiert werden, die die beste Ausgangslage auch für die Gewährleistung der weitergehenden Wirtschafts- und Sozialrechte bieten. Die Weltbürgerechte sind in dieser Hinsicht intern zwar in der beschrieben Weise differenziert, aber nicht in einen absolut geltenden und einen bloß relativen gültigen, prinzipiell dem politischen Ermessen freigestellten Teil gespalten. Weltbürgerschaft ist daher auch *soziale Weltbürgerschaft*.

Eine Politik der Sozialen Demokratie unter den Bedingungen der Globalisierung erscheint angesichts der Problemlage zwar als ein politisches Projekt von historisch beispielloser Komplexität, aber keineswegs als eine allein von Normen genährte Hoffnung. Sie befindet sich in den skizzierten Konturen sowohl im Einklang mit den systemischen Bedingungen von Weltgesellschaft und Staatengemeinschaft wie auch mit den Interessen politisch handlungsfähiger globaler Akteure. Dafür sprechen insbesondere die in einzelnen Bereichen bereits weit gediehenen und in fast allen Handlungsfeldern in grundlegenden Ansätzen erkennbaren Fortschritte transnationalen Regierens. Sie verlangt den funktional wirkungsvollen und weltbürgerlich angemessene Ausbau und die Vernetzung der vier maßgeblichen transnationalen politischen Entscheidungsebenen in einem offenen Prozess. Das Prinzip der Subsidiarität enthält die Grundregel für die Verteilung der Entscheidungen auf diesen Ebenen. Wegen des ungleichgewichtigen und im Falle von Regierungswechseln häufig auch diskontinuierlichen Interesses der maßgeblichen politischen Akteure, kann es sich dabei nur um einen offenen, ungleichzeitigen und konfliktreichen Prozess handeln.

Die Globale Einbettung der Märkte
Aus dem grenzüberschreitenden Charakter der externen Effekte transnational integrierter Märkte können fünf globale politische Handlungsverpflichtungen zu ihrer Wiedereinbettung in die durch Grundrechte und Demokratie definierten sozialen Verantwortungsstrukturen legitimiert werden[313]. Sie erfüllen im Prinzip die Anforderungen aller drei akteurstheoretischen Erfolgskriterien: die normative Legitimation, die ökonomische Funktionalität und die politische Realisierbarkeit.

Erstens: Eine rechtverbindliche Rahmensetzung für das Marktgeschehen im Hinblick auf die sozialen und ökonomischen Kosten. Die Beziehungen zwischen politischer Zielsetzung und ökonomischem Handeln müssen auf der transnationalen Ebene neu verhandelt und ausbalanciert werden. In jedem Fall bedarf die transnationalisierte Ökonomie des Aufbaus von politischen Institutionen, die die

---

[313] Held 2000: 428

Einbeziehung der beteiligten Akteure in weltweite Verantwortungsstrukturen auf der Basis der Grundrechte erlaubt.

Zweitens: Neue Formen der ökonomischen Koordination für das Handeln der globalen Akteure, vor allem durch eine transnationale regulative Politik der reformierten Institutionen des Währungsfonds, der Weltbank, der OECD und der Gruppe der Sieben im Hinblick auf politisch legitimierte Ziele. Dabei ist die Frage von untergeordneter Bedeutung, wie eine regulierende globale Agentur organisiert und institutionell zugeordnet werden soll. Was zählt, ist allein, dass sie in der Lage ist, die ökonomischen Aktivitäten der verschiedenen regionalen und globalen Handlungsebenen sowie der unterschiedlichen wirtschaftlichen und gesellschaftlichen Akteure im Hinblick auf die Grundrechte zu koordinieren.

Drittens: Von besonderer Bedeutung ist die Regulation der internationalen Finanzmärkte, deren spontane Wirkungen andernfalls ganze Volkswirtschaften so beeinträchtigen können, dass gravierende Risiken für die ökonomische und politische Handlungsfähigkeit der betroffenen Gesellschaften drohen. Transparenz, Verantwortlichkeit und die Möglichkeit der zielgerechten Koordinierung unter demokratischen Kontrollbedingungen sind im Hinblick auf die Grundrechte eine unerlässliche Konsequenz der ökonomischen Globalisierung.

Viertens: Entwicklungshilfe, Schuldenerlass und entwicklungsadäquate globale Kreditbedingungen, einschließlich einer darauf bezogenen Änderung der Politik der Weltbank und des internationalen Währungsfonds, sind als globale Korrektive der Folgen integrierter Märkte unerlässlich.

Fünftens: All diese Maßnahmen transnationaler ökonomischer, sozialer und ökologischer Regulation gewinnen ihre Legitimation erst in dem Maße, wie sie sich aus demokratisch diskutierten und kontrollierten Politikprozessen ergeben. Die Demokratisierung der Entscheidungen in den transnationalen Institutionen und die Reform des Weltsicherheitsrates sind wichtige Schritte auf dem Wege zu einer solchen Entwicklung.

Politische Strukturen sozialer Wiedereinbettung
Die Wiedereinbettung der integrierten Märkte muss sich primär auf diejenigen Aktionsfelder beziehen, auf denen sich die negative Globalisierung vollzieht und ihre externen Effekte hervorbringt. Dabei handelt es sich neben den Märkten für Güter und Dienstleistungen vor allem um die Finanzmärkte, die Direktinvestitionen durch transnationale Konzerne und die *global sourcing* genannte Verteilung

der Herstellung von Produkt- und Dienstleistungskomponenten auf die weltweit günstigsten Standorte.

Der Abbau von Handelshemmnissen und die erhebliche Liberalisierung des Welthandels im Rahmen der GATT und WTO-Vereinbarungen haben im Verlaufe des letzten Viertels des 20. Jahrhunderts nationale Hürden für den Handel mit Gütern und Dienstleistungen entweder ganz niedergerissen oder zumindest, bis auf einige sektorale Einschränkungen wie etwa im Textilbereich, doch beträchtlich gesenkt[314]. Die Transport -und Kommunikationskosten haben sich in diesem Zeitraum in solchem Maß vermindert, dass weltweit alle Produzenten ihre Waren faktisch auf allen Märkten anbieten können. Damit sind die ehedem durch Zölle und nicht-tarifäre Hemmnisse national oder regional begrenzten Märkte global integriert und zu einem einzigen weltweiten Mega-Markt zusammen gewachsen. Der Wettbewerb um Qualitäten, Preise und Kosten überschreitet prinzipiell alle Grenzen. Das verändert die Konkurrenzsituation gründlich. Einerseits gewinnen Niedriglohn-Produzenten bei bestimmten Produktgruppen vermehrte Absatzchancen in den Hochlohnländern. Andererseits bauen Markt führende Unternehmen aus den stärksten Volkswirtschaften ihre Marktdominanz überall auf der Welt aus. Die Arbeitsteilung verändert sich nach den Regeln der komparativen Produktionskostenvorteile. In den exportabhängigen und in den importempfindlichen Warengruppen können sich die Hochlohnländer unter den veränderten Weltmarktbedingungen nur dann behaupten, wenn sie technologieintensive und innovative Produkte anbieten, die ihnen einen Wettbewerbsvorsprung sichern. Sie müssen sich hingegen von der Herstellung derjenigen Produkte trennen, die in den Billiglohnländern in gleicher Qualität, aber mit niedrigen Produktionskosten hergestellt werden können, weil sie gegen diese weder auf den Exportmärkten, noch auf den Importmärkten bestehen können. Wenngleich diese Situation strukturelle Umstellungen und zeitweilige Arbeitsplatzverluste in den Sektoren, die von der sich veränderten Weltarbeitsteilung direkt betroffen sind, zur Folge hat, birgt sie doch das Potential eine längerfristigen win-win-Situation in sich, bei der die zu verteilende Menge des Sozialprodukts und an Arbeitsplätzen insgesamt wächst.[315]

Aus der Perspektive Sozialer Demokratie entstehen in der Globalisierungsdimension der integrierten *Gütermärkte* vor allem drei Herausforderungen[316]:

---

[314] Hauchler/Nuscheler/Messner 2003, Deutscher Bundestag 2002 Enquete-Kommission „Globalisierung"
[315] Vgl. Deutscher Bundestag 2002 Enquete-Kommission „Globalisierung"
[316] ILO 2003, Rasmussen 2003

Erstens: Die Regeln des Welthandels, wie sie im WTO-Regime niedergelegt sind, müssen von den verbliebenen Handelshemmnissen beseitigt werden, die vor allem Entwicklungsländer benachteiligen.

Zweitens: Die Normen für menschenwürdige Arbeitsverhältnisse der ILO müssen weltweit durchgesetzt werden, u.a. indem Produkte, die im Einklang mit ihnen hergestellt worden sind, auf den Märkten ausgezeichnet werden.

Drittens: Über schon bestehende ökologische Regelungen weit hinausgehend muss zügig auf eine der WTO vergleichbares globales Regime zur Sicherung ökologischer Standards der Produktionen und Produkte hingearbeitet werden. Die Umsetzung des Kyoto-Protokolls ist ein wichtiger Baustein für ein solches Gebäude.

Das größte aus der gegenwärtigen Art der ökonomischen Globalisierung entstehende Problem stellt die fehlende Einbettung der *Finanzmärkte* in zuverlässige Formen transnationaler politischer Verantwortung und Kontrolle dar[317]. Neuartige Instrumente der Absicherung von finanziellen Transaktionen gegen Anlage- und Währungsrisiken in Verbindung mit der Konzentration hoher Milliardenbeträge in der Hand einer überschaubaren Zahl von Investment- und Pensionsfonds haben das täglich an den internationalen Börsen flottierende Finanzkapital von den Handelsströmen losgelöst und in erheblichem Maße verselbständigt. Plötzliche Entscheidungen über Engagement oder Rückzug, börsenüblich in der Form von Herdenverhalten und Überreaktion, können unter der Bedingung, unter denen das Finanzvolumen der größten Fonds nicht hinter dem Bruttosozialprodukt kleiner Länder zurücksteht, über Nacht ganze Volkswirtschaften in die Krise stürzen, Kettenreaktionen in ganzen Ländergruppen auslösen und die betroffenen Länder weitgehend ihrer politischen Handlungsfähigkeiten berauben. Die überwiegend libertäre Architektur des gegenwärtig bestehenden Weltfinanzmarktes ermöglicht die rasche Erlangung gigantischer privater Vorteile um den Preis desasträser Folgen für Wohlstand und Arbeitsplätzen nicht nur in einzelnen, jeweils unmittelbar betroffenen Volkswirtschaften, sondern durch die Folgewirkungen in erheblichen Teilen der Weltwirtschaft insgesamt. Damit verbunden sind Verletzungen elementarer Grundrechte, sowohl der negativen Freiheitsrechte autonomer Selbstbestimmung in den wirtschaftlich schwächeren Ländern, aber insbesondere auch der positiven Freiheitsrechte, die auf die sozialen Voraussetzungen menschlicher Selbstbestimmung zielen, in allen Teilen der Welt.

---

[317] Stieglitz 2002

Der Zustand einer überwiegend nur negativen Globalisierung, in dem sich die externen Effekte der globalisierten Märkte politischer Gestaltungsverantwortung weitgehend entziehen, stellt nicht nur eine potenzielle und fallweise dann auch akute Verletzung aller Kategorien universeller Grundrechte dar. Er untergräbt darüber hinaus die sozialen und kulturellen Bestandsvoraussetzungen der Demokratie, weil er fortwährend deren Ohnmacht gegenüber elementaren Lebensbedingungen großer Teile der Bevölkerung in potenziell allen Ländern demonstriert[318].

Entwicklungspolitik
Die Weltentwicklungspolitik muss zwei miteinander verbundene Ziele verfolgen: *Erstens*: Die Hilfe der reicheren Nationen und der Weltgemeinschaft im Ganzen zur Gewährleistung der elementaren Grundrechte aller Personen in allen Teilen der Welt. *Zweitens:* Die Verringerung der gegenwärtig extremen Form von Wohlstands-Ungleichheiten zwischen den armen und reichen Ländern.

Die *Milleniumsziele der Vereinten Nationen* bilden die Plattform, auf der die reichen Länder kooperieren sollen, um diesen Zielen näher zu kommen[319]. Dabei geht es gleichzeitig um beides: die Gewährleistung der Grundrechte und die Erfüllung wesentlicher Voraussetzungen für ein hinreichendes Maß an Stabilität der globalen Beziehungen als vorbeugende Sicherheitspolitik. Auch die großen Flüchtlingsströme, die Leid für die Betroffenen und Integrationsprobleme in den Aufnahmeländern bewirken, sind dauerhaft nur durch einen solchen entwicklungspolitischen Ansatz und seine glaubwürdige Implementation zu erfüllen[320].

Eine bloße Umverteilung von Hilfsgeldern in die Haushalte von Entwicklungsländern muss jedoch aus einer Reihe von Gründen ausgeschlossen werden. Sie würde, wie in der Vergangenheit, in den meisten Fällen lediglich zu einer Stabilisierung der bestehenden Verhältnisse und zur Qualitätsminderung der herrschenden Regime führen, weil sie Korruption, die Selbstprivilegierung der Staatsklassen und eine der Entwicklung ihrer Länder abträgliche Rentenorientierung begünstigt[321]. Entwicklungshilfe muss sich auf die Gewährleistung der öffentlichen Güter konzentrieren, die die Entwicklungs- und Lebenschancen der Menschen wie Gesundheitssystem, Bildung und Ausbildung und darüber hinaus vor allem Einkommen schaffende Arbeitsplätze fördern[322]. Der Kern einer Ent-

---

[318] Guéhenno 1994, Held 1995, Held/McGrew 2000, Czempiel 1990
[319] UN Milleniumsziele 2000
[320] Das war schon die Erkenntnis des Berichtes der von Willy Brandt geleiteten Nord-Süd-Kommission.
[321] Elsenhans 1995a
[322] Kaul/Grunberg/Stern 2003

wicklungspolitik, die nachhaltig und der Demokratieentwicklung in den einzelnen Ländern förderlich ist, liegt daher in Programmen der Arbeitsschaffung und der Demokratieförderung.

Für die Erreichung dieser Ziele liegt der Schlüssel vor allem in den Strukturen der Welthandelsordnung selbst. Grundbedingungen der Fairness in der Welthandelsordnung, im Sinne der *Doha-Nachhaltigkeitsagenda* für die Reform der WTO, sind, wie schon der *Brandt-Report* begründet hat, letztlich im längerfristigen Interesse der mächtigeren Handelsnationen selbst[323]. Die weitest gehenden Veränderungen in dieser Hinsicht sind in der Landwirtschaftspolitik erforderlich. Da in fast allen Entwicklungsländern der Landwirtschaftssektor auch in überschaubarer Zukunft eine Hauptrolle für die ökonomische Entwicklung und die Arbeitsplatzbeschaffung spielt, hängt eine Erfolg versprechende Beschäftigungsstrategie für die Entwicklungsländer von einer wesentlichen Erleichterung von Agrar-Importen in die reichen Länder ab, die nur durch den drastischen Abbau von Agrar-Subventionen erreicht werden kann[324].

Um Reformen dieser Art zu erreichen und eine dauerhaft faire Kontrolle der veränderten Bedingungen sicher zu stellen, bedarf die WTO selbst einer Öffnung und einer Demokratisierung ihrer Entscheidungs- und Kontroll-Prozeduren. Die Agenda des *Johannesburg-Gipfels* von 2003 gibt für die armen und reichen Länder gleichermaßen eine politisch umsetzungsfähige Richtlinie für eine nachhaltige Entwicklungspolitik. Es geht vor allem um die Förderung des umweltfreundlichen Technologietransfers aus der reichen in die arme Welt, um dort beschleunigtes Wirtschaftswachstum mit verbessertem Umweltschutz in Einklang zu bringen.

Demokratieförderung

Der kausale Zusammenhang zwischen Unterentwicklung und politischer Labilität zeigt sich darin, dass die meisten armen Länder allenfalls defekte Demokratien ausgebildet haben, soweit sie nicht autokratisch regiert werden[325]. Dieser Zusammenhang ist in der empirischen Demokratietheorie gut belegt. Seine plausibelste Erklärung bietet das Modell einer zirkulären Kausalität. Während Demokratie und Demokratisierung die wirtschaftliche und gesellschaftliche Entwicklung und die faire Verteilung des erarbeiteten Wohlstandes fördern[326], stabilisieren sich im Maße erfolgreicher Entwicklung wiederum die Voraussetzungen für Demokratie und politische Teilhabe. Folglich muss eine demokratie- und grundrechtsorientierte Entwicklungspolitik gleichzeitig auf beide Ursachenbün-

---

[323] Brandt u.a. 1980, World Commission on Environment and Development 1987, ILO 2004
[324] Altvater/Mahnkopf 2002b
[325] Bertelsmann Stiftung 2003
[326] Sen 2000, Merkel u.a. 2003

del zielen, direkte Demokratieförderung und Entwicklungsförderung. Dazu trägt auch die Demokratisierung der transnationalen Regime, Institutionen und Organisationen bei. Eine globale Steuer zur Finanzierung einer grundrechts- und demokratieorientierten Entwicklungspolitik kann diesen Prozess unterstützen und die Handlungsfähigkeit auf Demokratisierung zielender transnationaler Akteure erhöhen[327].

Globale Öffentliche Güter
Die Einbettung des Weltmarktes zielt auf die Gewährleistung der globalen öffentlichen Güter ab, die als Voraussetzung der Realisierung universeller Grundrechte gelten können. Einige von ihnen, wie ein Mindestmaß finanzpolitischer Stabilität und die nachhaltige Sicherung einer intakten Umwelt sind zugleich elementare Bedingungen für die längerfristige Selbsterhaltung des globalen Marktsystems selbst. Das Konzept der *Global Public Goods* ist im Rahmen von neueren *UNDP-Projekten* entwickelt worden und hat einen unmittelbaren politischen Handlungsbezug[328]. Es formuliert einerseits eine Reihe von Grundgütern, wie internationale Sicherheit, ökologische Nachhaltigkeit, Finanzmarktstabilität, etc., die ihrer Natur nach allen Menschen zugute kommen und an denen insofern alle ein gleichmäßiges Interesse nehmen können. Und es enthält zum anderen eine Reihe von kollektiven Grundgütern, wie den Zugang zu gesundheitlicher Versorgung, zur Bildung und Ausbildung, zu sozialer Sicherheit und zu Erwerbschancen, die aus normativen Gründen allen Menschen zugänglich gemacht werden müssen, um bestimmte Mindestbedingungen eines menschenwürdigen Lebens überall auf der Welt zu gewährleisten. Der Ansatz ist auf die Entwicklungszusammenarbeit bezogen und insofern als ein *globales Kooperationsprojekt* angelegt.

Einer der politischen Vorzüge des Konzepts liegt in seiner direkten Verbindung zu den *Vereinten Nationen* und zur internationalen Entwicklungszusammenarbeit. Ein anderer ist in der aufklärerischen Substanz dieses Ansatzes zu sehen, der für eine Reihe kollektiver Grundgüter zeigen kann, dass sie nicht nur unteilbar sind, sondern Funktionsvoraussetzungen für das globale ökonomische und gesellschaftliche System darstellen und darum letztlich im Interesse aller liegen. Die besondere Stärke des Konzepts liegt in seiner Dritte-Welt-Orientierung. In dieser Hinsicht enthält es einige zwingende, normative Orientierungen, die unmittelbar einsichtig machen, was mindestens geschehen müsste, um in den benachteiligten Teilen der Welt Grundvoraussetzungen menschenwürdigen Lebens zu schaffen und gleichzeitig verantwortliche Kooperationsverhältnisse zwischen der armen und der reichen Welt aufzubauen. Ein weiterer Vorzug liegt

---

[327] ILO 2004
[328] Kaul/Grunberg/Stern 2003

darin, dass er einen wichtigen Teil der Verantwortung für die Herstellung der globalen öffentlichen Güter den reichen und in dieser Hinsicht handlungsfähigeren Ländern auferlegt.

Wirtschafts- und Finanzpolitik
Die an den liberalen und sozialen Grundrechten orientierte regulative Weltpolitik muss sich auf alle Handlungsfelder erstrecken, in denen die offenen Märkte problematische Externalitäten erzeugen, die universelle Grundrechte beeinträchtigen. Das gilt nicht nur für die engeren Sozial- und Arbeitsrechte, sondern auch für das weitere Spektrum der betroffenen Handlungsfelder wie Steuern, Finanzen, Migration, Umwelt, Verbrechen, Handel, Investitionspolitik, intellektuelles Eigentum, Wettbewerb, Biotechnologien und E-Commerce. Vor allem die globale Finanzarchitektur bedarf der gründlichen Reform durch ein neues System der effektiven und fairen Regulation[329]. Der Internationale Währungsfonds muss, seinem ursprünglichen Statut entsprechend, auf akute Krisensituationen bezogene Sanierungskredite in begrenzter Höhe gewähren. Er sollte vor allem auf dem Gebiet der Krisenprävention tätig sein und zur Demokratisierung der Entscheidung über die von ihm vorgeschlagenen Strategien seine Ratschläge an Länderregierungen öffentlich machen. Kredite müssen an den Entwicklungsbedingungen der einzelnen Länder orientiert sein. Vor allem muss der Internationale Währungsfonds bei seinen Struktur verändernden Vorschlägen und Auflagen für Länder in Krisensituationen deren Entwicklungsinteressen und die Vorstellungen von unabhängigen Experten mit einbeziehen.

Die interne Struktur des Weltwährungsfonds, die bisher auf einlageabhängigen Quoten beruht, bedarf zur faireren Einbeziehung der Interessen der auf seine Hilfe angewiesenen armen Länder mithin einer stärkeren Demokratisierung. Das quotenbedingte faktische Veto der Vereinigten Staaten muss überwunden werden. Da die meisten Geberländer im Internationalen Währungsfonds Angehörige der reichen Welt sind und fast alle Nehmerländer Staaten der armen Welt, ist eine einvernehmliche Neuverteilung der Stimmengewichtung notwendig. Eine Regionalisierung des globalen Bankensystems kann ein Beitrag zu einer solchen fairen Einbeziehung der Betroffeneninteressen sein. Die Konditionalitäten des *Internationalen Währungsfonds* müssen in eindeutiger Weise die universellen Grundrechte in ihre Urteilsmaßstäbe einbeziehen. Sie sollten, da es fast immer mehrere Entwicklungsalternativen gibt, in einer offeneren Form erfolgen, die die Interessen und Meinungen aus den betroffenen Ländern selbst im Beratungsprozess berücksichtigen kann.

---

[329] Stieglitz 2002, Rasmussen 2003

Die Aufgaben von *Weltbank* und *Währungsfond* müssen klar getrennt werden. Das Bretton-Woods-Abkommen schreibt die Aufgabe der Armutsbekämpfung der Weltbank zu. Der Währungsfond sollte sich ausschließlich mit den Finanzkrisen befassen und für diese Zwecke Kurzzeitkredite gewähren, während die Weltbank und die regionalen Entwicklungsbanken die Langfristfinanzierung struktureller Entwicklungsprogramme übernehmen müssen. Eine klare Trennung zwischen Hilfe zum Abbau von Verschuldung und Finanzierung von Entwicklungsprojekten ist erforderlich. Für die Kontrolle und Koordination der Weltfinanzströme erscheint eine Weiterentwicklung des 1999 gegründeten *Finanzstabilitätsforums* zu einer Weltfinanzautorität sinnvoll. Angesichts des das politische Schicksal einzelner Länder immer stärker betreffenden und fortwährend anwachsenden Volumens der Weltfinanzströme spielt eine solche Institution eine Schlüsselrolle für die ökonomische Einbettung der Märkte. Diese *Weltfinanzautorität* muss mit Kompetenzen der Regulation transnationaler Finanzströme und des Risikomanagements ausgestattet sein und über die Fähigkeit und die Zuständigkeit einer wirksamen Beobachtung, Überwachung und Intervention verfügen.

In Wissenschaft und Politik hat der Vorschlag eine weitgehende Zustimmung gefunden, dass alle globalen Aktivitäten in diesem Handlungsbereich von einem neu einzurichtenden *UN-Sicherheitsrat für wirtschaftliche und soziale Angelegenheiten* koordiniert werden sollten, der alle auf diesem Gebiet tätigen Organisationen und Institutionen überwölbt und deren Handeln am Vorrang der Grundrechtsgeltung orientiert[330]. Alle genannten Institutionen müssen im Sinne eines Weltbürgerrechts unter dem Dach der Vereinten Nationen kooperieren und dabei bei der Abwägung von Interessen eine letztinstanzliche Orientierung an den universalen Grundrechten gewährleisten. Ein Weltwirtschafts- und Sozialrat, der die Gesamtheit dieser Aktivitäten koordiniert, ist auch die geeignete Institution, um verbindliche Regeln für das Handeln transnationaler Konzerne in Entwicklungsländern in Kraft zu setzen und deren Einhaltung mit wirksamer Sanktionsgewalt zu gewährleisten.

26 Globalisierung und politische Kontingenz

Grenzen der negativen und positiven Globalisierung
Weder das Voranschreiten der negativen Globalisierung noch die zwingend begründbaren Fortschritte im Prozess der positiven Globalisierung können als teleologische Dynamiken interpretiert werden, die unumkehrbare Entwicklungen repräsentieren. *Rieger/Leibfried* haben plausibel gemacht, dass Protektionismus

---

[330] Held 2000, Held/McGrew 2000, Rasmussen 2003, Hauchler/Nuscheler/Messner 2003, ILO 2004

vor allem in den USA ein reguläres und populäres funktionales Äquivalent für die fehlende sozialpolitische Einkommenssicherung ist[331]. Zur Gewährleistung der „konservativen Wohlfahrtsfunktion", nämlich eines einmal erreichten sozialstaatlichen Sicherungsniveaus sind wohlfahrtsstaatliche und handelsprotektionistische Politiken in gewissem Maße substituierbar. Das gilt in besonderer Weise gerade auch für die USA, die wegen ihres wirtschafts- und handelspolitischen Gewichtes eine Schlüsselstellung für das Ausmaß und die Richtung im Globalisierungsprozess innehaben. Zum Handelsprotektionismus besteht in Wohlfahrtsdemokratien unter dem Druck der den Status quo sichernden Interessen immer eine Neigung. Es bleibt eine offene Frage, in welchem Maße die größeren Handelsnationen in wechselnden Situationen in ihm Zuflucht suchen.

Diese Kontingenz gilt erst recht für Fortschritte im Prozess der positiven Globalisierung. Selbst diejenigen regulativen Politiken, die öffentliche Güter schaffen, die im Interesse aller von ihr Betroffenen zu liegen scheinen, bleiben in ihrer Realisierung und in ihrer Beständigkeit prinzipiell ungewiss. Weder können einmal erreichte Fortschritte jemals als unumkehrbare Entwicklungsstandards interpretiert werden noch sind selbst die aus demokratietheoretischer oder steuerungspolitischer Sicht gut begründeten Fortschritte der positiven Globalisierung sicher. Es gibt soziale Bedingungen der Globalisierung und es gibt politische Kalküle und Interessensinterpretationen der maßgeblichen politischen Akteure, die das gesamte Handlungsfeld der Globalisierungspolitik zu einem hochgradig kontingenten Projekt machen. Von dieser prinzipiellen Kontingenz muss eine realistische Theorie der Sozialen Demokratie ausgehen.

Gleichermaßen bedeutsam ist die Erkenntnis, dass selbst im bestmöglichen Falle eine gelingende positive Globalisierung weit davon entfernt bleibt, den sozialpolitischen Status quo ante für die globale Arena wiederherzustellen, der durch die negative Globalisierung für die sub-globalen Arenen der nationalen und regionalen Reichweite verloren gegangen ist. Für die *goldene Periode* der Sozialen Demokratie hat die vergleichende Analyse theoretisch relevante Erkenntnisse darüber gewonnen, unter welchen kulturellen und institutionellen Bedingungen unterschiedliche Handlungsstrategien Sozialer Demokratie erfolgreich waren und welche der unterschiedlichen Lösungswege unter vergleichbaren Voraussetzungen als funktionale Äquivalente gelten konnten. Diese Modelle wurden alle unter der allgemeinen politischen Handlungsbedingung wirksam, dass die nationalstaatlichen Akteure über eine weitgehende souveräne Kontrolle der Außengrenzen ihrer politisch-ökonomischen Systeme verfügten. Die Schaffung offener globaler Märkte seit den neunzehnhundertsiebziger Jahren, die ihr Eigengewicht spätestens seit dem Beginn der neunziger Jahre in allen Ländern

---

[331] Rieger/Leibfried 2001

230

zur Geltung brachten, hat die Rahmenbedingungen für Soziale Demokratie und die Wirksamkeit ihrer bis dahin Erfolg versprechenden Instrumente auf zentralen Politikfeldern wesentlich verändert.

Darauf haben alle Länder, deren Regierungen sich an Legitimationsnormen Sozialer Demokratie orientieren, mit einem mehr oder weniger umfassenden Politikwechsel im polit-ökonomischen Kernbereich reagiert. Dabei ist in den Grenzbereichen mitunter nicht genau unterscheidbar, welche der neuen Handlungsbedingungen eher auf binnengesellschaftlichen Veränderungen beruhen, die von den zuständigen Akteuren auch weiterhin durch nationale Handlungsstrategien bearbeitet werden müssen, wie demografischer Wandel, und welche tatsächlich in ausschlaggebendem Maße dem Faktum der offenen Märkte entspringen. Als wichtigste, eindeutig vom Faktum der offenen globalen Märkte bedingten Veränderungen lassen sich, *erstens*, die verschärfte weltweite Konkurrenz in den *exponierten* Sektoren der Produktion von Gütern und Dienstleistungen nennen sowie, *zweitens,* die fast ungehinderte Mobilität spekulativer Geldströme in einer Größenordnung, die für jede Volkswirtschaft in ihren möglichen Auswirkungen von beträchtlicher Bedeutung, für kleinere Volkswirtschaften jedoch von existenziellem Gewicht sind.

Für die Frage der Möglichkeiten einer verantwortlichen Gestaltung der Globalisierung im Einklang mit den normativ begründeten Forderungen Sozialer Demokratie ist es entscheidend, welche der genannten Globalisierungseffekte durch sie wesentlich reguliert oder sogar rückgängig gemacht werden können, so dass, wie in einem Teil der Literatur zu diesem Thema angenommen wird, für die politischen Akteure sich in der erweiterten politischen Arena in etwa die Handlungsbedingungen wieder herstellen lassen, die vor der Globalisierung wirksam waren[332].

Best case scenarios
Obgleich die Ergebnisse einer solchen positiven Globalisierung historisch kontingent sind und daher auch in jeder empirisch orientierten Theorie nur als kontingente Größe behandelt werden können, lässt sich doch der Rahmen eines *best case scenarios* rational kalkulieren. Es ergibt sich aus der Konstruktion einer globalen Ordnung, in der alle bekannten Vorschläge zur positiven Gestaltung globaler sozial-ökonomischer Regulation, die prinzipiell realisierbar erscheinen und für die sich in einem best case approach unterstützende Akteurs-Koalitionen in der globalen politischen Arena vorstellen lassen, praktisch wirksam geworden sind. Als Ergebnis zeichnet sich dabei die folgende Konstellation ab:

---

[332] Altvater/Mahnkopf 2002a, 2002b

Erstens Finanzströme. Denkbar erscheint, dass sich die Forderung einer den Vereinten Nationen zugeordneten globalen Finanzkontrollbehörde realisieren lässt und ebenso eine Form der Besteuerung kurzfristiger transnationaler Finanzströme, etwa nach dem Modell der Tobin-Steuer oder einem funktional äquivalenten Modell. Damit könnten kurzfristige spekulative Finanzströme sowohl in ihrer Größenordnung wie auch in der Kurzatmigkeit ihrer Bewegungsrhythmen vermutlich in einem nennenswerten Maße eingedämmt werden. Der Grundsachverhalt selbst jedoch, dass sich große Finanzmassen in spekulativer Absicht jeweils in die Volkswirtschaften hinein und aus ihnen dann auch wieder hinaus bewegen, je nach den erwarteten Gesamt-Renditebedingungen, wäre auch durch eine weit gehende globale Kontrollinstitution selbst nicht aus der Welt zu schaffen. Er bliebe auch in der bestmöglichen Form positiver Globalisierung eine fortgeltende Handlungsbedingung für alle nationalen und regionalen Akteure.

Zweitens soziale und ökologische Standards. Die weltweit wirksam kontrollierte Durchsetzung sozialer und ökologischer Standards, etwa nach den ILO-Standards und einer konsequenten Handhabung des Rio/Kyoto-Prozesses würde die Welt insgesamt sozial und ökologisch sicherer machen, in beiden Hinsichten Nachhaltigkeit gewährleisten und inakzeptable Standortvorteile verringern. Auf diesem erhöhten und globalen Sockel würden sich freilich die Bedingungen verschärften weltweiten Wettbewerbs in den exponierten Sektoren nicht grundlegend verändern. Sie würde in der überschaubaren Zukunft mit Sicherheit auch nicht zu einem einheitlichen Weltsozialstaat mit vergleichbaren Sicherungsstandards und Sozialleistungen führen, der die Frage der Kostenwirksamkeit sozialstaatlicher Finanzierungsformen für die auf den Weltmärkten konkurrierenden Volkswirtschaften obsolet machen würde. Vielmehr würde das unterschiedliche Maß ausgebauter Sozialstaatlichkeit für die betroffenen Länder als ökonomischer Standortvorteil wirksam bleiben, von dem ihre Konkurrenzfähigkeit auf den in Betracht kommenden Märkten und damit auch ihre sozio-ökonomischen Entwicklungschancen insgesamt abhängig bleiben. Dieser Dimension der Verschärfung des globalen Wettbewerbs können sich die produktiveren Volkswirtschaften auch in einer fair regulierten Weltwirtschaft ebenso wenig entziehen wie der Verschärfung ihres Wettbewerbs untereinander.

Drittens Wettbewerb im hochproduktiven Bereich. Die Verschärfung des Wettbewerbs in den exponierten Bereichen der hochproduktiven Güter- und Dienstleistungsproduktion würde durch fairere Welthandelsregelungen und eine bessere Kontrolle des Gebarens transnationaler Konzerne weiter vorangetrieben, da ja von Maßnahmen dieser Art vor allem eine weitere Öffnung der Märkte, ein erleichterter Zugang für die Angebote aus Niedriglohnländern und eine verbesserte Monopolkontrolle auf den Weltmärkten zu erwarten wäre.

Nachhaltigkeit der Globalisierung

Obgleich aus der Perspektive Sozialer Demokratie alle genannten globalen Regulationspolitiken theoretisch gut begründet und demokratiepolitisch in hohem Maße wünschenswert erscheinen, zeigt die Betrachtung ihrer erwarteten Auswirkungen doch deutlich, dass sie eine Reihe von Kernelementen der Auswirkungen offener Märkte auf die politische Ökonomie nationalstaatlicher und regionalpolitischer Akteure weitgehend ungeschmälert fortbestehen ließen oder sogar noch verstärken würden. Folglich spricht nichts dafür, dass die globale Wiedereinbettung der offenen Märkte, falls sie im normativ geforderten Maße in überschaubaren Fristen möglich sein sollte, den Anpassungsdruck der Globalisierung prinzipiell aufheben und in der globalen Arena die Handlungsbedingungen wiederherstellen könnte, die auf nationalgesellschaftlicher Ebene in der goldenen Periode der Sozialdemokratie realisiert waren. Obgleich also die Gestaltungsmöglichkeiten der politisch-ökonomischen Globalisierung selber hochgradig kontingent erscheinen, lässt sich doch eine Reihe von Faktoren identifizieren, die unter allen Umständen in den überschaubaren Zeiträumen wirksam bleiben. Eine zugleich normativ begründete und empirisch informierte Strategie Sozialer Demokratie muss daher unter den Handlungsbedingungen offener Märkte zweigleisig verfahren. Sie muss an der Erarbeitung von Handlungskonzepten und der Herbeiführung von Akteurskonstellationen arbeiten, die einen schrittweisen Erfolg sozialer Globalisierung möglich machen. Und sie muss zugleich die Transformation der politisch-ökonomischen Strukturen und Instrumente in den einzelnen Ländern vorantreiben, die den Erfolg Sozialer Demokratie nunmehr unter den bleibenden Bedingungen offener Märkte gewährleisten können.

Doppelnatur Sozialer Demokratie

Gerade unter den tiefgreifend veränderten Bedingungen der globalisierten Gegenwartswelt macht sich die kennzeichnende Doppelnatur des Konzepts Sozialer Demokratie erneut deutlich. Während sie einerseits auf einer anspruchsvollen normativen Grundlage beruht, nämlich universellen Grundrechten der negativen Freiheitssicherung und der positiven Freiheitsschaffung, stellt sie sich zugleich unter die Bedingung des akteurstheoretischen Realismus in den komplexen Gegenwartsgesellschaften. Sie akzeptiert diese als Ausgangsbedingungen, aber nicht als Endpunkt ihres politischen Handelns. Sie verbindet dabei in unvermeidlichem Spannungsbogen die beiden Ziele, die Demokratie sozial und damit demokratischer zu machen und auf diese Weise zugleich einen konstitutiven Beitrag zu Effektivität der Wirtschaft, zur Integration der Gesellschaft und zur Stabilität der Demokratie zu leisten.

Die demokratietheoretische Stabilitätsforschung belegt mit ihren vielfältigen Ergebnissen, dass eine Preisgabe der normativen Ansprüche universeller Grundrechte im vermeintlichen Interesse von Realismus und Effektivität in Wahrheit Stabilität und Effektivität von Demokratien untergräbt[333]. Damit stellt sie die Rechtfertigung, um derentwillen sie vollzogen wird, selbst wieder in Frage. Eine eindimensionale Normativität, die das Realitätsprinzip ignoriert, untergräbt dann ihrerseits die Legitimation des theoretischen Anspruchs, da sie ihn als prinzipiell unrealistisch erscheinen lässt. Defekte Demokratien, die den demokratischen Anspruch nur zum Teil oder nur in Teilbereichen einlösen, leben mit der Achillesferse geschwächter Legitimation und jederzeitiger Verwundbarkeit[334].

---

[333] Dahl 1989, 1994, Schmidt 2000: 489 ff
[334] Merkel u.a. 2003

V. Demokratietheorie

27 Kulturelle Differenz und Soziale Demokratie

Kultureller Universalismus
Der Frage nach dem Universalitätsanspruch der Sozialen Demokratie kann nicht allein im Hinblick auf die formalen Institutionen und Organisationsformen des Staates und der gesellschaftlichen Funktionssysteme gestellt werden, sie entscheidet sich auch auf der Ebene der politischen Kultur[335]. Die politische Kulturforschung hat seit den neunzehnhundertsechziger Jahren überzeugend gezeigt, dass formaldemokratische Institutionen, die nicht tief in eine entgegenkommende politische Kultur der Demokratie eingebettet sind, weder angemessen funktionieren noch dauerhaft sind[336]. In diesem spezifischen Sinne ist Demokratie nicht kulturell neutral. Die Identifikation von „westlicher" Kultur und Demokratie, die sowohl von „westlichen" Befürwortern wie auch von „anti-westlichen" Kontrahenten vorgenommen wird, ist in der Sache dennoch unbegründet. Bei der Kultur, derer die liberale Demokratie zum Funktionieren und zur Stabilität bedarf, handelt es sich nämlich nicht um eine der spezifisch religiös geprägten kulturellen Traditionen dieser Welt, etwa im Sinne der Bestimmungen von Samuel Huntington[337] als einer spezifischen kulturellen Lebens- und Glaubensform, sondern um die soziale Verankerung einer Reihe von Grundnormen der modernen Kultur, die sich auf die faire Regelung des Umgangs mit Differenzen in allen Handlungsbereichen beziehen, auf der Ebene der politischen Handlungsorientierungen.

Auch in diesem Zusammenhang ist daher der historische Hinweis angebracht, dass die westliche Tradition selbst, wie sie sich in Europa seit dem neunten Jahrhundert herausgebildet hatte, keine Demokratie hervorgebracht hat, sondern erst der scharfe Bruch mit ihr im Übergang zur Kultur der Moderne, wie er sich in der Aufklärung und den demokratisierenden Revolutionen des achtzehnten Jahrhunderts in Frankreich und den USA vollzog, die kulturellen Grundlagen der Demokratie und erste Formen ihrer praktischen Realisierung schuf[338]. Menschenrechte und Demokratie, also die Prinzipien der liberalen Demokratie, gingen gleichursprünglich aus dem in der Aufklärung wurzelnden modernen Auto-

---

[335] Greven 1998: 22
[336] Almond/Verba 1963
[337] Huntington 1996
[338] Meyer 2002a, 2004

235

nomiepostulat hervor[339]. Sobald die traditionell gültige substanzielle Sittlichkeit einer vormodernen Kultur zerfällt, ganz gleich um welche der großen kulturell-religiösen Ursprungstraditionen es sich handelt, kann die Beilegung der nun entstehenden Differenzen über Lebensweisen, religiöse Wahrheitsansprüche, sozial politische Ordnungsvorstellungen oder soziale Interessen nicht länger durch den autoritären Verweis eines der konkurrierenden Ansprüche auf seinen privilegierten und absolut gewissen Zugang zu den Quellen der Wahrheit mit einem allgemein akzeptierten Anspruch auf Legitimität erfolgen. Die empirische Analyse zeigt, dass sich in allen religiös-kulturellen Traditionen der Welt unter diesen Bedingungen neben dem von bestimmten sozialen Milieus festgehaltenen Traditionalismus der Überlieferung und der fundamentalistischen Reaktion auf die beginnende Modernisierung eine liberale Strömung herausbildet, die sich an den politisch-kulturellen Grundwerten der Moderne orientiert. Die Entscheidung über die Handhabung der entstandenen Differenzen in der Auslegung der Ansprüche der Tradition an das Leben der Gegenwart fällt unweigerlich in die private und öffentliche Autonomie der von ihr betroffenen Menschen zurück. Menschenrechte und Demokratie allein bleiben als kulturelle Normen und Techniken der Bewältigung der Unterschiede in einer gemeinsamen Ordnung noch übrig. So wie die liberale Kultur der Moderne auch innerhalb der „westlichen" Tradition zu keinem Zeitpunkt unangefochtene Geltung beanspruchen konnte, verschaffen sich die liberalisierenden Tendenzen je nach den spezifischen Erfahrungen und Problemen der betroffenen Gesellschaften mit wechselndem Erfolg gegen die anderen Tendenzen der Aktualisierung der religiös-kulturellen Tradition Geltung. Die Differenz zwischen liberalen, traditionalistischen und fundamentalistischen Zivilisationsstilen wird in der modernen Epoche zum inneren Konstitutionsprinzip aller Kulturen, sie wird als kulturinternes Prinzip universell[340].

Die liberale Demokratie ist als normativer Anspruch der Gleichheit der Rechte privater und öffentlicher Autonomie daher genau im demselben Sinne und aus denselben Gründen universell wie der Prozess der pluralistischen Ausdifferenzierung ehedem einheitlicher und homogener kultureller Traditionen in eine Vielfalt divergenter Lebensweisen und Wertinterpretationen. Es kann nicht überraschen, dass die Fundamentalisten schon die Grundlagen von Demokratie und Menschenrechten als Ganze ablehnen oder substanziell verkürzen, denn in dieser prinzipiellen Gegnerschaft besteht ja gerade ihr konstitutives Prinzip. Dass es sich bei dieser politischen Grundfrage der Stellung zur liberalen Demokratie aber gerade nicht um einen bloßen Ausdruck des Unterschieds zwischen der „westlichen" Kultur und dem Rest der Welt handelt, zeigt sich zunächst schon darin, dass die Gegnerschaft zu Menschenrechten und Demokratie stets auch von

---

[339] Habermas 1992a
[340] Marty/Appleby 1996, Meyer 2002a

den Fundamentalisten im Westen geteilt wird, sei es radikal, wie von den europäischen Ethno-Fundamentalisten, sei es selektiv im Hinblick auf ausgewählte Schlüsselfragen der eigenen religiösen Identität, wie im Falle der sehr einflussreichen christlichen Fundamentalisten in den USA.

In einer Reihe von Studien der letzten beiden Jahrzehnte ist deutlich geworden, dass Prinzipien der Reziprozität der Rechte und Pflichten zwischen allen Menschen und damit ihres gleichen Wertes sowie ihnen entsprechender moralischer Normen in das Werte-Zentrum aller Kulturen eingelassen sind, wenngleich erwartungsgemäß in je verschiedene Symbolwelten und Begrifflichkeiten eingebettet. Das gleiche gilt für den Kern des sozio-politischen Grundwerts der Solidarität als Verpflichtung zur gegenseitigen menschlichen Hilfe über die geschuldeten Forderungen der Gerechtigkeit hinaus[341]. Es ist daher allein eine Frage des Prozesses der Selbstentfaltung kultureller Entwicklungspotenziale in der Wechselwirkung mit der sozialen Entwicklung der einzelnen Gesellschaften, ihren politischen Erfahrungen und ihrem Verkehr mit den anderen Kulturen der Welt, in welcher Weise und in welchem Zeitmaß sie sich entfalten. In jeder der Kulturen gibt es spätestens seit dem zwanzigsten Jahrhundert aktive Gruppen in der Zivilgesellschaft, in der Politik und im intellektuellen Diskurs, die die uneingeschränkte praktische Aktualisierung der demokratischen Entfaltungspotenziale ihrer eigenen Kultur, in deren Namen sie ausdrücklich sprechen, gegen deren Verächter, die die gemeinsam geteilte kulturelle Herkunft auf anti-demokratische Auslegungen fixieren möchten, geltend machen[342]. Die Entgegenstellung zwischen den jeweiligen Regierungsvertretern und den Repräsentanten der demokratisierenden Zivilgesellschaft, etwa bei den Menschenrechtskonferenzen oder anderen Zusammenkünften der Vereinten Nationen, stellt diese Konstellation überzeugend unter Beweis. Sie hat sich aber in der realen Geschichte einzelner Gesellschaften der großen Kulturen der Welt auch in der politischen Handlungspraxis schon gezeigt.

Der in der gesamten Welt der sich entwickelnden Länder einflussreiche philippinische Sozialwissenschaftler und zivilgesellschaftliche Aktivist *Walden Bello* hat das Verhältnis von „westlicher" Demokratie und Demokratisierung in anderen Kulturen auf aufschlussreiche Weise pointiert. Er spricht ohne Zweifel im Namen vieler Repräsentanten nicht nur der anderen Kulturen und Gesellschaften Asiens, wenn er fordert, Asien brauche künftig nicht die westliche Variante einer bloßen elitegestützten liberalen Demokratie, sondern

„a substantive or social democracy, where citizens are genuinly equal because there are no sharp disparities in the access to wealth and income that allow the rich to pur-

---

[341] Kohlberg 1981, 1984, Küng 2000
[342] Bello 2002

chase political decisions at the expense of the poor, whether this is done through illegal bribery in Thailand and the Phillipines, or, as in the United States, through legal bribery via massive corporate campaign contributions"[343].

Der Aufbau und die Erweiterung grundrechtlich fundierter Sozialer Demokratie durch die Überwindung der autoritären Eliteherrschaft, die Stützung des Ethos der Amtsträger gemäß asiatischen Traditionen, die Stärkung der Zivilgesellschaft, die Demokratisierung der politischen Parteien und die Wiederbelebung des traditionellen Gemeinwohl-Ethos im öffentlichen Leben sind Forderungen der erstarkenden asiatischen Demokratiebewegung. Die Besinnung auf das Verhältnis zwischen asiatischen Werten und Demokratie in der Phase nach der ökonomischen Krise von 1997 hat immer mehr die Form einer Akzentverlagerung auf Demokratisierung im Rückgriff auf asiatische Traditionen angenommen[344]. Weder die liberale noch die Soziale Demokratie sind mithin lokal-kulturelle Spezialitäten des „Westens", gerade auch nicht in dem Sinne, dass ihre im Westen realisierte Form überall auf der Welt als Vorbild dienen könnte. In ihren Kern-Institutionen und ihren Grundwerten sind sie, wie die Demokratie-Bewegungen überall auf der Welt demonstrieren, eine universelle politische Kultur. In ihrem Rahmen können sich die genuinen kulturellen Traditionen überall auf der Welt am ehesten ungehindert entfalten.

Notwendige Bedingungen einer bürgerschaftlichen Integration sind *erstens* die gleichberechtigte Teilhabe aller an den politischen und sozialen Institutionen und *zweitens*, der gleiche Zugang und die gleiche Teilhabe aller an den sozialen, wirtschaftlichen und politischen Rechten und Chancen der Gesellschaft von der Partizipation im politischen System und der Zivilgesellschaft über das Bildungssystem bis zum System der Erwerbsarbeit und den Systemen der sozialen Sicherheit. Das betrifft die Rechte, Pflichten und Chancen, wie sie in der Theorie der Sozialen Demokratie für alle Bürger begründet werden. Zu diesen notwendigen Faktoren sozialer Integration muss als zu sichernde Bedingung aber die gemeinsame politische Kultur in der Praxis des Bürgerhandelns in Staat, Zivilgesellschaft und Lebenswelt hinzutreten.

Die Rolle der Zivilgesellschaft
Die Herausbildung der verbindenden politischen Kultur beruht auf geteilten Erfahrungen, für die außer den Institutionen des Bildungssystems vor allem die Zivilgesellschaft als ermöglichende Gelegenheitsstruktur wirksam werden kann[345].

---

[343] Bello 1999: 7
[344] Heberer/Derichs 2000, Heberer 2000
[345] Varshney 2001

Die Zivilgesellschaft muss aus einer Reihe empirisch gestützter Gründe als die zentrale Gelegenheitsstruktur für die Ausbildung und Selbsterhaltung der politischen Kultur angesehen werden. Dass eine verbindende politische Kultur eine gemeinsame Sprache oder wenigstens Gelegenheiten der fortwährenden Übersetzung als Minimalbedingung der Möglichkeit öffentlicher Verständigung voraussetzt, ist offenkundig. Darüber hinaus aber muss ein gewisses Maß geteilten kulturellen Hintergrund- und Geschichtswissens gegeben sein, aus dem sich die spezifische kollektive politische Identität der politischen Kultur eines Gemeinwesens speist, denn zur politischen Kultur eines Kollektivs gehört ja auch ein Entwurf dafür, wie man nach innen und außen gemeinsam politisch leben und handeln will. Für die Gewährleistung dieser beiden Voraussetzungen politischer Kultur ist zunächst das Bildungssystem, im Falle von Neueinwanderern dessen Teilbereich Weiterbildung zuständig. Selbstverständlich kann das Bildungssystem diesen ohnedies schwierigen Teil der politisch kulturellen Assimilation nur in dem Maße leisten, wie es nicht seinerseits wieder kulturell fragmentiert ist.

Die damit geforderte Schaffung von Lebenswelten und zivilgesellschaftlichen Handlungsfeldern, die prinzipiell von allen Teilen der Gesellschaft geteilt werden, ist eine anspruchsvolle, aber unverzichtbare Bedingung für die demokratische politische Integration. Vertrauen und ein ausreichendes Maß an verbindendem sozialem Kapital sind das Fundament für die politische Kultur der Demokratie. Im Maße wie sich daher tatsächlich ethno-kulturelle bzw. kulturellreligiöse *Parallelgesellschaften* innerhalb von demokratisch verfassten Staatsnationen ausbilden, ist aus den dargelegten Gründen zu erwarten, dass sie als systematische Hindernisse sowohl für die Ausbildung einer verbindenden politischen Kultur wie auch für den Prozess der gesellschaftlichen und politischen Integration wirksam werden. Sie erzeugen, je vollständiger und geschlossener sie sind, in um so stärkeren Maße, eine für die demokratische Integration höchst problematische Form der ausschließenden Gruppensolidarität, die *Robert Putnam* im Gegensatz zu dem verbindenden *bridging social capital* mit dem Terminus *bonding social capital* bezeichnet hat. Sie erzeugen eine Art von interner Solidarität, die die ethno-kulturellen oder kulturell-religiösen Gruppen einander entfremdet.

Integration kann in empirischer Perspektive nur als ein längerfristiger zielgerichteter Prozess verstanden werden, der die Identitäten aller Beteiligten verändert. Sein Gelingen hat zahlreiche Voraussetzungen. Dazu gehören neben den in der politischen Kultur der Demokratie und ihrer Staatsbürgerrolle begründeten normativen Zielwerten vor allem auch empirische Erfolgsbedingungen. Die erste besteht in der Anerkennung einer bestimmten Wechselseitigkeit, nämlich des Sachverhalts, dass Integration nicht anderes sein kann als ein vieldimensionaler

Prozess, in dem Formen der wechselseitigen Anerkennung und der wechselseitigen Selbstveränderung auf aktive und bewusste Weise in ein Verhältnis zueinander gesetzt werden. Schon die Notwendigkeit der wechselseitigen Anerkennung der Verschiedenen mutet allen Beteiligten Selbstveränderung zu. Im Verlaufe des Prozesses gelingender Integration entsteht etwas Neues, die Einstellungen aller werden beeinflusst und zum großen Teil auch verändert, weil es um mehr geht als die bloß duldende Koexistenz der Verschiedenen in ihrer ursprünglichen Verfassung, dem also was Jürgen Habermas in diesem Zusammenhang „Artenschutz" genannt hat[346].

Die wechselseitige Beeinflussung reicht aber tiefer und betrifft sogar die Inhalte der politischen Kultur selbst. Die Aufnahmegesellschaft ist zwar berechtigt, Eintrittsbedingungen für Migranten im Sinne der politischen Kultur des demokratischen Rechtsstaates verbindlich zu machen. In diesem Rahmen ändert sich aber mit dem Eintritt von Menschen unterschiedlicher kultureller Identität die gesellschaftliche „Grundgesamtheit" der betreffenden Staatsnation, die über die kollektiven politische Identität fortan legitimerweise zu befinden hat, und damit voraussichtlich auch der konkrete Inhalt der politischen Kultur[347].

Auch in dieser Hinsicht sind es nicht homogene Identitätsfiktionen, sondern das Konzept der Transkulturalität, das am ehesten in der Lage ist, die komplexen Wechselbeziehungen im Prozess der Integration zu beschreiben. Zu unterscheiden sind dabei zwei Einflusebenen und zwei Einflussrichtungen. Auf der Ebene der politischen Kultur verlangt Integration mithin ein bestimmtes Maß an Assimilation – und zwar in beiden Richtungen: die erste Richtung weist auf die ursprüngliche Mehrheitskultur hin, weil alle Migranten zumindest die Übernahme der Grundnormen und der rechtsstaatlichen Demokratie mitsamt den zugehörigen Orientierungen zugemutet wird; in der zweiten Richtung mutet der durch die politische Integration entstehende kulturelle Pluralismus nunmehr dem ursprünglichen Kollektiv der Aufnahmegesellschaft zu, fortan die gemeinsame politische Identität der Staatsnation unter gleichberechtigter Teilhabe der zu Staatbürgern gewordenen Migranten zu bestimmen. Das führt – freilich weiterhin in den Grenzen der Normen der rechtsstaatlichen Demokratie – vermutlich immer zu einer neuen kollektiven Identität, in der sich alle Staatsbürger wieder finden können.

Eine komplexe Politik der Anerkennung
Die Bedingungen der gleichen Bürgerschaft in der Dimension aller fünf Gruppen universeller Grundrechte, neben den bürgerlichen und politischen, auch der sozi-

---

[346] Habermas 1997
[347] Habermas 1997

alen, ökonomischen und kulturellen, erfüllt mithin nur eine Politik der Integration durch Anerkennung, die *drei Handlungsstrategien* miteinander verbindet[348]:

Erstens: Die Anerkennung unterschiedlicher kultureller Identitäten,

zweitens: die Anerkennung des verpflichtenden Rahmes der rechtsstaatlichen Demokratie und der universellen Grundrechte durch alle kulturellen Kollektive, also die Ausbildung einer gemeinsamen politischen Kultur sowie

drittens: die gleichberechtigte Teilhabe aller an den sozialen und ökonomischen Ressourcen und Chancen der Gesellschaft.

Im Lichte der universellen Grundrechte und der empirischen Erfahrungen gleichermaßen hängt dauerhaft gelingende Integration davon ab, dass neben der wechselseitigen Anerkennung der kulturellen Identitäten und politischen Rechte auch eine faire Teilhabe aller an den materiellen Möglichkeiten ihrer Gesellschaft gewährleistet ist. Denn erst dadurch gewinnt die Anerkennung ihre Handlungen ermöglichende Substanz und ihre symbolische Ernsthaftigkeit.

28   Politische Akteure Sozialer Demokratie

Erklärungsansätze
Für die Bestimmung der potenziellen und realen Akteure Sozialer Demokratie liegen aufgrund ihres Anspruchs und im Hinblick auf die bisherige Forschung drei methodologische Zugänge nahe:

Erstens, ein *interessenanalytischer* Zugang, der nach den spezifischen politischen, kulturellen, sozialen und ökonomischen Interessen fragt, die sich mit dem Projekt der Sozialen Demokratie verbinden und von ihnen her die in Betracht kommenden Akteure bestimmt;

zweitens, ein *historisch-empirischer* Zugang, der die bisher relevanten Akteure aus der Geschichte der politischen Durchsetzung zentraler Elemente Sozialer Demokratie identifiziert und ihre Handlungsmotive erklärt; und

---

[348] Taylor 1993b, Honneth 1992, Margalit 1996, Meyer 2002

drittens, ein *gesellschaftstheoretischer* Zugang, der aus der Bedeutung der Sozialen Demokratie für die Prozesse der gesellschaftlichen Integration die in Betracht kommenden Akteure und ihre gesellschaftliche Rolle erklärt.

Interessenanalytische Zugänge
Obgleich das Konzept der Sozialen Demokratie wesentlich weiter gefasst ist als das des Sozialstaats, bieten Forschungsergebnisse, die sich auf diesen beziehen, einen produktiven Ausgangspunkt. *Thomas Blanke* hat die theoretischen Erklärungen für die Herausbildung des *Sozialstaats* vergleichend analysiert. Sie bieten eine Reihe aufschlussreicher Erkenntnisse über unterschiedliche Interessen am Sozialstaat und damit über seine politisch relevanten Akteure[349]. Danach lassen sich fünf plausible systematische Deutungen des Sozialstaates unterscheiden, die jeweils unterschiedliche Konstellationen von Akteuren für die Herausbildung des Sozialstaats in den Mittelpunkt rücken:

Erstens: Für die *klassentheoretische* Deutung werden als Akteure am Beispiel Deutschlands „die klassenspezifische Solidaritäts- und Arbeitskultur mitsamt ihren Großorganisationen wie der SPD und den Gewerkschaften" identifiziert[350]. Spiegelbildlich gehören für die andere Seite des Sozialstaatskompromisses dann notwendiger Weise die Großorganisationen und Milieus der Kapitaleigentümer als, wenn auch von Fall zu Fall widerstrebende, Mit-Akteure hinzu. Während es sich bei den zuerst genannten Gruppe um offensive Akteure handelt, die den Prozess der Realisierung Sozialer Demokratie in ihrem unmittelbaren Eigeninteresse stets voranzutreiben bemüht sind, handelt es sich bei ihren Sozialkontrahenten im Vergleich zu ihnen um eher defensive Akteure, die dann in entsprechende Kompromisse einwilligen, wenn sie ihnen für die Systemintegration geboten erscheinen. Im Lichte der jüngeren Entwicklung im Bereich der politischen Parteien und Gewerkschaften kann davon ausgegangen werden, dass dieser Akteurstyp Sozialer Demokratie seine Sonderrolle und Handlungsmacht in dem Maße verliert, in dem seit dem letzten Drittel des zwanzigsten Jahrhunderts die Umsetzung klassenpolitischer sozio-ökonomischer Trennlinien in politische Akteurskonstellationen und parteipolitische Strukturen an Bedeutung einbüsst[351].

Zweitens: Die *lerntheoretische Deutung* identifiziert Akteure lediglich indirekt durch die Beschreibung der Prozesse, die zur schrittweisen Erzeugung eines politischen Sozialstaatskonsens geführt haben. „Es wird erkannt, dass die Ausei-

---

[349] T. Blanke 1998:175 ff
[350] T. Blanke 1998: 174
[351] Panebianco 1988, v. Alemann 2000

nandersetzung von Kapital und Arbeit kein Nullsummenspiel ist"[352]. Demzufolge handelt es sich in dieser Betrachtung nur um eine andere Perspektive des Handelns der im klassentheoretischen Ansatz beschriebenen Akteure. Wiederum stehen die Großorganisationen von Kapital und Arbeit als kollektive Akteure im Zentrum, in dieser Sicht allerdings mit einer verstärkten Akzentsetzung auf die Akteure der Kapitalseite, die den Sozialstaat als Mechanismus zur Verringerung sozialer und politischer Kosten und Krisen entdecken, der in einem bestimmten Maße auch in ihrem eigenen Interesse liegt. Die lerntheoretische Sicht lässt erkennen, dass sich das Spektrum potenzieller Proponenten und Akteure Sozialer Demokratie unter den Bedingungen akuter Krisenerfahrung und intakter Strukturen politischer Öffentlichkeit weit über den Kreis derjenigen hinaus erweitern kann, die die entsprechende Orientierung in erster Linie wegen ihrer einschlägigen sozialen und ökonomischen Interessen übernehmen.

Drittens: Die *demokratietheoretische* Erklärung stützt sich auf das Konzept der deliberativen Demokratie. Sie identifiziert die Bürgerschaft selbst als den verantwortlichen Akteur, der auf der Basis realer Erfahrungen und ihrer fortschreitenden gerechtigkeitspolitischen Bearbeitung im öffentlichen Diskurs dafür sorgt, dass die Voraussetzungen erfüllt sind, um alle Bürger sozial und politisch handlungsfähig zu machen. Diese Deutung sieht in allen Bürgern Akteure der Sozialen Demokratie, soweit sie überhaupt bereit sind, dem politischen Bürgerstatus in Fragen der Demokratiegestaltung Priorität über ihre partikulären gesellschaftlichen Interessen einzuräumen. Die entscheidenden Variablen für die Aktivierung dieses Potenzials sind dann in der politischen Kultur der Gesellschaft und in der deliberativen Qualität ihrer politischen Öffentlichkeit zu sehen.

Viertens: Die *risikotheoretische* Deutung setzt ebenfalls keine partikularen Akteure voraus. Da in diesem Erklärungsansatz das zentrale politische Motiv für den Sozialstaat die Beherrschung der großen Risiken für „die Reproduktionssicherung" der Gesellschaft darstellt, liegt es nahe, in den staatlichen Akteuren, vor allem im politisch-administrativen System, die Verantwortlichen für den Aufbau sozialstaatlicher Sicherungen zu sehen. Dies wird auch durch einen historischen Hinweis auf die Herausbildung des versicherungsförmigen Sozialstaates in Deutschland gestützt, der ja in der Form des Bismarckschen Obrigkeitsregimes in autoritärer Souveränität, gegen das Veto zentraler gesellschaftlicher und politischer Akteure, wichtige Elemente des Sozialstaates ins Leben rief[353]. In dieser Perspektive können Risikoerfahrungen oder Prognosen denjenigen politischen Akteuren ein Legitimitätsbewusstsein bei der Schaffung sozialstaatlicher

---

[352] T. Blanke 1998: 175
[353] T. Blanke 1998: 179

Strukturen vermitteln, die in der Lage sind, sie auf der Output-Seite des politischen Systems wirksam werden zu lassen, in der Erwartung, dass das Ergebnis selbst seine Legitimation auf der Inputseite nachliefern kann.

Fünftens: Die *modernisierungstheoretische* Deutung hat eine Reihe unterschiedlicher Varianten[354]. Gemeinsam ist ihnen allen, dass der Sozialstaat als gesellschaftliches Teilsystem der professionalisierten Sozialhilfe aus Prozessen hervorgeht, als deren Autor nur das gesellschaftliche Gesamtsystem selbst mit seinen sich fortschreitend ausdifferenzierenden Funktionserfordernissen betrachtet werden kann[355]. In ihren *akteurstheoretischen* Lesarten nimmt die Modernisierungstheorie Motive der drei zuletzt genannten Ansätze auf. In ihrer radikalen *systemtheoretischen* Lesart hingegen erscheint Soziale Demokratie als ein emergentes Produkt der Prozesse autopoietischer Selbstentfaltung sozialer Systeme angesichts wechselnder Krisenerfahrungen.

Der Sozialstaat ist nur eine der Dimensionen Sozialer Demokratie und dies auch nur dann, wenn er mit politischer Demokratie und sozialer Autonomie intern verbunden ist. Ausgehend von der Liste Blankes können demnach alle Akteure, denen es allein um patriarchalische Varianten sozialer Sicherung oder solche Spielarten geht, die nicht auf die Institutionalisierung sozialer Bürgerrechte zielen, nicht als Akteure Sozialer Demokratie betrachtet werden, die für die Realisierung des ganzen Konzepts oder wenigsten seiner zentralen Elemente einstehen. Im Vergleich der unterschiedlichen Erklärungsansätze wird deutlich, dass nicht allein die strukturellen Positionsinteressen, die die klassentheoretische Erklärung identifiziert, Motive für mögliche Akteure der Sozialen Demokratie bereitstellen und damit zugleich auch sozialwissenschaftliche Erklärungen für sie liefern. Auch die politisch-moralischen oder die politisch-strategischen Interessen derjenigen Akteure kommen ins Spiel, die bereit sind, die Bürger-Perspektive einzunehmen, eben weil Soziale Demokratie kein klassenspezifisches Parteiprogramm, sondern ein Demokratiemodell auf der Basis universeller Grundrechte verkörpert.

Wie sich diese unterschiedlichen Motivlagen gesellschaftlich und politisch verteilen, steht, wie jeder historisch gerichtete Ländervergleich demonstriert, nicht von vornherein fest. Der *rational choice*-Ansatz mit seinen rational-egoistischen Prämissen greift schon aus der Perspektive der theoretischen Erklärung des Sozialstaats, aber ebenso in historischer und komparativer Perspektive zu

---

[354] Blanke unterscheidet die Varianten bei Max Weber, Michel Foucault, Niklas Luhmann und Jürgen Habermas. T. Blanke 1998: 180 ff
[355] T. Blanke 1998: 180 ff

kurz[356]. Aus ihm wäre allein die klassentheoretische Erklärung politischer Akteure zu legitimieren, die für sich genommen letztlich in keiner europäischen Gesellschaft Ansätze zur Realisierung Sozialer Demokratie ermöglicht hätte.

Kontextabhängige Akteursvielfalt
Das Projekt der Sozialen Demokratie kann infolge der Ziele, die es anstrebt und der Begründungen, die für sie sprechen, aus einer Mehrzahl unterschiedlicher sozialer, ökonomischer, politischer und kultureller Interessen sowie aus verschiedenen Mustern ihrer wechselseitigen Beziehung zueinander Unterstützung finden. Infolgedessen finden sich auch in unterschiedlichen Handlungskontexten unterschiedliche politische und gesellschaftliche Akteurskonstellationen, die das Projekt politisch, kulturell oder gesellschaftlich in unterschiedlichen Varianten und Intensitätsgraden unterstützen. Der Ländervergleich zeigt die große Vielfalt möglicher Akteurskonstellationen Sozialer Demokratie und bietet zugleich kontextbezogene Erklärungen ihrer Handlungsmotive. Unterschieden werden können:

Erstens: Akteure auf der Ebene *ökonomischer Interessen* wie Gewerkschaften als Interessenvertreter der abhängig Beschäftigten, Angestellte des Öffentlichen Dienstes und anderer sozialstaatbezogenen Beschäftigungsbereiche, die unmittelbar von der Art und dem Ausmaß der Gewährleistung Sozialer Demokratie abhängen.

Zweitens: Akteure auf der Ebene *politischer Interessen* als Repräsentanten entweder sozio-ökonomischer Positionsinteressen oder politisch formulierter Bürgerinteressen: je nach Ländertradition Sozialdemokratische Parteien, Sozialistische Links-Parteien, Christdemokratische Sozialstaatsparteien, Populistische Parteien, Bauernparteien.

Drittens: Akteure auf der Ebene *moralisch-kultureller* Interessen: Kirchen, andere Religionsgemeinschaften, Intellektuelle und akademische Milieus, zivilgesellschaftliche Akteure.

Wichtige Elemente Sozialer Demokratie können je nach historischen Erfahrungen und politisch-kulturellen Traditionen auch von Akteuren unterstützt werden, die keine unmittelbar sozio-ökonomischen oder politisch-taktischen Interessen, sondern entweder politisch-moralische oder demokratiepolitisch-strategische Interessen damit verfolgen. Das haben vor allem die Beispiele der skandinavischen

---

[356] Soweit er nicht tautologisch jedes überhaupt empirisch wirksames Handlungsmotiv a posteriori als rational-egoistisches Interesse identifiziert.

Länder und die Erfahrungen nach der Weltwirtschaftskrise und dem Zweiten Weltkrieg in den meisten anderen westeuropäischen Ländern gezeigt. Folglich können sich bei zahlreichen Einzelpolitiken Sozialer Demokratie sehr breite Akteurskoalitionen ergeben, die weit ins Lager der konservativen Parteien hineinreichen und in Einzelfällen sogar liberale Parteien einschließen können.

Art und Zahl der Akteure, die eine Politik der Sozialen Demokratie unterstützen, hängen, wie die Geschichte des zwanzigsten Jahrhunderts deutlich gezeigt hat, in hohem Maße von spezifischen historischen Situationen ab. Wirtschaftskrisen, politische Vertrauenskrisen, das Aufkommen von Protestparteien und zivilgesellschaftlicher Protest sind Erfahrungen, die die Rezeptivität insbesondere parteipolitischer Akteure für situationsbezogene Elemente der Sozialen Demokratie wesentlich, wenn auch in der Regel nur vorübergehend, erhöhen können, vor allem in den von *Anton Hemerijck* und *Bo Rothstein* beschrieben sozialdemokratischen Momenten gesellschaftlicher Krisenerfahrung[357]. Die Konstitution der Akteure Sozialer Demokratie erfolgt mithin nicht ausschließlich oder vorrangig außerhalb des politischen Systems, sondern in Abhängigkeit von wechselnden Kontexten im Rahmen des politischen Prozesses selbst.

Politische Parteien

Für die politisch-gesetzgeberische Umsetzung gesellschaftlicher Interessen an Sozialer Demokratie in Institutionen und Programme sind in der liberalen Demokratie die politischen Parteien zuständig. Ihr Spielraum wird nicht allein durch ihre Verankerung in den Interessenstrukturen der Verbände und Vereine des intermediären Systems und der jeweiligen erwarteten Verteilung der Handlungsdispositionen der Wählerschaft abgesteckt, sondern gleichermaßen durch eine intakte und inklusive politische Öffentlichkeit mitbestimmt, die es zulässt, gesellschaftliche Erfahrungen und politische Grundwerte in den Diskurs über politische Handlungsprojekte und die Struktur des Gemeinwesens einzubeziehen[358]. Das jedenfalls war die historische Voraussetzung dafür, dass politisch-moralische Interessen und gesellschaftliche Lernerfahrungen für die Formulierung und Umsetzung politischer Projekte der Sozialen Demokratie in so unterschiedlichen Gesellschaften wie den USA der dreißiger Jahre und Schweden in der gesamten Periode seiner Geschichte seither wirksam werden konnten.

Die sozialdemokratischen Parteien als ihrem eigenen Verständnis nach primäre Anwälte Sozialer Demokratie sind immer Programm- und Mitgliederparteien gewesen. Beides ergibt sich aus ihrem historischen Selbstverständnis und aus ihrem für ihre Stellung im jeweiligen Parteiensystem maßgeblichen Identitätsverständnis. Umfassende, auf universalistische Grundwerte gestützte Pro-

---

[357] Rothstein 1996, 2002, Hemerijck 2002
[358] V. Schmidt 2000b

gramme sollten die gesellschaftlichen Veränderungen beschreiben und begründen, für die die Parteien in der politischen Arena antraten[359]. Die Massenmitgliedschaft repräsentierte den Anspruch der Parteien, gesellschaftliche Mehrheiten für ihr Reformprojekt politisch zu repräsentieren und wahlpolitisch mobilisieren zu können. Insofern bestand zwischen der Stellung dieser Parteien im politischen System und der Zentralität des politischen Projekts der Sozialen Demokratie für ihr Selbst- und Fremdverständnis ein inneres Bedingungsverhältnis. In der klassischen Parteiendemokratie, wie sie sich seit den Anfängen der Arbeiterbewegung in Europa in der zweiten Hälfte des neunzehnten Jahrhunderts herausgebildet hat, repräsentierten politische Parteien sozio-ökonomische Positionsinteressen oder große Interessenströme der Gesellschaft und bündelten sie durch Bezugnahme auf universelle Grundwerte zu mehrheitsfähigen Projekten für die Wahlarena.

Neben dieser *richtungs*plebiszitären Prämisse lag dem Modell der Parteiendemokratie die Einschätzung zugrunde, dass der tief greifende Pluralismus der Interessen und Werte, der die moderne Gesellschaft kennzeichnet, im Prinzip unauflöslich ist[360]. Folglich konnte auch nur das pluralistische Angebot konkurrierender Parteien dasjenige Maß an direktdemokratischer Rückbindung gewährleisten, das diesen Pluralismus spiegelt und in die staatliche Willensbildung so einbringt, wie er sich in der Gesellschaft ergibt. Wahlen in der *Parteiendemokratie* sind daher *nicht Personen*plebiszite über Führungseliten, sondern *Sach*plebiszite über Handlungsprogramme. In dieser Funktionsweise der Parteien in der Demokratie gründete die Hoffnung der sozialdemokratischen Parteien, die Widerstände sozialer und wirtschaftlicher Macht gegen die Politik der Sozialen Demokratie letztlich durch den Druck öffentlicher Argumentation und auf ihn begründete Wahlerfolge ihrer Partei überwinden zu können[361].

Ein Ländervergleich, bei dem elementare Messwerte Sozialer Demokratie in Beziehung gesetzt werden zur politischen Identität und zur Länge der Regierungsbeteiligung unterschiedlicher Parteien, bestätigt den theoretisch erwarteten Befund[362]. *Manfred G. Schmidt* konnte zeigen, dass längere Regierungszeiten säkularkonservativer oder liberaler Parteien eindeutig mit schwach ausgebildeten Sozialen Demokratien korrespondieren, lange Regierungszeiten sozialdemokratischer Parteien hingegen stark mit ausgebauten Sozialen Demokratien und lange Regierungsbeteiligung christdemokratischer oder säkularer Mittelparteien mit stark oder zumindest „beträchtlich" ausgebauter Sozialer Demokratie.

---

[359] Sassoon 1999
[360] Kremendahl 1983
[361] Przeworski/Sprague 1986, Sassoon 1999
[362] Schmidt 2000: 381-389

Tabelle 1: Strukturen parteienstaatlicher Demokratie in 23 Ländern: Regierungsbeteiligung konservativer, liberaler, zentristischer und linksorientierter Parteien 1950-1998 und Stärke der realisierten Sozialen Demokratie[363]

Staat	Säkular-konversative Parteien	Liberale Parteien	Christdemo-kratische und säkulare Mitte-parteien	Sozial-demo-kratische Parteien	Sonstige	Größe der „Sozialen Demo-kratie"
Australien	67,5	0	0	32,5	0	relativ gering
Belgien	0	16,3	51,8	29,6	2,3	sehr groß
BR Deutsch-land	0	18,1	55,6	22,7	3,6	sehr groß
Dänemark	14,4	26,3	3,7	53,5	2,1	sehr groß
Finnland	9,9	11,9	33,3	29,8	15,1	sehr groß
Frankreich	29,0	18,8	13,6	16,5	22,1	groß
Griechenland	44,5	10,4	0	26,5	18,6	mittel
Großbritan-nien	70,8	0	0	29,2	0	relativ gering
Irland	65,8	0	20,7	11,2	2,3	mittel
Island	7,9	39,9	28,6	22,6	1,0	mittel
Italien	0	7,5	64,2	21,0	7,3	groß
Japan	97,2	0	0	2,0	0,8	relativ gering
Kanada	32,1	0	67,9	0	0	mittel
Luxemburg	0	20,4	49,2	30,4	0	sehr groß
Neuseeland	74,0	0	0	25,1	0,9	relativ gering
Niederlande	0	21,2	56,2	20,6	2,0	sehr groß
Norwegen	12,8	3,5	10,9	72,8	0	sehr groß

[363] Diese Tabelle kombiniert die Übersicht von Manfred G. Schmidt zur Regierungsbeteiligung von Parteien (2000: 381) mit der letzten Spalte seiner Tabelle zur Größenordnung der Sozialen Demokratie in den Vergleichsländern (2000: 388).

Österreich	0	1,5	36,3	56,9	5,3	sehr groß
Portugal	0,3	23,8	2,3	10,7	62,9	relativ gering
Schweden	4,1	7,1	10,3	75,9	2,6	sehr groß
Schweiz	14,3	31,8	30,0	23,9	0	groß
Spanien	4,4	0	11,6	25,1	58,9	relativ gering
USA	57,1	0	42,9	0	0	relativ gering
Mittelwert	26,4	11,2	25,6	27,8	9,0	

Diese Gegenüberstellung legt zwei akteurstheoretische Befunde nahe:

Erstens: Es sind Parteien an der Regierung, die als zentrale Akteure des politischen Systems den ausschlaggebenden Einfluss auf die Realisierung Sozialer Demokratie haben.

Zweitens: Vor allem sozialdemokratische, in zweiter Linie aber auch christ-demokratische und säkulare Mittelparteien tendieren zur politischen Förderung des Projekts der Sozialen Demokratie.

Akteure in der globalen Arena
Für Projekte der globalen Demokratisierung in allen für die Soziale Demokratie maßgeblichen Handlungsdimensionen lässt sich schon seit längerem der Beginn eines Aufbaus von Institutionen, außer-institutionellen Handlungsstrukturen und deren Vernetzung erkennen. Viele davon scheinen seit der Amtsübernahme der konservativen Regierung in den Vereinigten Staaten im Jahre 2000 in diesen Bereichen blockiert. Die konservative US-Administration unter Führung des Präsidenten Georg W. Bush scheint entschlossen, eine unilaterale hegemoniale Weltordnung anzustreben, zu der sie sich aufgrund ihrer politischen Zielsetzungen legitimiert glaubt und die sie mit der überlegenen Macht ihrer militärischen Mittel durchsetzen will. Die ökonomischen und machtstrategischen geopolitischen Interessen der Bush-Administration widersprechen den Zielen einer demokratischen Globalisierung und einer ökologischen und sozialen Einbettung der transnationalen Märkte weitgehend. Auf ökonomischer Ebene ist die Durchsetzung des *Washington-Konsenses* das dominante Ziel, so dass auch in der Dimension des sozialen und ökonomischen Handelns die aus den *universellen Grundrechten* folgenden politischen Ziele unter diesen machtstrategischen Bedingungen in Frage gestellt sind. Diese außenpolitisch folgenreiche Konstellation

in den USA ist zwar historisch kontingent und reversibel. Sie macht aber in exemplarischer und allgemeingültiger Weise sichtbar, in welchem Ausmaß Fortschritte im Prozess der positiven Globalisierung vom Einverständnis der großen Veto-Spieler abhängig sind, das in keiner Phase der Entwicklung vorausgesetzt werden kann. Auch wenn sich die zutage tretende geostrategische Sicht mit bestimmten Traditionen in der politischen Kultur der USA deckt, kann doch nicht davon ausgegangen werden, dass sie einen stabilen Konsens der US-amerikanischen politischen Strategie zum Ausdruck bringt. Die ökonomischen Motive, die dieser neuen Strategie zugrunde liegen, sind offensichtlich stark, können aber nicht als Beleg dafür angeführt werden, dass in der Geostrategie der führenden Weltmacht ein „imperialistischer Determinismus" am Werk sei. Es handelt sich bei ihr offensichtlich um eine strategische politische Option, hinter der eine Koalition von Interessen steht, zu der es innerhalb der USA selbst Alternativen gibt, die auch deutlich zu identifizieren und im Prinzip auch mehrheitsfähig sind. Dazu gehören in der politischen Arena bedeutende Teile der demokratischen Partei, die amerikanische Friedensbewegung und die amerikanische Umweltbewegung. Im Übrigen kann davon ausgegangen werden, dass die Herausbildung starker Gegenkräfte in der weltpolitischen Arena, wie insbesondere der Europäischen Union, oder einer Kerngruppe innerhalb der EU, einen korrigierenden Einfluss auf die geopolitische Strategie der USA selbst ausüben kann[364]. Mögliche Fortschritte einer Politik der globalen Demokratisierung und der Einbettung der Weltwirtschaft hängen daher in hohem Maße von der geopolitischen Handlungsfähigkeit der Europäischen Union und von deren Vermögen ab, globale Koalitionen handlungsfähiger politischer Akteure zu bilden.

Aus realistischer Sicht lässt sich ein begrenztes Spektrum solcher Akteure identifizieren, deren Interessen mit dem Projekt der globalen Demokratisierung substanziell konvergieren und deren Handlungsmacht in der globalen Arena eine Rolle spielen kann:

1. Der größere Teil der transnationalen Zivilgesellschaft einschließlich des konstruktiven Teils der so genannten Antiglobalisierungsbewegung und ihre ca. 45.000 Organisationseinheiten[365].
2. Die an demokratischer Globalisierung interessierte große Mehrheit der weltweiten Bewegung der Sozialen Demokratie, insbesondere demokratische *Gewerkschaften* und sozialdemokratische Parteien, die in der *Sozialistischen Internationale* organisiert sind und ebenso ein in seinem Einflusspotenzial variabler Teil mehrheitsfähiger *Demokraten* in den USA.

---

[364] Calleo 2002
[365] Czempiel 1990

3. Die regionalen Systeme politischer Zusammenarbeit, die sich in allen Welt-
   regionen herausbilden und in unterschiedlich dichten Formen ihre Möglichkeiten zu politischem Gemeinschaftshandeln entwickeln (vor allem EU,
   Asean, SAARC und Mercosur).
4. Eine Reihe von Ländern der Dritten Welt und die sich in diesem Raum
   herausbildenden neuen Demokratien. Für zentrale Teile der positiven Globalisierung ist auch die Volksrepublik China im Begriff, sich zu einem einflussreichen Akteur zu entwickeln[366].
5. Die politische Hauptströmung der Mitgliedsstaaten der Europäischen Union, in jedem Fall eine Koalition von einflussreichen Ländern um die Achse
   Frankreich, Bundesrepublik Deutschland.

Zwischen diesen Akteuren gibt es keinen ausgearbeiteten Konsens über die gemeinsam zu verfolgenden Handlungsstrategien. Sie stimmen in dem grundlegenden Interesse überein, die libertäre Form der Globalisierung sowie den US-
amerikanischen Unilateralismus zu ersetzen durch eine Politik der globalen Kooperation und der fairen Regulation der ökonomischen und sozialen Grundlagen
der Weltmächte[367]. Daraus ergibt sich eine für die mittlere Sicht ausreichende
Übereinstimmung grundlegender Interessen und politischer Handlungsziele. Eine
handlungsfähige Akteurskoalition für positive Globalisierung erscheint auch in
realistischer Perspektive organisierbar. Das gilt umso mehr unter der lerntheore-
tischen Prämisse, dass die ökonomischen, sozialen und politischen Kosten einer
anhaltend negativen Globalisierung den Druck auf die widerstrebenden Akteure
erhöhen wird, auf die Linie einer Gestaltungskoordination einzuschwenken.
   Dabei darf freilich das grundlegende Dilemma, in dem sich die sozialdemokratischen Parteien der wohlhabenden Industrie- und Dienstleistungsgesellschaften befinden, nicht übersehen werden. Während diese sich überwiegend in ihren
programmatischen Diskussionen und politischen Verpflichtungserklärungen dem
Projekt der Ausdehnung und Intensivierung der Demokratisierung globaler Zusammenarbeit verschreiben und ebenso die Wiedereinbettung der globalen Märkte in soziale und ökologische Verantwortungsstrukturen befürworten, sind sie
aufgrund ihrer elektoralen Interessen in der heimischen Arena deutlich zurück-
haltender, wenn es um praktische Konsequenzen aus der deklarierten Globalisierungspolitik geht. Auf der Handlungsebene sehen sie sich zwei großen Hindernissen gegenüber. Das eine besteht in dem *elektoralen Dilemma*, in der Regel die
unmittelbaren sozialen und ökonomischen Interessen ihre Wähler bedienen zu

---

[366] Allerdings im Rahmen des bekannten Widerspruchs, dass die Volksrepublik ihre Außenpolitik
zwar unter das Leitmotiv einer „internationalen Demokratie" stellt, ihre sozialpolitischen Suchbewe-
gungen im Innern aber gegenwärtig noch losgelöst von den Normen liberaler Demokratie vollzieht.
[367] Siehe dazu auch den Bericht der ILO 2004: „Faire Globalisierung"

müssen und nicht Interessen dienen zu können, die in anderen Teilen der Welt soziale und ökonomische Vorteile ermöglichen. Das andere Hindernis besteht in dem Zwang, mit der jeweils amtierenden US-amerikanischen Administration möglichst enge kooperative Beziehungen zu unterhalten, um Handlungserfolge auf einer Reihe von anderen außenpolitischen Gebieten erzielen zu können. Diesen Widerständen steht ein von Teilen der jeweiligen Parteiorganisationen erzeugter Druck gegenüber, möglichst konsequent in Richtung einer globalen Demokratisierung und einer faireren Weltordnung voranzuschreiten.

Gemessen an ihren Traditionen, ihren Potenzialen und ihren Handlungsprojektionen ist die *Europäische Union* derjenige politische Akteur, der die stärksten Ressourcen für Soziale Demokratie in der globalen Arena mobilisieren kann[368]. Es ist freilich eine offene Frage, ob die Union in der Verfassung, die sie nach der Osterweiterung gewinnt, in der Lage sein wird, dieses Potenzial auszuschöpfen. Ihr begrenztes militärisches Gewicht verglichen mit den USA ist dabei freilich kein Nachteil[369]. Die Europäische Union kann ihre eigene Rolle und Unterstützung bei der Mehrzahl der anderen Akteure nur als zivile Weltmacht finden, die ihre eigenen Ziele und die einer partizipativen Weltordnung durch Kooperation erreicht[370]. Auch eine konservative US-Administration ist auf die Dauer auf eine Zusammenarbeit mit der Europäischen Union allein schon darum angewiesen, weil sie die finanziellen Belastungen einer weltweiten unilateralen Interventionspolitik nicht tragen könnte und ein Minimum an internationaler Legitimation auch als innenpolitische Macht-Ressource benötigt.

Die ökonomischen, kulturellen und politischen Interessen der Europäischen Union legen eine solche Politik des Gegengewichts zum US-Unilateralismus und die Mitarbeit an einer demokratisierten globalen Ordnung nahe[371]. Das politische Modell der Europäischen Union, das aus einer Situation der vormaligen politischen Konfrontation der jetzigen Mitgliedsstaaten zu einer neuen Form der Souveränitätsteilung zugunsten enger politischer Kooperation geführt hat, kann selber als ein Beispiel transnationaler Demokratisierung dienen. Es erscheint als eine in den Grundzügen gelungene Lösung für das Problem, wie souveräne Nationalstaaten dort, wo es politisch angemessen und nötig ist, ihre Souveränität unter veränderten Bedingungen erhalten und dort, wo es notwendig ist, neue Formen der transnationalen und supranationalen Souveränitätsteilung finden. Es ist freilich eine offene Frage, in welchem Maße und in welchen Zeithorizonten es der Europäischen Union gelingen wird, das ihr verfügbare Potenzial in einer gemeinsamen Außen- und Sicherheitspolitik auch auszuschöpfen und als Akteur

---

[368] Telo 2006,
[369] Czempiel 2002
[370] Telo 2003, 2005
[371] Rasmussen 2003

einer transnationalen Demokratisierung und sozial-ökologischen Einbettung der Weltökonomie wirksam zu werden.

29   Gestalten und Anpassen

Theoretische Grundlagen
Die Akteurstheorie hat das sozialwissenschaftliche Dilemma von Gestaltungsintentionen und Anpassungszwängen, dem politische Handlungs-Projekte unvermeidlich ausgesetzt sind, thematisiert[372]. Akteure handeln immer unter den restriktiven Bedingungen von Systemstrukturen, Systemlogiken und Akteurskonstellationen. Systemstrukturen reproduzieren sich im Handeln der Akteure und sind insoweit ihrerseits in Form und Bestand von deren intentionalem Gestaltungshandeln abhängig[373]. Je nach Betrachtungsperspektive erscheinen diese Gestaltungschancen enger oder weiter. Aus der Systemperspektive sind sie gering oder marginal, aus der Akteursperspektive in der Regel weiter, bis hin zur Chance der Veränderung der Systemlogik selbst. Die beiden extremen Pole des Modells, zwischen denen sich dieses variable Verhältnis jeweils empirisch entfalten muss, liegen in theoretischer Sicht zum einen in der Vorstellung einer nicht restringierten Gestaltungsmacht der Akteure und zum anderen im Konzept eines Determinismus durch die Logiken sozialer Systeme.

Dieser für alle gesellschaftlichen Funktionssysteme zutreffende Zusammenhang hat sich historisch am deutlichsten im ökonomischen Subsystem der Gesellschaft gezeigt. Es war eine der hauptsächlichen Erfahrungen aus dem Zusammenbruch der planwirtschaftlichen Systeme sowjetkommunistischen Typs, dass der politischen Gestaltung der ökonomischen Funktionslogik enge Grenzen gesetzt sind. Sobald diese ignoriert werden, verliert diese Logik gänzlich ihre steuernde Funktion und wird durch die politische Systemlogik ihrer Wirksamkeit beraubt und damit auch die Gesamtgesellschaft, durchaus gegen die Absichten der verantwortlichen Akteure, ihrer möglichen ökonomischer Leistungspotenziale[374]. Das prinzipiell begrenzte, wenn auch in der genauen Grenzziehung variable Maß an Gestaltungsmacht der Politik über die Ökonomie kann um so besser ausgeschöpft werden, je besser der Kern der ökonomischen Funktionsgesetze dabei theoretisch verstanden und praktisch in Rechnung gestellt wird. Obgleich das ökonomische System in variablen Grenzen immer politisch gestaltbar und die ökonomische Funktionslogik durch Rahmensetzung, aber auch durch angemessene Interventionen beeinflussbar ist, werden die Grenzen doch in aus-

---

[372] Schimank 1996, 2000, Mayntz u.a. 1988, Scharpf 1997c, 2000a,
[373] Giddens 1987
[374] Habermas 1990b

schlaggebendem Maße vom ökonomischen Teilsystem selbst gezogen. Über-
schreitungen dieser Grenzen rächen sich unweigerlich durch Fehlfunktionen und
unerwünschte Interventionsfolgen.

Kontingenz und Offenheit

Es ist eine offene und für die Theorie der Sozialen Demokratie in vielfältiger
Hinsicht entscheidende Schlüsselfrage, in welchem Maße die offene Ökonomie
der globalisierten Weltwirtschaft sich als eine harte Systembedingung erweist,
auf die in zentralen Bereichen bei der Verwirklichung der Ziele Sozialer Demokratie vor allem mit *Anpassungsstrategien* reagiert werden muss, die diese Rahmenbedingungen selbst nicht infrage stellen können, und nur den Raum, den sie
öffnen, für die Realisierung politischer, sozialer und ökonomischer Ziele nutzen.
Es bleibt ungewiss, in welchem Maße diese ökonomischen Bedingungen in den
beiden maßgeblichen Dimensionen der Transnationalisierung der politischen
Rahmensetzungen und der Einwirkung auf die ökonomische Funktionslogik
selber politisch gestaltet werden können. Diese Frage ist *ex ante* aus prinzipiellen
Gründen nicht ausreichend zu beantworten. Selbst wenn nämlich auf der Ebene
der sozialwissenschaftlichen Erkenntnis der möglichen transnationalen Spielräume ein weitgehender Konsens herbeigeführt werden könnte und darüber hinaus eine große Anzahl von nationalstaatlichen, ökonomischen und gesellschaftlichen Akteuren sich diese Modelle als politische Handlungskonzepte zu eigen
machen würde, hinge deren Realisierung in ausschlaggebendem Maße weiterhin
vom verlässlichen und längerfristig haltbaren Konsens der globalen politischen
Vetospieler ab. Solange sich beispielsweise die USA als der mächtigste globale
Akteur auf eine libertäre politische Strategie im Verhältnis zu den offenen Märkten und den nationalstaatlichen politischen Handlungspotenzialen festlegen,
bleiben der Realisierung auch der plausibelsten Gestaltungsvorschläge für die
globale ökonomische Einbettung enge Grenzen gesetzt. In diesem Fall wirkt der
offene Weltmarkt *wie* ein fact of life, das er als soziale Tatsache in Wahrheit gar
nicht ist.

Da sich die Proponenten einer Politik der Sozialen Demokratie aber nicht
damit begnügen können, auf die Herbeiführung des Konsenses der relevanten
globalen politischen Vetospieler zu warten, der prinzipiell ungewiss, wenn nicht
in weiten Teilen unwahrscheinlich bleibt, sind sie als zweitbeste, aber realistische Lösung zur Handhabung des Dilemmas auf die Verfolgung einer *zweiglei-
sigen Strategie* angewiesen. Während sie auf der einen Seite mit den ihnen zur
Verfügung stehenden Kräften auf die Herbeiführung der Bedingungen transnationaler ökonomischer Gestaltung hin arbeiten, sind sie in der gegebenen Situation
darauf angewiesen, zur gleichen Zeit geeignete Anpassungsstrategien zu entwerfen und zu realisieren, die unter den *zunächst* gegebenen Umständen in der nati-

onalen oder im Falle der EU in der regionalen Arena ein Maximum politischer Zielverwirklichung versprechen. Eine Schließung der Theorie an dieser Scharnier-Stelle im Sinne der Annahme, dass die in der gegenwärtigen Situation gegebene, geringe transnationale politische Koordination für die normativ präferierten Strategien der Demokratisierung, ökonomischen Einbettung und Regulation eine unüberschreitbare Realitätsschwelle sei, an die sich eine realistische Theorie ebenso wie eine realistische Politik prinzipiell anzupassen habe, lässt sich freilich weder aus empirischen noch aus theoretischen Gründen vertreten[375]. Sie wäre ihrerseits nur als ein normatives Konzept begründbar, das in erheblichem Maße mit bestimmten Prämissen der libertären Demokratie konvergiert, aber aus der Sicht der Sozialen Demokratie nicht zu rechtfertigen ist. Die entgegengesetzte optimistische Annahme, das unter normativen Gesichtspunkten wünschbare Maß an transnationaler politischer Koordination werde in absehbarer Zeit realisiert, weil es praktisch notwendig ist, so dass sich die Handlungskonzepte der Sozialen Demokratie im Wesentlichen auf die Gestaltung der globalen Gesellschaft durch globale Strategien konzentrieren können, ist gleichermaßen theoretisch und empirisch ohne überzeugende Fundierung[376]. Die lückenlose transnationale Akteurskonstellation, die allein die Realisierung einer solchen Perspektive wahrscheinlich machen würde, zeichnet sich gegenwärtig nicht ab. Sie ist aber, gemessen an dem in diese Richtung zielenden tatsächlichen Druck der Probleme, auch nicht gänzlich unwahrscheinlich.

Unter diesen Umständen kann sich eine realistische Theorie der Sozialen Demokratie im Hinblick auf die Erörterung der Instrumente nur auf eine empirisch fundierte Strategie einlassen, die in ihrer Wirkungsweise und ihrem Erfolg entscheidend von der Frage abhängt, in welchem Maße der Weltmarkt *zunächst* als *„fact of life" wirksam* ist und in welchem Maße und in welchen Fristen er jeweils selber Objekt gestaltender Politik sein kann. Eine Theorie der Sozialen Demokratie kann auf der Basis der vergleichenden Empirie der Länder, die dies exemplifizieren, diejenigen Strategien diskutieren und qualifizieren, die unter der rigideren Prämisse der Anpassungsnotwendigkeit dennoch die Ziele der Sozialen Demokratie in dem unter den gegebenen Umständen möglichen Maße zu realisieren versprechen. Und sie muss die Handlungsstrategien erörtern, die auf eine politische Gestaltung der Weltmärkte abzielen, auch wenn für eine Reihe von ihnen angesichts der gegebenen Konstellation politischer Akteure die Realisierungsbedingungen in überschaubarer Zeit ungewiss bleiben.

---

[375] So aber Blair 1998
[376] So in der Konsequenz Höffe 2001

Historische Kontingenz

Die Akteure der Sozialen Demokratie handeln jeweils unter historisch kontingenten Bedingungen, im Rahmen von Akteurskonstellationen und Systembedingungen, die sie selbst zwar in variablem Umfang gestaltend verändern, aber nicht ignorieren oder nach eigenem Ermessen rekonstruieren können. Dies ist einer der ausschlaggebenden Gründe dafür, dass die Instrumente, mit denen sie ihre Ziele zu realisieren hoffen, sowohl auf der programmatischen Ebene wie auf der des Regierungshandelns, in beträchtlichem Maße variieren, ohne dass sich die allgemeinen Ziele und politischen Grundwerte dabei notwendigerweise selbst verändern. Die Evaluierung der Mittel und Wege der Realisierung Sozialer Demokratie, vor allem in den ökonomischen und sozialen Kernbereichen, bedarf aus diesem Grunde der Relativierung durch einen *Kontextbezug*. Es macht einen großen Unterschied, ob die Akteure Ziele Sozialer Demokratisierung als strukturelle Minderheitsparteien, als potenzielle Mehrheitsparteien oder strukturelle Mehrheitsparteien verfolgen. Und es verändert die Handlungsbedingungen der Akteure Sozialer Demokratie erheblich, wenn sie in einer libertär geprägten Atmosphäre um Mehrheiten werben oder in einer von den Grundwerten der Sozialen Demokratie dominierten politischen Kultur.

Eine Theorie der Sozialen Demokratie kann sich, wie im vorliegenden Entwurf, durchaus auf eine komplette geschichtliche Rekonstruktion verzichten und sich in systematischer Absicht auf die Gegenwart und überschaubare Zukunft konzentrieren. Auch unter diesen Bedingungen gilt jedoch die Notwendigkeit einer zeitlichen Indexierung, die sich auf die Verschiedenartigkeit der unterschiedlichen Handlungskontexte bezieht. Dabei sind drei zeitlich strukturelle Dimensionen zu unterscheiden:

Erstens: Die Phase *vor* der gegenwärtigen Integration der Weltmärkte und weiterer Teile der Weltgesellschaft (am Beginn der neunzehnhundertsiebziger Jahre).

Zweitens: Die Phase *seit* der beginnenden Globalisierung, bis in die überschaubare Zukunft.

Drittens: Die Phase einer *künftigen* Situation, in der die globalen Rahmenbedingungen möglicherweise weitgehend im Einklang mit den Desideraten der Sozialen Demokratie gestaltet wären.

Die beiden ersten Phasen überlappen einander teilweise, da die einzelnen Länder in unterschiedlichem Maße den Auswirkungen der integrierten Märkte ausgesetzt waren oder auf deren Anforderungen reagiert haben. Zu den Gründen für diese Ungleichzeitigkeit gehören vor allem die folgenden:

1. Die einzelnen Länder sind zu unterschiedlichen Zeitpunkten und in unterschiedlichem Maße von der globalen Integration der Märkte betroffen worden.
2. In den verschiedenen Ländern ist die Weltmarktabhängigkeit und deren politische Verarbeitung höchst unterschiedlich ausgeprägt.
3. Die Neigung der politischen Akteure, die perzipierten Weltmarktzwänge für die Veränderung der politischen Instrumente, vor allem in dem Bereich des Sozialstaats, einzusetzen, ist unterschiedlich ausgeprägt.
4. Die Bereitschaft auf Gestaltungsstrategien im Weltmarkt zu setzen, variiert von Land zu Land.
5. Zahlreiche Instrumente der Politik der Sozialen Demokratie sind, zum Teil mit kleinen Veränderungen, auch unter Bedingungen der ökonomischen Globalisierung haltbar und erfolgreich.
6. Die Reaktion der einzelnen Länder auf den Druck der offenen Märkte ist in entscheidendem Ausmaß vom jeweiligen kapitalistischen Regimetyp abhängig.

In der Phase seit der neueren globalen Integration der Märkte ist in verschiedenen Ländern auf unterschiedliche Weise versucht worden, sich an die neue Situation durch innovative Politik oder Veränderungen der überkommenen Strategien anzupassen[377]. Diese Strategien der Anpassung werden für die Politik der Sozialen Demokratie eine konstitutive Rolle solange und in dem Maße spielen, wie globale Gestaltungsstrategien nicht durchgesetzt werden können.

Es ist unter empirischen Gesichtspunkten durchaus möglich, wenngleich der Grad der Wahrscheinlichkeit nicht abzuschätzen ist, dass in langer Sicht in globalem Maßstab eine Politik verfolgt und zum Erfolg geführt werden kann, die den Politiken der sozialen Einbettung des Kapitalismus in den Sozialen Demokratien Europas funktional äquivalent ist, so dass manche der defensiven Anpassungspolitiken, die in der Übergangsphase notwendig waren, in unterschiedlichem Umfang und von Land zu Land in verschiedener Weise ihre Voraussetzungen verlieren[378]. Da dies gegenwärtig nicht absehbar ist, muss dieser Teil der Erörterung der Mittel der Politik Sozialer Demokratie insofern offen bleiben. Allerdings können die Konturen der wünschbaren Globalisierung umrissen und die der tatsächlich betriebenen Anpassungspolitik an die Bedingungen integrierter Märkte beschrieben und erörtert werden. Wie sich das Verhältnis beider zu einander in verschiedenen, vermutlich ungleichzeitigen, Intervallen mischen wird, bleibt hingegen eine offene Frage.

---

[377] Scharpf/Schmidt 2000, Merkel u.a. 2005
[378] Das gilt vor allem in Hinblick auf die Möglichkeit einer regionalen oder gar globalen Koordination der Steuerpolitik.

Die Kontingenz der Akteurskonstellationen, der systemischen Veränderungsspielräume und die Reflexivität der verfolgten politischen Strategien haben zur Folge, dass prinzipiell offen bleiben muss, in welchem Maße und in welcher Weise sich für die tatsächlichen Handlungsmöglichkeiten Sozialer Demokratie die Zwänge zur Anpassung an vorgegebene Bedingungen und die Chancen zu ihrer gestaltenden Veränderung jeweils aufeinander beziehen. Die global integrierten Märkte erzeugen in jedem Fall weit reichende neuartige Anpassungszwänge, die auch dann fortbestehen werden, wenn sich die weit gehenden Gestaltungshoffnungen der Sozialen Demokratie im Hinblick auf ihre politische Einbettung und Regulation erfüllen lassen.

Grenzen der negativen und positiven Globalisierung

Weder das Voranschreiten der negativen Globalisierung noch die gut begründbaren Fortschritte im Prozess der positiven Globalisierung können als Dynamiken interpretiert werden, die unumkehrbare Entwicklungen repräsentieren. *Rieger/ Leibfried* haben plausibel gemacht, dass Protektionismus ein reguläres und populäres funktionales Äquivalent für fehlende sozialpolitische Einkommenssicherung ist[379].

Diese Kontingenz gilt erst recht für Fortschritte im Prozess der positiven Globalisierung. Selbst diejenigen regulativen Politiken, die öffentliche Güter schaffen, die im Interesse aller zu liegen scheinen, bleiben in ihrer Durchsetzungsfähigkeit und in ihrer Beständigkeit prinzipiell ungewiss. Weder können einmal erreichte Fortschritte jemals als unumkehrbare Entwicklungsstandards interpretiert werden, noch sind selbst die aus demokratietheoretischer oder steuerungspolitischer Sicht gut begründeten Fortschritte der positiven Globalisierung sicher. Es gibt soziale Bedingungen der Globalisierung und es gibt politische Kalküle und Interessensinterpretationen der maßgeblichen politischen Akteure, die das gesamte Handlungsfeld der Globalisierungspolitik zu einem *hochgradig kontingenten Projekt* machen. Das muss eine realistische Theorie der Sozialen Demokratie voraussetzen. Sie muss daher immer auf eine reflektierte Doppelstrategie der kurz- und mittelfristigen Politik der Anpassung und einer langfristigen Politik der Umgestaltung der globalen Rahmenbedingungen setzen in dem Bewusstsein, dass deren Erfolge stets hochgradig unsicher bleiben.

---

[379] Rieger/Leibfried 2001

VI. Praxis der Sozialen Demokratie

30   Bedingungen und Strukturen Sozialer Demokratie im Vergleich[380]

Politische Kultur und Institutionalisierung
In der Literatur ist häufig konstatiert worden, dass das Maß Sozialer Demokratie oder ihre weitgehende Abwesenheit in den einzelnen liberalen Demokratie nichts anderes sei als das Produkt ihrer politischen Kultur. Die diachrone Analysen der USA und Großbritanniens machen demgegenüber deutlich, dass Soziale und libertäre Demokratie entgegen einer solchen kulturalistischen Deutung nicht als eine bloße Folgeerscheinung weitgehend invarianter Wertemuster in den politischen Kulturen der jeweiligen Länder interpretiert werden können. Beide Demokratietypen sind vielmehr in der Form und im Ausmaß ihrer Ausprägung jeweils vor allem das Produkt von kontingenten Policy-Entscheidungen in sozialökonomischen und gesellschaftlichen Krisensituationen, in denen die entscheidenden politischen Akteure den politisch-kulturell zunächst vorgegebenen, mitunter wie im Falle der USA bemerkenswert engen Spielraum für alternative Politikoptionen beträchtlich erweitern können. Die Art der Institutionalisierung sozialstaatlicher Strukturen ist es dann, wie der Vergleich zwischen den USA, Großbritannien und Schweden seit der Weltwirtschaftskrise der 1930er Jahre zeigt, die darüber in ausschlaggebender Weise mitentscheidet, ob die den Bedingungen Sozialer Demokratie entgegen kommenden Wertmuster der jeweiligen politischen Kultur eher gefördert oder geschmälert werden[381]. So sind in den USA mehrfach, vor allem in der Zeit des *New Deal* in den 1930 er Jahren und in der Zeit der *Great Society* den 1960er Jahren in der sozialpolitischen Dimension weitgehende Annäherungen an die Standards Sozialer Demokratie vorgenommen worden. Während der Präsidentschaft Jimmy Carters in den 70er Jahren wurde sogar angestrebt, die *UN-Charta* von 1966 über die sozialen und ökonomischen Grundrechte auch in den USA völkerrechtsverbindlich zu ratifizieren. Diese krisen-induzierten historischen Wellen sozialer Demokratisierung sind dann jeweils nach geraumer Zeit verebbt und durch Gegenentwürfe libertärer Demokratisierung in ausschlaggebendem Ausmaß auch wieder korrigiert worden. Im Falle der USA spielen dabei, wie die Analysen von *Lew Hinchman* demonstrieren, sowohl entgegen kommende Wertmuster einer im Lande gleichzeitig immer

---

[380] Vgl. hierzu im Einzelnen Meyer 2006, das die ausführlichen Länderstudien enthält.
[381] Vgl. Esping-Andersen 1990

auch wirksamen alternativen politischen Kultur eine Rolle, wie insbesondere aber die asymmetrische Form der staatlich-politischen Institutionalisierung, die Verhinderung und Abbau der Strukturen Sozialer Demokratie gegenüber ihrem Aufbau stark begünstigt[382].

Der Vergleich des Schicksals Sozialer Demokratie in den drei genannten Ländern bietet starke Belege für die These von Bo Rothstein, der zufolge die Rolle der politischen Kultur für die Entscheidungsfragen über libertäre oder soziale Demokratisierung ein wesentlich geringeres Recht beanspruchen kann als dies in der Theorie normalerweise vorausgesetzt wird[383]. Wenn sozialökonomische Krisensituationen ausreichend tiefe Einschnitte markieren und entschlossene Reformer die Gunst der Stunde durch kluge Strategien sozialer Demokratisierung nutzten, nämlich solche, die im Sinne *Esping-Andersens* selbst tragende Effekte auszulösen vermögen, dann kann die Form der Institutionalisierung in beträchtlichem Maße selber ihre eigene politische Unterstützung mobilisieren und die jeweils vorgefundenen Traditionen politischer Kultur neu akzentuieren oder umprägen[384]. Politische Kulturen sind zwar über längere wirksam. Da aber in allen modernen Gesellschaften mit konkurrierenden Ausprägungen der sie strukturierenden Werte und Orientierungen zu rechnen ist und überdies die gesellschaftlichen Institutionen und Strukturen entscheidende Rückwirkungen auf die kulturellen Muster haben können, in die sie eingebettet sind, bieten sie keine letzte Erklärung für die unterschiedliche Entwicklungen, die liberale Demokratien nehmen. Sie können gleichwohl im Maße ihrer sozialen Dominanz in bestimmten Abschnitten der historischen Entwicklung, wie die Länder-Studien in vielerlei Hinsicht belegen, die normative Gleichrichtung auch solcher gesellschaftlichen Institutionen bewirken, die in funktionaler Hinsicht nicht unmittelbar auf einander angewiesen sind.

Auch im Falle *Großbritanniens* erfolgte im Rahmen einer eher liberal akzentuierten politischen Kultur der Pendelausschlag von einer libertären zu einer Sozialen Demokratie erst im Verlaufe der 1930er Jahre unter dem Einfluss der Weltwirtschaftskrise und der ersten *Labourregierung*. Es blieb dann *Margaret Thatcher* vorbehalten, nach einer langen Periode des ökonomischen Niedergangs und der auswegslosen Blockade in den industriellen Beziehungen des Landes dieses jahrzehntelang dominante Modell in den 1970er und 1980er Jahren einer tief greifenden *libertären* Korrektur zu unterwerfen und damit in einen Grenzfall zwischen libertärer und Sozialer Demokratie zu verwandeln. Die neue Labourregierung unter *Tony Blair* hat seit ihrer Amtsübernahme 1997, wenn auch auf neuen Wegen und teilweise auf dem Sockel der libertären Trendwende That-

---

[382] Hinchman 2006, in :Meyer 2006
[383] Rothstein 1998
[384] Esping-Andersen 1990

chers, dann wieder eine Korrektur der Korrektur in Sinne sozialer Demokratisierung mit bemerkenswerten Erfolgen eingeleitet.

Problematischer Kulturalismus
Der Vergleich Japans mit den anderen analysierten Sozialen Demokratien zeigt, wie *Eun Jeung Lee* im einzelnen gezeigt hat, dass sich in diesem Lande in Abhängigkeit von seiner Geschichte, seinen Traditionen und seiner geo-strategischen Lage eine Reihe von unbestreitbaren Besonderheiten herausgebildet haben[385]. Zu ihnen gehören etwa das Einparteien-Dominanzmodell, die quasi-hereditäre Struktur der Rekrutierung von Parlamentskandidaten in den lokalen Wahlkreisen, das flächendeckende und hochgradig inklusive System entscheidungsbezogener Politikberatung und die nachdrückliche Gerechtigkeitsorientierung der politischen Kultur. Spezifikationen dieser Art können jedoch keineswegs als soziale Institutionen-Muster interpretiert werden, die durch das buddhistisch-konfuzianische Erbe des Landes gleichsam determiniert wären. Zu einem sind die Differenzen zu den in Europa verbreiteten Demokratie- und Sozialstaatsmodellen nicht größer oder radikaler als eine Reihe der bekannten spezifischen Differenzen der USA zu den europäischen Standards, vom Fehlen einer Arbeiterbewegung bis zur dominanten Rolle strenger Formen von Religiosität in Politik und Lebenswelt. Zum anderen überwiegen die Ähnlichkeiten der Strukturen Sozialer Demokratie in den zentralen gesellschaftlichen Teilbereichen, wenn auch, wie im Falle des *keiretsu*-Systems, wiederum mit länder-spezifischen Akzentsetzungen, in einem solchen Maße, dass keine Rede davon sein kann, das Land befinde sich sozio-kulturell verglichen mit Europa so sehr in einer anderen Welt, dass sich die Frage nach der Realisierung Sozialer Demokratie als einem universalistischen Konzept im Ernst nicht stellen lasse.

Zwar mag umstritten bleiben, in welchem Sinne und in welchem Maße gewisse paternalistische Züge im System der umfassenden Deliberation im öffentlichen Raum und bei den kollektiven Beratungen im Unternehmen als funktionale Äquivalente formeller Mitbestimmung zu bewerten sind. Unstreitig dürfte jedoch sein, dass sie zumindest den institutionalisierten Mitbestimmungsregelungen in den in dieser Hinsicht fortgeschrittensten europäischen Ländern in ihrem normativen Begründung und in ihrer funktionalen Bedeutung sehr viel ähnlicher sind als die mitbestimmungslosen Unternehmensverfassungen der liberalen Marktsysteme der USA und Europas. Vergleichbares gilt für die sozialstaatlichen Garantien und die starke Form der Konstituionalisierung sozialer und wirtschaftlicher Grundrechte. Auch der für Gesellschaften mit konfuzianischem Kulturerbe häufig konstatierte Familialismus lässt sich in einigen europäischen

---

[385] Lee 2006,in Meyer 2006

Ländern mit starken religiösen Traditionen und auf unterdurchschnittlicher industriegesellschaftlicher Entwicklungsstufe, etwa Italien, in sehr ähnlicher Ausprägung feststellen.

Solche Parallelen können schon deswegen nicht überraschen, weil das Land seit der Meiji-Revolution unentwegt institutionelle und *Policy*-Anleihen bei europäischen Vorbildern gemacht hat[386]. Der große Erfolg einer solchen Strategie belegt vor allem, dass die kulturelle Überlieferung kein Hindernis für ein derartiges bench-marking Verfahren darstellt, zumal ganz offensichtlich, trotz aller adaptativen Variationen im einzelnen, die strukturellen und funktionalen Äquivalenzen, die daraus resultieren, überwiegen. Nach allen qualitativen und quantitativen Standards muss Japan folglich als eine mittel-inklusive Soziale Demokratie klassifiziert werden, wie alle anderen in den Vergleich einbezogenen Länder dieser Kategorie auch,. Für den in eher ideologisch geprägten Debatten dominanten Kulturalismus bietet der empirisch Vergleich keine Grundlagen. Es ist zu vermuten, dass dieser Befund ein hohes Maß allgemeiner Gültigkeit beanspruchen kann.

Politisches System
Besonders im diachronen Vergleich der USA und Großbritanniens mit den übrigen Fallbeispielen zeigt sich auch der Einfluss des politischen Systems auf die Erfolgsbedingungen libertärer und sozialer Demokratisierung[387]. Das unitaristisch und mehrheitsdemokratische politische System Großbritanniens fast ohne institutionalisierte Vetospieler erscheint für politische Pendelausschläge in die eine oder andere Richtung gerade zu prädestiniert. Möglichkeit und Ausmaß sozialer Demokratisierung sind in einem solchen institutionellen Rahmen nahezu ausschließlich von den jeweiligen gesellschaftlichen und politischen Mehrheiten und ihren kontingenten Situationserfahrungen und -deutungen abhängig. Demgegenüber erschwert das komplexe und geradezu für diesen Zweck entworfene Veto-Spieler System der amerikanischen Verfassung mit seiner vielfältig vertikal und horizontal verschränkter Gewaltenteilung den Aufbau Sozialer Demokratie in nahezu prohibitivem Maße, erleichtert aber in seiner von Lew Hinchman beschriebenen asymmetrischen Wirkungsweise deren Abbau sehr, falls sie unter historisch günstigen Bedingungen dennoch von Fall zu Fall einmal Erfolg hat. Das extrem ausgeprägte Veto-Spieler System Deutschlands mit seiner parteipolitischen Polarisierung hingegen verhindert einerseits die libertäre Rücknahme einmal erreichter Standards sozialer Demokratisierung, so dass solche Versuche antizipativ schon in der elektoralen Arena nur marginale Chancen gewinnen, es blockiert aber andererseits im Normalfall auch solche sozialstaatlichen Reform-

---

[386] Streeck/Yamamura 2001
[387] Vgl. dazu näher den Beitrag von Jan Turowski in Meyer 2006

strategien, die zur Sicherung etwa der sozialstaatlichen Nachhaltigkeit gerade geboten wären. Eine erheblich ausgeprägte Konsensdemokratie vom Type der Niederlande hingegen legt, weil ihr das Element parteipolitischer Polarisierung fehlt, sowohl in der Phase des Aufbaus Sozialer Demokratie wie auch bei ihrer teilweisen Rücknahme im Bereich des Sozialstaats den jeweils zustande gekommen politischen Mehrheiten keine institutionellen Hindernisse in den Weg.

Der Vergleich der Länderanalysen zeigt aber auch, dass keines der analysierten politischen Systeme, auch nicht das japanische Einparteien-Dominanzsystem mit seiner andauernden Marginalisierung der Linksparteien, jenseits der tatsächlich gegebenen großen Bandbreiten unterschiedlicher starker Restriktionswirkung als ein prinzipielles Hindernis für die Realisierung zentraler Elemente Sozialer Demokratie angesehen werden kann. Freilich erhöhen ihre unterschiedlich ausgebauten Hürden den politischen Aufwand und den Einsatz an politischen Ressourcen erheblich, die notwendig sind, um wenigstens in Teilbereichen soziale Demokratisierung zu ermöglichen.

Akteursvielfalt

Der Vergleich der Länder lässt auch erkennen, dass in den verschiedenartigen Kontexten und historischen Situationen die politischen und sozialen Akteure, die ein Interesse am Ausbau sozialer Demokratisierung haben, höchst unterschiedlich geprägt, organisiert und motiviert sein können. Während es in Japan und in einer Frühphase der Sozialstaatspolitik auch in Deutschland aufgeklärte bürokratische Eliten waren, die den Auf- und Ausbau der wichtigen sozialstaatlichen Elemente sozialer Demokratisierung voran trieben, meist aus Gründen der Machtentfaltung oder der politischen Stabilität des Nationalstaates, waren es in Schweden, in Großbritannien und in einer späteren Phase der Entwicklung in Deutschland, die Organisationen der Arbeiterbewegung, ihre Parteien und Gewerkschaften, die in unterschiedlichen Bündnissen mit anderen Kräften, die sich als Motor der Entwicklung erwiesen. Die USA hingegen sind ein Beispiel dafür, dass unter dem Druck die Gesellschaft bedrohender Krisenerfahrungen und gestützt auf hinreichend starke Elemente einer politischen Gerechtigkeitskultur Mehrheitsströmungen in der bürgerlichen Öffentlichkeit selbst auf soziale Demokratisierung drängen können.

Eindeutig trotz dieser kennzeichnenden und weit reichenden Unterschiede bleibt freilich im Lichte der hier vorgelegten Analysen, dass die am weitesten reichende, umfassendste und verlässlichste Form sozialer Demokratisierung dort zu beobachten ist, wo, wie das schwedische Beispiel zeigt, pragmatische orientierte Organisationen der Arbeiterbewegung, Parteien und Gewerkschaften, mit anderen Parteien der „kleinen Leute", in diesem Falle der kleinen Bauern, Koalitionen bilden können[388]. Nur in diesen Fällen kam auch die Komponente der gesellschaftlichen Demokratisierung zum Zuge. Dort hingegen wo, wie in den USA, allein der auf unmittelbar erfahrene Krisen reagierende öffentliche Diskurs der Staatsbürger Garant der Entwicklung ist, erweist sich im historischen Vergleich die soziale Demokratisierung in jeder Hinsicht als prekär und fortwirkend gefährdet.

Deliberative Öffentlichkeit
Eine der interessantesten, theoretisch nicht unerwarteten Wechselwirkungen, die der Ländervergleich sichtbar macht, ist der zwischen der deliberativen Beratungsqualität der politischen Öffentlichkeit – der auch einer hohen zivilgesellschaftlichen Aktivierungsrate korrespondiert – und der sozialen Responsivität der öffentlichen Politikprogramme. Interessant ist auch in dieser Hinsicht der Vergleich zwischen Schweden und Japan auf der einen Seite und den USA auf der anderen. In Schweden und in Japan ist die Deliberation politischer Projekte im Horizont Sozialer Demokratie, wie die Studien im einzelnen zeigen, so organisiert, dass alle betroffenen gesellschaftlichen Gruppen gemeinsam mit Wissenschaftlern und den für die Umsetzung verantwortlichen Politikern gründliche Beratungen durchführen, in denen Interessen, Wertüberzeugungen und Argumente im Lichte einer weiter gespannten öffentlichen Aufmerksamkeit den Ausschlag geben. Diese Beratungskultur ist inklusiv, da sie wichtige gesellschaftliche Interessen einschließt und sie ist deliberativ, da sie in Formen organisiert ist, die argumentativ gestützte Beratung wahrscheinlich macht.

Dem gegenüber ist die hochgradig kommerzialisierte Medien-Öffentlichkeit der USA kaum in der Lage, eine themenorientierte öffentliche Argumentation über längere Strecken durchzuhalten, die nicht durch destruktive, personalisierte Inszenierungen überlagert oder verdrängt würde. Dem entsprechen auch die verschiedenen Grad und die unterschiedliche Qualität zivilgesellschaftliche Mobilisierung, die offenbar für die Qualität der öffentlichen Beratungen und der gesellschaftlichen Responsivität der öffentlichen Diskurse eine wichtige Unterstützungsfunktion inne hat, wie ebenfalls der Vergleich der drei genannten Länder nahe legt. In den Niederlanden und in Deutschland hingegen bildet sich unter dem Einfluss dualer Mediensysteme eine diskursive Mischkultur aus, die deliberative Prozesse zunehmend erschwert, aber noch nicht im amerikanischen Ausmaß blockiert. Dies verbessert einerseits die Erfolgsaussichten populistischer Strategien und erschwert andererseits diskursive Begründungsstrategien für notwendige Austeritätspolitiken[389].

---

[388] Gurgsdies 2006,in: Meyer 2006
[389] V. Schmidt 200b

Politische Ökonomie

Der vorliegende Ländervergleich wirft auch ein Licht auf die die komplexen Zusammenhänge zwischen politisch ökonomischer Institutionalisierung und Sozialer Demokratie. Das theoretische Argument misst der Verfassung der politischen Ökonomie eine doppelte Bedeutung bei. Die Chance demokratisch politischer Einflussnahme auf die Grundstrukturen und Ergebnisse des wirtschaftlichen Prozesses und die Institutionalisierung von Arbeitnehmermitbestimmung haben einerseits einen Eigenwert, soweit sie der Sicherung sozialer und politischer Autonomie gegenüber privaten Interessen erforderlich sind. Sie haben zweitens aber zugleich auch eine instrumentelle Bedeutung, weil sie auch daran gemessen werden müssen, zu welchen Ergebnissen im Bereich der Beschäftigung und der Wohlstandssicherung als Grundlage der positiven Freiheitskomponente sie beitragen. Die koordinierte und mitbestimmte Marktwirtschaft Schwedens schneidet in beiden Dimensionen hervorragend ab, während die ähnlich verfasste deutsche soziale Marktwirtschaft aufgrund verzögerter Modernisierungsreformen zwar im Bereich des Schutzes bestehender Arbeitsverhältnisse, sowohl durch Mitbestimmung wie durch Kündigungssperren, positive Ergebnisse aufweist, aber in zunehmendem Maße um den Preis einer massiver Verletzung der Zielwerte des Wirtschaftswachstums und der Vollbeschäftigung im instrumentellen Bereich. Verfassung und Prozesspolitik der koordinierten und mitbestimmten Marktwirtschaft können folglich, wie die einzelnen Länderanalysen zeigen, nicht für sich selbst als eine ausreichende Form sozial-demokratischer Institutionalisierung gesehen werden. Sie muss immer *auch* an ihrer instrumentellen Rolle für die anderen wichtigen Zielwerte sozialer Demokratisierung gemessen werden und im Hinblick auf sie beständig reflektiert und modernisiert werden. Die aus diesen Wechselwirkungen entstehenden Trade-Offs, können nur durch gut informierte pragmatische Entscheidungen in konkreter Lage bearbeitet werden.

Der Vergleich der Gesamtheit der hier analysierten Länder zeigt im Hinblick auf den Zusammenhang zwischen Koordinierter Marktwirtschaft und Sozialstaat ein aufschlussreiches Bild. Nur an dem beiden Extrempositionen des Kontinuums sind die Zuordnungsverhältnisse eindeutig. Die USA mit ihrer Verweigerung sozialer Bürgerschaft und ihrem am weitest gehenden liberalisierte Marktwirtschaft verfügen auch über den am stärksten residualen Sozialstaat, während Schweden seine eindeutiges Bekenntnis zu sozialer Bürgerschaft und sozio-ökonomischen Grundrechten mit einer hochgradig koordinierte Marktwirtschaft und den am stärksten ausgebauten universalistischen Sozialstaat verbindet. Aber auch Großbritannien verfügt trotz seiner stark liberal geprägten Marktwirtschaft infolge seiner Akzeptanz sozialer Bürgerschaft über einen grundrechtsgestützten Sozialstaat. Die anderen einbezogenen Länder variieren unterschiedliche

Grade marktwirtschaftlicher Koordination mit verschiedenartigen strukturierten und generösen Sozialstaaten und demonstrieren damit die großen Spielräume der Varianz, die innerhalb des Konzepts der Sozialen Demokratie in dieser Hinsicht möglich sind.

Die hochgradig liberal marktwirtschaftlich verfasste britische Ökonomie lässt erkennen, dass auch unter diesen Umständen ausschlaggebende Kriterien Sozialer Demokratie erfüllt werden können, insbesondere die Mindestbedingungen sozialer Bürgerschaft und eines grundrechtsgestützten Sozialstaates. Auch die Erwerbsarbeitsquote zeigt einen überdurchschnittlich positiven Wert, wenn auch verbunden mit einer besonders hohen Armutsquote. Auch die mangelnde Mitbestimmung im Rahmen einer solchen Wirtschaftsverfassung verletzt freilich Grundbedingungen sozialer Autonomie. Der liberale Verzicht ausreichender Marktregulation spielt eine kausale Rolle bei der Entstehung von Ungleichheiten in der primären Einkommensverteilung. Diese kann aber auch im Rahmen der fortbestehenden liberalen Marktstruktur durchaus durch sozialstaatliche Umverteilung in ausschlaggebendem Maße verringert werden, sofern der politische Wille dafür vorhanden und die Unterstützung dafür mobilisiert werden kann.

Bildungssysteme

Eine interessante Rolle spielt das Bildungssystem in den einzelnen verglichenen Gesellschaften. Obgleich es ohne Zweifel nicht zu den politökonomischen Kernstrukturen zählt, die in ein Geflecht von wechselseitigen Interdependenzen eingebunden sind, entsprechen seine Struktur und seine wesentlichen Ergebnisse in den einzelnen Ländern doch in ausgeprägtem Maße Weise deren ökonomischen und sozialstaatlichen Charakteristika. Der Befund beim Vergleich der Bildungssysteme ist aus mehreren Gründen besonders aufschlussreich. Da es sich hierbei in theoretischer Sicht um einen der ausschlaggebenden Schlüsselbereich für die Sicherung von sozialer und politischer Chancengleichheit auf der einen Seite und für die Ermöglichung sozialer Inklusion auf der anderen handelt, kommt ihm im Institutionengefüge Sozialer Demokratie eine grundlegende Rolle zu. Gemeinschaftsschule, Ganztagspädagogik und die weitgehende Entkoppelung der Bildungschancen vom sozialen Herkunftsstatus in den skandinavischen Ländern kontrastieren der große Bedeutung des privaten Schul- und Universitätsbereiches in Großbritannien und den USA mit ihren marktgeregelten Zugangschancen sowie, damit verbunden, die weitgehende Anbindung der Bildungschancen an den sozialen Herkunftsstatus in den USA und Großbritannien.

Auch hier wiederum hebt sich Deutschland mit seiner eigentümlichen Zwischenstellung ab, die einerseits durch eine sehr weit gehende öffentliche Organisation des Schul- und Universitätswesens gekennzeichnet ist, andererseits aber durch deren interne auf Unterscheidung gerichtete Organisationsweise im Ergebnis einer der höchsten Werte der Koppelung von Bildungschancen an den sozialen Herkunftsstatus aufweist. Diese auffälligen Kongruenzen sind offenbar am ehesten als Ausdruck der politischen Kultur der jeweiligen Gesellschaft zu erklären, die die gemeinsame Basis für alle Bereichspolitiken darstellt, auch wenn sie ihrerseits keineswegs als eine dauerhafte invariante Größe betrachtet werden kann. Sie initiiert und stützt aber das Eigenwicht institutioneller Traditionen, die dann nur unter besonders günstigen politischen Konstellationen zugunsten besserer Alternativen aufgegeben werden kann. Eine solche Möglichkeit scheint aber durchaus auch ohne Systemwandel in des politisch-ökonomischen Kernstrukturen der betreffenden Gesellschaft möglich. In diesem Sinne kann das Bildungssystem zwar nicht im Hinblick auf die politisch-kulturellen Handlungsbedingungen, aber im Verhältnis zum politisch-ökonomischen Institutionenbereich als „alleinstehend" bezeichnet werden. Da sich bei der Entscheidung über seine Ausgestaltung aber soziale und ideologische Interessen in besonderem Maße überlappen, ist es, wie der Fall der Bundesrepublik in exemplarischer Weise belegt, oft im gleichen Maße politisch kämpft wie die Kernstrukturen der politischen Ökonomie selbst. Die Diskussion, die die Pisa-Studien in einigen europäischen Ländern ausgelöst haben, sprechen aber dafür, dass sich Fixierungen dieser Art unter dem Druck der Imperative der Wissensökonomie aufzulösen beginnen.

Transnationale Koordination
Theoretisch nicht überraschend ist die sehr weit gehende Übereinstimmung von Binnen- und Außenperspektiven in der Politik Sozialer Demokratie der verglichenen Länder, wobei Japan historisch und geographisch bedingt eine gewisse Sonderstellung einnimmt. Die Länder mit einer konsistenten Politik sozialer Demokratisierung im Inneren, Schweden, die Niederlande, Frankreich, Deutschland zeigen auch am deutlichsten und konsistentesten ein Interesse an einer Politik der transnationalen Koordination, sei es im europäischen, sei es im globalen Rahmen. Die USA als dezidiert libertäre Demokratie erweisen sich auch als Minimalist in allen wichtigen Fragen der transnationalen Koordination. Großbritannien als Grenzfall Sozialer Demokratie weist auch in seiner transnationalen Orientierung eine dementsprechende charakteristische Ambivalenz auf. Obgleich im Falle der USA dabei ohne Zweifel auch die Größe und das politisch ökonomische Übergewicht des Landes eine ausschlaggebende Rolle spielt, gibt für die Kongruenz zwischen innen- und außenpolitischer Perspektive, wie der Strategiewechsel im diachronen Vergleich erweist, die politisch strategische Grundorientierung der führenden Akteursgruppen dabei den Ausschlag. Es sind mithin die veränderlichen Dominanzverhältnisse politischer Philosophie und die ihnen zugrundeliegende Akteursinteressen, die in dieser den Ausschlag geben. Der

Fälle Großbritannien und Japan zeigen darüber hinaus, dass traditionellen außenpolitischen Rollenmuster und die mit ihnen verbundenen Erwartungen und besonderen Beziehungen ein hohes Maß an Eigengewicht aufweisen, dass die sonst zu beobachtende Kongruenz von innen- und außenpolitischer Strategie ganz oder teilweise außer Kraft setzen kann.

Varianz der Sozialstaaten
Der Vergleich lässt deutlich werden, dass soziale Inklusion auf höchst verschiedenen institutionellen Wegen und auf sehr verschiedenartigen Niveaus gewährleistet werden kann. Sofern die Bedingung der Anerkennung universeller Grundrechte erfüllt ist und jeder Bürger ein einklagbares soziales Grundrecht auf angemessene soziale Inklusion auch beim Eintreten der in Betracht kommenden sozialen Risiken geltend machen kann, ist die zentrale Grundnorm Sozialer Demokratie erfüllt. Die Art und das Niveau der Einlösung der sich daraus ergebenden Verpflichtungen unterscheiden sich jedoch, wie die Fallstudien umfassend belegen, auch in denjenigen Ländern, die diese Bedingung erfüllen in beträchtlichem Ausmaß. Für die Einlösung der Mindestbedingungen Sozialer Demokratie ist dabei allein ausschlaggebend, dass die sozialen Sicherungsleistungen bürgerrechtlich garantiert sind und oberhalb der gesellschaftlichen Armutsgrenze liegen unbeschadet aller Variationsmöglichkeiten im Übrigen.

Die Entwicklung der spezifischen Varianten ergibt sich, wie die Länderanalysen im Detail nachzeichnen, in jedem Einzelfall als Ergebnis der komplexen Interaktion einer Vielzahl von Faktoren. Unter ihnen erweisen sich die Herausbildung nachhaltig wirksamer Akteure Sozialer Demokratie sowie eine Organisation des Staates, die die Umsetzung der entsprechenden Programme erleichtert, als ausschlaggebend. Für die Nachhaltigkeit sozialer Demokratisierung entscheidend ist dann ein ausreichendes Maß an Universalismus, das eine breite gesellschaftliche Unterstützungskoalition für die sozialstaatlichen Kerninstitutionen des Sozialstaats wahrscheinlich macht. Eine entgegenkommende politische Kultur erleichtert den Prozess der sozialen Demokratisierung. Sie kann aber nicht als eine invariante Größe betrachtet werden kann, sondern ist in ihrer nachhaltigen Wirksamkeit ihrerseits von angemessenen Formen der Institutionalisierung Sozialer Demokratie abhängig.

Sofern die elementaren Bedingungen sozialer Bürgerschaft erfüllt sind, vor allem durch die Realisierung eines ausreichend generösen und alle Risiken abdeckenden Sozialstaates, kann das Niveau der sozialen Sicherung selbst als eine politisch ethische Entscheidung des jeweiligen Gemeinwesens angesehen werden. Freilich muss das Leistungsniveau der Lohnersatzzahlungen beim Eintritt von Risikofällen wie Arbeitslosigkeit und Krankheit ein Status sicherndes Niveau wenigstens für eine angemessene Übergangszeit aufweisen, die es zulässt, dass die Betroffenen ihre Lebensplanung mit Hinblick auf eine erwartbare Statussenkung vernünftig und ohne die Persönlichkeit gefährdende Einbrüche in eigener Verantwortung bewältigen können. Die genaue Bemessung der Angemessenheitsfrist mag variieren und unsicher sein, die Bedingung selbst aber muss in der Sache erfüllt werden.

Eine lebenslange sozialen Absicherung des einmal am Markt erzielten höchsten Einkommensstatus lässt sich hingegen aus den sozialen und wirtschaftlichen Grundrechten nicht ableiten und auch nicht aus weiter gestreckten Grundwerten und Gerechtigkeitsvorstellungen Sozialer Demokratie. Diese verlangen jedoch ein Inklusion sicherndes Niveau, das die Fähigkeit zu einem selbst bestimmten Leben im Rahmen der jeweiligen Gesellschaft unter allen Umständen rechtsförmlich gewährleistet. Die sozialen Leistungen müssen stets oberhalb der Armutsgrenze bzw. der Grenze der sogenannten „Einkommensschwäche" liegen. Eine generelle Dekommodifizierung, die mittlerweile auch in keinem der hier untersuchten Sozialstaaten mehr garantiert ist, gehört nicht zu den theoretisch begründbaren Ansprüchen an Soziale Demokratie. Die von *Esping-Anderson* eingeführten Bezeichnungen der in Europa verwirklichten Sozialstaatsregime als liberal, christdemokratisch und sozialdemokratisch legen das Missverständnis nahe, allein die skandinavische Variante erfülle die Bedingungen Sozialer Demokratie. Diese mag zwar unter verschiedenen Gesichtspunkten als wünschenswert und vorzugswürdig erscheinen und das schwedische Bildungssystem mit seinem statusunabhängigen Chancenausgleich erweist sich in der Tat als ein Imperativ Sozialer Demokratie. Es gibt aber keine prinzipiellen Gründe, die dagegen sprechen, Inklusion sichernde soziale Leistungen von Bedürftigkeitsprüfungen abhängig zu machen, sofern diese dann als sozial einklagbare Rechte gewährleistet werden. Sofern es nicht um die Einlösung von Versicherungsansprüchen geht, die durch Beitragzahlungen erworben sind, sondern um die steuerfinanzierte Sicherung sozialer Inklusionen, widerspricht es nicht dem sozialen Rechtsanspruch eines Bürgers, wenn er vor ihrer Inanspruchnahme seine Bedürftigkeit nachweisen muss, also zu zeigen hat, dass er einen angemessenen Lebensunterhalt nicht aus eigenen Mitteln bestreiten kann. Für die Erfüllung der ausschlaggebenden Bedingungen der Angemessenheit an das Recht sozialer Bürgerschaft spielt lediglich die letztendliche Rechtsgarantie, aber nicht die Frage der vorgängigen Bedürftigkeitsprüfung eine konstitutive Rolle. Die sozialen Sicherungsleistungen können in diesem Sinne also durchaus lediglich bedingt dekommodifiziert sein, ohne den Anforderungen der Sozialen Demokratie zu widersprechen.

Das gleiche gilt für den Nachweis vorgängig erfüllter Pflichten vor der Gewährleistung der vollen Sozialschutzrechte, wie er vor allem in Dänemark und Großbritannien, teilweise auch in Deutschland institutionalisiert worden ist.

Nachdem in der vorliegenden Theorie vertretenem Argument ist ein soziales Sicherungssystem auch dann als inklusiv oder hoch inklusiv zu klassifizieren, wenn es ausreichend generöse Lohnersatzleistungen im Risikofalle gewährleistet, diese aber von einer vorgängigen Bedürftigkeitsprüfung abhängig macht. Die Universalität eines solchen Sicherungssystems liegt nicht darin begründet, dass es seine Leistungen ohne jegliche Prüfung allen Bürgern auf dieselbe Weise zukommen lässt, sondern darin, dass es im wirklichen Bedarfsfalle letztlich jeden Bürger die gleiche inklusionssichernde Garantieleistung rechtsverbindlich zusichert.

Offene Fragen
Eines der vielleicht erstaunlichsten Ergebnisse der Länderstudien ist darin zu sehen, dass offenbar in allen Ländern, einschließlich der USA ,eine hohe Zustimmung in der Bevölkerung für Risiko deckende und ausreichend generöse Sozialleistungen vorhanden ist, vermittelt durch die unterschiedlichen politischen Systeme, öffentlichen Deutungsstrategien und politischen Akteure aber diese soziale gesellschaftliche Interessenslage in einem so unterschiedlichen Ausmaß in wirksame politische Handlungsstrategien umgesetzt wird[390]. Wie in einzelnen Länderstudien beschrieben, nehmen offensichtlich die hochgradig unterschiedlichen Responsivitätspotentiale der staatlichen Strukturen und die jeweils dominanten ideologisch-kulturellen Deutungsstrategien der politischen Interpretationseliten einen wichtigen Vermittlungsrolle ein, die letzen Endes darüber mitentscheiden, in welchen Maße die sozialen Sicherheits- und Teilhabebedürfnisse von Bevölkerungsmehrheiten sich in einer Politik der sozialen Demokratisierung niederschlagen kann.

31 Der Soziale Demokratie-Index

Soziale Inklusion
Aus der Sicht der maßgeblichen Kriterien für Soziale Demokratie, wie sie in der Theorie entfaltet und begründet werden, kann es sich bei der Gegenüberstillung zwischen libertärer und Sozialer Demokratie nur um die Kontrastierung zweier Idealtypen handeln, denen die empirischen Realtypen in der Wirklichkeit anzutreffender politischer Gemeinwesen in unterschiedlichen Graden entsprechen. Das Erkenntnisinteresse der Theorie selbst verlangt zunächst nicht mehr als die Differenzierung real existierender Demokratien in diese beiden Grundtypen. Modell-Varianzen innerhalb der beiden Grundtypen sind in theoretischer Sicht

---

[390] Siehe v.a Hinchman 2006

von sekundärem Interesse, obgleich sie in praktischer Hinsicht bedeutsam sind. Ähnlich wie bei der Unterscheidung zwischen autokratischen und demokratischen politischen Systemen gibt es auch für die Unterscheidung zwischen libertärer und Sozialer Demokratie trotz der sich stets nur graduell differenzierenden Empirie der einzelnen Indikatoren für die verschiedenen Teilsysteme und Handlungsbereiche eine relativ eindeutige Grenzlinie. Sie besteht in Anerkennung der öffentlich-rechtlichen Geltung entweder aller Kategorien der Grundrechte entsprechend der Deklaration der Vereinten Nationen von 1966, das ist das zentrale Kennzeichen der Sozialen Demokratie oder nur ihres bürgerlich-politischen Teils, wie es für die libertäre Demokratie charakteristisch ist.

Liberale Demokratien, die nur die politischen und die kulturellen Grundrechte als Handlungsverpflichtung für Regierungspolitik anerkennen, erfüllen das zentral charakterisierende Merkmal libertärer Demokratie auch dann, wenn sie im nicht verpflichtenden privaten Bereich solidarischer oder karitativer Hilfe für Bedürftige hohe Werte ausweisen. Sie verfehlen nämlich in jedem Falle die Bedingung rechtlich gesicherter sozialer Bürgerschaft, die für die Soziale Demokratie konstitutiv ist. Im Rechtsanspruch auf eine die gesellschaftliche Inklusion und die sozialen Grundlagen der Anerkennung der personalen Würde sichernde staatliche Leistung gerade auch beim Eintreten der unterschiedlichen sozialen Risiken kommt komm der soziale Bürgerstatus zum Ausdruck. Im hier vorgelegte quantitativen Vergleich von 20 OECD-Ländern, erweisen sich nur die USA nach diesem Kriterium als ein libertäre Demokratie.

Freilich kommt für die Messung Sozialer Demokratie dann vor allem darauf an, in welchem Maße dieser Anspruch in der Praxis der staatlichen Leistungen auch tatsächlich eingelöst wird. Er muss in den outcomes der einschlägigen Handlungsbereiche seine empirische Bestätigung finden. Erst im Zusammenspiel zwischen dem Rechtsanspruch und der Art seiner praktischen Einlösung lassen sich den bestehenden Demokratien in einem quantifizierten Vergleichen Faktorenwert zuschreiben[391]. Der empirische Vergleich zeigt dann freilich auch, in welchem Maße Regierungen sich in der Praxis tatsächlich in ausreichendem Maße an den prinzipiell anerkannten Rechtsverpflichtungen orientieren. Die im empirischen Vergleich äußerst niedrigen Werte für Irland z.B., begründen ernsthafte Zweifel daran und veranlassen wegen der niedrigen Inklusionswerte in der empirischen outcome-Dimension die Qualifizierung des Landes als libertärer

---

[391] Das hier vorgeschlagene Verfahren zur Messung Bestimmung der Zugehörigkeit zum Systemtyp libertärer oder Sozialer Demokratie sowie der Feststellung unterschiedlicher Grade der Inklusivität Sozialer Demokratie orientiert sich u.a. auch am obligations of conduct-charakter der sozialökonomischen Grundrechte, weil es ausschließlich relative und keine absoluten Maßzahlen enthält. Gemessen werden nicht Größen wie BSP oder Pro-Kopf-Einkommen, sondern Werte, die Menem den institutionellen Arrangements lediglich die Verteilung der Chancen soziale Relationen innerhalb der untersuchten Gesellschaft messen.

Demokratie, denn das letztentscheidende Kriterium kann aus theoretischer Sicht nur die faktische Einlösung des sozialbürgerschaftlichen Anspruchs garantierter sozialer Inklusion sein.[392]

Das Hauptargument der Theorie der Sozialen Demokratie für die konstitutive Rolle sozialer und ökonomischer Grundrechte ist neben ihrer anerkennungspolitischen Zentralität vor allem in der Erwartung begründet, dass sie die private, soziale und politische Autonomie aller Personen in allen Fällen des Eintritts sozialer Risiken in hinreichendem Maße schützen werden. Die drei Dimensionen grundrechtsgeschützter personaler Autonomie sind in der soziologischen Kategorie der sozialen *Inklusivität* zusammengefasst. Garantierte soziale Inklusivität ist demzufolge die Grundfähigkeit Sozialer Demokratien. Sie ist folglich als Aufrechterhaltung ausreichender Grundbedingungen privater, autonomer und politischer Autonomie beim Eintreten beliebiger sozialer Risiken definiert. Sie misst das Maß der Gewährleistung und Aufrechterhaltung der persönlichen Handlungsfähigkeit, sowie der Fähigkeiten zur sozialen Teilhabe und zur gleichberechtigten Mitwirkung am öffentlichen Leben als Bürger auch unter der Bedingung eingetretener sozialer Risiken. Inklusivität in diesem Sinne konkretisiert sich im Licht der Theorie zur Sozialen Demokratie vor allem in den Schlüsselbereichen die von den Folgenden Indikatoren vergleichend gemessen werden.

Die Indikatoren

Zur Messung sozialer Inklusivität in diesem Sinne bieten sich im Hinblick auf die in der ‚Theorie der Sozialen Demokratie' entfalteten Grundlagen und der verfügbaren sozialstatistischen Datensätze vier Strukturen der Institutionalisierung (1-5) und fünf Dimensionen der inklusionsbezogenen faktischen outcomes an(6-9):

1. Die *Institutionalisierung der sozialen und ökonomischen Grundrechte* (zusätzlich zu den bürgerlichen und politischen) konstituiert den sozialen Bürgerstatus, der soziale Inklusion zum durchsetzbaren Bürgerrecht macht. Wegen seiner Zentralität wird dieser Indikator als ein Ausschließungskriterium interpretiert, außer im Falle einer durch die empirischen outcomes in den Schlüsselbereichen erwiesenen Folgenlosigkeit.

2. Der *grundrechtsgestützte Sozialstaat* ist die wichtigste institutionelle Struktur der faktischen Gewährleistung der aus den sozialen und ökonomischen Grundrechten folgenden Inklusionsgarantien. Die Grundrechtsbasierung vorausgesetzt, unterscheiden sich die untersuchten Sozialstaaten vor allem

---

[392] Eine weitere Frage ist die, ob Staaten, die den Packt über die sozialen und ökonomischen Grundrechte der Vereinten Nationen ratifiziert haben, diese völkerrechtliche Verbindlichkeit auch innerhalb des eigenen Landes ungeschmälert wirksam werden lassen.

nach Maßgabe der Universalität und der Generosität der gewährten Anspruchsrechte in den einzelnen Sicherungsbereichen.. Nach diesen Kriterien wird die Punktzuteilung gestuft[393].

3. Sie *Soziaalstaatquote* quantifiziert misst als Annäherungswert das Ausmaß des staatlichen Engagements zur Sicherstellung der Realwirkung sozialer Grundrechte.

4. Die Wirksamkeit einer Form *koordinierter Marktwirtschaft* im Unterschied zum liberalen Marktsystem gilt nach den Begründungen der Theorie der Sozialen Demokratie als eine entscheidende politökonomische Struktur zur Umsetzung einer angemessenen Balance der sozialökonomischen und bürgerlich politischen Grundrechte.

1. *Mitbestimmung* im Betrieb und Unternehmen ist der für die Gewährleistung sozialer Autonomie der als Angestellte und Arbeiter tätigen Personen entscheidende Institutionalisierungsform.

2. Die *Armuts-Quote* gibt Auskunft darüber, wie groß der Bevölkerungsanteil ist, der aufgrund seines geringen Einkommens entweder von der Teilhabe an wesentlichen Dimensionen des gesellschaftlichen, wirtschaftlichen und politischen Lebens weitgehend ausgeschlossen ist oder doch nur unter erschwerten reduzierten und Bedingungen teilnehmen kann.

3. Die *Soziale Schichtung im Bildungssystem* zeigt an, in welchem Maße sich der soziale Status der Elternhäuser auf die Chancen und Erfolge der Heranwachsenden im Bildungssystem auswirkt. Das Bildungssystem ist daher eine der wichtigsten gesellschaftlichen Verteilungsagenturen für lebenslange Lebens- und Teilhabechancen, über die die Gesellschaft verfügt. Hohe soziale Schichtungseffekte im Bildungssystem erzeugen eine hohe soziale Exklusivitätswirkung.

4. Die *Erwerbsquote* ist ein Maß für die Beteiligung am Erwerbsleben. Sie ist gleichzeitig ein Indikator für einen zentralen Bereich gesellschaftlicher Teilhabe, sozialer Anerkennung und Selbstachtung sowie der Sicherung personaler Handlungsfähigkeit und Inklusion durch den Erwerb eigenen Einkommens

5. Die *Einkommensgleichheit* gibt Auskunft über einen Schlüsselfaktor für die Verteilung der Chancen zur Ausübung persönlicher Autonomie, in gewissem Maße aber auch über für Bedingung zur Teilhabe am gesellschaftlichen Leben und am politischen Prozess.

---

[393] Vgl. dazu jeweils die Angaben und Erläuterungen in den einzelnen Dimensionen

Insgesamt stellt die Kombination der genannten Indikatoren eine Mischung aus Institutionellen Charakteristika der untersuchen liberalen Demokratien und Outcome-Faktoren als Ergebnis der Wirkungsweise dieser institutionellen Arrangements dar. Durch die Mischung institutionell struktureller und empirisch kontingenter Indikatoren wird eine Fixierung auf die theoretisch begründeten institutionellen Strukturen allein vermieden werden. Im empirischen Test durch die Messung der Outcome-Indikatoren muss sich erweisen, ob die theoretisch begründeten institutionellen Systeme tatsächlich leisten, was theoretisch zu erwarten ist. Insofern interpretieren und korrigieren sich die einzelnen Indikatoren teilweise wechselseitig.

Erwartete Zusammenhänge
Dabei zeigt sich als eine der interessanten Bestätigungen der theoretischen Annahmen u.a. der folgende Zusammenhang[394].Die institutionellen Indikatoren ökonomische Grundrechte, universeller Sozialstaat und koordinierte Marktwirtschaft kovariieren hochgradig positiv mit den für die Inklusion zentralen Outcome-Indikatoren einer niedrigen Armutsquote und einer relativ niedrigen Einkommensungleichheit. Die koordinierte Marktwirtschaft variiert positiv mit niedriger Armutsquote und niedriger Einkommensungleichheit, aber nicht mit einer hohen Erwerbsquote, da auch in den unkoordinierten Marktwirtschaften die Erwerbsquote teilweise sehr hoch ist, allerdings um den Preis nicht nur einer erhöhten Einkommensungleichheit, sondern auch einer deutlich größeren Armutsquote. Erst wenn man die Werte der Erwerbsquote, der Armutsquote und der Einkommensgleichheit aggregiert, was sich theoretisch gut begründen lässt, ergibt sich eine positive Korrelation mit dem institutionellen Merkmal der koordinierten Marktwirtschaft.

Aus der Addition der Werte der Tabellen für die einzelnen Dimensionen der sozialen Inklusion ergibt sich das Ranking der verglichenen Länder im Hinblick auf den Leitwert der sozialen Inklusivität. Die Abgrenzung zwischen den Sozialen Demokratie und den libertären Demokratie ergibt sich, wie sich zeigt, nicht nur aus dem Ausschließungskriterium der sozialen Bürgerschaft, sondern auch aus den empirischen Werten in den einzelnen Inklusionsdimensionen und im Falle Irlands ausschließlich aus letzteren[395]. Die deutlichen Unterschiede in den erzielten Gesamtwerten in Verbindung mit den resultierenden Stufungen legt die Dreiteilung in hoch-, mittel- und niedrig inklusive Soziale Demokratien nahe.

---

[394] Vgl. zu den Ergebnissen in den einzelnen Dimensionen die Tabellen im Anhang zu diesem Kapitel

[395] Weil diese den Schluss begründe, dass die Anerkennung der sozialen und ökonomischen Grundrechte in diesem falle weitgehend folgenlos bleibt.

Tabelle 1:   Ranking: Soziale Demokratie

Hoch inklusive Soziale Demokratien

1	Dänemark	24
2	Schweden	24
3	Finnland	22
4	Norwegen	22
5	Österreich	20
6	Schweiz	20
7	Niederlande	20

Mittel inklusive Soziale Demokratien

8	Deutschland	16
9	Frankreich	16
10	Japan	14

Schwach inklusive Soziale Demokratien

11	Italien	13
12	Neuseeland	13
13	Kanada	12
14	Portugal	12
15	Belgien	11
16	Vereinigtes Königreich	11
17	Australien	11
18	Spanien	10

Exklusive Demokratien (Libertäre Demokratien)

19	Irland	8
20	Vereinigte Staaten	3

Es entspricht den theoretisch begründeten Erwartungen, dass die skandinavischen sowie eine Reihe kontinental europäischer, die hohe Werte in den Bereichen der sozialen und politökonomischen Institution der Sozialen Demokratie aufweisen, auch – und zwar interessanterweise annähernd proportional, hohe Werte bei den Outcomes gesellschaftlicher Inklusivität ausweisen, insbesondere in den Bereichen der Armutsvermeidung und der sozialen Gleichheit. Die anscheinend vergleichbare Leistungsfähigkeit des Institutionalisierungsbereichs unkoordinierte Märkte erweist sich als prekär, das sie mit hohen Armutsraten einhergeht.

Den Ergebnissen der Vergleichsuntersuchung zur Folge handelt es sich bei der ganz überwiegenden Zahl der verglichenen Länder um Soziale Demokratien, allerdings mit einer unerwarteten Spannweite ihres inklusiven Charakters. Diese legt eine Differenzierung innerhalb dieses Systemstyps nach dem Ausmaß der Inklusivität nahe. Da die Rangskala verhältnismäßig kontinuierlich verläuft und nur kleine Sprünge aufweist, enthält die Grenzziehung unvermeidlich ein deutliches Festlegungselement. Im Bewusstsein dieser Relativität wird auf der Basis der hier vorgelegten Daten dennoch die entsprechende Unterscheidung und Zuordnung vorgenommen. Sie ist wegen der Spannweite der Differenzen theoretisch relevant und empirische informativ.

Ein weiteres Kriterium, im Hinblick auf das sich die untersuchten Sozialen Demokratien deutlich unterscheiden, ist das der Gleichheit. Aus theoretischer Sicht muss dabei der Chancenungleichheit im Bildungssystem das ausschlaggebende Gewicht zugemessen werden, da sie über die Teilhabechancen der betreffenden Personen in allen anderen gesellschaftlichen Teilbereichen maßgeblich mitentscheidet und dies in einem Alter, in dem sich die betroffenen Personen kaum durch besondere eigenen Anstrengungen über die gegebenen Bedingungen hinwegsetzen können. Schlechte Vergleichswerte in diesem Bereich führen daher zu nachhaltigen Einschränkungen Sozialer Demokratie. Ebenso wichtig sind die Werte im Bezug auf die Armutsquote einer Gesellschaft, da Armut die betroffenen Personen in erheblichem Maße in ihrer privaten, sozialen und politischen Autonomie einschränkt und damit eine empfindliche und nachhaltige Form von Exklusionen herbeiführt.

Als eine eigenständige institutionelle Größe von großer Bedeutsamkeit für die soziale Qualität liberaler Demokratien erweist sich die Form der Institutionalisierung des Bildungssystems. Sie dürfte vom sozioökonomischen Grundrechtsgehalt des politisch-sozialen Systems nicht ganz unabhängig sein, folgt aber nicht unmittelbar aus den hier gemachten Vorgaben. Obgleich es kein Zufall sein dürfte, dass die höchsten Werte in der sozialen Ausgleichswirkung des Bildungssystems in den skandinavischen Ländern mit universalistischer Sozialstaatstruktur zu finden sind, spricht weder aus theoretischer Perspektive noch unter dem Blickwinkel der empirischen Institutionenverflechtung etwas dagegen, dass die kontinentalen und angelsächsischen Sozialstaatsregime sich in diesem Punkt unter dem Zwang der ökonomischen Imperative der Wissensgesellschaft diesen skandinavischen Vorgaben an nähern. Widerstände in der eingelebten politischen Kultur, die sich für die Erklärung der derzeitigen Entsprechungsverhältnisse anbieten, können nach den Ergebnissen der Theorie der Sozialen Demokratie unter dem Druck der Imperative der Wissensökonomie sowie des Pisaschocks in den betreffenden Ländern in überschaubaren Fristen auch ohne prinzipiellen Systemwechsel in den anderen Institutionalisierungsbereichen überwunden werden.

Appendix

Der Index hat einen Wertebereich von **0 bis 25 Punkten**, wobei 0 das Fehlen von jedweden Merkmalen Sozialer Demokratie anzeigt, 25 Punkte eine voll entwickelte Soziale Demokratie beschreibt.

1)   soziale und ökonomische Grundrechte institutionalisiert (max 2)
2)   Grundrechtsgestützter universeller Sozialstaat (max. 3)
3)   Sozialstaatsquote (max. 3)
4)   Koordinierte Marktwirtschaft (max. 3)
5)   Mitbestimmung (max. 2)
6)   Armutsquote (max. 3)
7)   Soziale Schichtung im Bildungssystem (max. 3)
8)   Erwerbsquote (max. 3)
9)   Einkommensgleichheit (max. 3)

1. Sind soziale und ökonomische Grundrechte institutionalisiert?
Haben die jeweiligen Länder den UN-Pakt über ökonomischen, sozialen und kulturellen Recht von 1966 unterzeichnet und ratifiziert?[396]
Ja = 2 Nein = 0 Punkte

1	Australien	18. Dez.1972	10. Dez. 1975	**(2)**
2	Belgien	10. Dez 1968	21. Apr. 1983	**(2)**
3	Dänemark	20. Mär 1968	6. Jan. 1972	**(2)**
4	Deutschland	9. Okt 1968	17. Dez. 1973	**(2)**
5	Finnland	11. Okt. 1967	19. Aug 1975	**(2)**
6	Frankreich		4. Nov. 1980[a]	**(2)**
7	Irland	1. Okt. 1973	8. Dez. 1989	**(2)**
8	Italien	18. Jan. 1967	15. Sep.1978	**(2)**
9	Japan	30. Mai 1978	21. Jun. 1979	**(2)**
10	Kanada		19. Mai 1976[a]	**(2)**
11	Niederlande	25. Jun. 1969	11. Dez. 1978	**(2)**
12	Neuseeland	12. Nov. 1968	28. Dez. 1978	**(2)**
13	Norwegen	20. Mär. 1968	13. Sep. 1972	**(2)**
14	Österreich	10. Dez. 1973	10. Sep. 1978	**(2)**
15	Portugal	7. Okt. 1976	31. Jul. 1978	**(2)**
16	Schweden	29. Sep. 1967	6. Dez. 1971	**(2)**
17	Schweiz		18. Jun. 1992[a]	**(2)**
18	Spanien	28. Sep. 1976	27. Apr. 1977	**(2)**
19	Vereinigtes Königreich	16. Sep. 1968	20. Mai 1976	**(2)**
20	Vereinigte Staaten	5. Okt. 1977		**(0)**

---

[396] Quelle: Office of the United Nations High Commissioner for Human Rights, Stand: 7. Oktober 2005
[a] Beitritt oder Nachfolge

2. Grundrechtsgestützter universeller Sozialstaat

Generosität und Universalität (3) Generosität und eingeschränkte Universalität (2) eingeschränkte Leistung und Universalität (1) eingeschränkte Leistung und eingeschränkte Universalität (0)

1	Australien	(1)
2	Belgien	(2)
3	Dänemark	(3)
4	Deutschland	(2)
5	Finnland	(3)
6	Frankreich	(2)
7	Irland	(1)
8	Italien	(2)
9	Japan	(1)
10	Kanada	(0)
11	Niederlande	(2)
12	Neuseeland	(1)
13	Norwegen	(3)
14	Österreich	(2)
15	Portugal	(1)
16	Schweden	(3)
17	Schweiz	(2)
18	Spanien	(1)
19	Vereinigtes Königreich	(1)
20	Vereinigte Staaten	(0)

3. Sozialstaatsquote

0-14,9% = (0) 15-19,9% = (1) 20-25,9% (2) über 26% = (3)[397]

1	Australien	18	(1)
2	Belgien	27,2	(3)
3	Dänemark	29,2	(3)
4	Deutschland	27,4	(3)
5	Finnland	24,8	(2)
6	Frankreich	28,5	(3)
7	Irland	13,8	(0)
8	Italien	24,4	(2)
9	Japan	16,9	(1)
10	Kanada	17,8	(1)
11	Niederlande	21,8	(2)
12	Neuseeland	18,5	(1)
13	Norwegen	23,9	(2)
14	Österreich	26,0	(3)

---

[397] Public social expenditure by broad social policy area of GDP; Total public social expenditure (2001); → Selection of OECD Social Indicators: How does Germany compare? (xls, 422Kb,English), 08.03.05

15	Portugal	21,1	(2)
16	Schweden	28,9	(3)
17	Schweiz	26,4	(3)
18	Spanien	19,6	(1)
19	Vereinigtes Königreich	21,8	(2)
20	Vereinigte Staaten	14,8	(0)

4. Koordinierte Marktwirtschaft

Koordination-Index nach Hall/Gingerich (2001)[398] *berechnet aus: a) Macht der Shareholder, b) Streuung der (Management-)Entscheidungsmacht, c) Größe des Aktienmarktes, d) Ebene der Lohnverhandlungen, e) Häufigkeit des Arbeitsplatzwechsels, f) Ausmaß der Lohnkoordination:*
Die Bewertungsbereich erstreckt sich von 1 (starke Koordinierung) bis 0 (überhaupt keine Koordinierung):
1 - 0.67 = **(3)**, 0.66 - 0.34 = **(2)**, 0.33-0.01 = **(1)**, 0 = **(0)**

1	Australien	0.36	(2)
2	Belgien	0.74	(3)
3	Dänemark	0.70	(3)
4	Deutschland	0.95	(3)
5	Finnland	0.72	(3)
6	Frankreich	0.69	(3)
7	Irland	0.29	(1)
8	Italien	0.87	(3)
9	Japan	0.74	(3)
10	Kanada	0.13	(1)
11	Niederlande	0.66	(2)
12	Neuseeland	0.21	(1)
13	Norwegen	0.76	(3)
14	Österreich	1	(3)
15	Portugal	0.57	(2)
16	Schweden	0.69	(3)
17	Schweiz	0.51	(2)
18	Spanien	0.57	(2)
19	Vereinigtes Königreich	0.07	(1)
20	Vereinigte Staaten	0	(0)

[398] Hall, Peter A./Gingerich, Daniel W. (2001): „Varieties of Capitalism and Institutional Complementaries in Macroeconomy: An Empirical Analysis", Diskussionspapier präsentiert auf der jährlichen Konferenz der „American Political Science Association", San Francisco, Cal., 30. August 2001.

5. Mitbestimmung

Unternehmensmitbestimmung in der EU[399]

Weit gehende Mitbestimmung (2), eingeschränkte Mitbestimmung (1) keine oder sehr
eingeschränkte Mitbestimmung (0),

1	Australien	(1)
2	Belgien	(0)
3	Dänemark	(2)
4	Deutschland	(2)
5	Finnland	(2)
6	Frankreich	(1)
7	Irland	(1)
8	Italien	(0)
9	Japan	(2)
10	Kanada	(0)
11	Niederlande	(2)
12	Neuseeland	(1)
13	Norwegen	(2)
14	Österreich	(2)
15	Portugal	(1)
16	Schweden	(2)
17	Schweiz	(2)
18	Spanien	(1)
19	Vereinigtes Königreich	(0)
20	Vereinigte Staaten	(0)

6. Armutsquote

Prozentanteil der Bevölkerung mit Einkommen unter 50% des Median)[400]
0 – 7,9% = (3) 8 – 10,9% = (2) 11 - 13,9% = (1) über 14%= (0)

1	Australien	11,2	(1)
2	Belgien	-	
3	Dänemark	4,3	(3)
4	Deutschland	9,8	(2)
5	Finnland	6,4	(3)
6	Frankreich	7,0	(3)
7	Irland	15,4	(0)
8	Italien	12,9	(1)
9	Japan	15,3	(0)
10	Kanada	10,3	(2)
11	Niederlande	6,0	(3)

---

[399] The European Campany – Prospects for Board-Level-Repräsentation, Europäisches Gewerk-
schaftsinstitut (EGI), Hans-Böckler-Stiftung 2004 und eigene Bewertung für Australien, Neuseeland,
USA, Kanada, Schweiz, Norwegen, Japan
[400] Für das Jahr 2000; → Selection of OECD Social Indicators: How does Germany compare? (xls,
422Kb,English), 08.03.05

12	Neuseeland	10,4	(2)
13	Norwegen	6,3	(3)
14	Österreich	9,3	(2)
15	Portugal	13,7	(1)
16	Schweden	5,3	(3)
17	Schweiz	6,7	(3)
18	Spanien	-	
19	Vereinigtes Königreich	11,4	(1)
20	Vereinigte Staaten	17,1	(0)

7. Soziale Schichtung im Bildungssystem

PISA-Test: Zusammenhang zwischen Schülerleistung und sozioökonomischen Hintergrund[401]:
Stärke der Gradienten zwischen Schülerleistungen auf der Gesamtskala Lesekompetenz und dem Pisa-Index des wirtschaftlichen, sozialen und kulturellen Status ESCS Stärke des Zusammenhangs; OECD-Mittelwert: 20.
Indexwerte 0-11 = **(3)**, 12-16 **(2)**, 17-20 **(1)**, über 21 **(0)**

1	Australien	17	(1)
2	Belgien	21	(0)
3	Dänemark	15	(2)
4	Deutschland	22	(0)
5	Finnland	9	(3)
6	Frankreich	22	(0)
7	Irland	13	(2)
8	Italien	11	(3)
9	Japan	6	(3)
10	Kanada	11	(3)
11	Niederlande	15[a]	(2)
12	Neuseeland	16	(2)
13	Norwegen	13	(2)
14	Österreich	14	(2)
15	Portugal	20	(1)
16	Schweden	11	(3)
17	Schweiz	19	(1)
18	Spanien	16	(2)
19	Vereinigtes Königreich	19	(1)
20	Vereinigte Staaten	22	(0)

---

[401] OECD 2001: Lernen für das Leben, Erste Ergebnisse der internationalen Schulleistungsstudie PISA 2000, Tabelle 8.1, S. 352.
[a] Beteiligungsquote ist zu niedrig, um die Vergleichbarkeit zu gewährleisten

8. Erwerbsquote
(Employment/population ratio)[402]
0-60,9 = **(0)** 61-65,9 = **(1)** 66-69,9 = **(2)** über 70 = **(3)**

1	Australien	69,5	**(2)**
2	Belgien	60,5	**(0)**
3	Dänemark	76,0	**(3)**
4	Deutschland	65,5	**(1)**
5	Finnland	67,2	**(2)**
6	Frankreich	62,8	**(1)**
7	Irland	65,5	**(1)**
8	Italien	57,4	**(0)**
9	Japan	68,7	**(2)**
10	Kanada	72,6	**(3)**
11	Niederlande	73,1	**(3)**
12	Neuseeland	73,5	**(3)**
13	Norwegen	75,6	**(3)**
14	Österreich	66,5	**(2)**
15	Portugal	67,8	**(2)**
16	Schweden	73,5	**(3)**
17	Schweiz	77,4	**(3)**
18	Spanien	62,0	**(1)**
19	Vereinigtes Königreich	72,7	**(3)**
20	Vereinigte Staaten	71,2	**(3)**

9. Einkommensgleichheit
(Gini-Index): 0 - 0,239 (geringe Ungleichheit) = **(3)** 0,24 - 0,269 = **(2)** 0,27 - 0,299 = **(1)** über 0,3 (große Ungleichheit) = **(0)**[403]

1	Australien	0,305	**(0)**
2	Belgien	0,272	**(1)**
3	Dänemark	0,225	**(3)**
4	Deutschland	0,277	**(1)**
5	Finnland	0,261	**(2)**
6	Frankreich	0,273	**(1)**
7	Irland	0,304	**(0)**
8	Italien	0,347	**(0)**
9	Japan	0,314	**(0)**
10	Kanada	0,301	**(0)**
11	Niederlande	0,251	**(2)**

---

[402] Für das Jahr 2004; Quelle OECD-Employment Outlook 2005
[403] Für das Jahr 2000 außer: Australien, Österreich: 1999, Deutschland, Neuseeland, Schweiz: 2001. Für Belgien und Spanien: 1995
→ Selection of figures: Income Distribution and Poverty in OECD Countries in the Second Half of the 1990ies (OECD Social, Employment and Migration Working Paper No. 22, Michael Förster und Marco Mira d'Ercole) (www.oecd.org/els/workingpapers, 05.12.05, 11.30)

12	Neuseeland	0,337	(0)
13	Norwegen	0,261	(2)
14	Österreich	0,252	(2)
15	Portugal	0,365	(0)
16	Schweden	0,243	(2)
17	Schweiz	0,261	(2)
18	Spanien	0,303	(0)
19	Vereinigtes Königreich	0,326	(0)
20	Vereinigte Staaten	0,357	(0)

32 Defekte und konsolidierte Demokratie

Demokratische Stabilität

Eine der ausschlaggebenden Fragen in der empirischen Demokratieforschung ist die nach den Bedingungen demokratischer Stabilität[404]. *Robert A. Dahl* bilanziert die Summe dieser Forschung in der Unterscheidung zwischen *notwendigen* und *begünstigenden* Bedingungen für die Stabilität von Demokratien[405]. Als *notwendige* Bedingungen nennt er die Kontrolle von Militär und Polizei durch gewählte Amtsträger, das Vorhandensein einer demokratischen politischen Kultur und die Abwesenheit einer der Demokratie entgegenwirkenden ausländischen Kontrolle. *Begünstigende* Bedingungen sind ihm zufolge eine moderne Marktwirtschaft und Gesellschaft sowie ein nur schwacher subkultureller Pluralismus. Diese empirische Zuordnung bezieht sich allein auf die Stabilität des Institutionen-Systems einer verfassten Demokratie, aber nicht auf deren demokratische Qualität. Das Verhältnis zwischen Marktkapitalismus und Demokratie im Sinne seines Polyarchie-Konzepts ist, seiner Analyse zufolge, durch eine unaufhebbare Ambivalenz gekennzeichnet[406]. Zum *einen* begünstigt die Existenz marktkapitalistischer Verhältnisse die Stabilität und das Funktionieren demokratischer Institutionen. Zur Begründung dieser These zitiert Dahl Ergebnisse der empirischen Forschungen zur Stabilität demokratischer Institutionen-Systeme. Zum *anderen* beschreibt er eine Reihe von Funktionsbedingungen und Auswirkungen marktkapitalistischer Systeme, die sowohl die Qualität wie die Stabilität von Demokratien gefährden.

Erstens, bezogen auf die Stabilität und die Funktionsbedingungen der demokratischen Institutionen, zeigt er, dass das marktkapitalistische System nur funktionsfähig und mit demokratischen Institutionen verträglich ist, wenn es durch extensive Interventionen und Regulationen stabilisiert und gezähmt

---

[404] Rueschemeyer/Huber/Stephens 1992, Held 1996, Lijphart 1999, Schmidt 2000, Dahl 2000
[405] Dahl 2000: 140
[406] Dahl 2000: 166 ff

wird[407]. *Zweitens* beeinträchtigen marktkapitalistische Systeme die Qualität der Demokratie systematisch dadurch, dass sie eklatante Ungleichheiten in der Verteilung der politischen Ressourcen der Bürger erzeugen und damit deren reale Teilhabechancen vorprägen. Diese Ungleichheiten sind nicht trivial, sondern ernsthafte Einschränkungen, da sie die moralische Grundlage der Demokratie, gleiche Teilhabechancen, auf schwer wiegende Weise verletzen[408]. Die Einflussmöglichkeiten der Bürger auf das Produkt des demokratischen Entscheidungsprozesses werden durch die Verteilungswirkungen des Marktkapitalismus potenziell in einem solchen Maß ungleich, dass der für die Demokratie konstitutive politische Gleichheitsanspruch verletzt wird. Dieser Zusammenhang ist für die Stabilitätsfrage von hohem Gewicht, da nach dem Urteil der meisten empirischen Demokratieforscher die Wahrnehmung der Legitimität einer institutionalisierten Demokratie durch ihre Bürger der entscheidende Faktor für ihre nachhaltige Stabilität ist[409]. Wenngleich schon seit der frühen Demokratieforschung der neunzehnhundertsechziger Jahre vor allem durch die paradigmatischen Arbeiten von *Seymour M. Lipset* die Faktoren Bruttosozialprodukt und Bildungsstand der Bevölkerung als wesentliche Kausalfaktoren nachhaltiger Demokratisierung in den Mittelpunkt der Aufmerksamkeit rückten[410], wurde in der nachfolgenden Forschung zunehmend darauf aufmerksam gemacht, dass auch die soziale Verteilung von Bildung und Wohlstand, also die Dimension der sozialen Gerechtigkeit als ein grundlegender Kausalfaktor für die Stabilität von Demokratie wirksam ist.

Während marktkapitalistische Systeme bis zur Einführung demokratischer Institutionen eine uneingeschränkt pro-demokratische Funktion erfüllen, denn sie untergraben die gesellschaftlichen Grundlagen autokratischer Herrschaft und stärken die Position der an Demokratisierung besonders interessierten Unterschichten[411], ändert sich danach, mit der gelungenen Einführung verfasster Demokratie, ihr demokratisches Vorzeichen. Jenseits des Niveaus der Einführung der demokratischen Institutionen, nämlich sobald es um die Voraussetzungen ihrer Nutzung durch die Bürger geht, erweisen sich die systematischen Folgen marktkapitalistischer Ordnungen in dem Maße als ernsthafte Gefährdungen des demokratischen Anspruchs, wie sie der Gleichverteilung der politischen Ressourcen der Bürger entgegenwirken. „...once society and politics are transformed by market-capitalism and democratic institutions are in place, the outlook fundamentally changes. Now the inequalities in resources that market-capitalism

---

[407] Dahl 2000: 174
[408] Dahl 2000: 178
[409] Vgl. z.B. Burnell/Calvert 1999: 19
[410] Lipset 1959, 1960, 1992, 1993, 1994, Lipset/Marks 2000
[411] Rueschemeyer/Huber/Stephens 1992

churns out produce serious inequalities among citizens"[412]. Dahl beschließt seine Defizit- und Gefährdungsanalyse mit dem Ausblick, die Auflösung dieses Widerspruchs sei eine ungelöste Frage und stelle für die Demokratie eine Herausforderung dar, die das einundzwanzigste Jahrhundert beschäftigen wird.

Theorie der defekten Demokratie
Die neuere Forschung zur Klärung der Zusammenhänge zwischen Qualität und Stabilität demokratischer Systeme hat das Problem der „defekten Demokratie" untersucht. Zwischen den vollständig undemokratischen politischen Regimen, den *Autokratien,* und den vollendeten *rechtsstaatlichen Demokratien* gibt es einige Übergangsformen, entweder auf dem Weg zur Demokratie oder als Produkte ihres Verfalls[413]. Die defekten Demokratien sind dadurch gekennzeichnet, dass sie zwar mit der Einführung des allgemeinen gleichen Wahlrechts die institutionelle Grundlage für die Demokratie gelegt haben, in anderen wichtigen Hinsichten aber die demokratischen Normen nicht oder unvollständig erfüllen. Defekte Demokratien sind in der Wirklichkeit der gegenwärtigen Welt sehr zahlreich und darum von großer Bedeutung[414]. Sie können den Keim der vollständigen Demokratisierung in sich enthalten, wenn ihre Defekte nur der Ausdruck des Beginns einer Entwicklung zur voll entfalteten Demokratie darstellen. Sie können aber auch das Ende einer bestehenden Demokratie einleiten, wenn sie aus dem Abbau vordem existierender demokratischer Regierungselemente resultieren.
In der politischen Regierungspraxis sind nach der Systematik von *Wolfgang Merkel* vor allem die folgenden fünf Defekte zu unterscheiden[415]:

Erstens: Defekte im *Herrschaftszugang.* Trotz des verfassungsmäßig garantierten und aktuell in Anspruch genommenen allgemeinen gleichen Wahlrechts können für bestimmte Gruppen von Bürgern schwer oder gar nicht zu überwindende Hindernisse für die Teilnahme an der Wahl und anderen Teilen des politischen Prozesses bestehen. Es ist beispielsweise dann der Fall, wenn in entlegenen Gegenden des Landes der Weg zur Wahlurne kaum möglich ist, oder wenn bei der Registrierung zur Wahl Ausschlüsse oder Einschüchterungen praktiziert werden, oder wenn Frauen durch sozialen Druck oder durch Drohungen von der Wahlteilnahme abgehalten werden oder wenn das Wahlgeheimnis faktisch verletzt wird.

---

[412] Dahl 2000: 178
[413] Merkel u.a. 2003
[414] Vgl. Bertelsmann Stiftung 2003
[415] Merkel 1999, Merkel u.a. 2003

Zweitens: Defekte im *Herrschaftsanspruch.* Die rechtsstaatlichen Grenzen der politischen Machtausübung können zwar in der Verfassung und im öffentlich erhobenen Anspruch der politischen Autoritäten anerkannt sein, aber dennoch in der Praxis der Machtausübung beständig und folgenreich verletzt werden. Das ist zum Beispiel dann der Fall, wenn Gruppen das Recht auf Versammlungsfreiheit, Meinungsfreiheit, Vereinsfreiheit und gemeinsames Handeln durch Drohung oder Repressalien verwehrt wird, oder wenn Medien und Journalisten, die für freie Informationen sorgen wollen, illegale oder legalisierte Formen von Sanktionen angedroht werden. Es ist erst recht dann der Fall, wenn oppositionelle Parteien in ihren Wirkungsmöglichkeiten behindert und ihre Anhänger verfolgt werden.

Drittens: Defekte im *Herrschaftsmonopol.* Alle politisch zu regelnden Angelegenheiten müssen in einer vollgültigen Demokratie allein durch demokratisch legitimierte Autoritäten entschieden und geregelt werden. Es ist ein Bruch der demokratischen Legitimität, wenn machtvolle Veto-Gruppen, sei es das Militär, sei es wirtschaftliche Macht, seien es einflussreiche Clans außerhalb der Kontrolle der demokratischen Macht, handeln können und in bestimmten Bereichen des gesellschaftlichen Lebens selbst zur obersten Autorität werden.

Viertens: Defekte In der *Herrschaftsstruktur.* Die Herrschaftsstruktur der Demokratie muss pluralistisch sein. Einschränkungen am Pluralismus, die nicht durch den Schutz der Rechtsstaatlichkeit bedingt sind, verletzen daher die Regeln der demokratischen Legitimität. Der Ausschluss bestimmter Interessen aus dem politischen Willensbildungsprozess, soweit sie nicht selbst die demokratischen Normen verletzen, widerspricht der Demokratie.

Fünftens: Defekte in der *Herrschaftsweise.* Die demokratische Herrschaftsweise muss streng rechtsstaatlich sein. Verletzungen der Menschenrechte, Einschränkungen der Geltung des Rechts und des gerichtlichen Rechtsauslegungsmonopols verletzen darum demokratische Grundwerte.

In ihrem Zusammenspiel können diese unterschiedlichen Defekte der Demokratie weitreichende Wirkungen haben. Sie können trotz fortbestehenden allgemeinen und gleichen Wahlrechts die demokratische Substanz am Ende ganz in Frage stellen. Alle diese Defekte beziehen sich zunächst auf Einschränkungen demokratischer Funktion auf der Ebene des liberal-demokratischen Institutionen-Systems selbst. Sie kennzeichnet den Typ der *illiberalen Demokratie*[416]. Es liegt

---

[416] Zakaria 1997

aber auf der Hand, dass etwa Defekte im Herrschaftszugang, im Herrschaftsmonopol oder in der Herrschaftsstruktur in hohem Maße auf sozio-strukturelle Ursachen zurückgehen können. Diesen Zusammenhang fokussiert *Guillermo
O'Donnell* in seiner Kategorie einer bloß *delegativen Demokratie*, die faktisch
unter Ausschluss der Unterschichten, also der Gruppen, die in besonders hohem
Maße von sozio-strukturellen Risiken betroffen sind, stattfindet[417].

Im Hinblick auf den von *Dahl* konstatierten Widerspruch zwischen der auf
politischer Gleichheit beruhenden Legitimation der Demokratie und der systematischen Erzeugung politischer Ungleichheit durch ungleiche soziale Ressourcenverteilung im marktkapitalistischen System, stellt sich in demokratietheoretischer Sicht die Frage, ob die Existenz eines bloßen demokratischen Institutionen-
Systems ohne eine annähernde Gleichverteilung der politischen Ressourcen der
Bürger überhaupt als eine *konsolidierte* Demokratie verteidigt werden kann oder
die Merkmale einer *defekten* Demokratie erfüllt. Neben den *notwendigen* und
begünstigenden Bedingungen, die sich allein auf die Stabilität des demokratischen Institutionen-Systems beziehen, sollen daher noch *erfüllende* Bedingungen
in Betracht gezogen werden, ohne die das Institutionen-System allein seinen demokratischen Gleichheitsanspruch nicht einlösen kann. In diesem Sinne gleichen
formale Demokratien, die die erfüllenden Bedingungen nicht einlösen, einem
bestimmten Typ defekter Demokratie[418]. Wie die defekte Demokratie erfüllen sie
zwar eine Reihe wesentlicher demokratischer Voraussetzungen, die sie nicht nur
von autokratischen politischen Systemen unterscheiden, sondern auch die institutionellen Voraussetzungen fortschreitender Demokratisierung in sich bergen.
Zugleich schließen sie aber faktisch, wie bestimmte Typen defekter Demokratien, große Gruppen von Bürgern von der Chance gleicher Einwirkungsmöglich-
keiten auf den politischen Entscheidungsprozess aus, auf der der demokratische
Legitimationsanspruch beruht.

Das aus den Theorien des orthodoxen Sozialismus stammende Urteil, in
dieser Hinsicht formale Demokratien seien als Formen ökonomischer Klassen-
herrschaft an inhaltlichen Normen politischer Gleichheit gemessen nichts anderes als Diktaturen, also Formen von Autokratie, greift hingen aus zwei Gründen
zu kurz. Zum einen bedingen die primären ökonomisch-sozialen Distributioner-
gebnisse nur einen Teil der politischen Handlungs-Ressourcen und blockieren
die Teilhabe am politischen Prozess nicht vollständig. Zum anderen bieten die
formellen Institutionen der Demokratie gerade die entscheidende Handhabe für
eine Politik der Nutzung ursprünglich bloß schwacher Handlungschancen zur
Akkumulation politischer Ressourcen unter anderem durch demokratisch durchgesetzte staatliche Redistributionspolitik. Das Fehlen der sozialen Voraussetzun-

---

[417] O'Donnell 1994
[418] Merkel 2003

gen politischer Bürgergleichheit rechtfertigt daher nicht die Klassifikation insti-tutionalisierter Demokratien als Formen der Autokratie.

Libertäre Demokratie: Defekte Demokratie
Nach der Matrix möglicher Defekte von Demokratien, die *Wolfgang Merkel* auf der Basis der empirischen Analyse von Transformationsprozessen in Osteuropa und Südostasien erarbeitet hat, erfüllt die reine *libertäre* Demokratie, im Unter-schied zur Sozialen Demokratie, die Maßstäbe einer konsolidierten Demokratie mindestens in zwei wesentlichen Dimensionen nicht:

Erstens: *Soziale Sicherung.* Verletzt sein können in libertären Demokratien nach Maßgabe der Theorie defekter Demokratien in unterschiedlichen Handlungsbe-reichen beide konstituierenden Elemente der rechtsstaatlichen Demokratie: der *Rechtsstaat* und die *Demokratie.* Es mag dahin gestellt sein, unterhalb welcher Schwelle der mangelnde Rechtsanspruch der Bürger auf soziale Sicherung die Normen des universellen Geltungsanspruchs der Grundrechte der Demokratie und damit die Standards der rechtsstaatlichen Demokratie selber verletzt. Die völlige Verweigerung solcher sozialer Schutzrechte jedenfalls würde auch dann die Normen des Rechtsstaats verletzten, wenn im Übrigen in der betreffenden Gesellschaft ein Kultur der privaten Hilfeleistung eingebürgert wäre. Dies ist ein Demokratiedefekt in der Dimension *Herrschaftsweise.*

Zweitens: *Soziale Demokratisierung.* Unter demokratietheoretischen Gesichts-punkten mag strittig sein, ob das Fehlen demokratischer Mitentscheidungsmög-lichkeiten in den gesellschaftlichen Teilbereichen als ein Defekt der liberalen Demokratie selber zu werten ist. Jedenfalls lassen sich gute Gründe dafür anfüh-ren, eine solche Wertung dann vorzunehmen, wenn die dort anstehenden gesell-schaftlichen Entscheidungsmaterien als ihrer Natur nach politische Fragen cha-rakterisiert werden können und die Akkumulation sozialer und politischer Ein-flussmacht auf den demokratischen Prozess ermöglichen. Dies führt zu einem Defekt in der Dimension *Herrschaftsmonopol.*

Soziale Defekte
Jeder dieser beiden Defekte rechtfertigt es in Analogie zu *Zakarias* Begriff der *illiberalen* Demokratie von *unsozialer* Demokratie als einer auf die materiellen Grundrechte bezogenen spiegelbildlichen Version *defekter* Demokratie zu spre-chen.
    Zwar ist die quantitative Festlegung von Mindeststandards der Gleichheit in all diesen Dimensionen der sozialen Voraussetzungen realer Gleichheit des Herr-schaftszugangs von Staatsbürgern schwierig und in der bisherigen Forschung

kaum in Angriff genommen. Das Faktum selbst, dass unterhalb einer bestimmten Schwelle diese Gleichheit wesentlich verletzt ist und damit Qualität und Nachhaltigkeit der Demokratie gefährdet sind, wird in der einschlägigen Demokratieforschung kaum bestritten[419].

So gut wie alle von der vergleichenden Politikwissenschaft entwickelten Skalen zur Messung der demokratischen Qualität institutionell verfasster Demokratien vernachlässigen, überwiegend in beträchtlichem Ausmaß oder gänzlich, die Frage der *tatsächlichen* politischen Gleichheit der Staatsbürgerinnen und -bürger bei der Wahrnehmung ihrer Rechte der Teilhabe an der politischen Deliberation, an den Beschlüssen über politische Handlungsprogramme, an der Umsetzungsverantwortung in politischen Mandaten und Ämtern und an der Umsetzungskontrolle in den verschiedenen Funktionen des Systems der Rechtsprechung. Gerade das Beispiel der USA mit seinen erheblichen plutokratischen Einschränkungen im Herrschaftszugang macht deutlich, dass die gegenwärtigen gebräuchlichen Indikatoren zur Messung des Demokratiegehalts politischer Systeme auch solchen institutionalisierten Demokratien Spitzenwerte zumessen können, die bei genauerer empirischer Analyse wesentliche strukturelle Ausschließungsmechanismen für große Bevölkerungsteile der unteren sozio-ökonomischen Gesellschaftsklassen aufweisen[420]. Daraus ergibt sich eine ganze Reihe von substanziellen demokratietheoretischen und -politischen Problemen. Defekte dieser Art haben aber für die Qualität der betreffenden Demokratien wesentliche Folgen, vor allem:

Erstens. Eine systematische *Verzerrung* im politischen Prozess der Artikulation und Durchsetzung gesellschaftlicher Interessen.

Zweitens: Eine hohe Wahrscheinlichkeit der systematischen *Reproduktion* der politischen Gleichheitsdefizite auf der Input-Seite als Gleichheitsdefizite in den Politikresultaten der Output-Seite.

Drittens: Die Verletzung der politischen *Legitimationsbedingung* staatsbürgerlicher Gleichheit.

Partizipationsdefekte
Ein dem Anspruch der liberalen Demokratie angemessener Index zur Messung der demokratischen Qualität bestehender politischer Systeme müsste auch realwirksame Faktoren zur Bestimmung demokratischer Einflusschancen erfassen können, wie etwa den prozentualen Anteil des unteren Viertels oder der unteren

---

[419] Vgl. vor allem Dryzek 1996, Przeworski 1996, Dahl 2000
[420] Vgl. die Gegenüberstellung bei Schmidt 2000: 389 ff. Zu den USA Hutton 2002.

Hälfte der Einkommensbezieher und Vermögensbesitzer an den politischen Parlamentsmandaten, den Regierungsämtern, den politisch relevanten Richterämtern. Desgleichen deren Anteil an der Wahlbeteiligung und am politisch in Betracht kommenden Teil der zivilgesellschaftlichen Aktivitäten. Daten dieser Art gehen aber auf die gebräuchlichen Indizes zur Messung der demokratischen Qualität so gut wie nicht ein.

Aurel Croissant legt in seiner Begründung der Abgrenzungs- und Einteilungskriterien für defekte Demokratie fest, dass trotz des eindeutigen Zusammenhangs zwischen erheblicher sozialer und wirtschaftlicher Ungleichheit auf der einen Seite und *exklusiver* bzw. *delegativer* Demokratie auf der anderen Seite dennoch die Kriterien aus dem sozial-ökonomischen Bereich der Voraussetzungen für funktionierende Demokratie nicht in den Bereich der Unterscheidung zwischen *konsolidierter* und *defekter* Demokratie einbezogen werden sollen[421]. Es ist zwar einleuchtend, dass als Demokratie stabilisierend erkannte sozialökonomischen Indikatoren, wie die Höhe des Bruttosozialproduktes, das Maß der Ungleichverteilung von Einkommen und Vermögen oder die Rate der Arbeitslosigkeit nicht direkt zu den Strukturmerkmalen der Demokratie gerechnet werden können. Das ist schon deswegen der Fall, weil sonst junge Demokratien in Entwicklungsländern auf unfaire und wissenschaftlich nicht vertretbare Weise deklassifiziert würden. Etwas anderes aber ist es, bei einer solchen Klassifikation in Betracht zu ziehen, welche Vorkehrungen im institutionalisierten Gefüge der demokratischen Strukturen dafür getroffen worden sind, dass die Voraussetzungen für ihre Funktionsfähigkeit nach ihren selbst gewählten Legitimationskriterien geschaffen und erhalten werden. In diesen Bereich gehören eindeutig die meisten Elemente der Sozialen Demokratie, insbesondere: die Institutionalisierung der Grundrechte sozialer Staatsbürgerschaft, die Gewährleistung der Grundbedingungen gesellschaftlicher Demokratisierung und die Sicherung gleicher Bildungschancen.

Sofern eine institutionalisierte Demokratie nicht einmal auf der Ebene der Gewährleistungsverpflichtung diejenigen Mittel für die Realgeltung der Grundrechte ihrer Bürger sicherstellt, die als Voraussetzungen für die gleichberechtigte Teilnahme aller am politischen Entscheidungsprozess angesehen werden müssen, erfüllt sie nicht den Anspruch einer konsolidierten Demokratie. Diese Konsequenz ist nach der Logik der Theorie der defekten Demokratie unabweisbar, die ja darauf gerichtet ist, im Bereich der realen Funktionslogik formell institutionalisierter Demokratien diejenigen Defizite aufzudecken, die in der Praxis ihren formalen Legitimationsanspruch in Frage stellen oder wesentlich verkürzen. Nach dieser Logik muss die Nichtgewährleistung der sozialen Voraussetzungen

---

[421] Croissant 2002

gleicher politischer Teilhabe, soweit sie in der Verfügungsmacht des politischen Systems selber liegt, als ein grundlegender Defekt der betroffenen Demokratie klassifiziert werden. In der von *Merkel und Croissant* eingeführten Tafel der dimensionen-bezogenen Demokratiedefekte erfüllt er den Tatbestand eines Defektes im *Herrschaftszugang*. Das Ergebnis ist bloß *delegative* Demokratie (*Guillermo O'Donnell*), also ein Gemeinwesen, in dem sich die Bürger in ihrer Bürgerrolle vertreten lassen müssen[422].

Als Grenzwert, unterhalb dessen von einer sozial defekten liberalen Demokratie ausgegangen werden muss, wird entsprechend den Begründungen der Theorie und den Ergebnissen der empirischen Vergleichsforschung, das aus der Institutionalisierung der sozialen und ökonomischen Grundrechte und den komparativen Niedrigstwerten in den Outcomes der empirischen Inklusionsmessung resultierende Kriterium vorgeschlagen. In diesem Sinne lässt sich die Zuschreibung begründen, dass es sich bei libertären Demokratien, die dieses Kriterium erfüllen, wegen ihres im Vergleich gemessenen hohen Exklusionswertes um sozial defekte Demokratien handelt. Es sind also zwei von einander relativ unabhängige Gründe, die die Qualifikation dieser Demokratie als „defekt" begründen. Zum einen die Nichtgeltung wirksamer Grundrechte und zum anderen die empirisch gemessene tatsächliche Ausschließung großer Gruppen von Bürgern durch verweigerte Chancengleichheit, Bildungsarmut und Einkommensarmut.[423]

Normativität und Funktionalität
Gerechtigkeitsdefizite hier können sich entweder als Apathie oder als Entfremdung äußern, die beide wiederum die Funktionalität und Stabilität von Demokratie untergraben und die Legitimitätsdefizite vergrößern können[424]. Es spricht aus allen aufgeführten Gründen viel für die These, mit der *John S. Dryzek* den Stand der Forschung resümiert: Eine Soziale Demokratie, die sozialstaatliche Sicherung mit sozialer Teilhabe und koordinierter Marktwirtschaft verbindet, ist die beste Gewähr für stabile Demokratie[425].

Zusammenfassung
Soziale Demokratie ist der hier vorgelegten Theorie zufolge *beides*: eine aus den universellen Grundrechten folgende politische *Verpflichtung* für jedes einzelne Gemeinwesen so wie die globale Ordnung als Ganze *und* eine *Bedingung* demokratischer Stabilität. Die absehbare Entwicklung rechtfertigt nicht die pessimisti-

---

[422] O'Donnell 1994
[423] Vgl. dazu die Belegungen und Begründungen in den vorangegangenen Abschnitten zum empirischen 20-Länder-Vergleich.
[424] Vester u.a. 1993
[425] Dryzek 1996

sche These, dass offene Märkte die politischen Voraussetzungen Sozialer Demokratie unumkehrbar untergraben. Ebenso wenig spricht für die entgegengesetzte Auffassung, dass eine Wiederherstellung des kompletten Regelungsinstrumentariums Sozialer Demokratie, wie es im Verlaufe des zwanzigsten Jahrhunderts in einigen Ländern in der nationalstaatlichen Arena entwickelt wurde, auf der globalen Ebene in überschaubaren Fristen wahrscheinlich ist. Soziale Demokratie verlangt aber ein neues und komplexes Muster der Kombination staatlicher, zivilgesellschaftlicher und ökonomischer Regulations*ressourcen* sowie nationalstaatlicher, regionalpolitischer und globaler Regulations*strukturen* erforderlich. Die in dieser Hinsicht geeigneten, gleichzeitig normativ gerechtfertigten und empirisch begründbaren, Elemente Sozialer Demokratie sind in der vorgelegten Theorie im Einzelnen und in ihrem Zusammenhang dargestellt worden.

Gerade unter den tiefgreifend veränderten Bedingungen der globalisierten Gegenwartswelt macht sich die kennzeichnende Doppelnatur des Konzepts Sozialer Demokratie deutlich. Während es einerseits auf einer anspruchsvollen normativen Grundlage beruht, nämlich universellen Grundrechten der Ermöglichung und Sicherung von Freiheit, steht es zugleich unter den verschärften Bedingungen des Realitätsprinzips der komplexen Gegenwartsgesellschaften. Soziale Demokratie muss sie als Ausgangsbedingungen und Restriktion akzeptieren, zugleich aber auch als Ressourcen politischen Handelns nutzen, die in nicht vollständig antizipierbarer Weise Gestaltungschancen enthalten. Nur im jeweils spezifisch zu bestimmenden Wechselverhältnis von Struktur und Akteuren ist realitätsveränderndes politisches Handeln möglich.

Soziale Demokratie verbindet in unvermeidlich spannungsreicher Weise die beiden Ziele, die Demokratie sozial und effektiv zu machen. Die soziale Fundierung der Demokratie ist eine demokratische Notwendigkeit, denn sie ist eine der Voraussetzungen staatsbürgerlicher Gleichheit, sie erst macht die Demokratie demokratisch. Die Formen dieser sozialen Fundierung müssen freilich zugleich auch als Beiträge zur Effektivität der Wirtschaft, zur Integration der Gesellschaft und zur Stabilität der Demokratie wirksam werden, weil auch sie Voraussetzungen nachhaltiger Demokratisierung sind.

Alle Projekte Sozialer Demokratie müssen daher *gleichzeitig* drei nicht substituierbare Bedingungen erfüllen: *erstens* universalistische Begründbarkeit, *zweitens* Verträglichkeit mit den Funktionslogiken der gesellschaftlichen Teilsysteme, und *drittens* die absehbare Chance politischer Mehrheitsunterstützung.

Das bleibende Spannungsverhältnis zwischen einer unverkürzten Normativität in der Auslegung der gültigen Grundrechte und einem auf die Ergebnisse der unabhängigen sozialwissenschaftlichen Forschung bezogenen Realitätsprinzip bei der Bestimmung ihrer jeweiligen Anwendungsbedingungen erscheint gleichzeitig als Vorzug und als Schwäche der Theorie der Sozialen Demokratie.

Als Vorzug, denn die Aufrechterhaltung der Spannung zwischen den beiden Polen macht die bestmögliche Berücksichtigung beider im Verlaufe gesellschaftlicher Wandlungsprozesse wahrscheinlich. Sie dient der demokratischen Legitimation und damit auch der nachhaltigen Stabilität demokratischer Verhältnisse auf allen Handlungsebenen. Sie erscheint als ihre Schwäche, denn jenseits der politischen, gesellschaftlichen und ökonomischen Basisstrukturen und Regulationspostulate, die die Theorie begründet, muss sie die konkreten Muster ihrer Verwirklichung für situationsbezogene Erfahrungen in einem gewissen Maße offen lassen. Das Instrumentarium der Politik der Sozialen Demokratie muss aus guten theoretischen Gründen so kontingent sein wie die Entwicklung der realen gesellschaftlichen Handlungsbedingungen selbst. Was in dieser Perspektive als Schwäche der Theorie erscheinen mag, erweist sich als praktische Stärke, denn es enthält die Verpflichtung zum erfahrungsbezogenen Lernen an der Realität und zur reflexiven Selbstkorrektur von Theorie und Praxis. Es ist in diesem Sinne daher letztlich auch eine Stärke der Theorie.

Die demokratietheoretische Stabilitätsforschung belegt, dass eine Preisgabe der normativen Ansprüche universeller Grundrechte im vermeintlichen Interesse von Realismus und Effektivität in Wahrheit die Stabilität von Demokratien untergräbt. Demokratie kann ohne stabile Legitimationsbasis nicht effektiv sein. Eine überzogene empirielose Normativität, die das Realitätsprinzip umgeht, schwächt ebenfalls die Legitimation des theoretischen Anspruchs, da sie ihn als prinzipiell machtlos erscheinen lässt. Defekte Demokratien aber, die den demokratischen Anspruch nur zum Teil oder nur in Teilbereichen einlösen, leben mit der Achillesferse geschwächter Legitimation und jederzeitiger Verwundbarkeit.

Die empirischen Ländervergleiche im Praxis-Teil lassen sich in drei Erkenntnissen resümieren, in denen die theoretischen Erklärungen eine Bestätigung und Präzisierung finden. Zum Einem: Vor allem die Analyse Japans erweist, Soziale Demokratie ist ein Projekt mit universellem Anspruch und nicht auf spezifische europäische Kulturtraditionen beschränkt. Zweitens: Die Kriterien Sozialer Demokratie lassen einen weiten, jedoch nicht beliebigen Spielraum für unterschiedliche Formen der Institutionalisierung, jedoch im Rahmen spezifischer Wechselbeziehungen von Strukturelementen, die einander begünstigen oder erfordern. Und: Soziale und politische Inklusion stellen die zentralen Merkmale Sozialer Demokratie dar. Sie werden von den verglichenen Ländern je nach politischer Kultur und Kräfteverhältnissen zwischen den maßgeblichen politischen Akteuren nicht nur auf verschiedene Art, sondern auch auf sehr unterschiedlichem Niveau erfüllt. Gleichwohl Ist die Grenze zur exklusiven, nämlich libertären Demokratie deutlich markiert. Das Gegenmodell zur Sozialen Demokratie, die libertäre Demokratie weist ernsthafte Defekte auf, die ihren demokratischen Anspruch entscheidend schwächen.

Soziale Demokratie ist ein Projekt für jede einzelne Gesellschaft, für regionale Kooperationsbündnisse wie die Europäische Union und für die globale Ordnung. Soziale Demokratie erweist sich als Schlüsselbedingung gleichermaßen für demokratische Legitimität und Stabilität. Sie ist freilich kein Instant-Rezept, das überall und jederzeit auf gleiche Weise Anwendung finden kann. Sie ist eine dauernde Aufgabe, voller Spannungen und Trade-Offs, aber, wie eine Reihe von Ländern eindrucksvoll belegt, im Kern ein einlösbarer Anspruch.

Literatur

Ackerman, Bruce/Alstott, Anne (1999): *The Stakeholder Society,* New Haven: Yale University Press.

Adler-Karlsson, Gunnar (1973): Funktionaler Sozialismus. Ein schwedisches Glaubensbekenntnis zur modernen Demokratie. Mit einem Beitrag von Gunnar Myrdal, Zug: Ingse.

Albert, Michel (1992): *Kapitalismus gegen Kapitalismus,* Frankfurt/Main (u.a.): Campus.

Alemann, Ulrich von (2000): *Das Parteiensystem der Bundesrepublik Deutschland* (3. überarbeitete Auflage), Opladen: Leske & Budrich.

Allmendinger, Jutta/Leibfried, Stephan (2002): „Bildungsarmut im Sozialstaat", in: Burkart, Günter/Wolf, Jürgen (Hrsg.): *Lebenszeiten, Erkundungen zur Soziologie der Generationen (Martin Kohli zum 60. Geburtstag),* Opladen: Leske & Budrich, 287-315.

Allmendinger, Jutta/Leibfried, Stephan (2004): „So wird die Zukunft verspielt. Warum es verhängnisvoll ist, Bildung und Sozialpolitik in Deutschland zu trennen. Schule ist maßgeblich an Ausgrenzung beteiligt", in: *Frankfurter Rundschau,* 22.06.2004, 31.

Almond, Gabriel A./Verba, Sidney (1963): *The civic Culture: political attitudes and democracy in five nations,* Princeton: Princeton University Press.

Altvater, Elmar/Mahnkopf, Birgit (2002a): Globalisierung der Unsicherheit. Arbeit im Schatten, Schmutziges Geld und Informelle Politik, Münster: Westfälisches Dampfboot.

Altvater, Elmar/Mahnkopf, Birgit (2002b): Grenzen der Globalisierung. Ökonomie, Ökologie und Politik in der Weltgesellschaft, Münster: Westfälisches Dampfboot.

Anheier, Helmut K./Priller, Eckhard/Zimmer, Annette (2000): „Zur zivilgesellschaftlichen Dimension des Dritten Sektors", in: Klingemann, Hans-Dieter/Neidhardt, Friedhelm (Hrsg.): *Zur Zukunft der Demokratie: Herausforderungen im Zeitalter der Globalisierung, WZB-Jahrbuch 2000,* Berlin: Sigma, 71-98.

Archibugi, Daniele/Held, David/Köhler, Martin (Hrsg.) (1998): *Re-imagining Political Community. Studies in Cosmopolitan Democracy,* Cambridge: Polity Press.

Arendt, Hannah (1993): *Was ist Politik?* (Herausgegeben von Ursula Ludz), München: Piper.

Barber, Benjamin (1994): Starke Demokratie: Über die Teilhabe am Politischen, Hamburg: Rotbuch.

Barber, Benjamin (1995): *Jihad versus McWorld,* New York: Random House.

Beck, Ulrich (1986): Risikogesellschaft. Auf dem Weg in eine andere Moderne, Frankfurt/Main: Suhrkamp.

Beck, Ulrich (1997): *Kinder der Freiheit,* Frankfurt/Main: Suhrkamp.

Beck, Ulrich (1998a): Was ist Globalisierung? Irrtümer des Globalismus – Antworten auf Globalisierung, Frankfurt/Main: Suhrkamp.

Beck, Ulrich (1998b): *Politik der Globalisierung,* Frankfurt/Main: Suhrkamp.

Beck, Ulrich (1999): *Schöne neue Arbeitswelt*, Frankfurt/Main (u.a.): Campus.

Beck, Ulrich (2002): Macht und Gegenmacht im globalen Zeitalter. Neue weltpolitische Ökonomie, Frankfurt/Main: Suhrkamp.

Bello, Walden F. (1999): „The Asian financial crisis: causes, dynamics, prospects", in: *Journal of the Asia economy*, 4 (1), 33-55.

Bello, Walden F. (2002): *Deglobalization: ideas for a new world economy*, Dhaka: University Press.

Berger, Peter L./Berger, Brigitte/Kellner, Hansfried (1987): *Das Unbehagen in der Modernität*, Frankfurt/Main (u.a.): Campus.

Berkes, Fikret/Folke, Carl (1994): „Investing in cultural capital for sustainable use of natural capital", in: Jansson, Annmari (u. a.) (Hrsg.): *Investing in Natural Capital: the ecological economics approach to sustainability*, Washington D.C.: Island Press, 128-149.

Berlin, Isaiah (1958): *Two Concepts of Liberty*, Oxford (u.a.): Clarendon.

Berlin, Isaiah (1969): *Four Essays on Liberty*, Oxford: Oxford University Press.

Bernstein, Eduard (1973): Die Voraussetzungen des Sozialismus und die Aufgaben der Sozialdemokratie (Original 1899), Bonn: Dietz.

Bernstein, Eduard (1999): Zur Theorie und Geschichte des Sozialismus: gesammelte Abhandlungen, Berlin: Dümmler.

Bertelsmann Stiftung (Hrsg.) (2003): Bertelsmann Transformation Index 2003. Auf dem Weg zur marktwirtschaftlichen Demokratie, Gütersloh: Bertelsmann Stiftung.

Birnbacher, Dieter (1996): „Risiko und Sicherheit – Philosophische Aspekte", in: Banse, Gerhard (Hrsg.): *Risikoforschung, Disziplinarität und Interdisziplinarität. Von der Illusion der Sicherheit zum Umgang mit Unsicherheit*, Berlin: Sigma.

Blair, Tony (1998): *The third way. New politics for the new century*, London: The Fabian Society.

Blanke, Thomas (1998): „Paradoxien und Zukunft des deutschen Sozialstaates", in: Blasche, Siegfried/Döring, Diether (Hrsg.): *Sozialpolitik und Gerechtigkeit*, Frankfurt/ Main (u.a.): Campus, 172-213.

Bosch, Gerhard (1998): *Zukunft der Erwerbsarbeit*, Frankfurt/Main (u.a.): Campus.

Brandt, Willy (1986): „Demokratischer Sozialismus", in: Meyer, Thomas u.a. (Hrsg.): *Lexikon des Sozialismus*, Köln: Bund, 120-123.

Brunner, Georg (Hrsg.) (1997): *Politische und ökonomische Transformation in Osteuropa*, Berlin: Berlin-Verlag.

Buchanan, James M./Tullok, Gordon (1962): *The calculus of consent. Logical foundations of constitutional democracy*, Ann Arbor: University of Michigan Press.

Bungarten, Pia (1995): „Die wirtschaftlichen, sozialen und kulturellen Menschenrechte", in: Friedrich-Ebert-Stiftung (Hrsg.): *Die Rolle der wirtschaftlichen und sozialen Menschenrechte im Kontext des UN-Weltsozialgipfels*, Bonn: Friedrich-Ebert-Stiftung.

Calleo, David (2002): Musings on the world political economy of the future: a plural global system, Cheltenham (u.a.): Elgar.

Castles, Stephen/Davidson Alastair (2000): Citizenship and Migration. Globalization and the Politics of Belonging, Hampshire: Macmillan.

Cohen, Joshua (1989): „Deliberation and Democratic Legitimacy", in: Hamlin Alan/Pettit, Philip (Hrsg.): *The Good Polity. Normative Analysis of the State,* Oxford: Blackwell, 18-34.

Cover, Robert (1983): „The Supreme Court 1982 term. Foreword: nomos and narrative", in: *Harvard Law Review* 97 (4), 4-25.

Croissant, Aurel (2002): Demokratische Entwicklung in Asien. Eine vergleichende Analyse defekter Demokratien in den Philippinen, Südkorea und Thailand, Wiesbaden: Westdeutscher Verlag.

Cuperus, Rene u.a. (eds.) (2006): The EU-A Global Player? Münster: Lit Verlag.

Czada, Roland/Lütz, Susanne/Mette, Stefan (2003): *Regulative Politik. Zähmungen von Markt und Technik,* Opladen: Leske & Budrich.

Czempiel, Ernst-Otto (2002): Weltpolitik im Umbruch: die Pax Americana, der Terrorismus und die Zukunft der internationalen Beziehungen, München: Beck.

Dahl, Robert A. (1989): *Democracy and its Critics,* New Haven: Yale University Press.

Dahl, Robert A. (1994): „A Democratic Dilemma: System Effectiveness versus Citizen Partizipation", in: *Political Science Quarterly* 109, 23-34

Dahl, Robert A. (1998): *On Democracy,* New Haven: Yale University Press.

Dahl, Robert A. (2000): *Polyarchy: participation and opposition,* New Haven: Yale University Press.

de Lauretis, Teresa (1987): *Technologies of gender: essays on theory, film, and fiction.* Bloomington: Indiana University Press.

Daly, Herman E. (1996): Beyond Growth: The Economics of Sustainable Development, Boston: Beacon Press.

de Swaan, Abram (1993): Der sorgende Staat: Wohlfahrt, Gesundheit und Bildung in Europa und den USA der Neuzeit, Frankfurt/Main (u.a.): Campus.

Deutscher Bundestag (Hrsg.) (2002): Schlussbericht der Enquete-Kommission ,Zukunft des bürgerschaftlichen Engagements': „Auf dem Weg in eine zukunftsfähige Bürgergergesellschaft?", Opladen: Leske & Budrich.

Deutsches PISA-Konsortium (Hrsg.) (2001): PISA 2000. Basiskompetenzen von Schülerinnen und Schülern im internationalen Vergleich, Opladen: Leske & Budrich.

Deutsches PISA-Konsortium (Hrsg.) (2003): PISA 2000. Ein differenzierter Blick auf die Länder der Bundesrepublik Deutschland, Opladen: Leske & Budrich,

Dower, Nigel/Williams, John (Hrsg.) (2002): *Global Citizenship. A critical Introduction,* New York: Routledge.

Dryzek, John S. (1996): Democracy in capitalist times. Ideals, limits and struggles, Oxford: Oxford University Press.

Dworkin, Ronald (2000): *Sovereign Virtue. The Theory and Practice of Equality,* Cambridge (u.a.): Harvard University Press.

Eichler, Willi (1973): *Zur Einführung in den Demokratischen Sozialismus,* Bonn: Verlag Neue Gesellschaft.

Elsenhans, Hartmut (1995a): „Die Rolle internationaler Entwicklungszusammenarbeit unter veränderten wirtschaftlichen und gesellschaftsstrukturellen Rahmenbedingungen", in: Barsch, Dietrich/Karrasch, Heinz (Hrsg.): *Die Dritte Welt im Rahmen weltpolitischer und weltwirtschaftlicher Neuordnung,* Stuttgart: Franz Steiner, 140-157.

Elster, Jon (1986): „The Market and the Forum", in: Elster, Jon/Hylland, Aanund (Hrsg.): *Foundations of Social Choice Theory,* Cambridge: Cambridge University Press.

Engels, Markus (2000): Verbesserter Menschenrechtsschutz durch Individualbeschwerdeverfahren? Zur Frage der Einführung eines Fakultativprotokolls für den internationalen Pakt über wirtschaftliche, soziale und kulturelle Rechte, München: Universität München, Dissertation.

Esping-Andersen, Gøsta (1990): *The Three Worlds of Welfare Capitalism,* Cambridge: Polity.

Esping-Andersen, Gøsta (1999): *Social Foundations of Postindustrial Economies,* Oxford: Oxford University Press.

Esping-Andersen, Gøsta (2002): *Why We Need a New Welfare State,* New York: Oxford University Press.

Esping-Anderson, Gøsta (2003): „Herkunft und Lebenschancen. Warum wir eine neue Politik gegen soziale Vererbung brauchen", in: *Berliner Republik* 6/2003, 42-57.

Faulks, Keith (2000): *Citizenship,* London (u.a.): Routledge.

Fishkin, James (1991): Democracy and Deliberation. New Directions for Democratic Reform, New Haven: Yale University Press.

Frenzel, Martin (2002): Neue Wege der Sozialdemokratie. Dänemark und Deutschland im Vergleich (1982-2002), Wiesbaden: Deutscher Universitäts-Verlag.

Fritsch, Michael/Wein, Thomas/Ewers Hans-Jürgen (2003): Marktversagen und Wirtschaftspolitik: mikroökonomische Grundlagen staatlichen Handelns (5. Aufl.), München: Vahlen.

Fukuyama, Francis (1992): *Das Ende der Geschichte: Wo stehen wir?,* München: Kindler.

Gabriel, Oscar W./Niedermayer, Oskar/Stöss, Richard (Hrsg.) (1997): *Parteiendemokratie in Deutschland,* Wiesbaden: Westdeutscher Verlag.

Giddens, Anthony (1987): *Social Theory and modern Sociology,* Stanford: Stanford University Press.

Giddens, Anthony (1995): Die Konstitution der Gesellschaft: Grundzüge einer Theorie der Strukturierung, Frankfurt/Main (u.a.): Campus.

Giddens, Anthony (1999a): *Jenseits von Links und Rechts,* Frankfurt/Main: Suhrkamp.

Giddens, Anthony (1999b): Der dritte Weg. Die Erneuerung der Sozialen Demokratie, Frankfurt/Main: Suhrkamp.

Giddens, Anthony (Hrsg.) (2001): *The Global Third Way Debate,* Cambridge: Polity.

Gray, John (1989): *Liberalisms: Essays in Political Philosophy,* London (u.a.): Routledge.

Gray, John (1993): *Post-Liberalism. Studies in Political Thought,* London (u.a.): Routledge.

Gray, John (1995): *Liberalism. Second Edition,* Buckingham: Open University Press.

Greven, Michael Th. (1998): *Einführungsvortrag: Demokratie – eine Kultur des Westens?* (20. Wissenschaftlicher Kongress der Deutschen Vereinigung für politische Wissenschaft), Opladen: Leske & Budrich.

Guéhenno, Jean-Marie (1994): *Das Ende der Demokratie,* München: Artemis & Winkler.

Guéhenno, Jean-Marie (1999): „Wer regiert Europa? Politische Macht und demokratische Öffentlichkeit in der Europäischen Union", in: Anselm, Elisabeth (Hrsg.): *Die neue Ordnung des Politischen. Die Herausforderung der Demokratie am Beginn des 21. Jahrhunderts,* Frankfurt/Main (u.a.): Campus.

Gurgsdies, Erik/Granados, Gilbert (1999): *Lern- und Arbeitsbuch Ökonomie*, Bonn: Dietz.

Habermas, Jürgen (1981): *Theorie des kommunikativen Handelns, 2 Bände*, Frankfurt/Main: Suhrkamp.

Habermas, Jürgen (1985): Der philosophische Diskurs der Moderne. 12 Vorlesungen, Frankfurt/Main: Suhrkamp.

Habermas, Jürgen (1990): Kleine politische Schriften 7. Die nachholende Revolution, Frankfurt/Main: Suhrkamp.

Habermas, Jürgen (1992a): Faktizität und Geltung. Beiträge zur Diskurstheorie des Rechts und des demokratischen Rechtsstaats, Frankfurt/Main: Suhrkamp.

Habermas, Jürgen (1992b): „Drei normative Modelle der Demokratie: zum Begriff deliberativer Politik", in: Münkler, Herfried (Hrsg.): *Die Chancen der Freiheit. Grundprobleme der Demokratie*, München (u.a.): Piper.

Habermas, Jürgen (1996): Die Einbeziehung des Anderen. Studien zur politischen Theorie, Frankfurt/Main: Suhrkamp.

Habermas, Jürgen (1997): „Dialog der Kulturen. Der interkulturelle Diskurs über Menschenrechte", in: *Entwicklung und Zusammenarbeit*, 38 (Juli 1997).

Hall, Peter A./Gingerich, Daniel W. (2001): *Varieties of Capitalism and Institutional Complementarities in the Macroeconomy: An Empirical Analysis*, Diskussionspapier präsentiert beim 'Annual Meeting of the American Political Science Association', San Francisco, 30.August 2001.

Hall, Peter/Soskice, David (2001): Varieties of Capitalism. The Institutional Foundations of Comparative Advantage, Oxford: Oxford University Press.

Hammar, Tomas (1990): Democracy and the Nation State: Aliens, Denizens and Citizens in a World of International Migration, Aldershot: Avebury.

Harrington, Michael (1989): *Socialism: Past and Future*, New York: Arcade Publishing.

Hans-Böckler-Stiftung. Sachverständigenrat Bildung (2002): *Reformempfehlungen für das Bildungswesen*, Weinheim (u.a.): Juventa.

Hauchler, Ingomar/Nuscheler, Franz/Messner, Dirk (Hrsg.) (2003): *Globale Trends 2004/ 2005: Fakten, Analysen, Prognosen*, Bonn: Stiftung Entwicklung und Frieden.

Hawken, Paul/Lovins, Amory/Lovins, Hunter L. (1999): *Natural Capitalism. Creating the Next Industrial Revolution*, Boston: Little Brown & Co.

Hayek, Friedrich August von (1952): *Der Weg zur Knechtschaft* (3. Auflage, herausgegeben von Wilhelm Röpke), Erlenbach (u.a.): Eugen Rentsch.

Hayek, Friedrich August von (1977): Drei Vorlesungen über Demokratie, Gerechtigkeit und Sozialismus, Tübingen: Mohr.

Hayek, Friedrich August von (1979): *Liberalismus*, Tübingen: Mohr.

Hayek, Friedrich August von (1981): Recht, Gesetzgebung und Freiheit, Band 2: Die Illusion der sozialen Gerechtigkeit. Eine neue Darstellung der liberalen Prinzipien der Gerechtigkeit und der politischen Ökonomie, Landsberg am Lech: Verlag Moderne Industrie.

Heberer, Thomas (2000): „Henan – the Model: from Hegemonism to Fragmentism: Portrait of the Political Culture of China's most populated Province", in: *Duisburger Arbeitspapiere Ostasienwissenschaften* 31, Duisburg: Institut für Ostasienwissenschaften.

Heberer, Thomas/Derichs, Claudia (2000): „Politische Reform- und Demokratisierungs-diskurse im Lichte neuer Prozesse regionaler Gemeinschaftsbildung", in: *Duisburger Arbeitspapiere Ostasienwissenschaften* 31. Duisburg: Institut für Ostasienwissenschaften.

Heidelmeyer, Wolfgang (1972): *Die Menschenrechte*, Paderborn: Schöningh.

Heimann, Eduard (1929): Soziale Theorie des Kapitalismus. Theorie der Sozialpolitik, Tübingen: Mohr.

Held, David (1995): Democracy and the Global Order. From the Modern State to Cosmopolitan Governance, Cambridge: Polity Press.

Held, David (1996): *Models of Democracy,* Cambridge: Polity Press.

Held, David (2000): A globalizing World? Culture, Economics, Politics, London: Routledge.

Held, David/McGrew, Anthony (2000): The Global Transformations Reader. An Introduction to the Globalization Debate, Cambridge: Polity Press.

Hemerijck, Anton (2002): „The Self-Transformation of the European Social Model(s)", in: Esping-Andersen, Gøsta (Hrsg.): *Why We Need a New Welfare State*, Oxford: Oxford University Press.

Hinchman, Lew (2006): „Die USA: ein liberaler Wohlfahrtsstaat?" in: Meyer, Thomas (Hrsg.): *Theorie der Sozialen Demokratie*. Wiesbaden: VS Verlag.

Hinsch, Wilfried (Hrsg.) (1997): Zur Idee des politischen Liberalismus. John Rawls in der Diskussion, Frankfurt/Main: Suhrkamp.

Hirst, Paul (1994): Associative Democracy. New Forms of Economic and Social Governance, Amherst: University of Massachusetts Press.

Höffe, Otfried (1999): Demokratie im Zeitalter der Globalisierung, München: Beck.

Höffe, Otfried (2001): Gerechtigkeit. Eine philosophische Einführung, München: Beck.

Honneth, Axel (1992): Kampf um Anerkennung: zur moralischen Grammatik sozialer Konflikte, Frankfurt/Main: Suhrkamp.

Horn, Manfred/Knieps, Günter/Müller, Jürgen (1988): Deregulierungsmaßnahmen in den USA. Schlussfolgerungen für die Bundesrepublik Deutschland, Baden-Baden: Nomos.

Huntington, Samuel P. (1991): *The Third Wave. Democratization in the late Twentieth Century,* Norman: University of Oklahoma Press.

Huntington, Samuel P. (1996): Kampf der Kulturen: die Neugestaltung der Weltpolitik im 21. Jahrhundert, München (u.a): Europaverlag.

Hutton, Will (2002): *The world we're in,* London: Little, Brown & Co.

International Labour Organisation (IAO) (2004): Eine faire Globalisierung: die Rolle der IAO; Bericht des Generaldirektors über die Weltkommission für die soziale Dimension der Globalisierung, Genf: International Labour Office.

Iversen, Torben/Pontusson, Jonas (2000): „Comparative Political Economy: A Northern European Perspective", in: Iversen, Torben/Pontusson, Jonas/Soskice, David (Hrsg.): *Unions, Employers, and Central Banks: Macroeconomic Coordination and Institutional Change in Social Market Economies,* Cambridge: Cambridge University Press, 1-38.

Jänicke, Martin/Kunig, Philip/Stitzel, Michael (1999):Umweltpolitik. Bonn: Dietz.

Jahoda, Marie/Lazarsfeld, Paul Felix/Zeisel, Hans (2003): Die Arbeitslosen von Marienthal: ein soziographischer Versuch über die Wirkungen langandauernder Arbeitslosigkeit, Frankfurt/Main: Suhrkamp.

Jann, Werner (2003): „Evaluating Best Practice in Central Government Modernization", in: Wollmann, Hellmut/Reichhard, Christoph (Hrsg.): *Evaluating Public Sector Reforms*, Cheltenham: Elgar.

Kaul, Inge/Grunberg, Isabelle/Stern, Marc A. (Hrsg.) (1999): *Globale öffentliche Güter. Internationale Zusammenarbeit im 21. Jahrhundert.* Veröffentlicht für das Entwicklungsprogramm der Vereinten Nationen, New York (u.a): Oxford University Press.

Kaul, Inge/Grunberg, Isabelle/Stern, Marc A. (Hrsg.) (2003): *Providing Global Public Goods: Managing Globalization,* New York (u.a.): Oxford University Press.

Kay, John/Vickers, John (1988): „Regulatory Reform in Britain", in: *Economic Policy* 8, 286-343.

Kersting, Wolfgang (2000): *Theorien der sozialen Gerechtigkeit,* Stuttgart (u.a.): Metzler.

Kim, Dae-Jung (1994): „Is Culture Destiny? The Myth of Asia's Anti-Democratic Values", in: *Foreign Affairs*, Nov./Dez. 1994, 189-194.

Kimminich, Otto/Hobe, Stephan (2000): Einführung in das Völkerrecht (7. Auflage), Tübingen: A. Francke.

Kitschelt, Herbert/Lange, Peter/Marks, Gary/Stephans, John D. (Hrsg.) (1999): *Continuity and Change in Contemporary Capitalism,* Cambridge: Cambridge University Press.

Kohlberg, Lawrence (1981): *Essays on Moral Development,* San Francisco: Harper & Row.

Kohlberg, Lawrence (1984): The Psychology of Moral Development: The Nature and Validity of Moral Stages, San Francisco: Harper & Row.

Kokott, Juliane/Doehring, Karl/Buergenthal, Thomas (2003): *Grundzüge des Völkerrechts,* (3.Auflage), Heidelberg: C.F. Müller

Küng, Hans (Hrsg.) (2000): *Dokumentation zum Weltethos,* München: Piper.

Kymlicka, Will (1999a): Multikulturalismus und Demokratie. Über Minderheiten in Staaten und Nationen, Frankfurt/Main: Büchergilde Gutenberg.

Kymlicka, Will (1999b): „Citizenship in an Era of Globalization: Commentary on Held", in: Shapiro, Ian/Hacker-Cordòn, Casiano (Hrsg.): *Democracy's Edges,* Cambridge: Cambridge University Press.

Kymlicka, Will/Wayne, Norman (2000): *Citizenship in Diverse Societies,* Oxford: Oxford University Press.

Leibfried, Stephan (Hrsg.) (2001): *Welfare State Futures,* Cambridge: Cambridge University Press.

Lemân, Gudrun (1969): *Ungelöste Fragen im jugoslawischen System der Arbeiterselbstverwaltung,* Köln: Schriftenreihe: Berichte des Bundesinstituts für Ostwissenschaftliche und Internationale Studien, Nr. 37/1969.

Lemân, Gudrun (1982): *Wirtschaftsplanung im System der jugoslawischen Arbeiterselbstverwaltung,* Köln: Schriftenreihe: Berichte des Bundesinstituts für Ostwissenschaftliche und Internationale Studien.

Lijphart, Arend (1999): *Patterns of Democracy,* New Haven: Yale University Press.

Link, Werner (2001): Die Neuordnung der Weltpolitik. Grundprobleme globaler Politik an der Schwelle zum 21. Jahrhundert, München: Beck.

Lipset, Seymour M. (1959): „Some Social Requisites of Democracy: Economic Development and Political Legitimacy", in: *American Political Science Review* 53 (1), 69-105.

Lipset, Seymour M. (1960): *Political Man,* Garden City (u.a.): Doubleday.

Lipset, Seymour M. (1992): „Conditions of the Democratic Order and Social Change: A Comparative Discussion", in: Eisenstadt, Samuel (Hrsg.): *Democracy and Modernity,* Leiden: Brill.

Lipset, Seymour M. (1993): „Reflections on Capitalism, Socialism and Democracy", in: *Journal of Democracy* 4 (2), 43-55.

Lipset, Seymour M. (1994): „The Social Requisites of Democracy Revisited", in: *American Sociological Review* 59, 1-22.

Lipset, Seymour M. (Hrsg.) (1998): *Democracy in Asia and Africa,* Washington, DC: Congressional Quarterly.

Lipset, Seymour M./Marks, Gary (2000): *It didn't happen here! Why Socialism failed in the United States,* New York (u. a.): Norton.

Locke, John (1966): *Zwei Abhandlungen über die Regierung* (Übersetzt von Hans Jörn Hoffmann), Frankfurt/Main: Suhrkamp.

Löwenthal, Richard (1974): *Sozialismus und aktive Demokratie,* Frankfurt/Main: Fischer.

Luhmann, Niklas (1989): *Die Wirtschaft der Gesellschaft,* Opladen: Leske & Budrich.

Lütz, Susanne (2003): „Governance in der politischen Ökonomie", in: *MPIfG Arbeitspapiere,* 03/5.

Macpherson, Crawford B. (1977): *The Life and Times of Liberal Democracy,* Oxford: University Press.

Majone, Giandomenico (1997): „From the Positive to the Regulatory State: Causes and Consequences of Changes in the Mode of Governance", in: *Journal of Public Policy* 17 (2), 139-168.

Margalit, Avishai (1996): *The Decent Society,* Cambridge: Harvard University Press.

Marshall, Thomas H. (1965): *Class, Citizenship and Social Development,* New York: Anchor.

Marshall, Thomas H. (1992): *Bürgerrechte und soziale Klassen. Zur Soziologie des Wohlfahrtsstaates* (Serie: Theorie und Gesellschaft, Band 22), Frankfurt/Main (u.a.): Campus.

Marty, Martin E./Appleby, Scott R. (1996): Herausforderung Fundamentalismus. Radikale Christen, Moslems und Juden im Kampf gegen die Moderne, Frankfurt (u.a.): Campus.

Matzner, Egon (1982): Der Wohlfahrtsstaat von morgen. Entwurf eines zeitgemäßen Musters staatlicher Interventionen, Frankfurt/Main (u.a.): Campus.

Mayntz, Renate/Roseweitz, Bernd/Schimank, Uwe/Stichweh, Rudolf (1988): *Differenzierung und Verselbständigung. Zur Entwicklung gesellschaftlicher Teilsysteme,* Frankfurt/Main (u.a.): Campus.

Meier, Christian/Pleines, Heiko/Schröder, Hans-Henning (2003): *Ökonomie – Kultur – Politik, Transformationsprozesse in Osteuropa, Festschrift für Hans-Hermann Höhmann,* Forschungsstelle Osteuropa an der Universität Bremen, Analysen zur Kultur und Gesellschaft im östlichen Europa, Band 15, Edition Temmen.

McGrew, Anthony (2000): „Democracy beyond Borders?", in: Held, David/McGrew, Anthony (Hrsg.): *The Global Transformations Reader. An Introduction to the Globalization Debate,* Cambridge: Polity Press, 405-419.

Merkel, Wolfgang (1993): Ende der Sozialdemokratie? Machtressourcen und Regierungspolitik im internationalen Vergleich, Frankfurt/Main (u.a.): Campus.

Merkel, Wolfgang (2002): Social Justice and Social Democracy at the Beginning of the 21st Century. Willy Brandt Lecture 2002, Tel Aviv: Friedrich-Ebert Stiftung und das Beit Berl College.

Merkel, Wolfgang (2003): „Institutionen und Reformpolitik: drei Fallstudien zur Vetospieler-Theorie", in: *Berliner Journal für Soziologie* 2, 255-274.

Merkel, Wolfgang/Croissant, Aurel (2000): „Formale Institutionen und informale Regeln in illiberalen Demokratien", in: *Politische Vierteljahresschrift* 41(1), 3-33.

Merkel, Wolfgang/Egle, Christoph/Henkes, Christian/Ostheim, Tobias/Petring, Alexander (2005): *Die Reformfähigkeit der Sozialdemokratie: Regierungspolitik in Westeuropa,* Wiesbaden: Verlag VS.

Meyer, Thomas (1977): Bernsteins konstruktiver Sozialismus. Eduard Bernsteins Beitrag zur Theorie des Sozialismus, Berlin (u.a.): Dietz.

Meyer, Thomas (2001b): „Grundwerte im Wandel", in: Müntefering, Franz/Machnig, Matthias (Hrsg.): *Sicherheit im Wandel. Neue Solidarität im 21. Jahrhundert,* Berlin: Vorwärts, 13-30.

Meyer, Thomas (2001c): Die humane Revolution: Plädoyer für eine zivile Lebenskultur, Berlin: Aufbau.

Meyer, Thomas (2002a): *Was ist Politik?,* Opladen: Leske & Budrich.

Meyer, Thomas (2002b): Soziale Demokratie und Globalisierung. Eine europäische Perspektive, Bonn: Dietz.

Meyer, Thomas (2002c): Identitätspolitik. Vom Missbrauch kultureller Unterschiede, Frankfurt/Main: Suhrkamp.

Meyer, Thomas (2006): Praxis der Sozialen Demokratie, Wiesbaden: Verlag für Sozialwissenschaften.

Meyer, Thomas/Weil, Reinhard (Hrsg.) (2002): Die Bürgergesellschaft. Perspektiven für Bürgerbeteiligung und Bürgerkommunikation, Bonn: Dietz.

Michels, Robert (1970): Zur Soziologie des Parteiwesens in der modernen Demokratie; Untersuchungen über die oligarchischen Tendenzen des Gruppenlebens, Stuttgart: Kröner (Erstausgabe: 1911).

Murphy, Liam/Nagel, Thomas (2002): *The Myth of Ownership. Taxes and Justice,* Oxford: Oxford University Press.

Nagel, Thomas (2002): *Concealment and Exposure,* Oxford: Oxford University Press.

Naphtali, Fritz (1977): *Wirtschaftsdemokratie. Ihr Wesen, Weg und Ziel* (4. Auflage), Frankfurt/Main (u.a.): Europäische Verlagsanstalt.

Nida-Rümelin, Julian (1996): „Ethik des Risikos", in: Nida-Rümelin, Julian (Hrsg.): *Angewandte Ethik: die Bereichsethiken und ihre theoretische Fundierung. Ein Handbuch.* Stuttgart: Kröner.

Novy, Klaus (1978): Strategien der Sozialisierung. Die Diskussion der Wirtschaftsreform in der Weimarer Republik, Frankfurt/Main (u.a.): Campus.

Nozick, Robert (1974): *Anarchy, State and Utopia,* New York: Basic Books.

303

Nussbaum, Martha (1999): *Gerechtigkeit oder das gute Leben* (Herausgegeben von Herlinde Pauer-Studer), Frankfurt am Main: Suhrkamp.

Nussbaum, Martha/Amartya Sen (1993): *The Quality of Life* (UNU/WIDER Studies in Development Economics), Oxford: Oxford University Press.

O'Donnell, Guillermo (1979): *Modernization and Bureaucratic-Authoritarianism*, Berkeley: University of California Press.

O'Donnell, Guillermo (1994): „Delegative Democracy", in: *Journal of democracy* 5 (1), 55-69.

Offe, Claus (2000): „Staat, Markt und Gemeinschaft: Gestaltungsoptionen im Spannungsfeld dreier politischer Ordnungsprinzipien", in Ulrich, Peter/Maak, Thomas (Hrsg.): *Die Wirtschaft in der Gesellschaft*, Bern (u.a.): Haupt, 105-129.

Offe, Claus (2003): „The European model of 'social' capitalism: can it survive European integration?", in: *Journal of political philosophy* 11 (4), 437-469.

Panebianco, Angelo (1988): *Political Parties. Organization and Power*, Cambridge (u.a.): Cambridge University Press.

Pesthoff, Victor (1997): *Empowering Citizens as Co-producers of Social Services, the Case of Day Care in Sweden*, Diskussionspapier präsentiert auf der International Research Conference der ICA in Bertinoro, 2-5. Oktober 1997.

Polanyi, Karl (1977): *The Great Transformation. Politische und ökonomische Ursprünge von Gesellschaften und Wirtschaftssystemen*, Frankfurt/Main: Suhrkamp. (Originaltitel: The Great Transformation, Rinehart 1944)

Pontusson, Jonas (1992): „At the End of the Third Road. Swedish Social Democracy in Crises", in: *Politics and Society* 20, 305-332.

Pontusson, Jonas/Yong Kwon, Hyeok (2004): *Welfare Spending, Government Partisanship, and Varieties of Capitalism*, Diskussionspapier präsentiert bei der „Conference of Europeanists" Chicago, 11.-13.3.2004.

Powell, G. Bingham, Jr. (1982): *Contemporary democracies. Participation, stability and violence*, Cambridge (u.a.): Harvard University Press.

Powell, Martin/Hewitt, Martin (2002): *Welfare State and Welfare Change*, Buckingham: Open University Press.

Prisching, Manfred (Hrsg.) (2003): *Modelle der Gegenwartsgesellschaft*, Wien: Passagen.

Prugh, Thomas (1995): *Natural Capital and Human Economic Survival*, Solomons: ISEE Press.

Prugh, Thomas/Costanza, Robert R./Daly, Herman (2000): *The Local Politics of Global Sustainability*, Washington, D.C.: Island Press.

Przeworski, Adam (1985): *Capitalism and social democracy*, Cambridge: Cambridge University Press.

Przeworski, Adam/Sprague, John (1986): *Paper stones. A History of electoral Socialism*, Chicago: University of Chicago Press.

Putnam, Robert (1996): *The decline of civil society: how come? so what?*, Ottawa: Canadian Centre for Management Development.

Putnam, Robert (2000): Bowling Alone. The Collapse and Revival of American Community, New York: Simon & Schuster.

Rasmussen, Poul Nyrup (2003): Europe and a New Global Order. Bridging the Global Divides. A Report for the Party of European Socialists, May 2003.

Rawls, John (1979): *Eine Theorie der Gerechtigkeit,* Frankfurt/Main: Suhrkamp.

Rawls, John (1992): *Die Idee des politischen Liberalismus,* Frankfurt/Main: Suhrkamp.

Rawls, John (1993): „Gerechtigkeit als Fairness: politisch und nicht metaphysisch", in: Honneth, Axel (Hrsg.) *Kommunitarismus. Eine Debatte über die moralischen Grundlagen moderner Gesellschaften,* Frankfurt/Main (u.a.): Campus, 36-67.

Rawls, John (1998): *Politischer Liberalismus,* Frankfurt/Main: Suhrkamp.

Rieger, Elmar/Leibfried, Stephan (2001): *Grundlagen der Globalisierung. Perspektiven des Wohlfahrtsstaats,* Frankfurt/Main: Suhrkamp.

Roth, Roland (2004): „Die dunklen Seiten der Zivilgesellschaft – Grenzen einer zivilgesellschaftlichen Fundierung von Demokratie", in: Klein, Ansgar/Kern, Kristine/Geißel, Brigitte/Berger, Maria (Hrsg.): *Zivilgesellschaft und Sozialkapital. Herausforderungen politischer und sozialer Integration,* Wiesbaden: Verlag VS, 41-64.

Rothstein, Bo (1996): The social democratic state. The Swedish model and the bureaucratic problem of social reforms, Pittsburgh: University of Pittsburgh Press.

Rueschemeyer, Dietrich/Huber, Evelyne/Stephens, John D. (1992): *Capitalist development and democracy,* Cambridge: Polity.

Ruggie, John Gerard (1999): Constructing the world polity. Essays on international institutionalization, London: Routledge.

Sartori, Giovanni (1997): *Demokratietheorie,* Darmstadt: Primus.

Sassoon, Donald (1999); *The new European Left,* London: Fabian Society.

Sassoon, Donald (1997): One hundred years of Socialism. The west European left in the 20th century, London: Fontana.

Scharpf, Fritz W. (1970): *Demokratietheorie zwischen Utopie und Anpassung,* Kronberg i.T. (u.a): Universitäts Verlag.

Scharpf, Fritz (1989): „Politische Steuerung und politische Institutionen", in: *Politische Vierteljahresschrift* 30 (1), 10-21.

Scharpf, Fritz W. (1992): „Versuch über Demokratie in Verhandlungssystemen", in: *MPIfG Diskussionspapiere* 92/9.

Scharpf, Fritz W. (1997a): Games Real Actors Play: Actor-Centered Institutionalism in Policy Research, Boulder: Westview Press.

Scharpf, Fritz W. (1999a): „The Viability of Advanced Welfare States in the International Economy: Vulnerabilities and Options", in: *MPIfG Working Papers* 99/9.

Scharpf, Fritz W. (1999b): *Regieren in Europa. Effektiv und demokratisch?,* Frankfurt/Main (u.a.): Campus.

Scharpf, Fritz W. (2000a): The Future of Work, Employment and Social Protection. New Challenges and Political Responses, Köln: Max Planck Institute for the Study of Societies.

Scharpf, Fritz W. (2000b): Interaktionsformen. Akteurszentrierter Institutionalismus in der Politikforschung, Opladen: Leske & Budrich.

Scharpf, Fritz W./Schmidt, Vivian A. (2000): *Welfare and Work in the Open Economy. Volume I and II,* Oxford: Oxford University Press.

Schiller, Theo (1978): *Liberalismus in Europa,* Baden-Baden: Nomos.

Schimank, Uwe (1985): „Der mangelnde Akteursbezug systemtheoretischer Erklärungen gesellschaftlicher Differenzierung – Ein Diskussionsvorschlag", in: *Zeitschrift für Soziologie* 14 (6), 421-434.

Schimank, Uwe (1996): *Theorien gesellschaftlicher Differenzierung,* Opladen: Leske & Budrich.

Schimank, Uwe (2000): Handeln und Strukturen. Einführung in die akteurtheoretische Soziologie, Weinheim (u.a.): Juventa.

Schleicher, Andreas (2003): Bildung auf einen Blick 2003. OECD briefing notes for Germany, Paris: OECD.

Schmalz-Bruns, Rainer (1994): „Zivile Gesellschaft und reflexive Demokratie", in: *Forschungsjournal NSB* 7 (1), 18-33.

Schmidt, Manfred G. (2000): *Demokratietheorien* (3. überarbeitete und erweiterte Auflage), Opladen: Leske & Budrich.

Schmidt, Vivian A. (2000a): „Still Three Models of Capitalism? The Dynamics of Economic Adjustment in Britain, Germany and France", in: Czada, Roland/Lütz, Susanne (Hrsg.): *Die Politische Konstitution von Märkten,* Wiesbaden: Westdeutscher Verlag, 38-73.

Schmidt, Vivian A. (2000b): „Values and Discourse in the Politics of Adjustment", in: Scharpf, Fritz W./Schmidt, Vivian A. (Hrsg.): *Welfare and Work in the Open Economy,* Vol.1, Oxford: Oxford University Press, 229-309.

Schulze, Gerhard (2000): *Die Erlebnis-Gesellschaft: Kultursoziologie der Gegenwart* (8. Auflage), Frankfurt/Main (u.a.): Campus.

Schweizer, Urs (1999): *Vertragstheorie,* Tübingen: Mohr Siebeck.

Seidelmann, Reimund (1998): „Kants ‚Ewiger Friede' und die Neuordnung des europäischen Sicherheitssystems", in: Dicke, Klaus/Kodalle, Klaus-Michael (Hrsg.): *Republik und Weltbürgerrecht,* Weimar: Böhlau, 133-180.

Seldon, Arthur (1996): *Re-privatising Welfare: After the lost Century,* London: Institute of Economic Affairs.

Seliger, Martin (1985): „John Locke", in: Fetscher, Iring/Münkler, Herfried (Hrsg.): *Pipers Handbuch der politischen Ideen,* Band 3, München: Piper.

Sen, Amartya (1999a): „Global justice: Beyond international equity", in: Kaul, Inge u.a. (Hrsg.): *Global Public Goods: International Cooperation in the 21 st Century,* New York: Oxford University Press, 116-125.

Sen, Amartya (1999b): „Human rights and economic achievements", in: Bauer, Joanne R. (Hrsg.): *The East Asian challenge for human rights,* Cambridge: Cambridge University Press, 88-99.

Sen, Faruk/Sauer, Martina/Halm, Dirk (2001*): Intergeneratives Verhalten und (Selbst) Ethnisierung von türkischen Zuwanderern.* Gutachten des ZfT für die Unabhängige Kommission.

Shiman, David A. (1999): *Economic and social justice: a Human Rights perspective,* Minneapolis: Human Rights Resource Center.

Simma, Bruno (1995) (Hrsg.): *The Charter of the United Nations,* Oxford: Oxford University Press.

Soskice, David (1999): „Divergent Production Regimes: Coordinated and Uncoordinated Market Economies in the 1980s and 1990s", in: Kitschelt, Herbert u.a. (Hrsg.): *Continuity and Change in Contemporary Capitalism,* New York: Cambridge University Press, 101-134.

Stieglitz, Joseph (2002): *Die Schatten der Globalisierung,* Berlin: Siedler.

Streeck, Wolfgang (1992): Social institutions and economic performance: studies of industrial relations in advanced capitalist economies, London (u.a.): Sage.

Streeck, Wolfgang (1999): Korporatismus in Deutschland, Zwischen Nationalstaat und Europäischer Union, Frankfurt/Main (u.a.): Campus.

Taylor, Charles (1993b): *Multikulturalismus und die Politik der Anerkennung,* Frankfurt/Main: Suhrkamp, (Originaltitel: Multiculturalism and the politics of recognition, Princeton University Press 1992).

Teló, Mario (Hrsg.) (2001): European Union and new regionalism: regional actors and global governance in a post-hegemonic era, Aldershot (u.a.): Ashgate.

Teló, Mario (2003): *Die USA und die Rolle der EU als zivile Macht,* Bonn: Friedrich-Ebert-Stiftung.

Teló, Mario (2005): *Europe as a Civilian Power,* Hampshire: Palgrave Macmillan.

Tinbergen, Jan (1965): *International Economic Integration* (2. Auflage), Amsterdam: Elsevier.

Traxler, Franz (1995): „From demand-side to supply-side corporatism", in Traxler, Franz/ Crouch, Colin (Hrsg.): *Organized Industrial Relations in Europe,* Aldershot: Avebury, 271-286.

Van den Anker; Christien (2002): „Global Justice, Global Institutions and Global Citizenship", in: Dower, Nigel/Williams, John (Hrsg.): *Global Citizenship. A Critical Introduction,* New York: Routledge, 158-168.

Van Parijs, Phillippe (1992a): „Basic income capitalism", in: *Ethics* 102 (3), 465-484.

Varshney, Ashutosh (2002): *Ethnic conflict and civic life: Hindus and Muslims in India,* New Haven: Yale University Press.

Vester, Michael/Oertzen, Peter von/Geiling, Heiko/Hermann, Thomas/Müller, Dagmar (1993): *Soziale Milieus im gesellschaftlichen Strukturwandel,* Köln: Bund.

Vilmar, Fritz (1973): *Strategien der Demokratisierung, 2 Bände,* Darmstadt (u.a.): Luchterhand.

Visser, Jelle/Hemerijck, Anton (1998): Ein holländisches Wunder? Reform des Sozialstaates und Beschäftigungswachstum in den Niederlanden, Frankfurt/Main (u.a.): Campus.

Visser, Jelle/Hemerijck, Anton (2000): „Die pragmatische Anpassung des niederländischen Sozialstaates – ein Lehrstück?", in: Leibfried, Stephan/Wagschal, Uwe (Hrsg.): *Der deutsche Sozialstaat. Bilanzen – Reformen – Perspektiven,* Frankfurt/Main (u.a.): Campus, 452-473.

Walzer, Michael (1992): *Sphären der Gerechtigkeit. Ein Plädoyer für Pluralität und Gleichheit,* Frankfurt/Main: Campus, (Originaltitel: Spheres of justice: a defense of pluralism and equality, Basic Books 1983).

Weber, Max (1972): *Wirtschaft und Gesellschaft,* Tübingen: Mohr.

Weizsäcker, Carl-Christian von (2000): *Logik der Globalisierung,* Göttingen: Vandenhoeck & Ruprecht.

Western, Bruce/Beckett, Katherine (1999): „How Unregulated is the U.S. Labor Market? The Penal System as a Labor Market Institution", *American Journal of Sociology* 104 (4), 1030-1060.

White, Julie A. (2000): *Democracy, justice and the welfare state,* University Park: Pennsylvania State University Press.

307

Willke, Helmut (1993): *Systemtheorie entwickelter Gesellschaften,* Weinheim (u.a.): Juventa.

Willke, Helmut (2003): Heterotopia. Studien zur Krise der Ordnung moderner Gesellschaften, Frankfurt/Main: Suhrkamp.

WECD: World Commission on Environment and Development (1987): *Our Common Future,* Oxford: Oxford University Press.

Zakaria, Fareed (1997): „The rise of illiberal democracy", in: *Foreign Affairs* 76 (6), 22-43.

Zürn, Michael (2000): Postnationale Politik?: Über den politischen Umgang mit den Denationalisierungsherausforderungen Internet, Klima und Migration, Bremen: Institut für Interkulturelle und Internationale Studien.

Zürn, Michael (1998): *Regieren jenseits des Nationalstaates,* Frankfurt/Main: Suhrkamp.